高等职业教育新形态系列教材
中高职一体化教材

网店运营与推广

主 编 平 萍 王彩芬

北京理工大学出版社
BEIJING INSTITUTE OF TECHNOLOGY PRESS

内容简介

本书结合职业院校五年制电子商务专业学生的特点，以通俗易懂的语言、翔实生动的实例，全面介绍了网店运营与推广的相关知识。全书分两篇：基础篇和提高篇，共8个项目，内容为：开店之前要做的那些事、店铺装修与模块制作、网店商品信息的发布、网店的客户服务管理、网店经营的日常管理、网店物流与配送、网店流量与推广、移动端网店的设置与推广以及综合实战项目考核。

本书既可作为职业院校五年制电子商务及相关专业的教材或教学参考书，也可作为网店运营与推广人员的学习参考书。

图书在版编目(CIP)数据

网店运营与推广 / 平萍，王彩芬主编. -- 北京 : 北京理工大学出版社，2023.4(2023.5 重印)
ISBN 978-7-5763-2186-9

Ⅰ. ①网… Ⅱ. ①平… ②王… Ⅲ. ①网店-经营管理-高等学校-教材 Ⅳ. ①F713.365.2

中国国家版本馆 CIP 数据核字(2023)第 044205 号

出版发行 / 北京理工大学出版社有限责任公司
社　　址 / 北京市海淀区中关村南大街 5 号
邮　　编 / 100081
电　　话 / (010) 68914775（总编室）
(010) 82562903（教材售后服务热线）
(010) 68944723（其他图书服务热线）
网　　址 / http://www.bitpress.com.cn
经　　销 / 全国各地新华书店
印　　刷 / 三河市天利华印刷装订有限公司
开　　本 / 787 毫米 × 1092 毫米　1/16
印　　张 / 17.25　　责任编辑 / 王晓莉
字　　数 / 375 千字　　文案编辑 / 王晓莉
版　　次 / 2023 年 4 月第 1 版　2023 年 5 月第 2 次印刷　　责任校对 / 刘亚男
定　　价 / 49.80 元　　责任印制 / 施胜娟

前　言

本书以习近平新时代中国特色社会主义思想为指导，深入学习贯彻落实党的二十大精神，对网店运营与推广的相关知识进行了系统阐述。在“实施科教兴国战略，强化现代化建设人才支撑”部分，习近平总书记这样强调：“教育、科技、人才是全面建设社会主义现代化国家的基础性、战略型支撑。必须坚持科技是第一生产力，人才是第一资源，创新是第一动力，深入实施科教兴国战略、人才强国战略、创新驱动发展战略，开辟发展新领域新赛道，不断塑造发展新动能新优势。”我们要以创新为动力，不断满足人民对更加美好生活的期待，加快建设网络强国、数字中国。

线上电子商务和社交平台逐步趋向成熟，消费者的购物习惯愈加依赖电商，未来电子商务发展空间巨大。在网络环境大幅改善的基础上，我国网民数量不断增长，人均互联网消费能力逐步提升，为电子商务的发展奠定了良好的基础。随着智能手机的普及，移动互联网快速发展，网络购物用户规模不断扩大。网络购物市场保持较快发展，下沉市场、跨境电商、模式创新为网络购物市场提供了新的增长动能。在地域方面，以中小城市及农村地区为代表的下沉市场拓展了网络消费增长空间，电商平台加速渠道下沉。中国电商零售市场份额中，阿里巴巴占据首位，京东次之，两家电商占有绝对竞争优势。第二梯队企业有拼多多、苏宁、唯品会等。社交电商将突破万亿，行业增速迅猛。随着电子商务的普及，主流消费群体消费习惯向互联网转移，这促使越来越多的线下传统企业积极进行电商化转型。

从社会调查实践来看，互联网/电子商务行业位列就业景气较好的10个行业之中，就业市场景气指数为3.55，高于全国平均值1.38；就业行业趋势显示，电子商务受欢迎程度很高。所以，电子商务就业前景非常好。二十大会议中强调面对新形势，目前我们要继续做好电商平台整体运营规划及技术维护管理；支撑、参与电商进农村示范县项目建设，信息系统搭建、运营等工作；结合实际开展电商扶贫、直播电商扶贫等相关工作；不断探索、拓展多渠道电商业务。

本书结合职业院校五年制电子商务专业学生的特点，深度对接企业岗位需求，以通俗易懂的语言、翔实生动的实例，全面介绍了网店运营与推广的相关知识。全书分为基础篇、提高篇，共8个项目，内容为开店之前要做的那些事、店铺装修与模块制作、网店商品信息的发布、网店的客户服务管理、网店经营的日常管理、网店物流与配送、网店流量与推广、移动端网店的设置与推广和综合实战项目考核。

本书紧紧围绕“如何让更多的人看到我的网店”这一主题来讲解网店经营中的每一个

环节，具有实战性强、内容全面、图解详细、技巧荟萃等几个特点。

1. 任务导向：本书按照网店运营工作岗位的典型工作任务，基于“工作过程系统化”进行内容编排，创设了“项目—任务—活动”三级体系，在活动实践中学习，在学习中完成实践训练，充分做到以学生为主体，理论与实践相统一，体现“做中学、学中做”的编写思想。

2. 实用性强：书中每个项目内容都以淘宝网中实际经营的店铺为例进行讲解，而且所示店铺都是校企合作企业提供的典型店铺，可以让学生真正掌握网店运营与推广的精髓。

3. 内容全面：本书知识内容全面，包含网店运营与推广中的绝大多数知识点。其中既包含完整的知识体系（网店的开设、店铺的装修、产品的发布、客户服务管理等），同时也兼顾了不同的应用平台（电脑端和手机端）和不同的营销策略，如短线操作（产品促销）与长线优化（店铺推广）等。

4. 图解详细：本书为每个项目的知识点都制作了相关的图解或图示，一目了然地展现了网店运营与推广相关的理论及实际应用。

5. 本书配套了丰富的教学资源，如教学课件等，并配套课后习题、任务实训等。

本书编写人员具有多年的电子商务专业一线教学经验和实战经验。本书由平萍、王彩芬老师担任主编，并负责全书的统稿；由徐亮、林志、郭建芳老师担任副主编，蒋芳芳、吴辰老师参与了编写。本书既可作为职业院校五年制电子商务及相关专业的教材或教学参考书，也可作为网店运营与推广人员的学习参考书。

编写组

目　　录

第一篇　基　础　篇

第二篇　提　高　篇

第一篇
基　础　篇

项目一 开店之前要做的那些事

能力目标

会选择合适的开店平台；
能根据平台规则按流程开设店铺；
能选择合适的经营方式；
能对店铺进行自我评定。

知识目标

理解网店的概念和优势；
了解网上开店平台的种类；
理解网上开店的流程和经营方式；
掌握 SWOT 分析法以及波特五力模型；
了解网店设备的选择和技能的使用。

思政目标

在店铺开立过程中，培养学生吃苦耐劳的精神，树立诚信经营的意识。

项目综述

随着网络购物成为消费者的生活常态，网店创业受到越来越多人的关注，也是最受在校学生青睐的创业方式之一。作为某中职电子商务专业的学生，徐小明及其团队在学校学习的过程中也萌生了网店创业的想法。但徐小明及其团队对网上开店的平台、网店开设的流程、开店之前的准备等不甚明白，于是他们积极学习，并获取相关信息。

网上开店不是一件简单的事情。新手卖家需要在开店前做好充分的筹备工作，掌握必需的开店常识。希望通过本项目的学习，帮助大家厘清开店之前要做的那些事，掌握网店开设基本流程及经营方式。

任务一　为什么选择网上开店

情境设计：

徐小明及其团队发现身边许多亲戚朋友都开设了网店，且收入都还不错。这引起了徐小明及其团队极大的兴趣：相较于实体店铺，网上开店有哪些优势？通过查阅网络资料、访谈开网店的亲戚、咨询老师等多种方式，徐小明及其团队开始学习相关知识，并决定也要进行网上开店。

网上开店与是否具有实体店铺没有必然联系。本任务将带领大家一起认识网上开店以及它的优势。

任务分解：

选择网上开店这一环节中，涉及两个活动任务，即什么是网上开店和网上开店的优势。

活动 1　什么是网上开店

活动背景：

徐小明及其团队经常听到周边的人提到“网上开店”，那么到底什么是网上开店呢？接下来和徐小明及其团队一起通过网络搜索的方式认识“网上开店”。

活动实施：

1. 确定概念

获取对“网上开店”的概念认识，可以通过搜索引擎进行。徐小明及其团队选择了“百度”搜索引擎。

打开“百度”搜索引擎，在搜索栏中输入“网上开店”，浏览各个网页并进行总结，确定“网上开店”的概念。

所谓“网上开店”是互联网时代背景下一种新型的销售方式，就是经营者（卖家）自建网站或借助第三方购物平台，开设一个虚拟的店铺，并将商品通过文字、图片、视频等方式呈现在店铺中，供消费者（买家）浏览购买。

2. 了解现状

通过以上搜索，徐小明及其团队还了解到“只需进行简单的注册认证，就可以在第三方平台上开设一个自己的店铺”。但网上开店的前景，是决定徐小明及其团队是否要网上开店的重要因素。因此，徐小明及其团队决定对网络购物规模进行相应的调查。

打开“百度”搜索引擎，输入“网购规模”关键词，在搜索页面中查看相关信息，并进行分析。

通过各个页面的浏览分析，徐小明及其团队发现，截至 2021 年，网上零售额达 13.1 万亿元，同比增长 14.1%。从用户规模上看，2021 年网络购物类互联网应用用户规模达 8.42 亿人，网民使用率达 81.6%。近些年网络购物交易规模继续保持较快的增长，成为推动消费扩容的重要力量。从电商交易规模来看，到 2022 年，电子商务交易规模将达 42.93 万亿元，如图 1 - 1 所示。

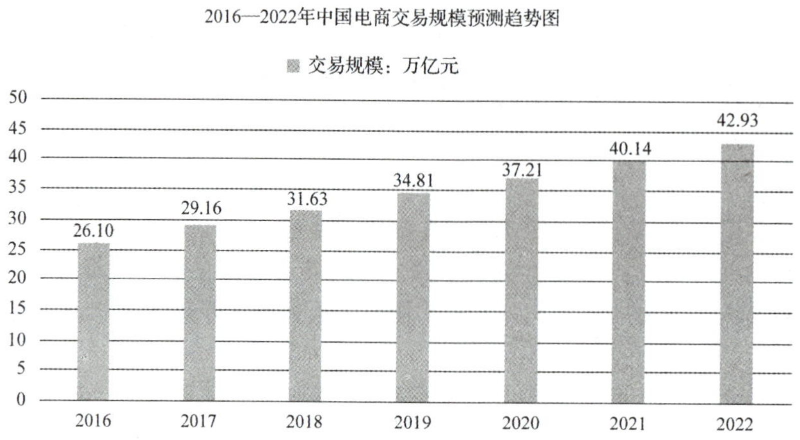

2016—2022年中国电商交易规模预测趋势图

交易规模：万亿元

2016 26.10
2017 29.16
2018 31.63
2019 34.81
2020 37.21
2021 40.14
2022 42.93

图1－1　网购规模统计图

3. 熟悉模式

在搜索过程中，徐小明及其团队还发现网上开店有不同的模式，于是通过网络进一步搜索了解。

打开“百度”搜索引擎，输入“电子商务模式”关键词，浏览各个页面，总结电子商务的基本模式，如表1－1所示。

表1－1　电子商务基本模式

电子商务模式	交易方式	商家性质	买家性质	代表性平台
B2B	线上	商家	商家	1688批发市场、慧聪网、中国制造交易网
B2C		商家	个人	京东、天猫
C2C		个人	个人	淘宝网、闲鱼
O2O	线上至线下	商家或个人	个人	拉手网、美团网

活动2　网上开店的优势

活动背景：

徐小明及其团队通过活动1的学习，已经了解了网上开店的大好前景及多种电子商务模式，但仍对实体店铺与网上开店间的选择存有疑虑。所以接下来，徐小明及其团队将继续学习网上开店的优势。

活动实施：

打开“百度”搜索引擎，输入“网上开店的优势”关键词，在搜索页面中查看相关信息，并进行分析。

徐小明及其团队在搜索结果页面中，点击打开“百度知道”“百度文库”“知乎”等页面。通过比较梳理信息发现网上开店基本有以下几个优势：

1. 开店过程操作方便

网上开店不需要花很多时间进行选址、装修，只需要找到合适的平台就可以将店铺开起来，操作十分方便。此外，网店运营只要会进行基本的计算机操作以及简单的店铺美化即可。这些技术的要求对于电子商务专业学生来说不难做到。

2. 建店及运营成本低廉

以淘宝为例，开店基本是免费的，只需要缴纳消费者保证金就可以进行交易活动，而且，卖家可在停止店铺运营时申请解冻消费者保证金。此外，相比线下的店铺，网上店铺的运营成本便宜，存货资金压力小，甚至可以实现零库存。

3. 店铺经营时间灵活

网上店铺的经营时间理论上可以达到 24 个小时，能在碎片化的时间进行网店运营，尤其适合在校学生。

4. 店铺经营地域空间灵活

网上店铺突破了地域的限制，接受全球客户的浏览与咨询，且店铺经营商品数量不受限制。

活动评价：

通过学习，徐小明及其团队了解到网上开店相较于实体店铺所具有的独特优势，这也坚定了徐小明及其团队通过网上开店进行创业的信心。

任务二　选择一个合适的平台开店

情境设计：

在对网上开店有了一些基本的了解后，徐小明及其团队迫切地想要进行网上开店。同时，徐小明及其团队也了解到网上开店的平台较多，不同平台的规则及对店铺的要求都不尽相同。徐小明及其团队意识到选择一个适合的开店平台至关重要。本任务将带领大家一起认识不同的店铺平台。

任务分解：

选择合适的平台开店这一环节中，涉及两个活动任务，即认识电子商务平台和选择合适的电子商务平台及店铺类型。

活动 1　认识电子商务平台

活动背景：

徐小明及其团队在查询开店平台信息时，发现网店平台很多。不同网店平台的主打商品有偏差，在开店要求上也有不同。

活动实施：

1. 搜集电商平台信息

打开“百度”搜索引擎，输入“电商平台”关键词，在搜索页面中查看不同的网站，搜寻不同的电商网站，并进行总结分析。

徐小明及其团队在搜索结果页面，发现“淘宝、京东商城、拼多多”是被提到最多的三个网店平台。于是，徐小明及其团队通过“百度百科”以及依序进入“淘宝网、京东商城、拼多多”的网站，进一步进行了解。

2. 认识“淘宝网”

步骤 1：打开“百度”搜索引擎，在搜索框中输入“淘宝网”。徐小明及其团队通过

“百度百科”的介绍，了解到淘宝网是现阶段最大的网络购物平台之一，它成立于2003年5月10日，由阿里巴巴集团创立。

步骤2：进入电脑端“淘宝网”首页，点击【免费开店】了解“淘宝网”开店的具体信息，如图1－2所示。

图1－2 淘宝网首页

步骤3：在打开的页面中，点击【普通商家】，发现有3种类型的店铺可供入驻，如图1－3所示。

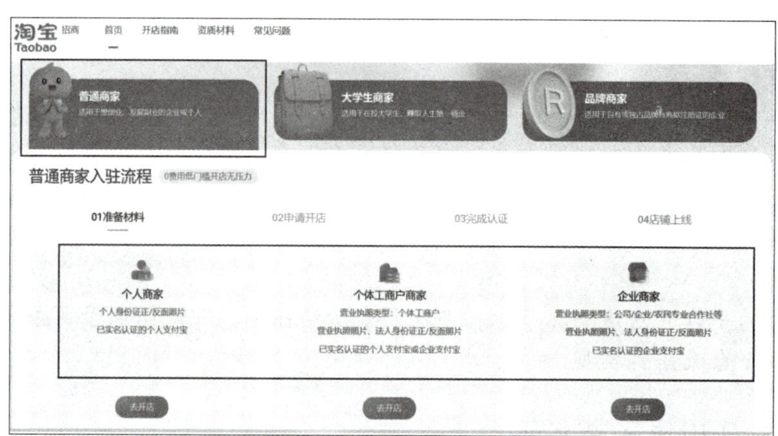

图1－3 淘宝店铺类型

徐小明及其团队根据淘宝网平台上的资料，对个人商家、个体工商户商家和企业商家进行了比较梳理，并填写了表1－2。

表1－2 淘宝店铺3种类型的异同

淘宝店铺类型	经营主体	需绑定的支付宝类型	证件要求
个人商家	个人	实名认证的个人支付宝	个人身份证正反面
个体工商户商家	个体工商户	实名认证的个人支付宝 或实名认证的企业支付宝	个体工商户营业执照 法人身份证正反面
企业商家	企业	实名认证的企业支付宝	企业营业执照 上传副本至淘宝备份 法人身份证正反面

3. 认识“京东商城”

步骤1：打开“百度”搜索引擎，在搜索框中输入“京东商城”。徐小明及其团队通过“百度百科”的介绍，了解到京东商城是中国 B2C 市场最大的 3C 网购专业平台，是中国电子商务领域最受消费者欢迎和最具影响力的电子商务网站之一。

步骤2：进入电脑端“京东商城”首页，点击首页右上角【商家服务】下的【合作招商】，进入京东招商页面，如图 1－4 所示。

图 1－4　京东首页

步骤3：点击菜单栏中的“欢迎入驻”，发现有 4 种类型的店铺可供入驻，如图 1－5 所示。选择“POP 商家”，点击【立即入驻】。

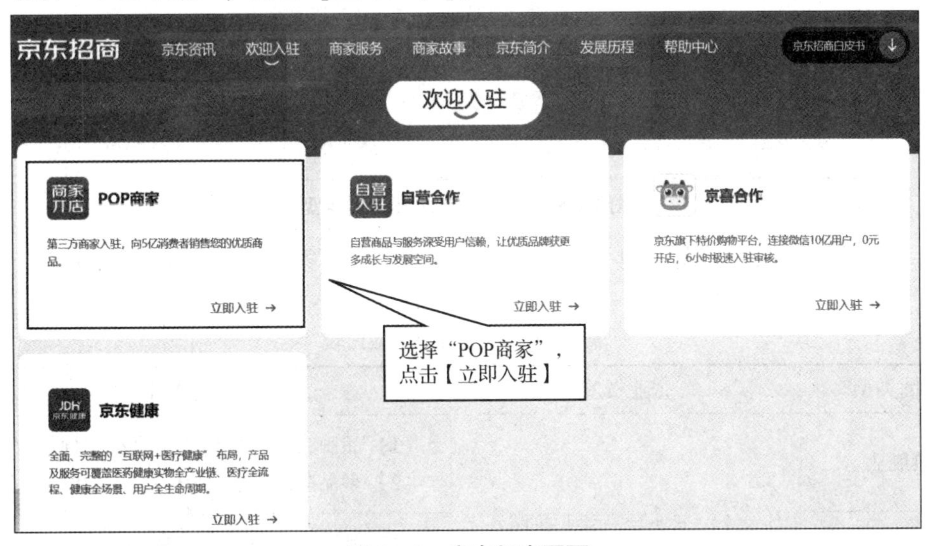

图 1－5　京东招商页面

步骤4：进入店铺招商 POP 页面，此页面包括“入驻流程”“资费资质”“激励政策”等栏目供浏览者查看。点击【资费资质】，如图 1－6 所示。

步骤5：在打开的页面中，了解京东店铺开设的资质和店铺类型，如图1－7、图 1－8 所示。

图 1-6　店铺招商 POP 页面

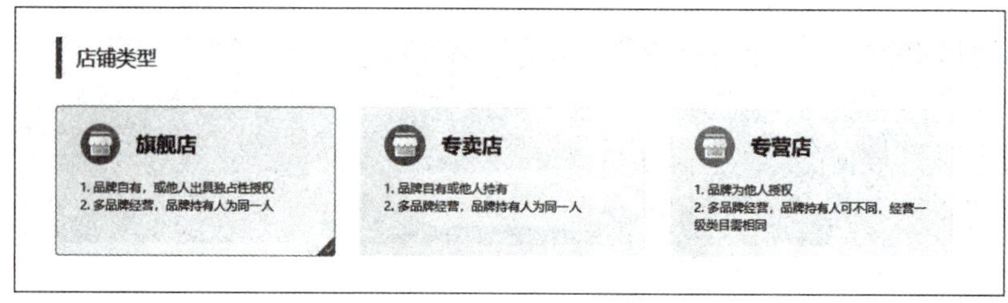

企业资质	详细信息
三证合一营业执照	营业执照扫描原件或复印件加盖入驻公司红章，需确保未在企业经营异常名录中且所售商品在营业执照经营范围内。
法人身份证正反面	公司法人身份证正反面，扫描原件或复印件加盖红章及法人签字。
一般纳税人资格证	具备一般纳税人资格的企业提供（手机、数码、电脑办公、图书、家电类目商家必须提供），扫描原件或复印件加盖入驻公司红章。
银行开户行许可证	基本存款账户信息或存款单或申请表可代替开户许可证，扫描原件或复印件加盖入驻公司红章。

图 1-7　京东入驻企业资质

店铺类型

旗舰店
1. 品牌自有，或他人出具独占性授权
2. 多品牌经营，品牌持有人为同一人

专卖店
1. 品牌自有或他人持有
2. 多品牌经营，品牌持有人为同一人

专营店
1. 品牌为他人授权
2. 多品牌经营，品牌持有人可不同，经营一级类目需相同

图 1-8　京东商家入驻店铺类型

徐小明及其团队根据淘宝网平台上的资料，对个人商家、个体工商户商家和企业商家进行了比较梳理，并填写了表 1-3。

表 1-3　淘宝店铺类型比较

<table>
<tr><th>店铺类型</th><th>企业资质</th><th>申请条件</th></tr>
<tr><td>旗舰店</td><td rowspan="3">（1）三证合一营业执照
（2）法人身份证正反面
（3）一般纳税人资格证
（4）银行开户行许可证</td><td>（1）品牌自有，或他人出具独占性授权
（2）多品牌经营，品牌持有人为同一人</td></tr>
<tr><td>专卖店</td><td>（1）品牌自有或他人持有
（2）多品牌经营，品牌持有人为同一人</td></tr>
<tr><td>专营店</td><td>（1）品牌为他人授权
（2）多品牌经营，品牌持有人可不同，经营一级类目需相同</td></tr>
</table>

4. 认识“拼多多”

步骤1：打开“百度”搜索引擎，在搜索框中输入“拼多多”。徐小明及其团队通过“百度百科”的介绍，了解到拼多多成立于2015年9月，是国内最主要的移动端电子商务购物平台。

步骤2：进入电脑端“拼多多”首页，如图1-9所示。由于拼多多只有移动端，所以拼多多PC端首页就是它的信息展示页。

图1-9　拼多多PC端首页

步骤3：点击菜单栏上的【商家入驻】，进入店铺入驻页面，如图1-10所示。通过“入驻流程”可以了解拼多多店铺的开设流程。通过“资质要求”了解拼多多开店的类型，如图1-11、图1-12所示。

图1-10　店铺入驻页面

图 1－11　资质要求页面

店铺类型和资质说明

店铺类型	普通入驻（企业店）	需上传的资质证明：企业三证	商标注册证	授权书	身份证
旗舰店	1.经营1个或多个自有品牌的旗舰店；	✓	✓		✓
	2.经营1个授权品牌的旗舰店，且授权品牌为一级独占授权；	✓	✓	✓	✓
	3.卖场型品牌（服务类商标）所有者开设的品牌旗舰店（限拼多多商城主动邀请入驻）；	✓	✓	✓	✓
专卖店	1.经营1个或多个自有品牌的专卖店；	✓	✓		✓
	2.经营1个授权销售品牌商品的专卖店（授权不超过2级）；	✓	✓	✓	✓
专营店	1.经营一个或者多个自有品牌商品的专营店；	✓	✓		✓
	2.经营1个或多个他人品牌商品的专营店（授权不超过4级）；	✓	✓	✓	✓
	3.既经营他人品牌商品又经营自有品牌商品的专营店（授权不超过4级）；	✓	✓	✓	✓
普通店	普通企业店铺	✓			✓

图 1－12　店铺类型和资质说明页面

活动评价：

通过学习，徐小明及其团队对现阶段最主要的 3 个电商平台都有了一定的认识，也明白了同一电商平台都有不同的店铺类型，不同平台、同一平台的不同店铺类型，对入驻开店的要求也各不相同。

活动 2　选择合适的电子商务平台及店铺类型

活动背景：

在了解了各个平台可入驻的店铺类型后，徐小明及其团队需要根据自身的实际情况，选择合适的电商平台及店铺类型。本任务将带领大家一起学习选择合适的电商平台。

活动实施：

步骤 1：打开浏览器，在搜索界面中输入“淘宝、京东、拼多多对比”。查看搜索到的网站，并对看到的信息进行分析整理，得出表 1－4。

表 1-4　各电商平台对比表

电商平台	入驻资格	主要商业模式	产品定位	适合人群
淘宝	主体可以是公司、个体户、个人年满 18 岁且无犯罪记录	C2C	比较杂，服饰，数码产品，美容、时尚居家产品和运动产品，消费者主要集中在爱上网的年轻人	新手电商卖家
京东	主体是企业，且是一般纳税人，持有品牌及商标	B2C	中国最大的电脑、数码、通信、家用电器产品网上购物商城	初始资金 20 万元以上，有团队，更适合 3C 电器类厂家
拼多多	主体可以是公司、个体户、个人，年满 18 岁且无犯罪记录	C2B	物美价廉等低价商品	有剩余产能，有品质和成本优势但没有自己品牌的渠道厂家

步骤 2：通过表 1-4 可以看出，淘宝网开店比较适合在校学生，不仅开店门槛低，而且对新手卖家比较友好。所以徐小明及其团队选择“淘宝网”开店，如图 1-13 所示。

图 1-13　淘宝网首页

步骤 3：在淘宝网的店铺类型中，“大学生商家”是针对大学生设置的，“品牌商家”是适用于自由或独占品牌有自己商标注册证的企业。徐小明及其团队只能选择“普通商家”中的“个人商家”，如图 1-14 所示。

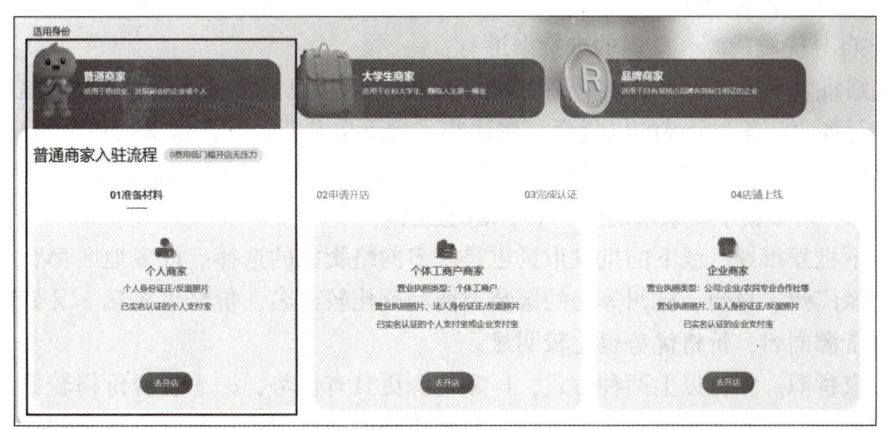

图 1-14　淘宝平台店铺类型

活动评价：

通过学习，徐小明及其团队认识到不同电商平台各自的优劣势，也找到了适合自己的电商平台及店铺类型为淘宝网中的 C 店。

任务三　选择网店经营方式

情境设计：

徐小明及其团队选择淘宝网进行开店后，积极请教身边开网店的亲戚以及学校里的老师，发现在网上开店还需要确定网店经营的方式。本任务就将带领大家和徐小明及其团队一起学习网店的经营方式。

任务分解：

选择网店经营方式这一环节中，涉及三个活动任务，即认识经营方式、选择经营方式和一件代发的流程。

活动 1　认识经营方式

活动背景：

徐小明及其团队在网上查询的过程中发现，网上店铺经营方式有多种，不同的经营方式对店铺的成本、销售、利润都有较大的影响，于是徐小明及其团队又开启了学习之旅。

活动实施：

步骤 1：打开“百度”搜索引擎，输入“网店经营方式”关键词。在搜索结果中查看不同的网页，了解网店经营方式的相关知识，最后整理得出以下信息。

网店运营中最常见的经营模式有三种：批发零售的经营方式、一件代发的经营方式、线上线下相结合的经营方式。

1. 批发零售的经营方式

所谓批发零售模式就是在商品批发市场或者工厂里选购批发商品，在网店销售赚取差价。它有以下显著的特点。

（1）自寻优质货源。常规的进货渠道有：

①网络批发平台。在网上有许多批发平台，例如阿里巴巴、义乌购等网站，这些平台货源涉及各行各业、各个渠道的供货商。在这些平台下单拿货，既方便又简单，价格也不高，而且可以通过对比不同供应商的服务等条件选择可靠的供应商，对比商品的进货价选择同质低价的商品，对于新手卖家来说是一个不错的选择。

②线下批发市场。线下的批发市场也是许多网络卖家的选择。许多地区都有各具特色的货源，像广州、泉州、杭州等地的服装类商品就比较出名，价格也实惠。又如新疆以水果、干果货源闻名，价格优势也比较明显。

③厂家货源。相比以上两种方式，厂家货源更具有优势，一手货源价格较低，若能长期合作，还能争取到如滞销换款等条件，减轻店铺的库存压力。所以说能拿到厂家货源是最理想的。但厂家要求的起批量高，新手卖家达不到这个数量就无法拿到最低价，甚至拿不到货。

（2）自囤货源。批发零售经营方式下，卖家需要先行购买进行囤货。部分店铺卖家为了获得低价，可能还会多囤货。自囤货源在一定程度上保证了商品质量及发货时间，但若货品卖不出去，货物积压带来的损失只能是由卖家自行承担。卖家需要慎重考虑囤货成本及风险。

（3）自制图片。卖家在拿到货源后，需要完成商品摄影摄像、美化照片，设计主图、详情页等图片。这在一定程度上考验卖家的摄影摄像技术和美工处理能力。

2. 一件代发的经营方式

徐小明及其团队在查看多个网站后，发现“一件代发”是无库存销售，即一件产品也可由淘宝代理商发货，这种经营方式能够减少产品的囤积、降低资金的压力，非常适合新手卖家。

（1）一件代发的优势。

①代销风险低，无压货，免除了进货发货之苦，还不需要面临囤货卖不出去的风险。

②资金需求相对少，没有进货成本，几乎零成本开店。

③不用自己摄影摄像制图，供应商会提供图片和信息，能“一键铺货”轻松上传商品。

（2）一件代发的劣势。

①质量难判断。因为不接触产品，产品质量依赖供应商的信用程度，万一质量不好，对店铺的负面影响也极大。

②库存不可控。可能会出现因供应商缺货无法及时发货而遭到客户投诉的现象。

③产品同质化。供应商可能同时由多家店铺代销，同类店铺竞争大。

④价格无优势。一件代发的成本相对于自囤货源的成本会高点，意味着利润降低。

3. 线上线下相结合的经营方式

线上线下相结合的经营方式指的是卖家除了网上店铺外，还有线下实体店铺。实体店铺卖不出去的货品，在网上可能会找到买家，使库存压力减少。比如夏装在北方实体店已经无人购买，但南方仍有买家在网购。这种经营方式有以下几个特点：

（1）流量更大。许多成功的企业都是同时开展线上线下业务，比如小米的线上小米商城和线下小米之家。而且线上的流量远远超过线下的流量，线上线下相结合的经营方式可以将部分线上流量引至线下实体店铺，即O2O模式：线上下单、线下提货。

（2）服务更好。客户网购最大的担忧是售后服务。实体店与网店的结合，使得提货、安装、维修等都可以在线下快速完成，能给客户留下服务佳、处理问题高效等好印象。而且实体店与网店的结合，可以实现就近店铺发货或取货，缩短物流时间，提升客户购物体验感。

活动2　选择经营方式

活动背景：

通过活动1的学习，徐小明及其团队发现各经营方式都有自己的特点，但哪种方式适合自己的店铺呢？于是徐小明及其团队决定在对货源、资金等方面进行调查后再做决定。

活动实施：

1. 货源来源

打开“百度”搜索引擎，输入“网店的货源来源”“一件代发的货源来源”等关键词句，搜索查询不同经营方式的货源来源。在搜索页面中查看不同的网站，进行整理分析，得出表1-5。

表 1－5 货源来源比较

经营方式	货源来源
批发零售	批发市场、厂家拿货、库存积压商品、外贸尾单货
一件代发	网上电子商务批发网站、平台自供
线上线下相结合	自家店铺、批发市场

2. 资金投入

打开“百度”搜索引擎，输入“开网店的花费”“开网店的成本”等关键词句，搜索查询不同经营方式的资金投入情况。在搜索页面中查看不同的网站，进行整理分析，得出表 1－6。

表 1－6 资金投入比较

经营方式	资金投入	资金用处
批发零售	较大	囤货、图片拍照、设计等费用，店铺装修费用
一件代发	少	店铺装修费用
线上线下相结合	一般	图片拍照、设计等费用，店铺装修费用

3. 人力、时间成本

打开“百度”搜索引擎，输入“开网店的人力成本”“开网店需要多少时间”等关键词句，搜索查询不同经营方式的人力、时间成本情况。在搜索页面中查看不同的网站，进行整理分析，得出表 1－7。

表 1－7 开网店的人力、时间成本比较

经营方式	人力、时间成本	人力、时间成本体现
批发零售	多	找货源、商品拍摄、图片设计、店铺设计装修
一件代发	少	货源一件铺货、店铺设计装修
线上线下相结合	一般	商品拍照、图片设计、店铺装修费用

4. 经营方式的选择

徐小明及其团队在对各个经营方式的货源来源、资金投入以及人力、时间成本等方面进行调查后发现，相比于“批发零售”和“线上线下结合”，“一件代发”这种经营模式更适合现阶段的自己。于是徐小明及其团队决定采用“一件代发”的方式开设网店。图 1－15 所示为商家“一件代发”海报。

活动 3 “一件代发”的流程

活动背景：

通过活动 1、活动 2 的学习，徐小明及其团队已经了解了各种不同的经营方式，但是鉴于自己还是学生，没有多少钱，无法完成进货囤货，所以选择了“一件代发”，并开始

图 1－15　“一件代发”海报

学习“一件代发”的流程。

一件代发寻找货源流程

活动实施：

1. “一件代发”寻找货源的流程

“一件代发”的货源平台众多，这里推荐 1688 批发网、多商网、义乌购等平台。找到货源后，卖家需要先和供应商进行交流，取得商品代发的授权，之后才能将商品具体信息上架到自己的店铺中。下面以阿里巴巴平台为例，进行一件代发货源的寻找。

步骤 1：用“百度”搜索“阿里巴巴”，找到阿里巴巴的官方网站，点击进入。

步骤 2：进入首页以后点击左上角的【免费注册】，进行账号注册，如图 1－16 所示。

图 1－16　阿里巴巴平台首页

步骤 3：在弹出的页面中包括“企业账户注册”和“个人账户注册”，个人卖家选择“个人账户注册”，仔细阅读协议并点击【同意协议】，之后输入相关信息，点击【同意并注册】，根据系统的提示最后完成“个人账户的注册”，如图 1－17、图 1－18 所示。

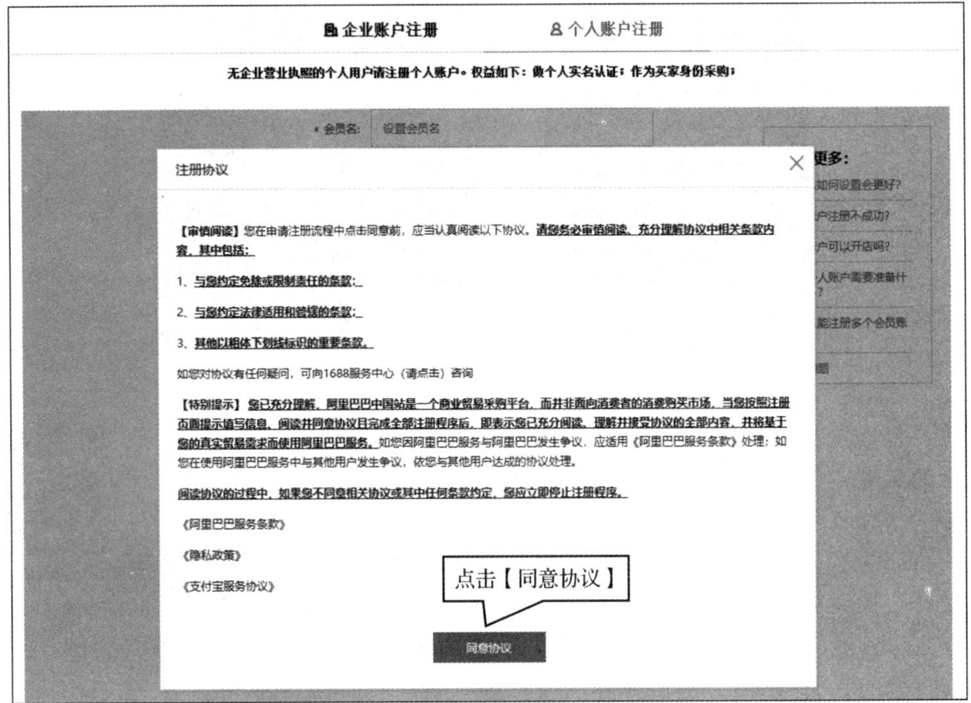

图 1 – 17　注册协议

企业账户注册　个人账户注册

无企业营业执照的个人用户请注册个人账户。权益如下：做个人实名认证；作为买家身份采购；

*会员名：设置会员名

*登录密码：设置你的登录密码

*密码确认：请再次输入你的登录密码

*手机号码：中国大陆 +86

*验证码：

点击【同意并注册】

同意并注册

图 1 – 18　个人账号注册

步骤 4：登录阿里巴巴网站，在左手边的“品类市场”中选择店铺所要的货源类目，在二级菜单中找到货源，点击进入，如图 1 – 19 所示。

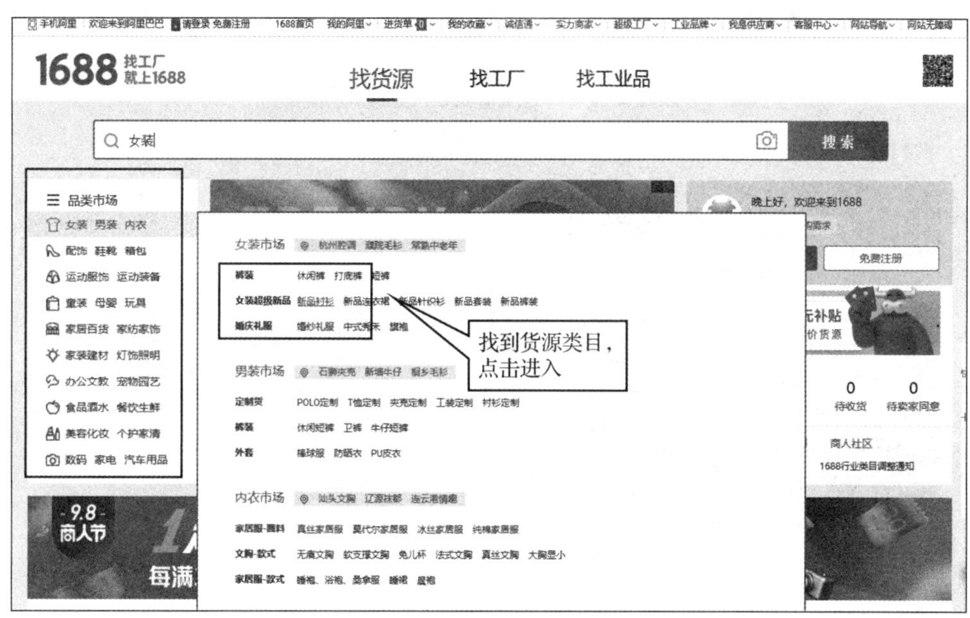

图1-19　阿里巴巴货源寻找

步骤5：在弹出的页面中会显示众多的“一件代发”，根据自己店铺的要求确定货源并点击进入查看具体信息，如图1-20所示。

图1-20　货源商品展示页面

步骤6：在页面中了解商品的具体信息，并和供应商家交流，确定代发后，点击“一件代发”，选择【快速铺货】，如图1-21所示。

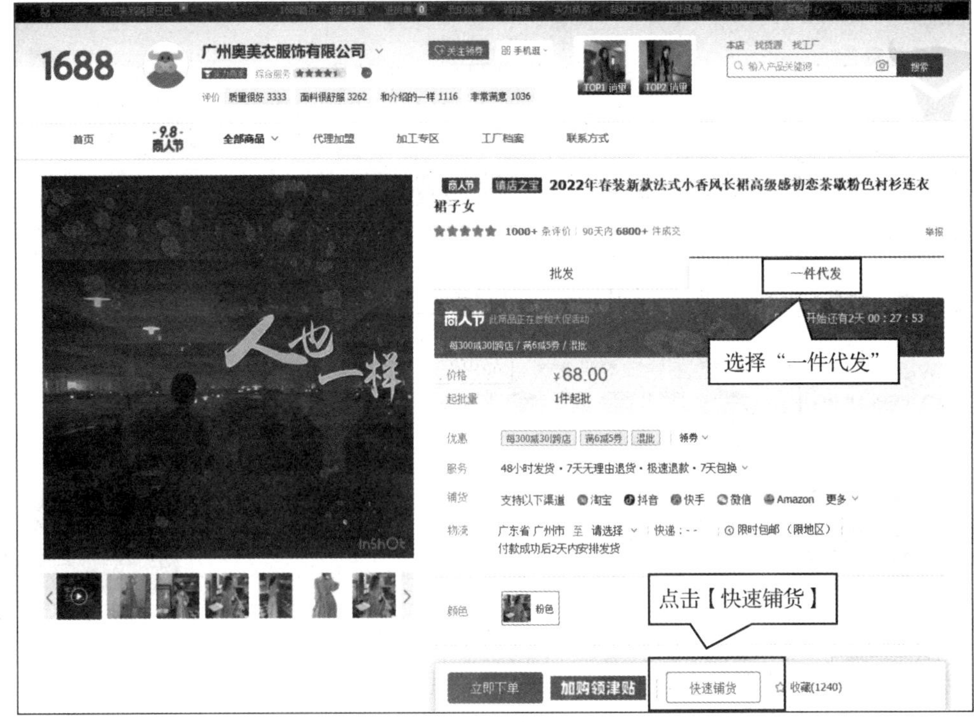

图 1－21　货源商品信息页面

步骤 7：在弹出的对话框中，选择一种铺货工具，以“官方淘宝铺货工具”为例，点击进行铺货。最后点击“去上架”，商品将在卖家的店铺中上架，如图 1－22、图 1－23 所示。

商品信息已成功发布到淘宝草稿箱！
上架前请修改零售价格和运费模板，建议美化宝贝图片。
如果在已铺货列表中找不到该商品，请到"淘管家-分销消息"了解失败原因
去上架
美化图片

图 1－22　选择铺货工具　　　　图 1－23　完成商品上架

2. “一件代发”的交易流程

商品在店铺里上架后，买家浏览购买，在没囤货的情况下如何发货，这就涉及“一件代发”的交易流程问题。

步骤1：将供应商店铺里的商品铺货到自己的店铺以后，卖家可以修改价格，不过需要在和供应商协商好的价格区间内进行设置，之后将商品上架，如图1－24所示。

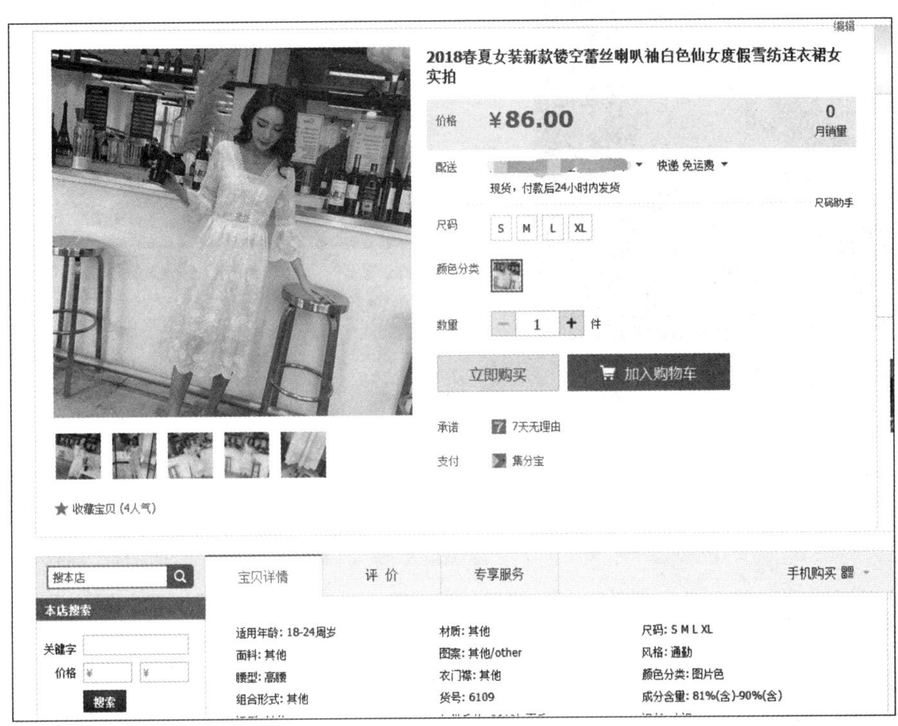

图1－24　商品展示页面

步骤2：当买家下单后，通过店家后台的“千牛卖家平台”，对买家购买以及付款信息进行具体查询，如图1－25所示。

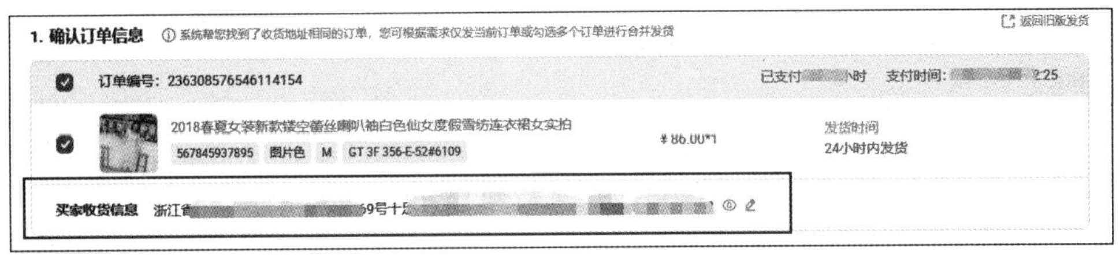

图1－25　订单确认页面

步骤3：进入货源供应商的平台或店铺，根据买家的购买信息，在平台上下同样的单，并提醒发货，如图1－26所示。注意一定要当顾客付款完成后，再去联系商家进行发货，否则造成商家发货而顾客取消付款的后果，将由自己承担。

步骤4：当供应商发货后，我们通过发货信息，拿到快递单号，之后在卖家自己店铺输入同样的单号进行发货，如图1－27、图1－28所示。

步骤5：买家确认收货并付款，如图1－29所示。卖家收到买家的确认信息后，同样在货源供应商平台确认收货并付款，完成交易。具体的交易流程如图1－30所示。

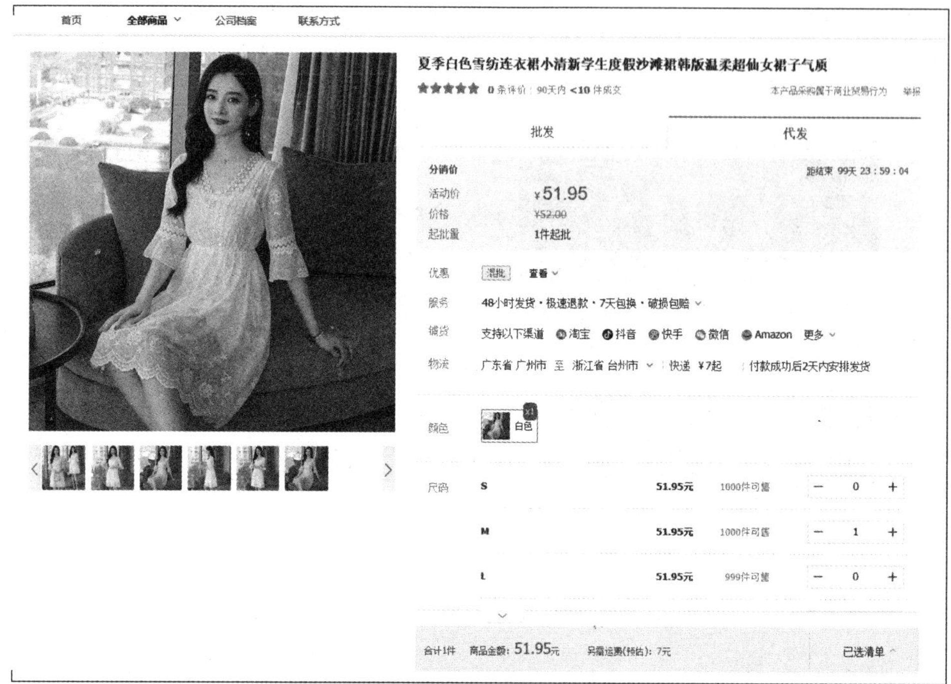

图 1－26 商品展示页面

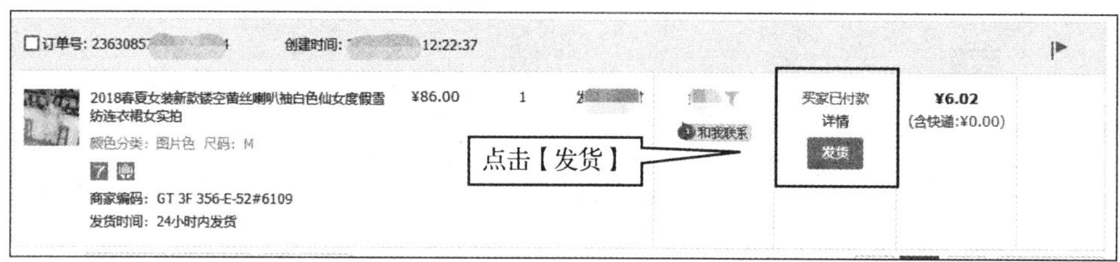

图 1－27 商品订单页

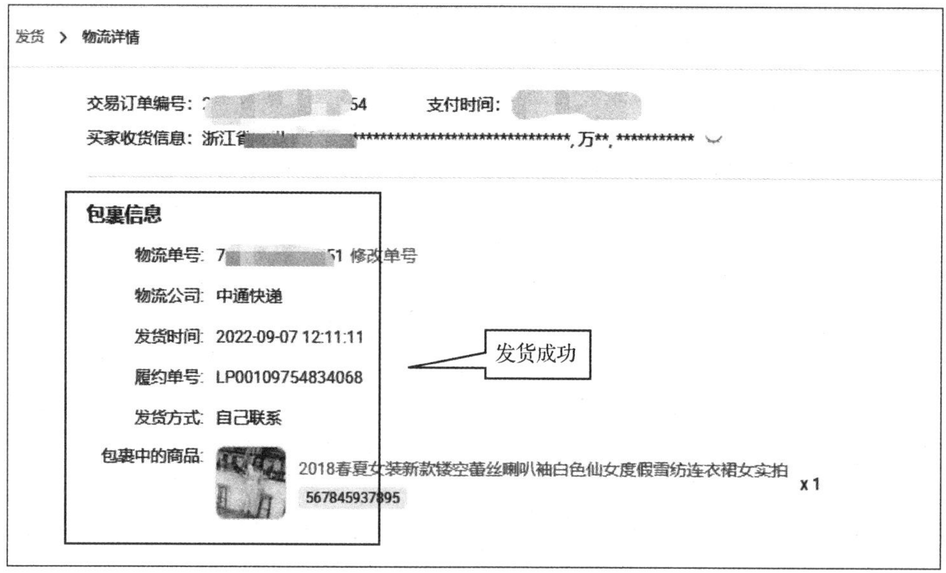

图 1－28 发货后物流页面

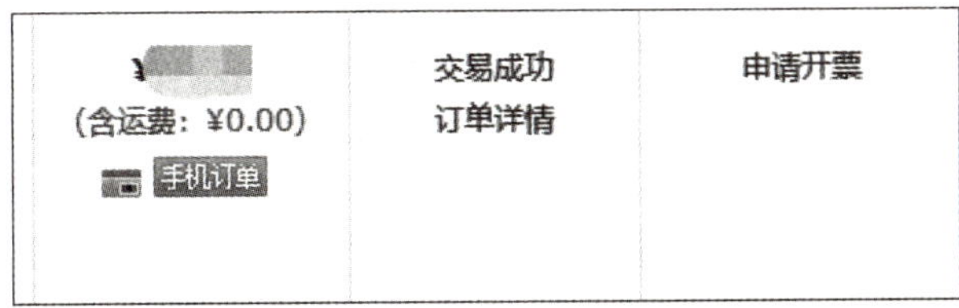

图 1-29　买家确认收货

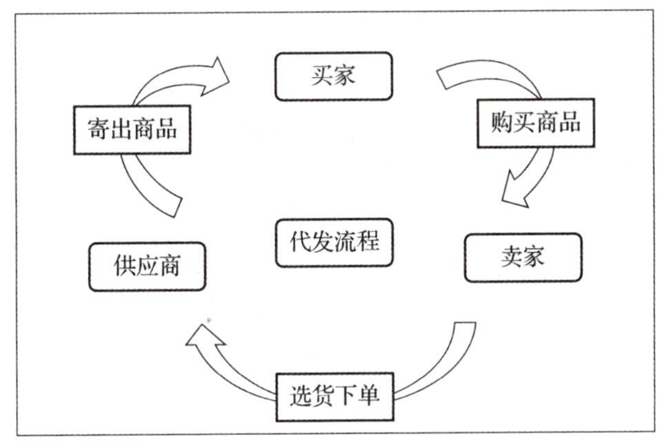

图 1-30　“一件代发”流程

活动评价：

通过学习，徐小明及其团队认识到三种店铺经营方式的不同之处，也找到了适合自己开店的经营方式，即“一件代发”的经营方式。

任务四　弄清网上开店的流程

情境设计：

徐小明及其团队在确定网上开店的平台以及具体的经营方式以后，准备在淘宝上开店。在浏览器中打开淘宝网以后，徐小明及其团队便开始操作，但是先点什么，后点什么？徐小明及其团队疑惑了。开店的流程到底是什么？徐小明及其团队一头雾水。本任务将带领大家一起学习网上开店的流程。

任务分解：

弄清网上开店的流程这一环节中，涉及三个活动任务，即账号的注册、PC 端开店流程以及移动端开店流程。

活动 1　账号的注册

活动情境：

徐小明及其团队进入淘宝网后才发现，要进行店铺的开设，首先需要注册淘宝的账号，这是最基本的操作，下面我们一起来学习淘宝账号的注册。

活动实施：

1. 淘宝账号注册

与旧版相比，新版的账号注册更加便捷。

步骤1：在浏览器中打开淘宝网“www. taobao. com”，进入淘宝网首页，点击首页左上角【免费注册】进入用户注册页面，如图1－31所示。

图1－31 淘宝网首页

步骤2：在页面对话框中根据要求输入“手机号码”以及对应的“验证码”，仔细阅读相关协议后勾选“已阅读并同意以下协议”，点击【注册】按钮。如图1－32所示。

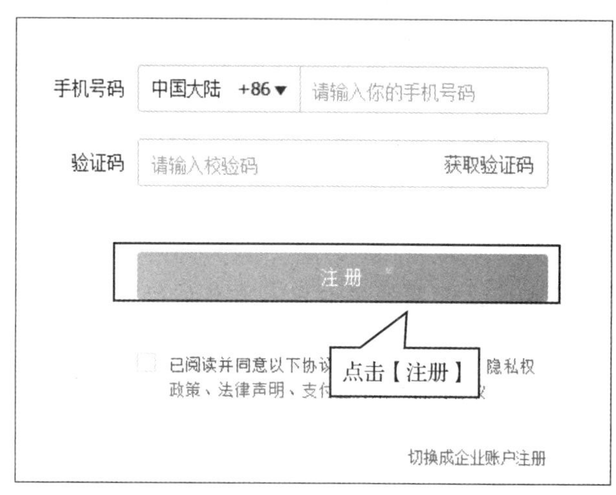

图1－32 手机注册页面

步骤3：注册成功，如图1－33所示。

2. 支付宝账号注册

步骤1：在浏览器中打开支付宝“www. alipay. com”，登录支付宝首页，在页面中点击【登录】，如图1－34所示。

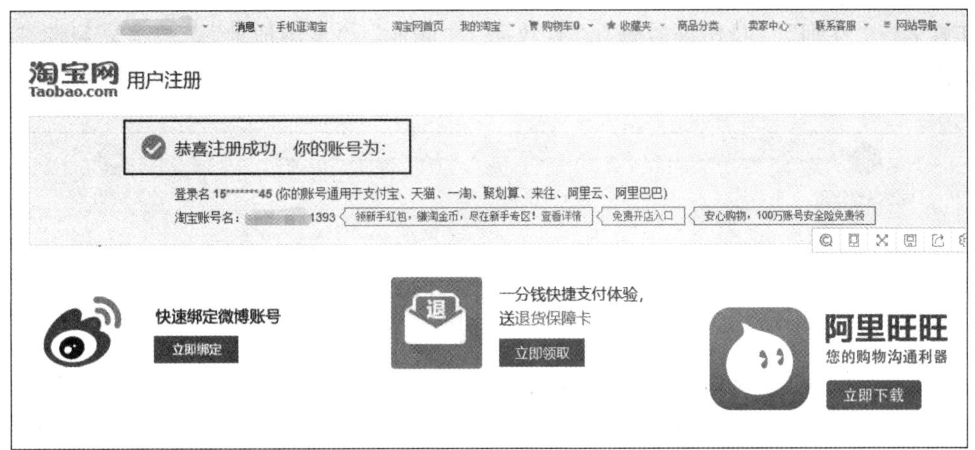

图 1-33　用户账号注册成功页面

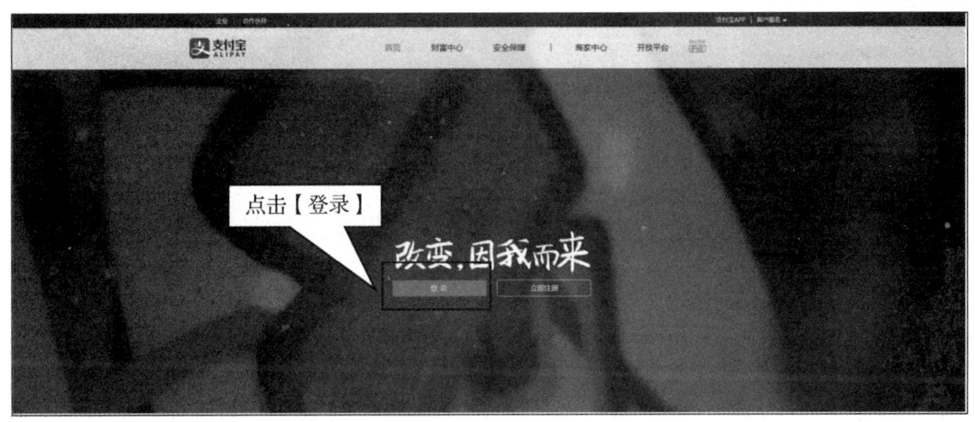

图 1-34　支付宝首页

步骤 2：点击【登录】后，弹出“扫码登录”，如图 1-35 所示。

图 1-35　扫码登录页

步骤 3：下载手机支付宝，并通过手机号码登录支付宝，通过支付宝中的“扫一扫”，登录支付宝设置身份信息页面，如图 1-36 所示。用户先要填写两条信息，分别是“支付密码”“再输入一次”（确认支付密码）。按照顺序填写完毕后，经过淘宝网审核，若用户填写无误且符合填写规则，那么在填写框后会显示“√”。之后设置个人身份信息，填写“真实姓名”“性别”“身份证号码”“有效期”“职业”“常用地址”。填写完勾选“我同意支付宝服务协议”，并点击【确定】按钮完成身份信息的录入，如图 1－36 所示。

图 1－36　设置身份信息页面

步骤 4：进入设置支付方式页面，如图 1－37 所示。用户需要填写“银行卡号”“持卡人姓名”“证件”“手机号码”（申请该银行卡时在银行预留的手机号码）。按照顺序填写完毕后，经过淘宝网审核，若用户填写无误且符合填写规则，那么在填写框后会显示“√”。点击【获取校验码】按钮后，手机将收到校验码，在“校验码”框中输入收到的 6 位数字，点击【同意协议并确定】。

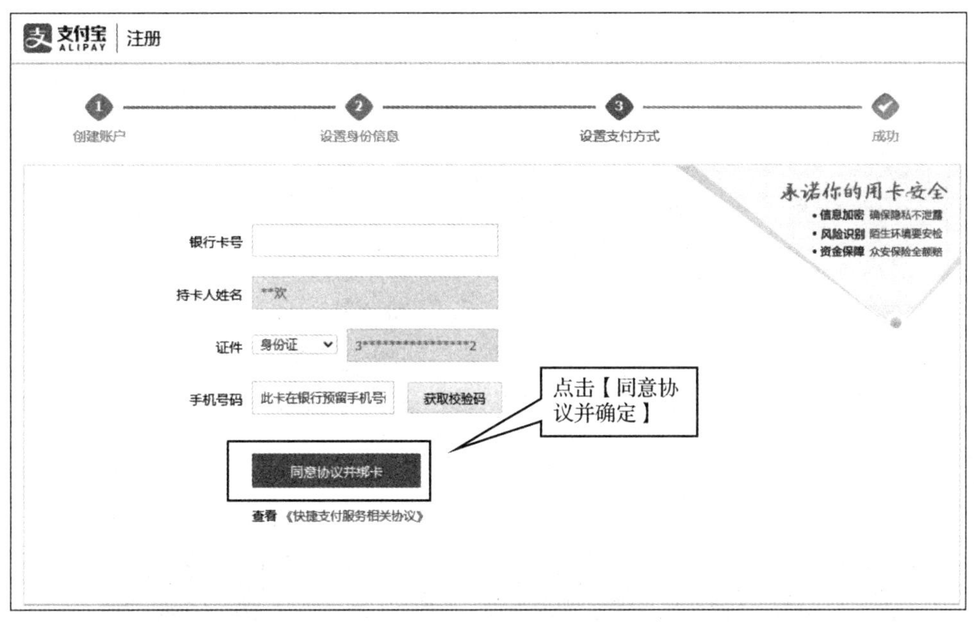

图 1 – 37　设置支付方式页面

步骤 5：完成支付宝注册，如图 1 – 38 所示。

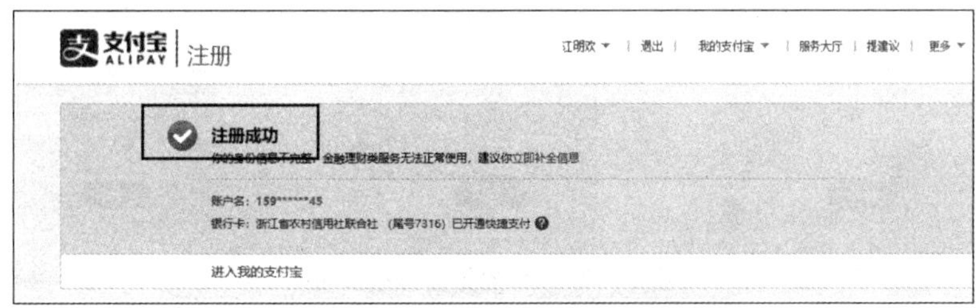

图 1 – 38　支付宝注册成功页面

活动 2　PC 端开店流程

活动情境：

通过活动 1 的学习，徐小明及其团队已经了解淘宝账号以及支付宝的注册流程，并完成淘宝账号及支付宝的注册，接下来将进入网店开设的操作流程。

活动实施：

1. 申请免费开店

步骤 1：登录淘宝网，点击淘宝首页右上角【免费开店】，如图 1 – 39 所示。

步骤 2：进入淘宝免费开店页面后，会发现淘宝新版本中，提供三种开店的适用身份，包括“普通商家”“大学生商家”“品牌商家”，如图 1 – 40 所示。其中“普通商家”主要适用于想创业、发展副业的企业或个人；“大学生商家”适用于在校大学生，赚取人生第一桶金；“品牌商家”适用于自有或独占品牌有商标注册证的企业。卖家可根据自己的身份选择开店的路径。

图 1－39　淘宝网首页

图 1－40　淘宝免费开店页面

步骤 3：以“普通商家”为例，选择身份以后，进入“淘宝商家入驻流程”。选择“个人商家”点击【去开店】，如图 1－41 所示。

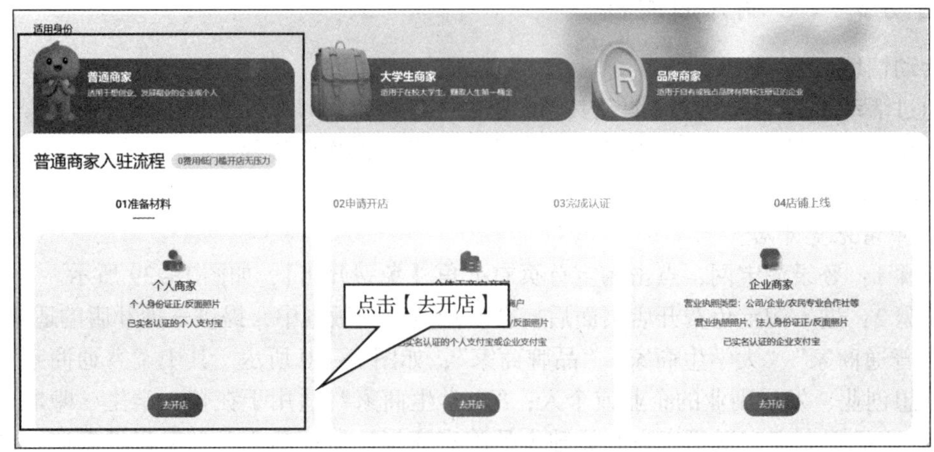

图 1－41　淘宝商家入驻流程

步骤4：进入开店认证页面。由于我们已经对支付宝进行过注册及认证，所以“开店认证”中的第一步“支付宝认证”显示“已认证”。之后进行第二步操作“主体信息登记”，点击【去填写】，如图1－42所示。

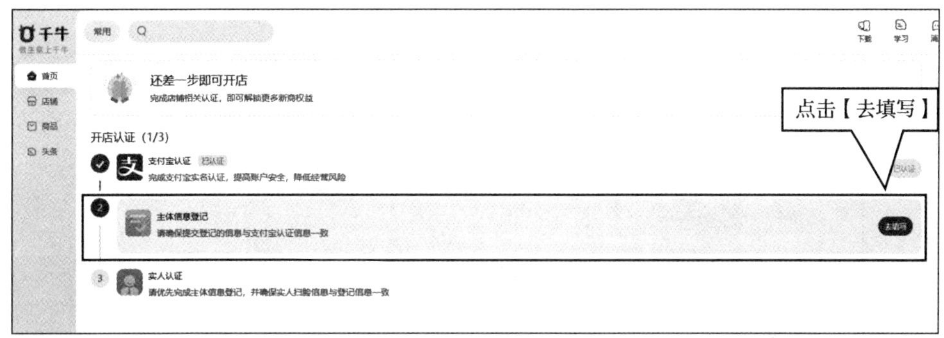

图1－42　开店认证页面

步骤5：弹出“淘宝网开店认证授权说明”页面，点击【同意授权，去填写】，如图1－43所示。

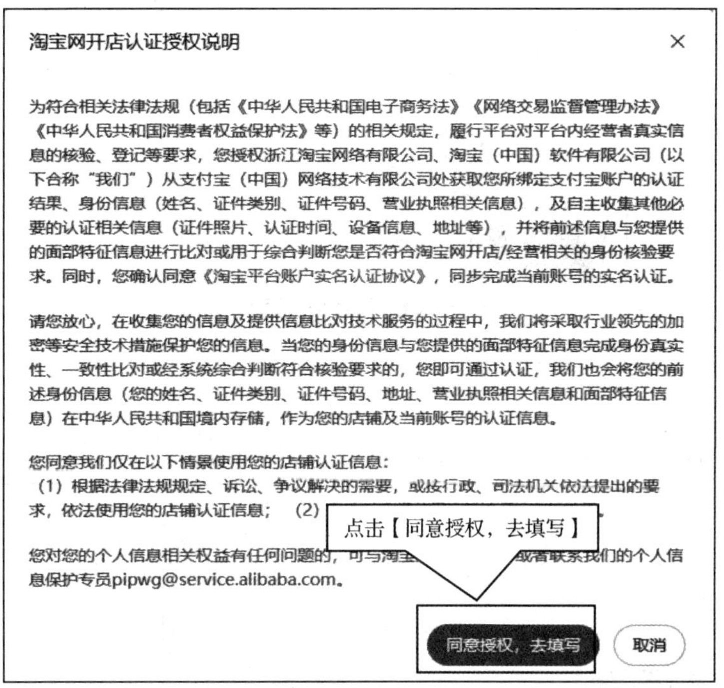

图1－43　淘宝网开店认证授权说明页面

步骤6：开始进行信息采集。卖家首先上传“个人证件图”，包括“人像面”和“国徽面”，图片大小在100 K～4 M，图片格式仅支持：JPG、PNG、JPEG；之后填写“经营地址”。在核对过“个人姓名”“个人证件类型”“个人证件号”后，即可点击【确认提交】，如图1－44所示。

步骤7：完成“主体信息采集”后，“开店认证”页面会显示“已认证”，如图1－45所示。之后进行第三步操作“实人认证”，这一步需要下载“手机淘宝”，登录后“扫一扫”二维码，根据系统提示完成人脸识别。

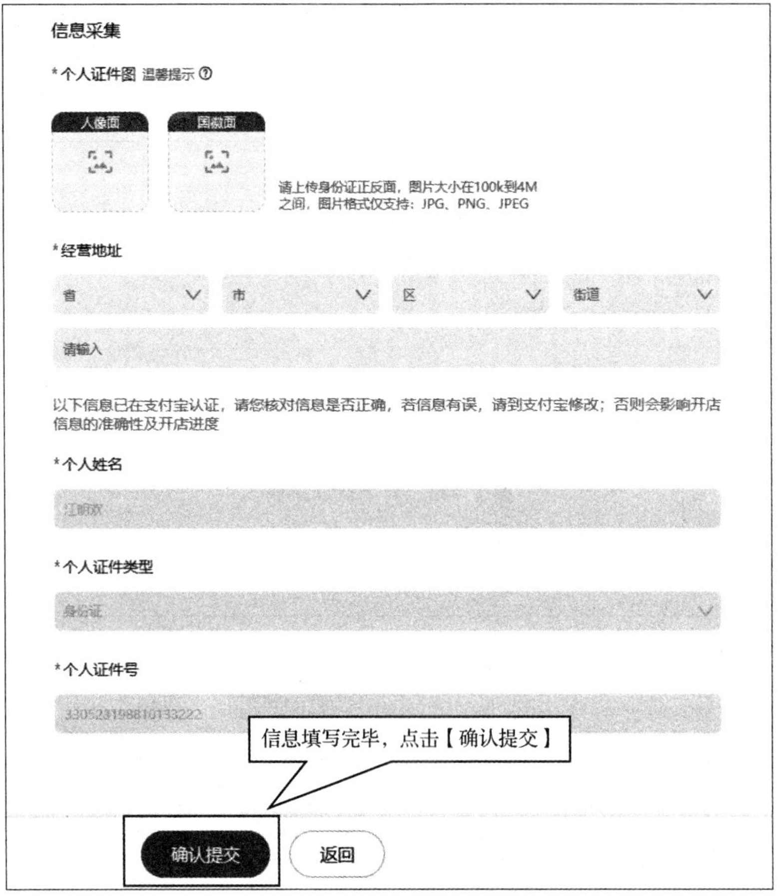

图 1－44　信息采集页面

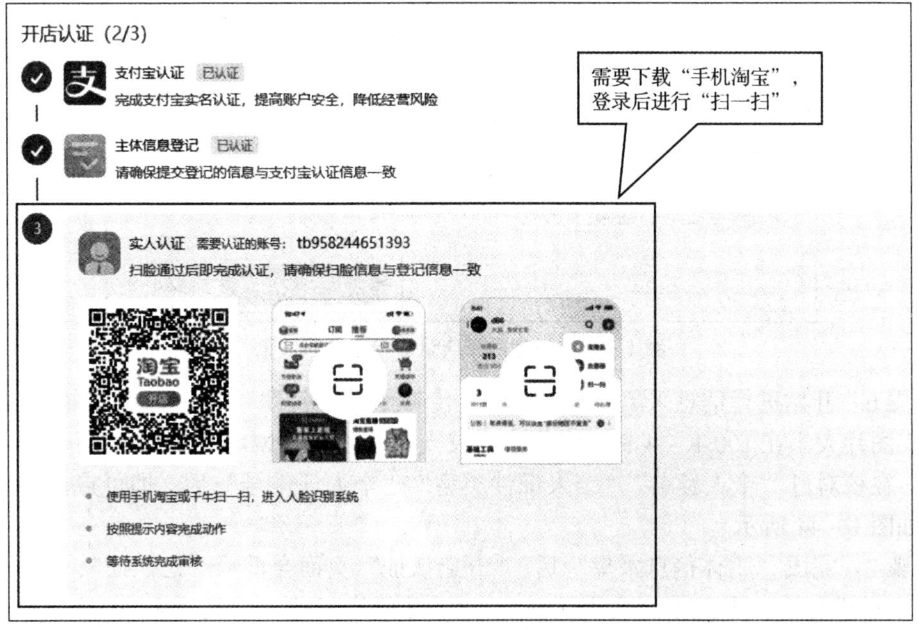

图 1－45　信息采集页面

步骤 8：完成开店，如图 1－46 所示。

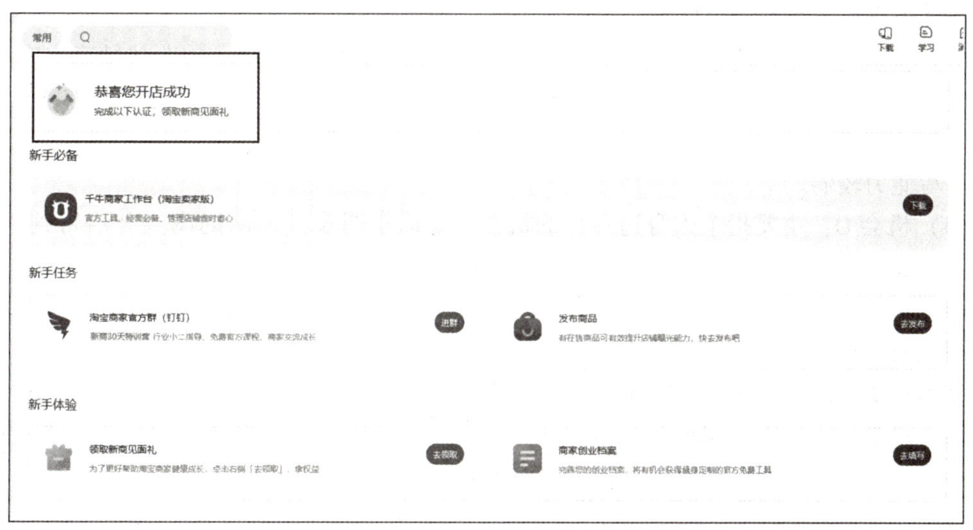

图 1－46　开店成功页面

活动评价：

通过学习，徐小明及其团队掌握了淘宝开店的流程，最后成功申请到免费的淘宝个人店铺。

任务五　做好开店前的自我评定

情境设计：

经过一系列的学习，徐小明及其团队已经成功开设店铺。为更好地做好筹备工作，徐小明及其团队需要对店铺有一个合理的自我评定，通过正确评估店铺，既明确店铺的优势，也能清楚店铺的短板。

任务分解：

做好开店前的自我评定这一环节中，涉及两个活动任务，即自我 SWOT 分析和店铺波特五力模型分析。

活动 1　自我 SWOT 分析

活动情境：

店铺开设后，徐小明及其团队对该吸引哪些伙伴进入创业团队存有疑惑。为此，徐小明及其团队从对自己进行 SWOT 分析开始。

任务实施：

步骤 1：理解 SWOT 分析法。

打开“百度”搜索引擎，输入“SWOT 分析法”关键词，梳理 SWOT 分析法的相关知识，总结分析方法。

所谓 SWOT 分析法，即基于内外部竞争环境和竞争条件下的态势分析，就是将与研究对象密切相关的各种主要内部优势（S）、劣势（W）和外部的机会（O）、威胁（T）等，通过调查列举出来，并依照矩阵形式排列，用系统分析的思想，把各种因素相互匹配加以分析，从中得出一系列相应的结论的分析方法，如图 1－47 所示。

（1）优势 S：主要指个人自身所具备的优势。如徐小明及其团队创业热情高，有一定的电子商务专业知识，做事认真负责，执行力和沟通力较强。

（2）劣势 W：主要指个人自身的不足之处。如徐小明及其团队淘宝开店经验不足，文案撰写能力较弱。

（3）机会 O：主要指个人身边存在的机会。如徐小明及其团队的淘宝开店得到学校、老师、家长的支持，以及学生创业的政策支持。

（4）威胁 T：主要指个人身边有哪些阻碍。如徐小明及其团队开店后将面临同类型淘宝店铺的激烈竞争。

SWOT 分析法可以帮助分析者从中找出对自己有利的、值得发扬的因素，以及对自己不利的、要避开的东西，发现存在的问题，找出解决办法，从而明确自身发展的优劣势。

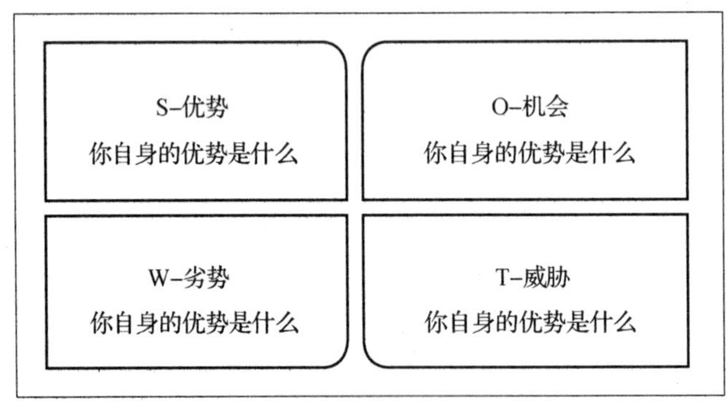

图 1－47　开店成功页面

步骤 2：构造 SWOT 矩阵。

将调查得出的各种因素根据轻重缓急或影响程度等排序，构造 SWOT 矩阵。在此过程中，将那些对公司发展有直接的、重要的、大量的、迫切的、久远的影响因素优先排列出来，而将那些间接的、次要的、少许的、不急的、短暂的影响因素排列在后面，如图 1－48 所示。

步骤 3：制订行动计划。

徐小明及其团队经过分析后，认为需要组建志同道合的运营团队；借助本地企业，寻找优质货源。

活动 2　店铺波特五力模型分析

活动情境：

通过活动 1 的学习，徐小明及其团队已经对自身有了一定的了解，接下去也想对店铺做一个分析，于是查询相关信息，通过波特五力模型对店铺进行分析。

任务实施：

步骤 1：打开“百度”搜索引擎，输入“波特五力模型”关键词，梳理波特五力模型分析法的相关知识。

波特五力分析模型是迈克尔·波特（Michael Porter）于 20 世纪 80 年代初提出的，可以有效分析客户的竞争环境。

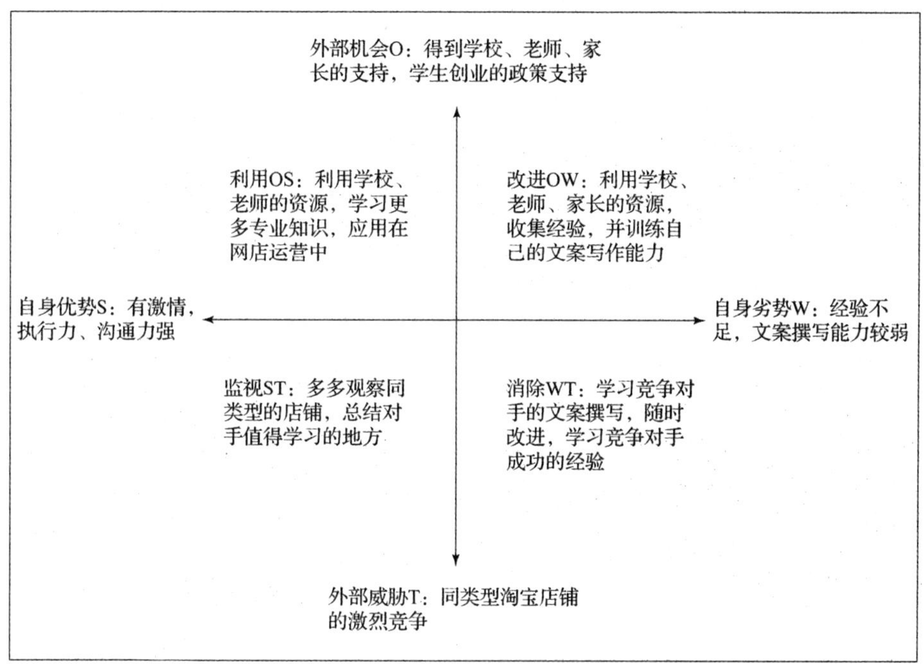

图 1－48　SWOT 矩阵

五力分别是：供应商的议价能力、购买者的议价能力、新进入者的威胁、替代品的替代能力、同行业竞争者的竞争能力，如图 1－49 所示。五种力量的不同组合变化，最终影响行业利润潜力变化。

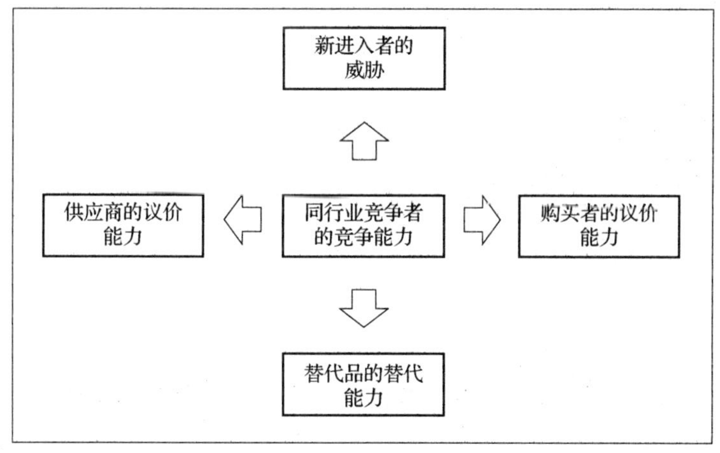

图 1－49　波特五力分析模型

步骤 2：分析店铺供应商的讨价还价能力。

价格是最受买家关注的因素之一。徐小明及其团队可以借助学校的校企合作资源，以较低价格拿到货源，在讨价还价上较一般新开店铺具备一定的优势。

步骤 3：分析商品购买者的讨价还价能力。

除价格外，店铺服务及商品质量也是买家关注的重要因素。在开店过程中，徐小明及其团队可以强化店铺的服务及商品质量优势、弱化购买者的讨价还价能力。当然，前提是优选商品，确保质量达标。

步骤4：分析新进入店铺的威胁。

淘宝开店门槛低，每天都会面对新店铺的竞争。新店大促等活动都是店铺不可避免的威胁。对此，维护老顾客，在服务上下功夫，以服务取胜。

步骤5：分析替代品的威胁。

徐小明及其团队的店铺是以服装为主，替代品多，新旧款交替明显。所以要多关注同类服饰新款的上货速度，借助企业资源及时上架新款。

步骤6：分析行业内现有竞争者的竞争能力。

淘宝上女装店铺间的竞争非常激烈。作为新开店铺，若没有明显的价格优势，只能在服务及服装搭配上来打开销路。

对徐小明及其团队的淘宝店铺而言，应该综合各方面的因素，提高店铺的整体竞争力。针对同类店铺的竞争，在价格、营销方式等相似的情况下，要把重心放在提升卖家的服务水平方面。

活动评价：

通过学习，徐小明及其团队有很大的收获，能够利用SWOT分析法对自身的优劣势进行分析，也能够结合波特五力模型对店铺进行分析，并找到了改进方向。

任务六　配备开网店所需的软硬件及使用技能

情境设计：

徐小明及其团队经过之前的学习，已经对网店有了一个初步的认识。店铺的实际运营中，需要采购哪些硬件？安装什么软件？团队成员在接待客户时需要具备哪些技能？这些引起了大家的关注。本任务将带领大家一起来了解网店开设所需的软硬件及使用技能。

任务分解：

配备开网店所需的软硬件及使用技能这一环节中，涉及两个活动任务，即网店经营软硬件选择和网店经营的基本技能。

活动1　网店经营软硬件选择

活动情境：

开设网店，软硬件是必不可少的。徐小明及其团队一开始认为一台电脑就是全部硬件，但在上网了解后发现还需要其他一些辅助设备以及一些专业的软件支持。

活动实施：

1. 明确网店硬件设备

打开“百度”搜索引擎，输入“网上开店的硬件”关键词，在搜索页面中查看相关信息，并归纳整理确定网上开店所需要的硬件设备。

徐小明及其团队在浏览多个网站后，了解到多数网上店铺都有如下硬件设备：

（1）智能手机。鉴于安全，淘宝经常需要对账号使用者进行身份验证、人脸识别等操作，智能手机是不可或缺的。其次，手机对接待客户的空间性要求不强，能减少因店铺客服离开电脑而导致的客户流失现象。

（2）电脑。店铺装修、图片处理、网店运营等的操作，更适合在电脑上完成，当然也可以在电脑上安装千牛工具后进行客户咨询接待。

（3）照相机。如果店铺需要拍摄商品图片，那么一个合适的照相机就有必要了。当然，有时照相机会被手机取代。

（4）订单打印机。淘宝系统已经全部开启电子面单，因此订单打印机也是不可缺少的。

2. 软件选择

同样通过上网查询的方式，查找网上开店需要的软件支持。徐小明及其团队发现软件种类繁多，基础性软件有：

（1）千牛卖家工作平台。淘宝卖家、天猫商家均可使用。包含卖家工作台、消息中心、阿里旺旺、生意参谋、订单管理、商品管理等主要功能，其核心是为卖家整合店铺管理工具、经营咨询信息、商业伙伴关系，借此提升卖家的经营效率，促进彼此间的合作共赢。

（2）淘宝营销小工具。用于设置优惠的工具，选用后可自动实现"满就送、限时打折、搭配套餐和店铺优惠券赠送"等功能。这些工具经过淘宝严格审核并托管，旨在帮助淘宝卖家实现商品打折促销，以增加和促进销售为目的。

（3）淘宝助理。这是淘宝的官方软件，可以使淘宝卖家不登录淘宝网就能直接编辑宝贝信息，快捷批量上传宝贝。其强大的批处理功能将省去大量淘宝卖家上传和修改商品等信息的时间，大大提高开店效率。

（4）PS 软件。图片处理 PS 有很多功能，在图像、图形、文字、视频、出版等各方面都有涉及。卖家如果熟练甚至精通这款工具，那么在商品包装、海报方面都不用愁了。

（5）视频剪辑软件。淘宝店铺首页的短视频几乎是必不可少的，因此，视频剪辑软件也成为必需。

当然，为了更好地运营店铺，可能会在后期购买一些专业版软件，如生意参谋等。随着店铺规模的提升，对店铺软硬件的要求也可能会有提高。

活动 2　网店经营的基本技能

活动背景：

徐小明及其团队通过活动 1 的学习，了解了网店运营所需要的一些软硬件。相应地，团队也要具备使用软硬件的基本技能和接待客户的基本技能。接下来，请跟随我们和徐小明及其团队一起学习网店开设该具备的基本技能。

活动实施：

打开"百度"搜索引擎，输入"网上开店所需技能"。浏览各个相关页面，以"百度知道""知乎""开淘网"等网站的信息为主，总结网上开店所需要的技能。

通过网上的调查，徐小明及其团队明白了新手卖家需要具备以下几种核心技能：

（1）选品技能。货源关乎店铺生存。选品指的是选择店铺销售的商品，选品关系到能否成功打造店铺爆款，一切运营推广都从选品开始。一般而言，选品可参照如下方式操作。

①选择有利润空间的商品，这样才能支撑起店铺最基础的运作。

②选择对手销量不太高也不太低的商品。

③竞争相对较小的市场，新商家可以更快实现突破。价格区间应是大众都能接受的。

④选择消费需求大的商品。

（2）数据分析能力。无数据，不电商。数据分析能力是卖家必须具备的能力之一。商品图片、标题、描述等的修改操作都要以数据为支撑。

另外，店铺运营中，需要通过分析自己店铺的数据、竞争店铺数据、行业市场数据等，来了解市场趋势和对手店铺情况，再对比寻找市场机会。

（3）视觉设计能力。网店需要通过有效的视觉传达设计，提高自身的流量和转化率。因此，视觉设计能力是一项必备技能。

（4）客户服务能力。网店无法与客户面对面交流，都是通过客服回答客户的各种咨询、提供售后服务。客服的能力很大程度上影响到店铺评价、客户复购等维度，好评有助于提升商品及店铺的权重，而复购可以降低流量获取成本，二者都决定了店铺的可持续运营能力。

活动评价：

通过学习，徐小明及其团队了解了网上开店所需要的一些设备，也下载了一些基本的软件，在此基础上团队成员一起学习网店运营的基本技能，为以后良好的运营做好铺垫。

项目总结：

网店开设是一个烦琐的过程，从为什么选择开设网店，到选择一个合适的网店平台以及经营的方式，都是开店前需考虑的问题；评估创业团队及店铺、竞争店铺、市场环境等，也是必做事项。作为一个新手卖家，还需要熟悉开店流程，会找货源，能做店铺装修，具备客服能力等。只有做好以上准备工作，店铺才能运营好。

通过学习，总结整理实施过程中遇到的问题，讨论、整理出解决方案并完成下面的知识及技能总结表格（见表1－8）。

表1－8　知识及技能总结

班级：	姓名：	学号：	完成时间：
任务名称：	组长签字：	教师签字：	
类别	索引	学生总结	教师点评
知识点	网店的概念和优势		
	网上开店平台的种类和经营方式		
	SWOT分析法以及波特五力模型		
	网店软硬件设备的种类和必备技能		
技能点	会选择合适的开店平台，能根据平台规则、按流程开设店铺，能选择合适的经营方式，能对店铺进行自我评定		
操作总结	操作流程		
	注意事项		
反思			

任务实训：

任务实施提示：

近些年网上开店已经成为学生创业的首要选择，不需要购置昂贵的设备，只要有电脑、手机即可开始网店创业。也无须像其他行业一样需要特殊的技能，能简单使用计算机，就可进行网上交易。因此，鉴于电子商务专业学习的需求，学生以组为单位组建团队，开设网店，同时针对每个网店，寻找优质货源。

任务部署：

阅读教材相关知识，按照任务单 1 的要求完成学习工作任务。

任务单 1　新建个人网店并为网店选择经销产品

<table>
<tr><td>任务名称</td><td>新建个人网店并为网店选择经销产品</td><td>任务编号</td><td>1</td></tr>
<tr><td>任务说明</td><td colspan="3">会根据已有信息开设网店，并寻找出优质货源</td></tr>
<tr><td rowspan="6">任务实施</td><td colspan="3">（1）在淘宝网上注册账号并完成支付宝认证和开店认证，最后新建一个个人网店</td></tr>
<tr><td colspan="3"></td></tr>
<tr><td colspan="3">（2）在网上进行有关童装的市场调查，在天猫商城上搜索“巴拉巴拉旗舰店”，了解该店的店铺定位，包括用户群体定位、产品定位和店铺视觉定位。然后模仿“巴拉巴拉旗舰店”，针对某一个年龄段或者某一性别的目标消费群体的某种需求为网店选择一类主打商品</td></tr>
<tr><td colspan="3"></td></tr>
<tr><td colspan="3">（3）以书面的形式说明该商品品类的市场前景、目标消费群体特性，并设计该品类的产品属性、产品定位、质量定位和风格定位</td></tr>
<tr><td colspan="3"></td></tr>
<tr><td>教师评语</td><td colspan="3"></td></tr>
<tr><td colspan="2">实训成绩</td><td colspan="2">实训任务书成绩</td></tr>
</table>

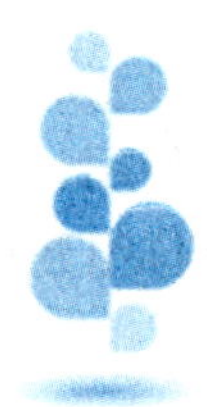

项目二 店铺装修与模块制作

能力目标

能设置店铺的基础信息、设计店铺的风格与布局、制作店铺的主要模块。

知识目标

掌握店铺基本信息的内容以及设置方法；
了解店铺装修的基本流程；
掌握店铺风格的几种类型；
掌握店铺 LOGO、店招、Banner 图制作的方法。

思政目标

在店铺装修的过程中，美工要具备专业素养，要注意不使用低俗素材，不设计与事实不符的文案、图片。在不断修改图片的过程中，培养吃苦耐劳和精益求精的工匠精神。

项目综述

徐小明及其团队做了大量的前期工作，淘宝店铺已注册成功，准备大显身手。在观察了同类型的店铺后，徐小明发现多数淘宝网店都装修精美、很吸引眼球，而自己的店铺装修就有点差强人意了。于是团队成员决定开始学习店铺装修的知识。

网店装修就是指通过页面布局、程序模板和图片等的编辑，让店铺拥有更加丰富美观的页面。店铺通过装修可以突出整体的风格和商品的特性，从而吸引更多的消费者。网店装修能够最大限度地提升店铺在买家心中的形象，有利于网店品牌的形成。希望通过本项目的学习，帮助大家了解店铺装修的基本流程、掌握店铺装修的方法和技巧。

任务一　设置店铺的基础信息

情境设计：

徐小明及其团队成员通过支付宝认证和淘宝开店认证后，终于将店铺注册成功，成为“有店一族”。店铺开设成功后，要对店铺进行基本的设置，才能开始正常的店铺运营及客户接待。下面我们和徐小明及其团队一起来学习如何设置店铺的基础信息。

任务分解：

设置店铺的基础信息这一环节中，涉及两个活动任务，即店铺基本信息设置和店铺账号管理。

活动1　店铺基本信息设置

活动背景：

徐小明及其团队发现，店铺虽然建成功，但是基本信息还是空缺的，例如店铺的名字叫什么，店铺主营的宝贝是什么，店铺的简介是否要写等，于是徐小明及其团队成员合作一起对店铺的基本信息进行设置。

活动实施：

注册成功的淘宝店铺，买家已能在淘宝网首页以“搜索店铺”的方式查询得到。为使买家更全面地了解店铺，卖家首先要做的就是完善店铺的基本信息。

1. 进入店铺基本设置界面

步骤1：登录淘宝网“www. taobao. com”，点击右上方【千牛卖家中心】，进入卖家后台，如图2－1所示。

图2－1　淘宝首页

步骤2：进入千牛卖家中心页面，查看左侧的页面导航栏，找到“店铺管理”，将鼠标移到该栏目上，在自动跳出框中找到【店铺基本设置】，点击进入即可，如图2－2所示。

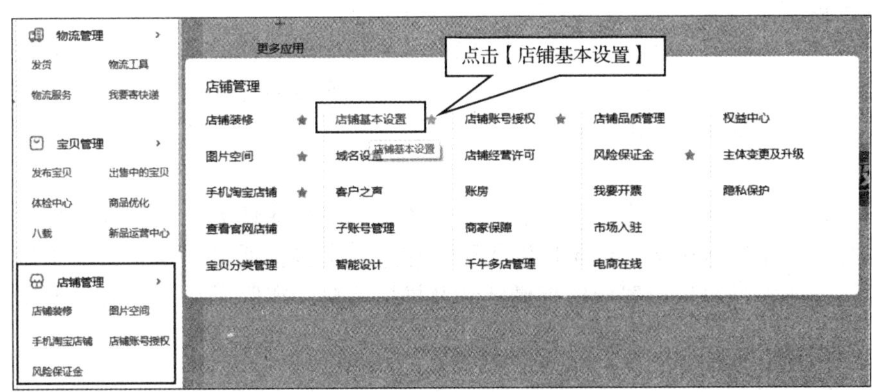

图2－2　店铺基本设置路径图

2. 填写店铺基本信息

填写店铺基本信息包括："淘宝店铺"和"手机淘宝店铺"，"手机淘宝店铺"只需要设置"客服电话"即可。本活动以"淘宝店铺"为主，所填写的信息将在店铺前台展示给买家，所以需要认真填写，如图2-3所示。

（1）店铺名称：一般都与店铺销售的商品类目有关，这样买家可以通过店铺名称了解到店铺主营商品。店铺应该尽量使用简单好记的名称，方便买家记忆，帮助店铺吸引更多的买家。店铺名称可以根据需要修改。

（2）店铺标志（LOGO）：需要结合店铺风格、主营商品等进行设计。店铺标识要简洁明了、吸人眼球。店铺标识上传时有大小与格式的要求，文件后缀可以是GIF、IPG、JPEG、PNG；文件大小在80K以内，尺寸建议为80像素×80像素。

（3）店铺简介：店铺简介会加到店铺索引中，被直接搜索，所以相当重要。店铺简介必须以特定的格式填写，具体格式为"【掌柜签名】……/【店铺动态】……/【主营宝贝】……"。

①掌柜签名：指的是店铺的签名或者是店铺的一种个性化展示，比如"三叶草服饰，幸运伴你行"。掌柜签名要围绕店铺的主要受众群体去做。比如店铺主营潮流服饰，便可用网络用语组成签名，但要注意分寸，以免过于夸大造成买家反感。

②店铺动态：指的是店铺最近的促销信息，比如全场包邮、五折等。店铺动态要及时、真实、客观，虚假信息会让潜在买家产生不信任感。

③主营宝贝：指的是店铺经营的主要宝贝的类型、风格等，比如女装、化妆品等。主营宝贝尽量填写店铺所售宝贝的类型、适合人群及风格等，同样必须真实客观。这是与其他店铺区分的很好方式，切勿堆砌词汇。因受展示字数限制，建议尽量展示店铺主营宝贝的特色。

（4）经营地址：须填写准确的经营地址，以便之后运费的计算。

（5）主要货源：须填写准确的货源信息，以取得潜在买家的信任。

（6）店铺介绍：可以填写店铺简介、店铺特色、店铺活动等信息，是用户了解店铺最详细信息的区域。

活动2 店铺子账号管理

活动背景：

通过活动1的学习，徐小明及其团队成员已经完成对店铺的基本设置。但由于只有一个主账号，团队成员无法同时登录店铺开展工作。子账号的开通迫在眉睫，于是徐小明及其团队决定学习店铺子账号的设置。

活动实施：

店铺运营是一项团队工作，需要各个岗位各自完成相应任务。为店铺管理方便，淘宝网为卖家提供了子账号服务。淘宝店铺子账号作用非常多：通过授权，美工子账号可以装修店铺；运营子账号可以设置店铺促销活动及推广策略；客服子账号能有效地实现客户分流接待。

1. 新建店铺子账号

步骤1：进入"千牛卖家中心"，查看左侧页面导航栏，找到"店铺管理"，在该隐藏栏目中找到【子账号管理】进入子账号设置页面，如图2-4所示。

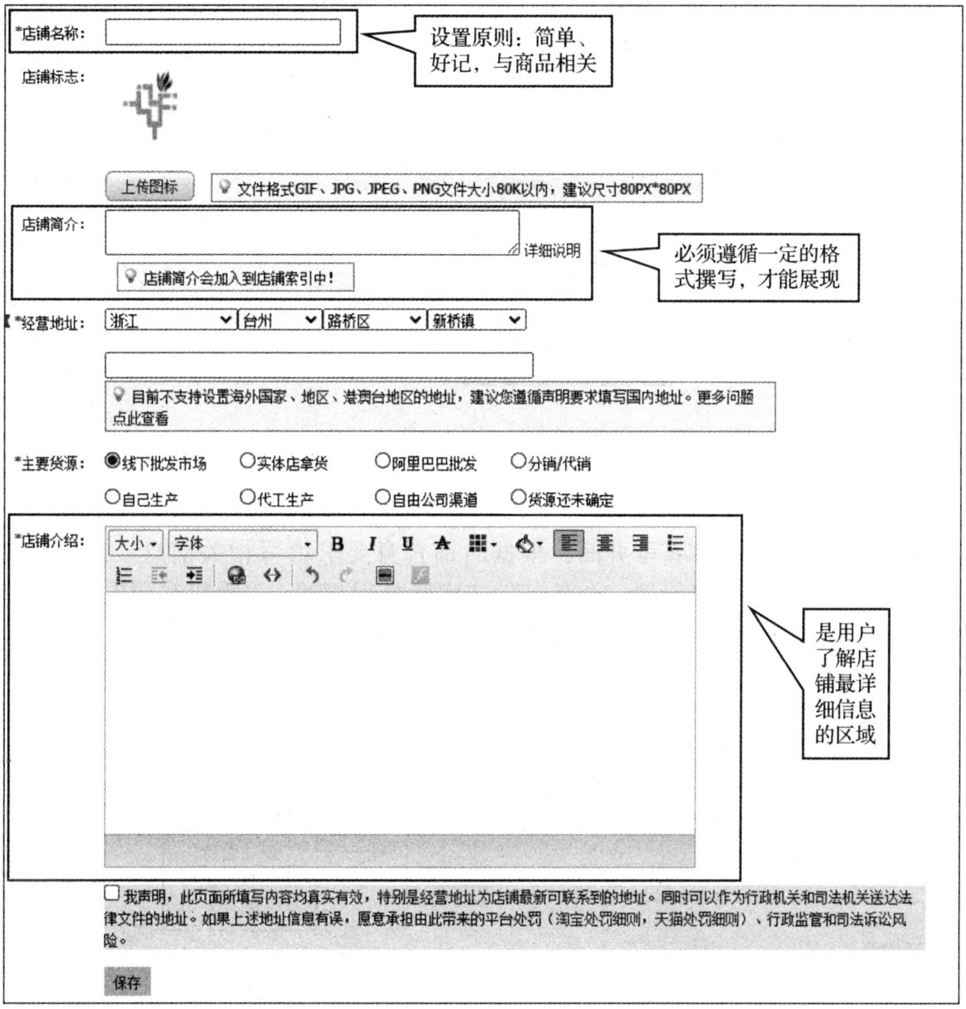

*店铺名称：
设置原则：简单、好记，与商品相关
店铺标志：
上传图标
文件格式GIF、JPG、JPEG、PNG文件大小80K以内，建议尺寸80PX*80PX
店铺简介：
详细说明
店铺简介会加入到店铺索引中！
必须遵循一定的格式撰写，才能展现
*经营地址：
浙江
台州
路桥区
新桥镇
目前不支持设置海外国家、地区、港澳台地区的地址，建议您遵循声明要求填写国内地址。更多问题点此查看
*主要货源：
线下批发市场
实体店拿货
阿里巴巴批发
分销/代销
自己生产
代工生产
自由公司渠道
货源还未确定
*店铺介绍：
大小
字体
是用户了解店铺最详细信息的区域
我声明，此页面所填写内容均真实有效，特别是经营地址为店铺最新可联系到的地址。同时可以作为行政机关和司法机关送达法律文件的地址。如果上述地址信息有误，愿意承担由此带来的平台处罚（淘宝处罚细则，天猫处罚细则）、行政监管和司法诉讼风险。
保存

图 2－3　店铺基本信息填写页面

店铺管理
店铺装修
图片空间
手机淘宝店铺
店铺账号授权
风险保证金
店铺服务
我订购的应用
客服外包
自运营中心
店铺管理
店铺装修
店铺基本设置
店铺账号授权
店铺品质管理
权益中心
图片空间
域名设置
店铺经营许可
风险保证金
主体变更及升级
手机淘宝店铺
客户之声
账房
我要开票
隐私保护
查看官网店铺
子账号管理
点击【子账号管理】
宝贝分类管理
智能设计
千牛多店管理
电商在线

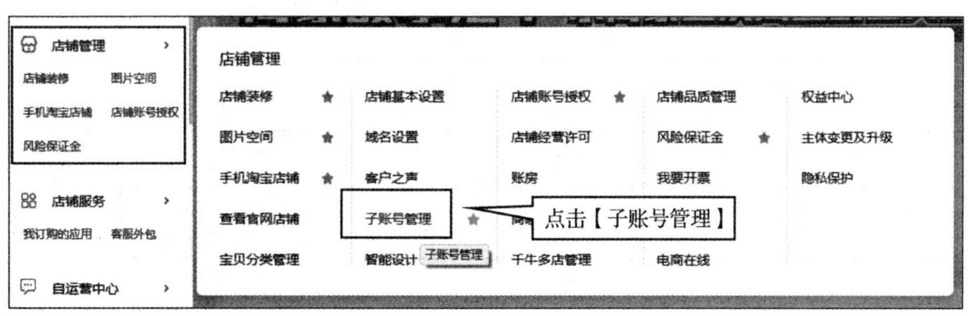

图 2－4　店铺子账号设置路径

步骤 2：在子账号设置页面可以看到店铺能设置子账号的总数，包括“已使用”个数及“已冻结”个数。新开店铺的子账号只有 3 个。随着店铺信誉的提升，可建的子账号越来越多。找到【新建子账号】按钮，点击进入信息填写页面，如图 2－5 所示。

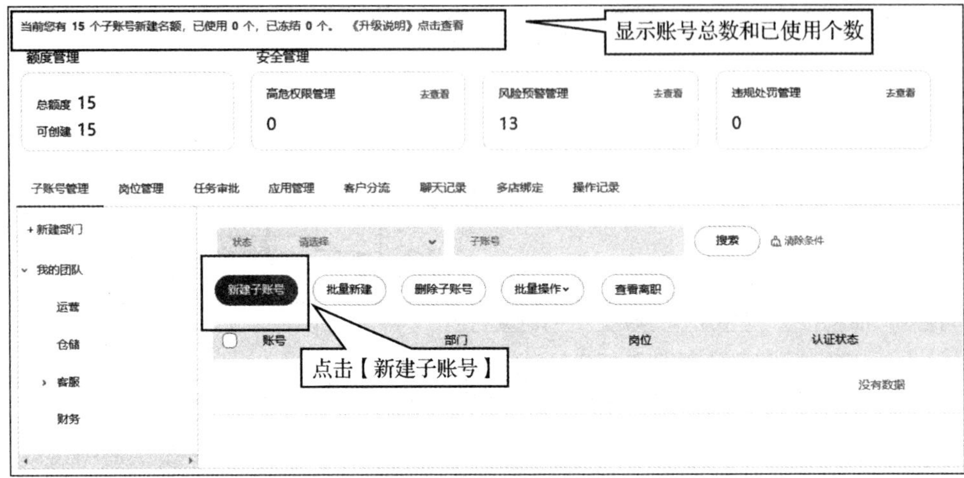

图 2-5　子账号设置页面

步骤 3：在子账号信息填写页面，根据店铺自身要求填写相关信息。“账号名称”系统有自动推荐，也可自己设置。“部门”按实际情况填写。“手机号码”填账号使用者的联系方式。“密码”根据自身要求设置。“选择岗位”按店铺具体分工填写，可根据实际需要“修改权限”，授予不同的子账号不同的权限。勾选“共享设置”中两个选项，最后点击【确认新建】，如图 2-6 所示。

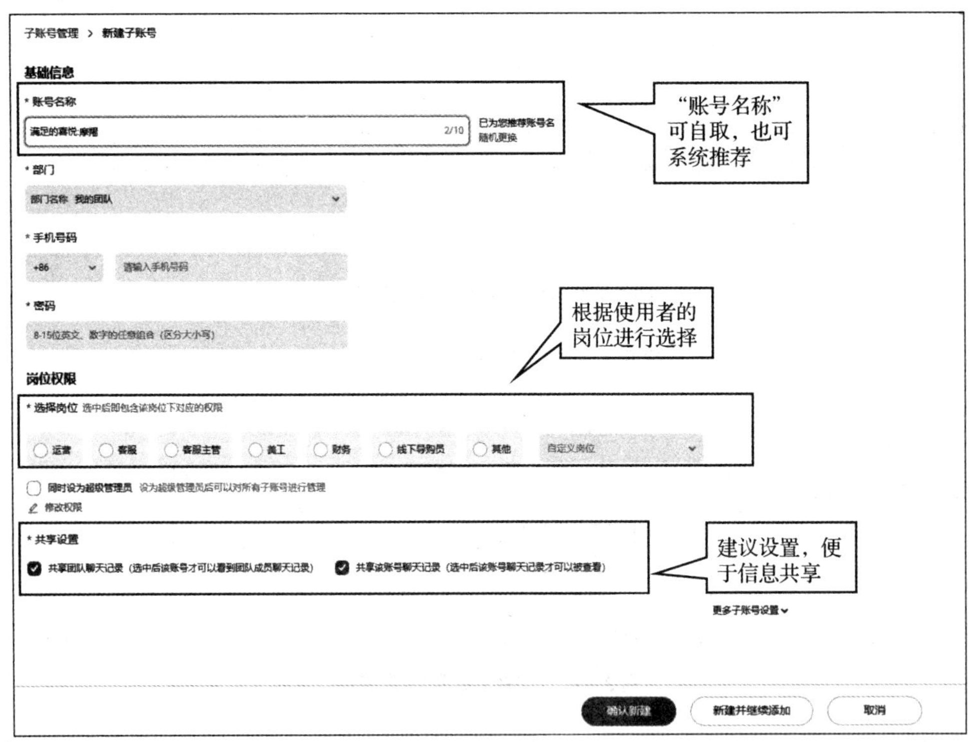

图 2-6　新建子账号

步骤 4：子账号新建成功，但是还需要账号使用者的实名认证，这样才可以使用，如图 2-7 所示。

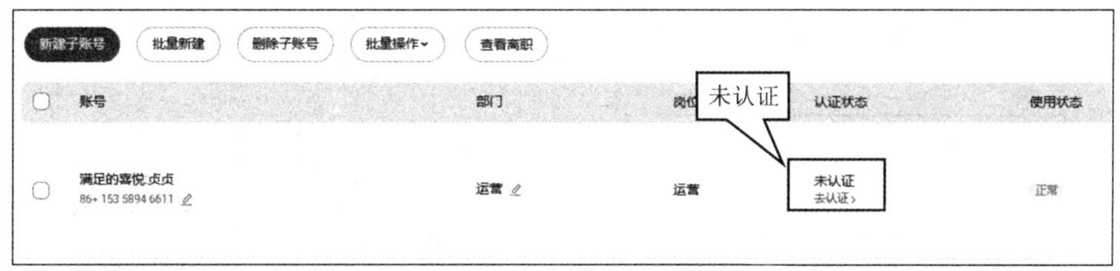

图 2－7　子账号列表

2. 店铺子账号认证

步骤 1：进入“子账号管理”页面，找到需要认证的子账号，点击【去认证】，如图 2－8 所示。

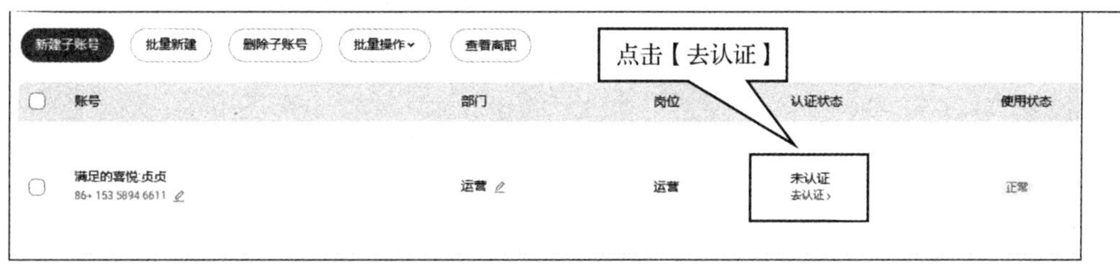

图 2－8　子账号列表

步骤 2：使用手机淘宝扫描以下二维码进行身份认证，如图 2－9 所示。

图 2－9　子账号认证

步骤 3：进入手机认证页面，点击【开始认证】，如图 2－10 所示，之后进入“实人认证服务”，阅读相关规则，无问题后勾选“我已同意”，点击【开始认证】，如图 2－11 所示。

步骤 4：填写身份信息，点击【提交】，如图 2－12 所示。进入人脸识别页面，如图 2－13 所示。

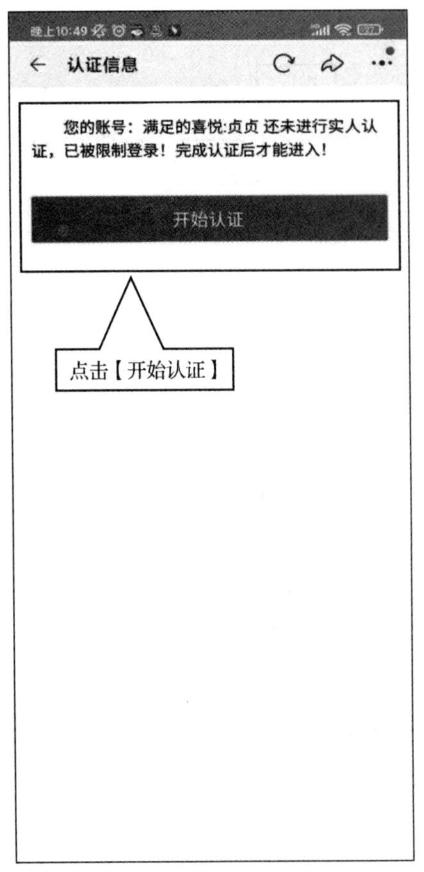

图 2－10 子账号开始认证

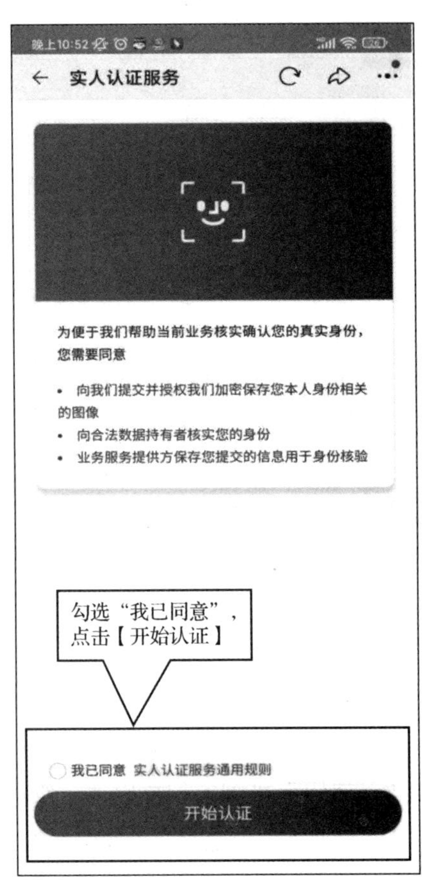

图 2－11 子账号实人认证服务

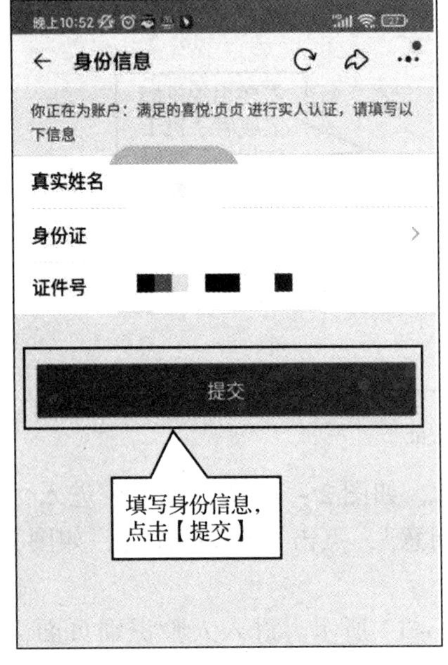

图 2－12 身份信息填写

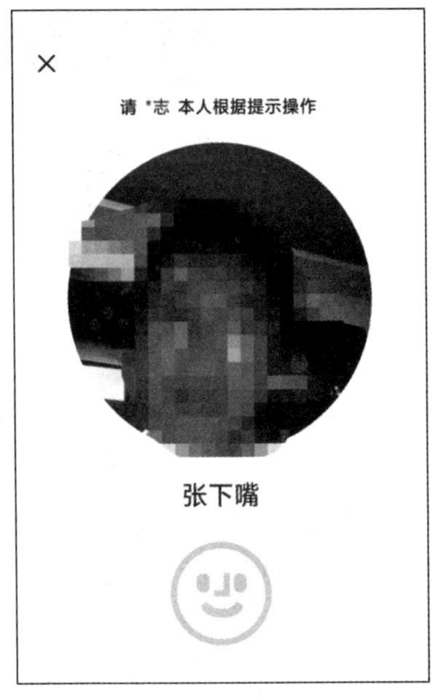

图 2－13 人脸识别页面

步骤5：人脸识别通过以后，认证成功，如图2－14所示。之后可以使用子账号登录店铺。

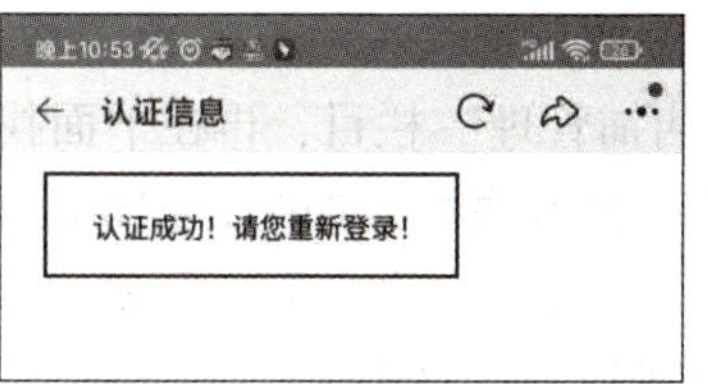

图2－14　认证成功页面

活动评价：

通过学习，徐小明及其团队学会了店铺信息的基本设置，也学会创建和认证子账号，这为店铺运营打下了良好的基础。

任务二　弄清店铺装修的基本流程

情境设计：

徐小明及其团队成员经过比较，发现自己的店铺像是一个毛坯房，与竞争店铺的精美外观有相当大距离。经协商，徐小明及其团队成员也准备装修店铺，但他们对店铺装修的流程并不熟悉。本任务将带领徐小明及其团队和大家一起学习店铺装修的基本流程。

任务分解：

弄清店铺装修的基本流程这一环节中，涉及两个活动任务，即店铺装修的基本路径和图片空间的上传。

活动1　店铺装修的基本路径

活动背景：

线下的店铺在开始运营之前，都会对店铺进行装修，网上店铺也是如此。徐小明和团队成员也打算装修店铺，但是从何入手没有头绪，团队成员尝试上网查询淘宝店铺的装修路径。

活动实施：

淘宝店铺在刚注册完成后仍处于毛坯状态，商家如果不进行店铺的装修，不仅店铺不美观，而且会影响店铺的流量和销量。装修店铺是淘宝店铺的头等大事，网店销售首先是视觉营销。

1. 店铺首页装修的流程

步骤1：打开浏览器，登录淘宝网，点击右侧顶部的【千牛卖家中心】，进入卖家中心后台，如图2－15所示。

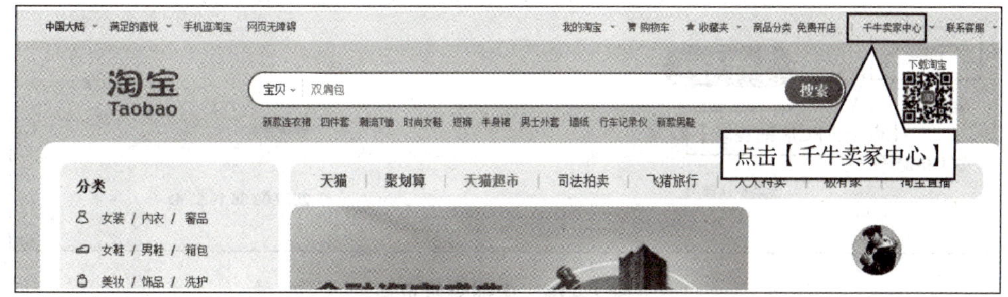

图2－15　进入卖家中心后台

步骤2：进入千牛卖家中心后，在左侧导航栏中找到“店铺管理”栏目，再在下面找到【店铺装修】，进入相应的淘宝旺铺页面，如图2－16所示。

步骤3：进入淘宝旺铺页面后，可以看到导航栏上面有各种栏目，点击第二个栏目【店铺装修】，进入店铺装修页面，如图2－17所示。

步骤4：店铺装修页面中主要包括“手机店铺装修”和“PC店铺装修”，装修的流程相似。本活动以PC端为例，点击左侧【PC店铺装修】，选择顶部“推荐（首页）”，如图2－18所示。

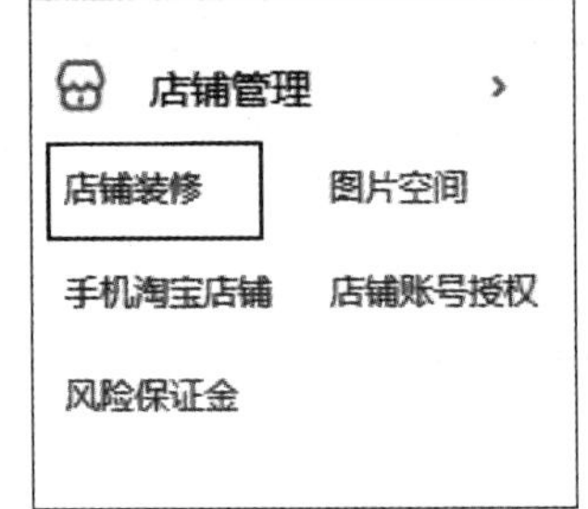

图2－16　店铺管理导航栏

图2－17　淘宝旺铺首页

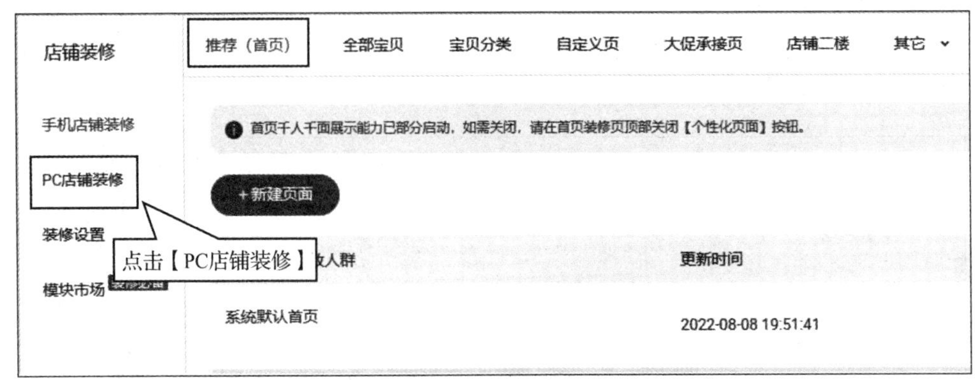

图2－18　店铺装修页面

步骤5：找到“首页”，点击【装修页面】，如图2－19所示。

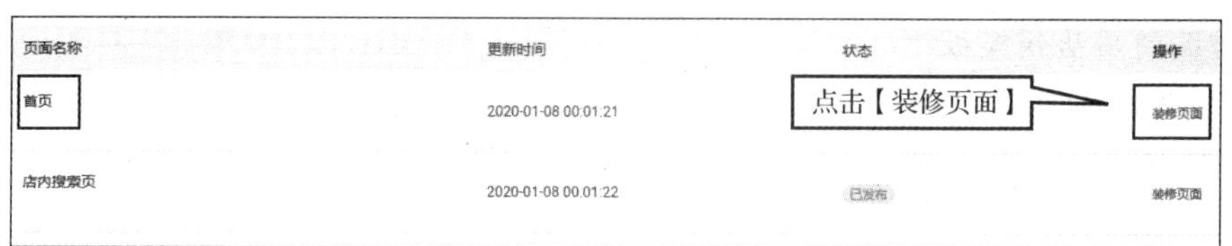

图 2－19　首页装修进入页面

步骤 6：进入首页装修编辑页面，点击左侧栏目可以对具体模块、配色、页头、页面进行编辑，顶部包括“页面编辑”和“布局管理”，如图 2－20、图 2－21 所示，卖家可以根据商品的特点结合店铺想要呈现的效果对店铺首页进行装修。对于其他页面装修，流程也大同小异。

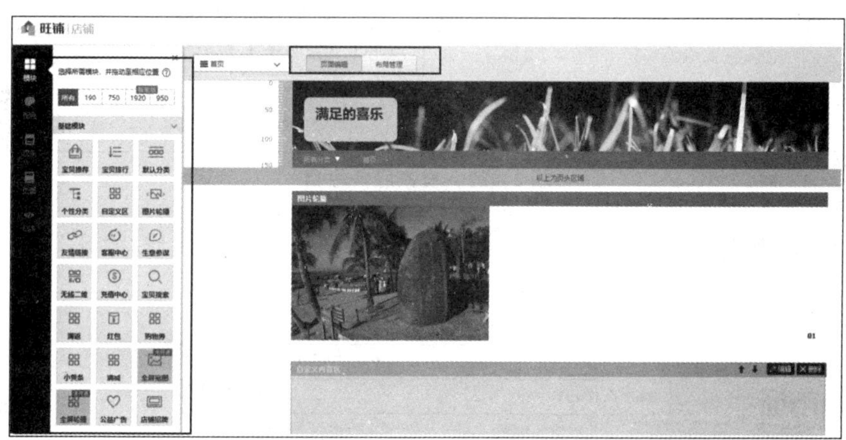

图 2－20　店铺首页装修页面

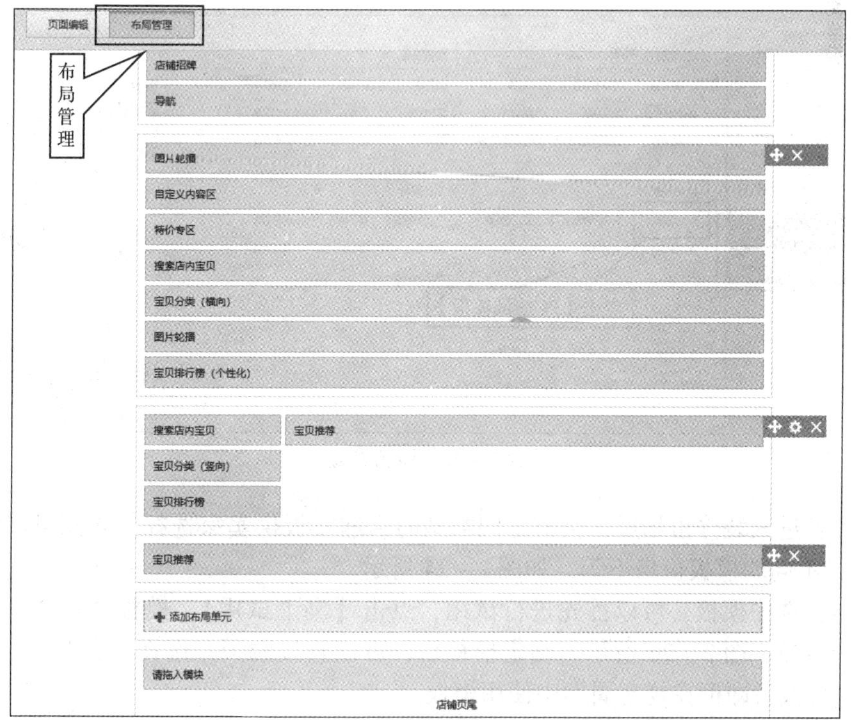

图 2－21　店铺布局管理

2. 订购使用店铺模板

淘宝店铺的装修是个技术活，需要具备一定的美工技能。卖家若不具备美工技能，可借助淘宝卖家服务装修市场，从中选择付费的店铺模板。模板的价格从每个月几元到几十元不等，一般至少购买 3 个月，购买之前可以试用。

步骤 1：进入千牛卖家中心后，点击右上角【卖家服务】，进入卖家服务市场，如图 2－22 所示。

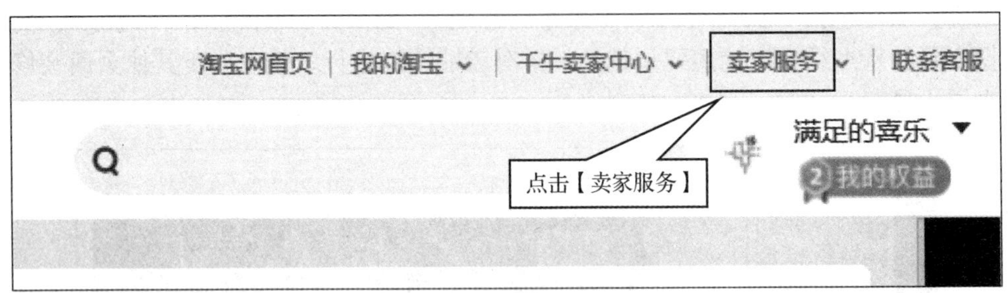

图 2－22　卖家服务栏目

步骤 2：在服务市场首页的左侧栏目下选择“短视频/摄影/装修/设计”中的【PC 店铺模板】，点击进入，如图 2－23 所示。

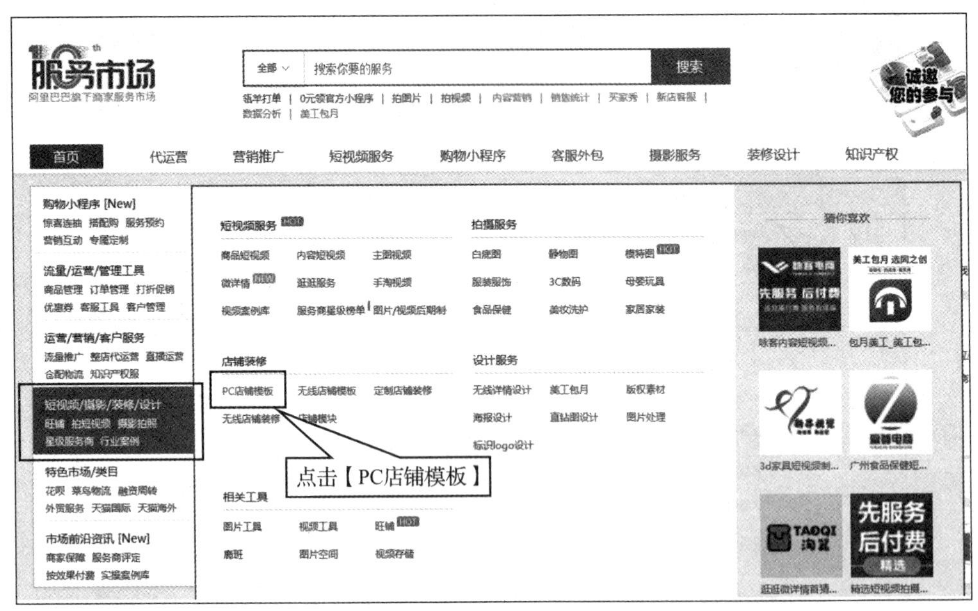

图 2－23　服务市场

步骤 3：进入装修市场后，会有不同类型的店铺模板供卖家选择，卖家可以根据要求进行筛选，不同的模板价格不等，如图 2－24 所示。

步骤 4：选中模板，可以首先进行试用，点击【马上试用】，模板会自动试用到店铺中，如图 2－25、图 2－26 所示。确定模板后，可以直接购买，选择“周期”，点击【立即购买】，付钱后即可在规定周期中使用模板。

图 2-24　淘宝装修市场

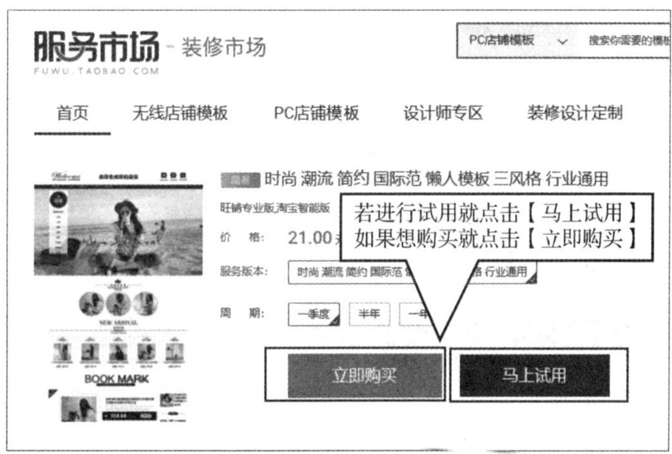

图 2-25　模板页面

图 2-26　店铺模板应用图

活动 2 图片空间的上传

活动背景：

徐小明和团队成员发现淘宝店铺经常需要上传和修改图片，且淘宝对图片有特定的格式要求。如何将已制作完成的图片暂存在淘宝中以供不时之需，是徐小明团队当下需要解决的问题。接下来跟随我们一起学习淘宝图片空间。

活动实施：

1. 图片上传图片空间

步骤 1：进入“千牛卖家中心”，在左侧栏目中找到“店铺管理”里面的【图片空间】，点击进入，如图 2－27 所示。若首次使用需要先签署图片空间协议才能使用，签署完成后，会有 1G 免费的空间储存。

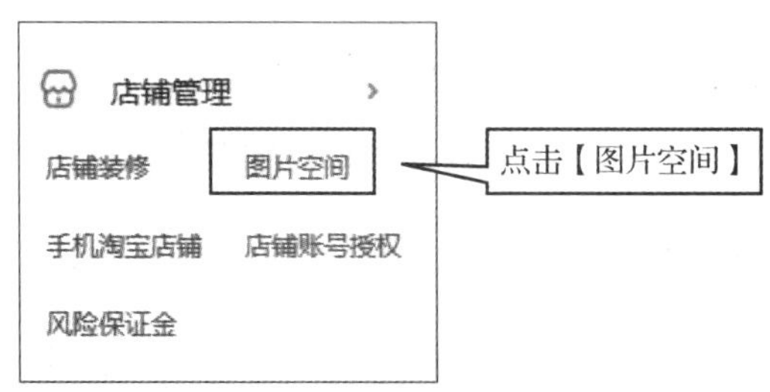

图 2－27 店铺管理导航栏目

步骤 2：进入图片空间后，首先点击右上角的【新建文件夹】，填写好信息，点击【确定】，如图 2－28、图 2－29 所示。

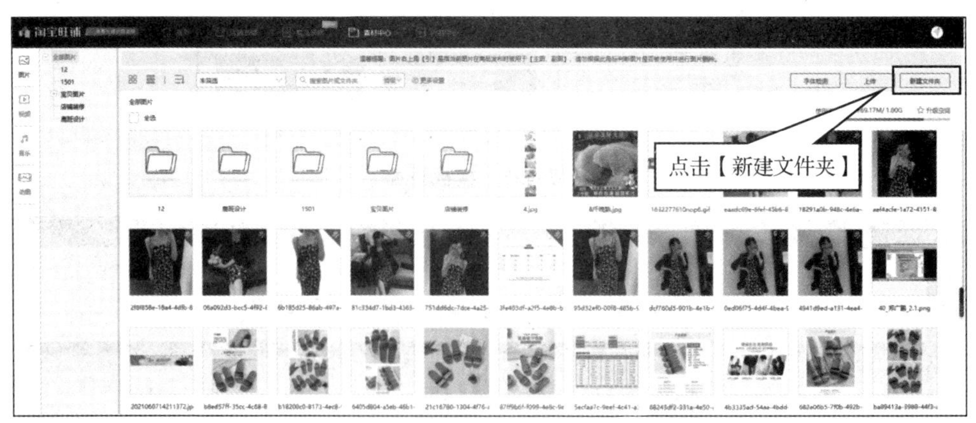

图 2－28 图片空间

步骤 3：打开文件夹，点击【上传】，弹出“图片上传对话框”，如图 2－30、图 2－31 所示。

步骤 4：在打开的对话框中，点击【上传】，在弹出的页面中选择要上传的图片，点击【打开】即可，如图 2－32、图 2－33 所示。

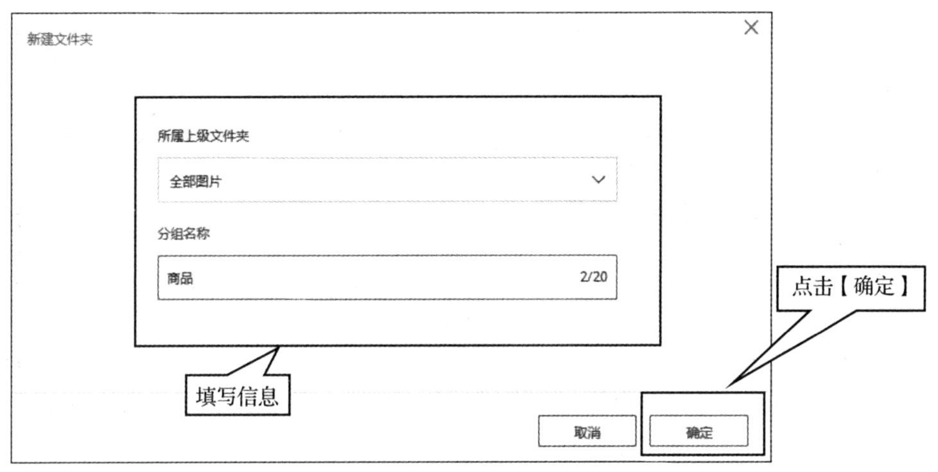

图 2－29　新建文件夹

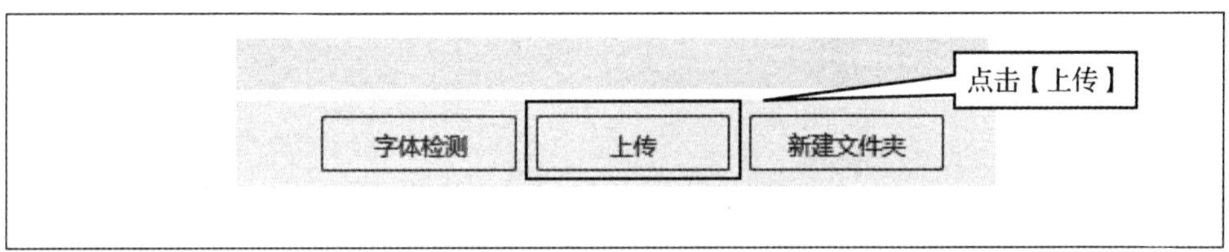

图 2－30　上传界面

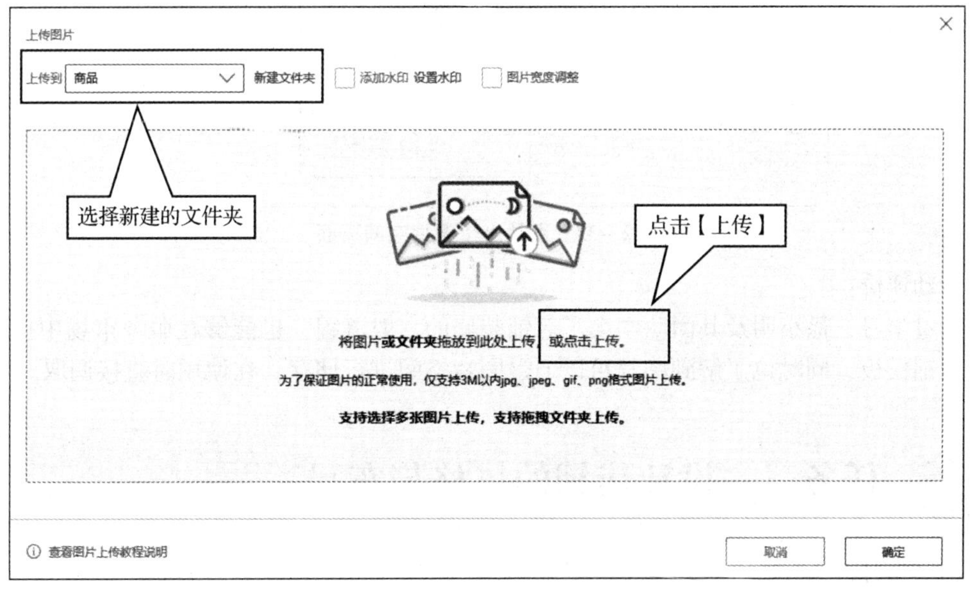

图 2－31　上传图片页面

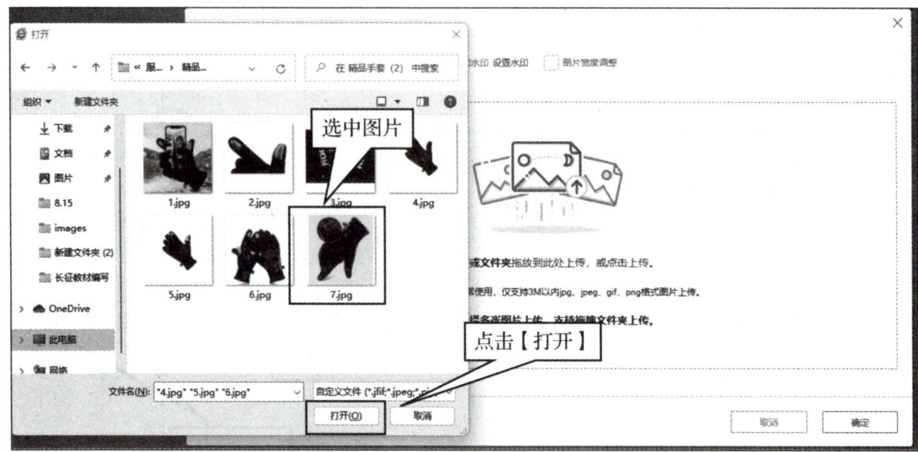

图 2-32　图片选择上传

图 2-33　图片上传图片空间页面

活动评价：

通过学习，徐小明及其团队学会了店铺装修的一般流程，也能够在服务市场中搜寻需要的店铺模板，同时也了解到图片可以通过图片空间进行储存，在使用时直接调取。

任务三　设计店铺的风格与布局

情境设计：

为提高店铺竞争力，徐小明及其团队希望自己的店铺装修能更上一个档次。虽然已经了解了店铺装修的流程，但对于店铺有哪些风格以及如何确定店铺风格，仍然不甚明白，于是向老师请教关于风格与布局设置的问题，下面大家一起来学习。

任务分解：

设计店铺的风格与布局这一环节中，涉及两个活动任务，即选择店铺风格和规划店铺布局。

活动1　选择店铺风格

活动背景：

徐小明和团队成员通过查询，了解到店铺的整体装修风格应结合店铺产品和经营理念来确定，而店铺的装修风格主要通过店铺模板的色调和背景图片等体现出来。因此，本活动的主要内容是确定配色方案，以及页头、页面的编辑。

活动实施：

在店铺装修时，首先要选择店铺的风格，包括配色的选择，页头、页面的设置等。店铺风格定位是否准确，直接决定了店铺能否得到买家的喜爱。

1. 店铺配色的选择

步骤1：结合任务一店铺装修的流程进入“店铺首页装修页面”，如图2－34所示。

图2－34　店铺首页装修页面

步骤2：在店铺首页装修的页面左侧，选择【配色】调整店铺的配色。系统提供24种配色方案，卖家可以根据自己的需求调整店铺的颜色，如图2－35、图2－36所示。

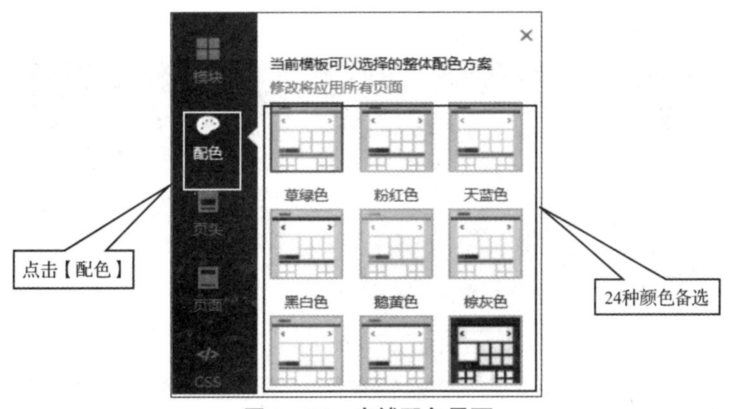

图2－35　店铺配色界面

2. 店铺页头的设置

在店铺装修的页面左侧，选择【页头】选项，可以调整店铺的页头。页头的背景可以是颜色，也可以是图案，同样根据卖家要求设置，如图2－37、图2－38所示。

图2－36　店铺首页

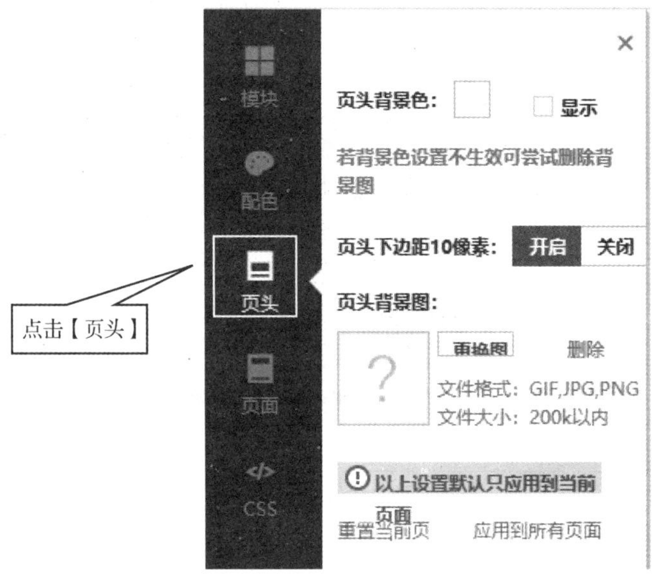

图2－37　页头设置界面

图2－38　页头颜色设置页面

3. 店铺页面的设置

选择【页面】选项，可以调整店铺的整个页面。同样可以设置颜色，也可以设置图案，如图 2－39 所示，页面颜色为#00FF00。

图 2－39　页面颜色设置

4. 店铺常见的几种风格类型

店铺风格是指店铺的整体形象给浏览者的综合感受，风格（Style）是抽象的。这个“整体形象”包括站点的 CI（标识、色彩、字体、标语）、版面布局、浏览方式、交互性、文字、语气、内容价值、存在意义、站点荣誉等诸多因素。

（1）简约风格：即简单干净的风格。一般采用纯色块、简约线条，大气时尚，浏览舒适，如图 2－40 所示。

图 2－40　简约风格店铺模板

（2）古典风格：适合比较有古代韵味的产品，多见于经营玉器、茶叶、银饰品、中国风服装等的店铺。如图 2－41 所示，古典风格代表的意义是古典淡雅，又比较有文人气息，给页面赋予了很强的文化内涵。

图 2-41　古典风格店铺模板

（3）日韩风格：多见于经营女装、文具等的店铺。如图 2-42 所示，页面组成元素多，蕾丝花边、波点、花朵、手绘为其重要的点缀。色系一般为饱和度较低的颜色。

图 2-42　日韩风格店铺模板

（4）炫酷风格：多见于经营服装、饰品等的店铺。如图 2-43 所示，色系丰富，文字排版时尚，海报模特表现手法比较另类、个性，产品以街头时尚为主。

图 2-43　炫酷风格店铺模版

（5）欧美风格：如图 2-44 所示，对产品及模特要求比较高，最好为外国模特，要具备国际范儿。

图 2-44　欧美风格店铺模板

活动 2 规划店铺布局

活动背景：

徐小明及其团队在店铺的整体风格确定后，接下来就是要对店铺页面的各个模块进行整体的布局规划设计。本活动的主要内容就是对店铺首页的页面布局进行排版编辑，增加店铺黏性，提升新老客户的忠诚度，实现更好的用户体验。

活动实施：

页面布局管理是通过对店铺页面结构的调整、修改达到对店内产品的合理布局的过程。页面布局是整个店铺的骨架，布局合理与否不仅影响店铺美观，更影响卖家商品的成交量。

1. 进入布局管理

步骤 1：进入“店铺首页装修页面”，在顶部点击【布局管理】，进入布局管理页面，如图 2－45 所示。

图 2－45 店铺首页装修页面

步骤 2：进入布局管理页面后，开始对布局进行调整，如图 2－46 所示。

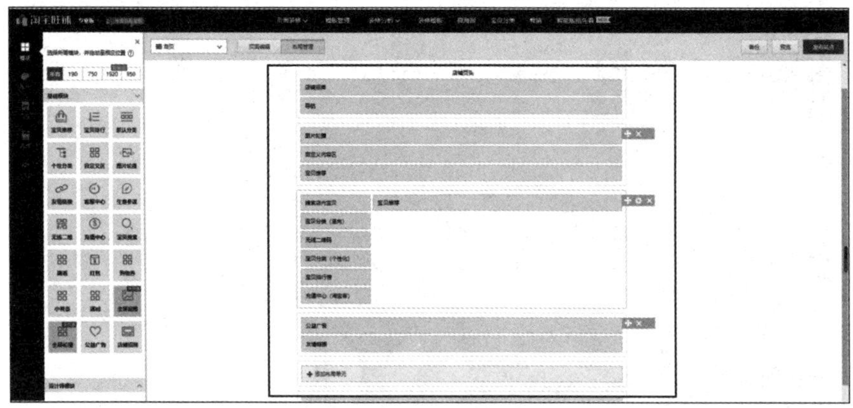

图 2－46 布局管理页面

2. 规划页面布局

淘宝店铺首页一般包括店铺页头、店铺页中和店铺页尾三个部分。每个组成部分有若干个模块，其中页中部分可以将不同功能的模块编排成不同的布局单元。如图 2－47 所示，在每个布局单元的右上角有【移动】【编辑】和【删除】三个小图标，鼠标左键点击

【移动】小图标不松开，拖动位置就可以移动该布局单元在页面中的位置；点击【编辑】小图标，可以更改该布局单元的布局结构；点击【删除】小图标可以将该布局单元从页面中去除。

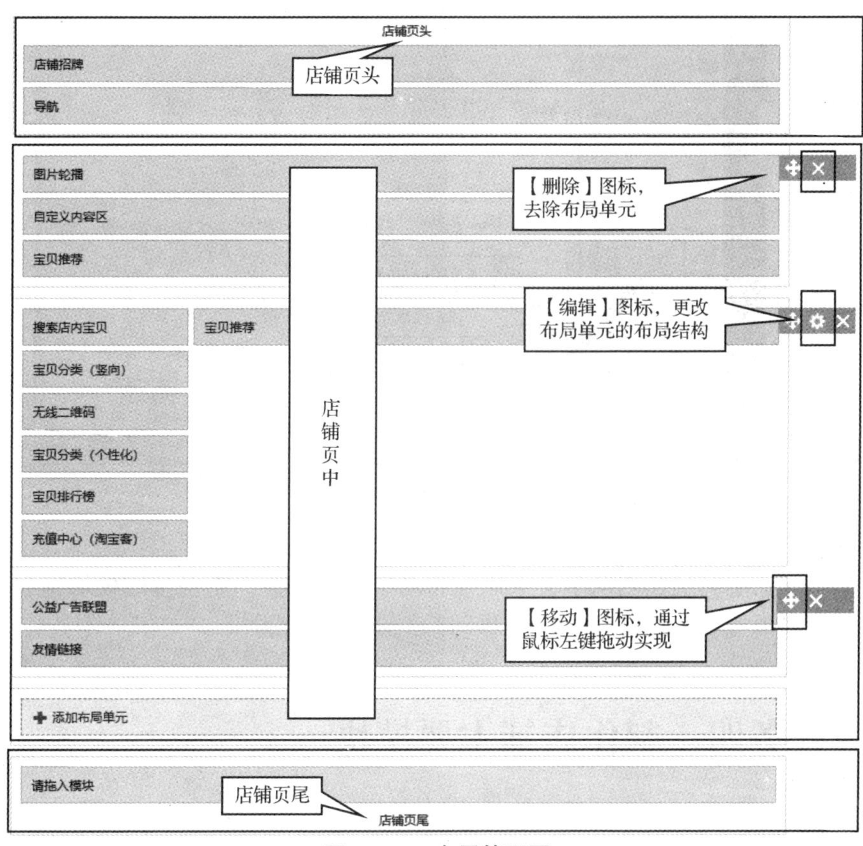

图 2－47　布局管理图

在店铺首页布局管理界面下，点击【添加布局单元】按钮后，会弹出图中所示的布局管理小窗口，如图 2－48、图 2－49 所示。根据需求选择添加通栏布局或者两栏布局。

图 2－48　添加布局单元

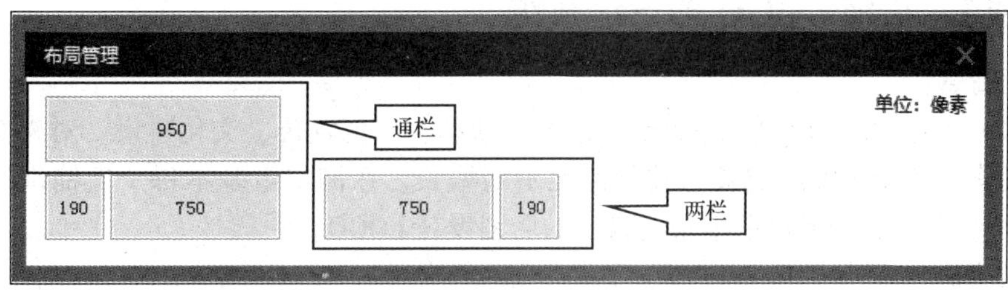

图 2－49　布局管理图

3. 添加、调整基本模块

如图 2－50 所示，在店铺首页布局管理界面下，点击页面左上角的【模块】小图标后，在页面的左侧会弹出基础模块小窗口，根据需求选择要添加的模块，点击该模块并按住鼠标左键拖动至页面的布局单元后松开，即可添加相应的功能模块。如果将鼠标移动到模块区域内，按住鼠标左键拖动则可以移动模块在页面中的位置。

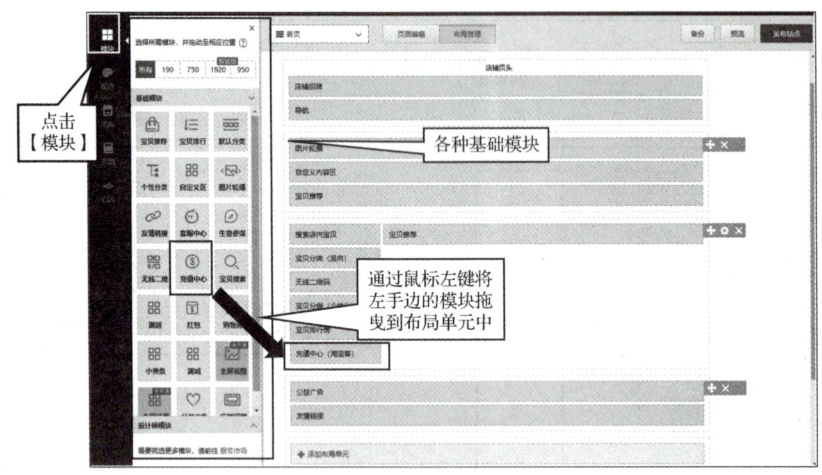

图 2－50 布局模块调整页面

活动评价：

通过学习，徐小明及其团队学会了店铺布局单元的调整，能将基础模块拖到布局单元中，也能对布局单元进行编辑，包括“移动”“编辑”“删除”。

任务四 制作店铺主要模块

情境设计：

徐小明及其团队已经对店铺装修有了一定的了解，能够根据店铺特点选择合适的风格及布局。接下来他们准备对店铺首页进行装修，在参考了其他淘宝店铺的装修后，徐小明及其团队成员准备首先设计店铺的 LOGO，再设计店铺的店招，最后制作店铺的轮播图。

任务分解：

制作店铺主要模块这一环节中，涉及三个活动任务，即店铺 LOGO 的设计制作、店招的设计制作和店铺 Banner 图的设计制作。

活动 1 店铺 LOGO 的设计制作

活动背景：

LOGO 代表店铺的形象，是店铺日常经营活动、广告宣传、文化建设、对外交流必不可少的元素，随着店铺的成长，其价值也不断增长。在淘宝上基本每个店铺都有自己的 LOGO，于是徐小明及其团队准备为自己的店铺设计 LOGO。

活动实施：

网店 LOGO 是网店的名片，经常被嵌入具体的设计模块中。它在设置网店基本信息时上传，当消费者搜索和收藏网店时就可以看到店标。设计网店标识，需要根据网店的风格和销售的商品设计风格相吻合的店标图案。

步骤1：打开PS软件，点击“文件—新建”，创建一个新文件，命名为“店铺LOGO”，设置大小为80像素×80像素；分辨率为72像素/英寸；颜色模式选择“RGB颜色”；背景内容选择“透明”，点击【确定】，如图2－51所示。

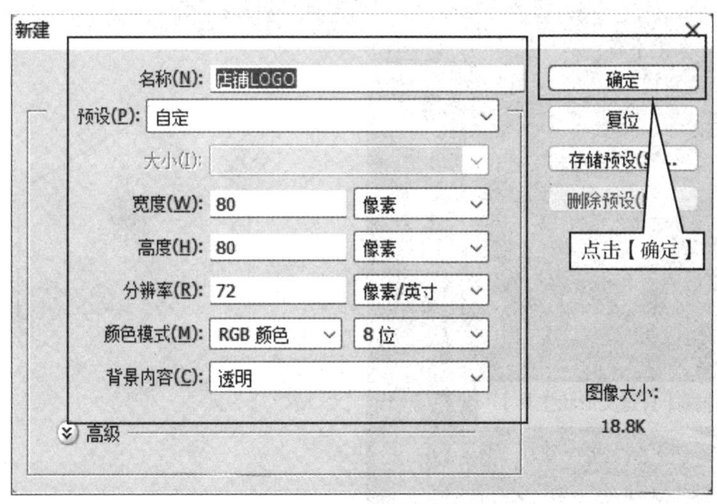

图2－51　新建文件

步骤2：选择【多边形工具】，填充颜色“无”，描边“黑色”，大小“1点”，边数为“6”，绘制一个六边形，如图2－52所示。

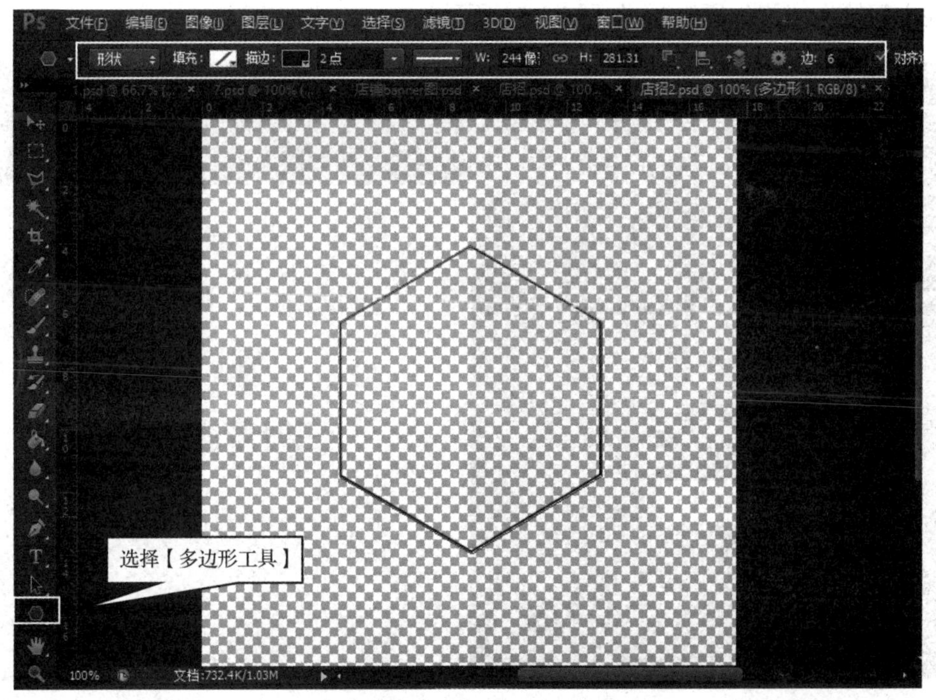

图2－52　绘制六边形

步骤3：选择【自定义形状工具】，在属性选项栏“形状”中选择“三叶草”，绘制图案。填充颜色为#62782f，无描边，如图2－53所示。

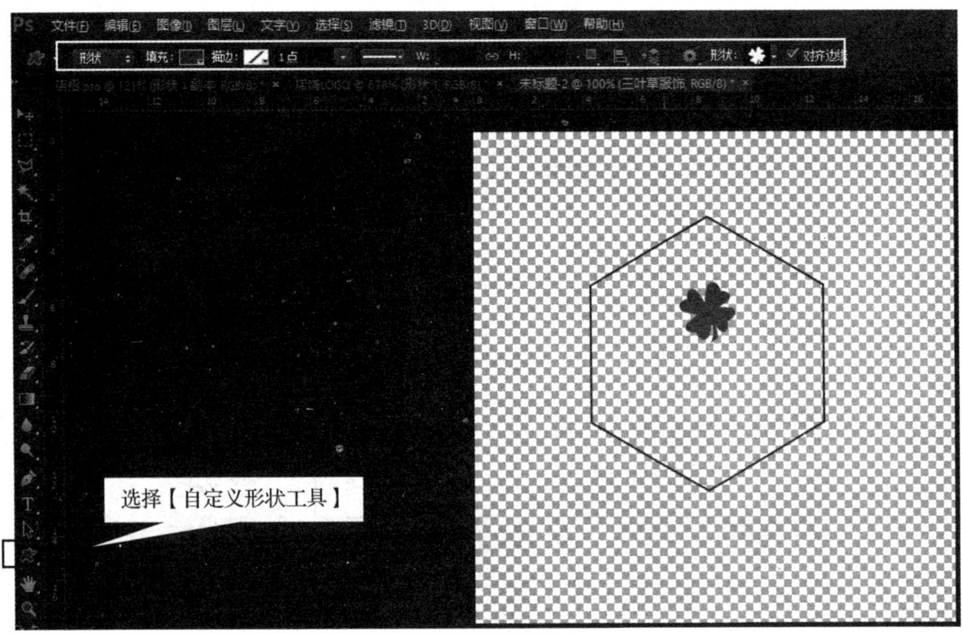

图 2-53 绘制三叶草

步骤4：通过【文字工具】输入“三叶草服饰”，同时利用【直线工具】绘制两条直线，在中间输入“想你所想”，如图 2-54 所示。

图 2-54 输入文字信息

步骤5：执行“文件”—“存储为”命令，将文件分别保存为“店铺 LOGO. jpg”和“店铺 LOGO. psd”，如图 2-55 所示。

图 2-55　保存文件

活动 2　店招的设计制作

活动背景:

通过活动 1 的学习，徐小明及其团队学会了店铺 LOGO 的制作，也根据要求设计出了符合店铺特点的店铺 LOGO，在此基础上徐小明准备和团队成员一起学习制作店招。

活动实施:

店招是网店的招牌，位于网店的顶端，网店定位优惠活动内容、主营商品等都可以从店招中看出来，是消费者在浏览时最先看到的信息。店招一般包含网店的标识、主营商品介绍、信誉状况及服务项目等一系列内容。不同版面类型的店招，具有不同的侧重点，发挥不同的作用。好的店招不仅能吸引消费者的眼球、提升销量，同时还能起到品牌宣传的作用。

1. 制作店招背景及导航栏

步骤 1：打开 PS 软件，点击“文件”—“新建”，创建一个新文件，命名为“店铺店招”，宽度为 950 像素，高度为 150 像素；分辨率为 72 像素/英寸；颜色模式选择“RGB 颜色”；背景内容选择“透明”，点击【确定】，如图 2-56 所示。

步骤 2：选择【矩形工具】在画布中绘制矩形，填充颜色为#f7f0d0，如图 2-57 所示。

步骤 3：再次选择【矩形工具】，填充颜色#62782f，无描边。在店招底部绘制长条矩形，如图 2-58 所示。

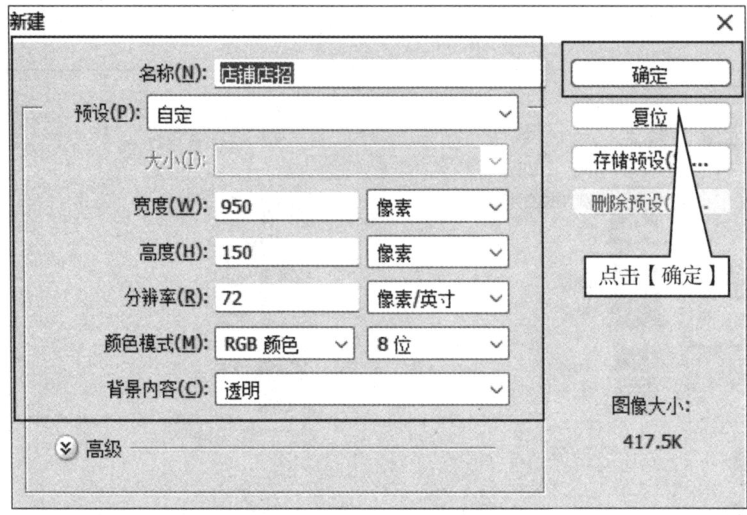

图 2 – 56　新建文件

图 2 – 57　绘制店招背景

图 2 – 58　绘制导航栏背景

步骤4：利用【文字工具】在店招底部依次输入“首页”“新品推荐”“热销宝贝”“精品女装”“大码女装”“特价系列”等导航信息，最后存储为“店招背景及导航栏.jpg”和“店招背景及导航栏.psd”两种格式，如图2－59所示。

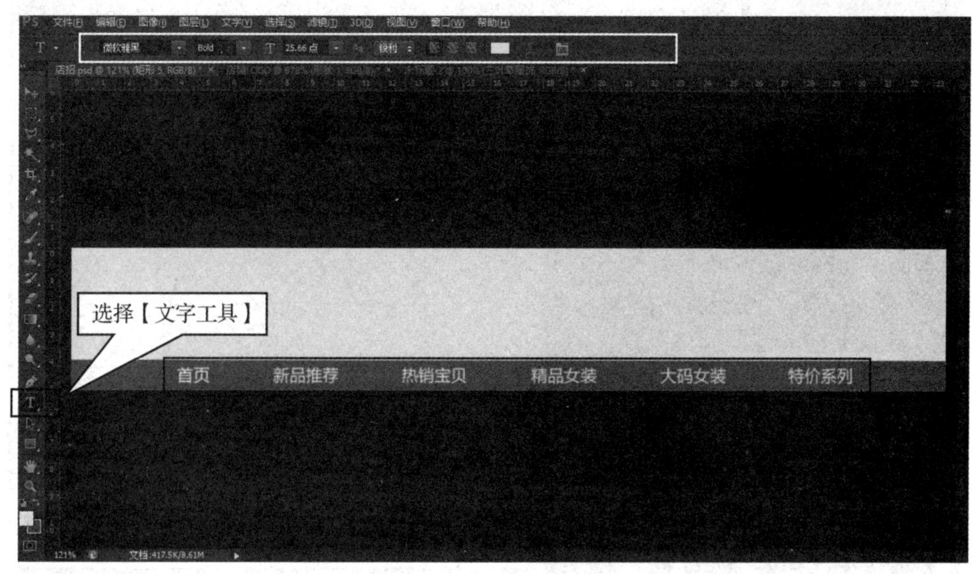

图2－59　绘制导航栏

2. 制作店招优惠券

步骤1：打开PS软件，点击“文件”—“新建”，创建一个新文件，命名为“店招优惠券”，宽度为500像素，高度为500像素；分辨率为72像素/英寸；颜色模式选择“RGB颜色”；背景内容选择“透明”，点击【确定】，如图2－60所示。

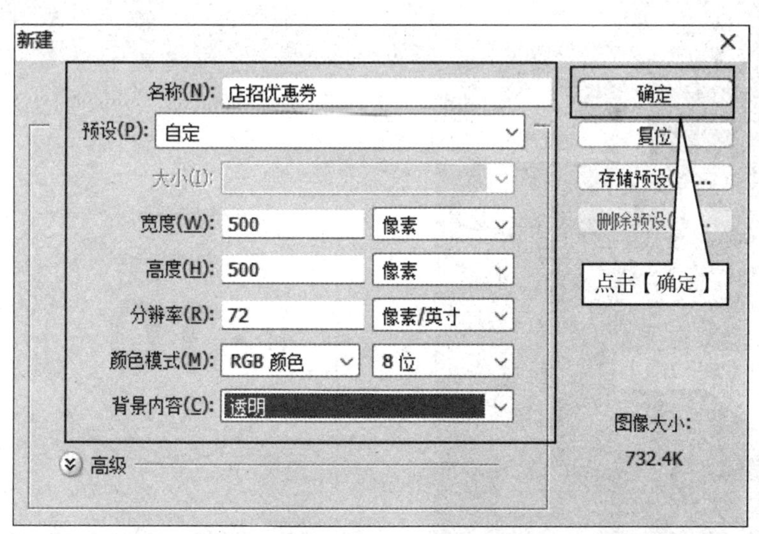

图2－60　新建文件

步骤2：在工具箱中选择【椭圆工具】，设置填充色为“无”，描边颜色为黑色，描边为“2点”，按住“Shift”绘制圆形图像，如图2－61所示。

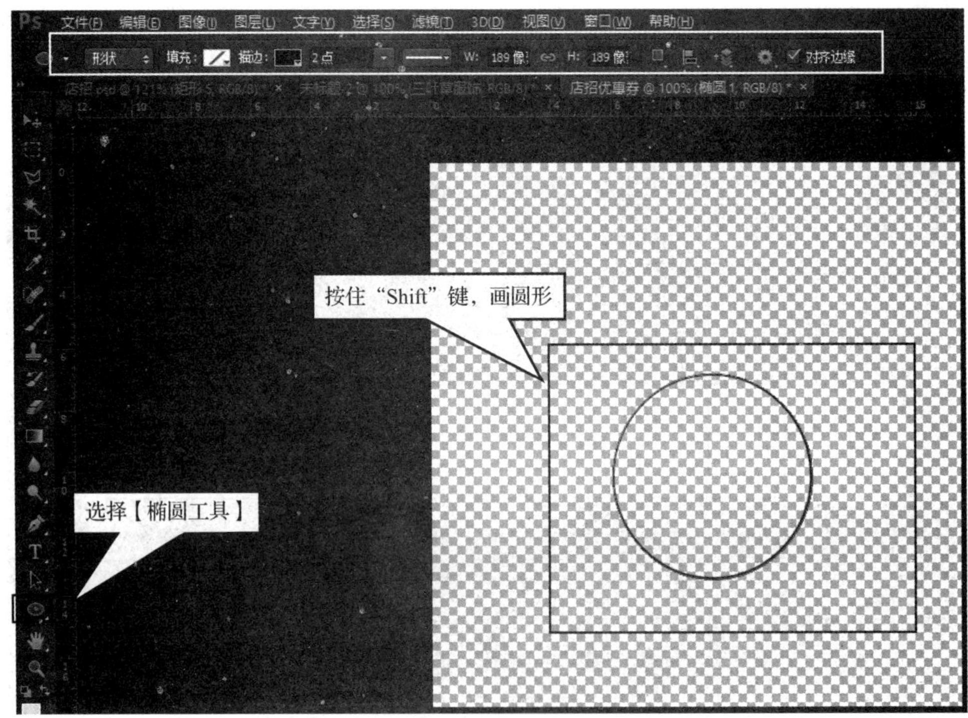

图 2-61 绘制圆形

步骤 3：通过【文字工具】在圆形图像中分别输入“优惠券”“价格”“点击领取”等文字内容，在字体样式中设置粗细，如图 2-62 所示。

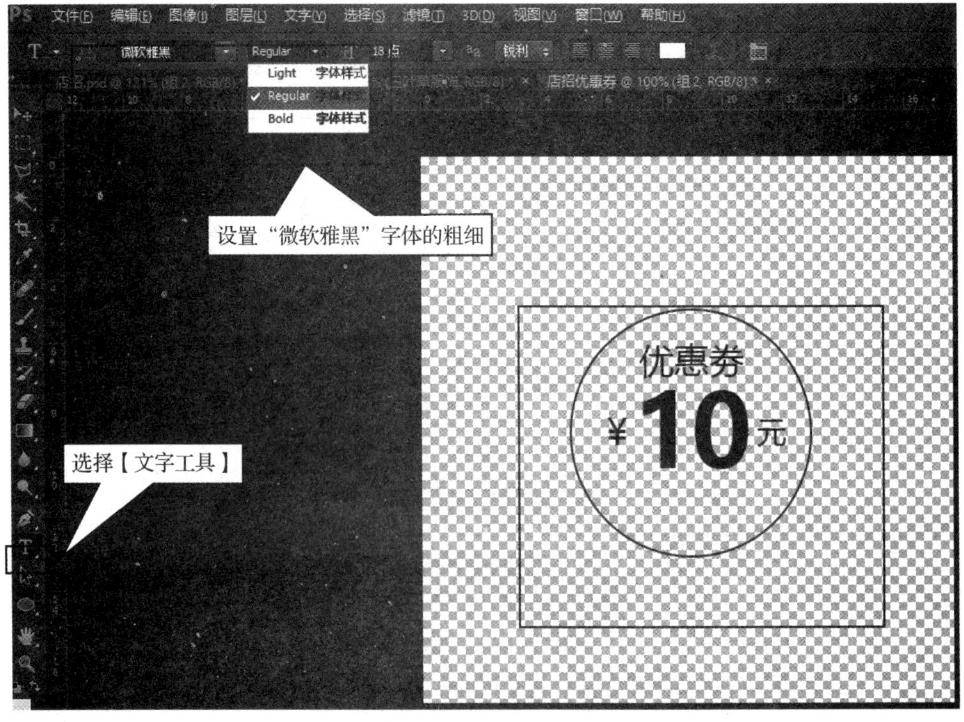

图 2-62 输入文字

步骤 4：通过【矩形工具】在圆形图像中绘制矩形，填充颜色为黑色，之后在矩形上输入“点击领取”，字体颜色为白色，如图 2－63 所示。

图 2－63　优惠券成品图

步骤 5：选中所有图层，通过快捷键“Ctrl＋G”建组，命名为“店铺优惠券”。最后储存为 PNG 和 psd 两种格式，如图 2－64 所示。

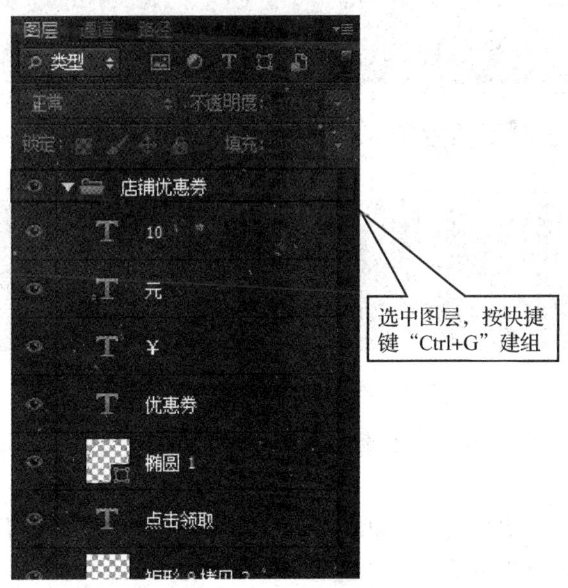

图 2－64　图层建组

3. 制作店招内容

步骤 1：打开“店招背景及导航栏 . psd”文件，之后通过“文件”—“置入”置入上一活动已经做好的店铺 LOGO，如图 2－65 所示。

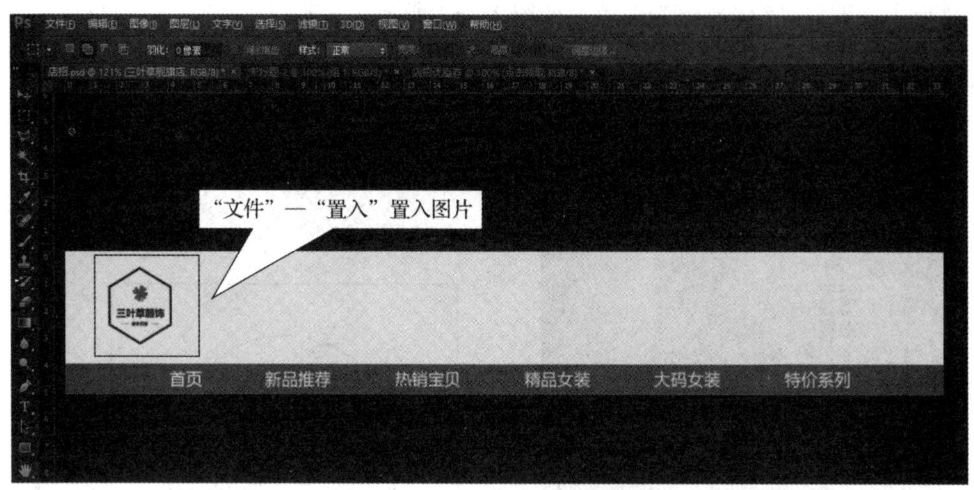

图 2－65　置入店铺 LOGO 图

步骤 2：选择【直线工具】绘制一条竖线，填充颜色为黑色，大小为“2 点”，通过【文字工具】输入“三叶草旗舰店”“·官方正品　品质保证·”，调整位置，如图 2－66 所示。

图 2－66　加入店铺文字信息图

步骤 3：打开素材 1，选择【魔棒工具】，点击图片空白处，形成选区，如图 2－67 所示。

步骤 4：在键盘上按快捷键“Shift + Ctrl + I”反选选中商品，并通过快捷键“Ctrl + C”复制商品，如图 2－68 所示。

步骤 5：切换到“店招”文件，使用快捷键“Ctrl + V”粘贴商品图片，并通过快捷键“Ctrl + T”对图片进行缩放，调整到合适位置，如图 2－69 所示。

步骤 6：选择【文字工具】输入“女士精品套装”，黑色，字体选择“微软雅黑”，大小“18 点”；之后通过【矩形工具】绘制矩形框，填充颜色为“无”，描边颜色为黑色，大小为“2 点”，最后在矩形框中输入“仅售￥299”，如图 2－70 所示。

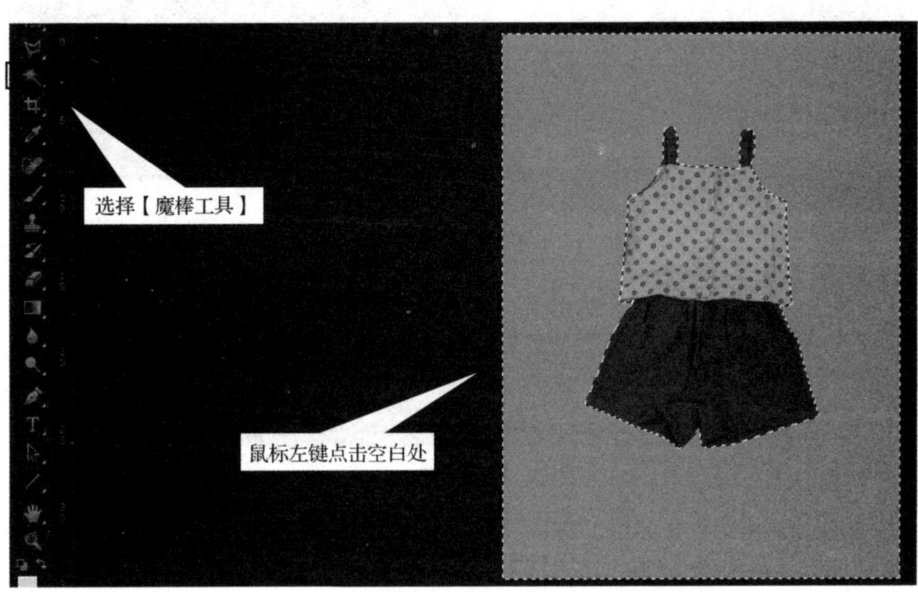

图 2－67　魔棒选中空白图

图 2－68　魔棒选中商品图

图 2－69　商品放入店招图

图 2－70 商品文案图

步骤 7：打开“店铺优惠券 . psd”，选中所有图层，通过【选择工具】直接拖到“店招”文件中，运用快捷键“Ctrl＋T”调整大小，如图 2－71 所示。

图 2－71 优惠券移入店招图

步骤 8：选中“店铺优惠券”的图层组，修改其中的面值，最后通过【存储为】保存文件为“店招 . jpg”和“店招 . psd”，如图 2－72 所示。

图 2－72 店招成品图

活动 3 店铺 Banner 图的设计制作

活动背景：

通过前面两个活动的学习，徐小明及其团队已经会设计制作店铺 LOGO 及店招，在店铺装修各模块中，还有一块相当重要，那就是店铺 Banner 图的设计，接下去我们一起学习制作。

活动实施：

店铺 Banner 图基本在首页显示，也可称为店铺轮播图。它是提升网店流量和商品销量的关键要素之一。

1. 制作店铺 Banner 背景

步骤1：打开 PS 软件，点击"文件—新建"，创建一个新文件，命名"店铺 Banner 图"；宽度设置为950 像素，高度为500 像素；颜色模式选择"RGB 颜色"；背景内容选择"白色"，点击【确定】，如图 2 – 73 所示。

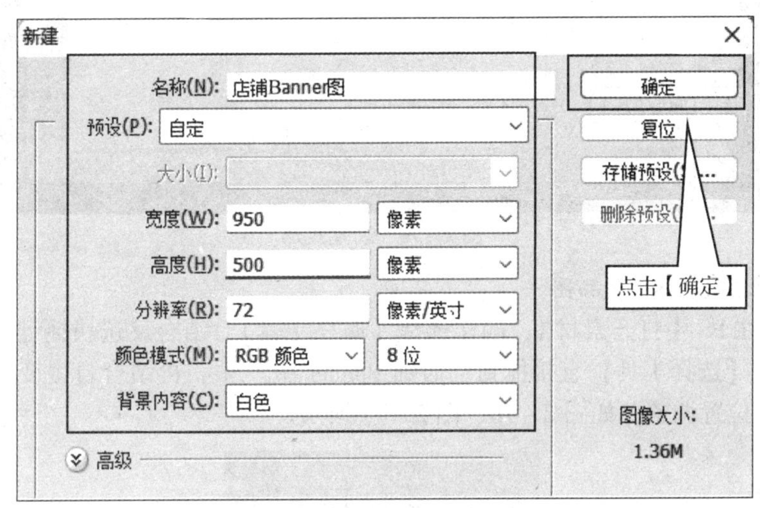

图 2 – 73　新建文件

步骤2：在工具箱选择【油漆桶工具】，设置填充区域为"前景色"，设置前景色为#b0d169，点击画布上色，如图 2 – 74 所示。

图 2 – 74　背景颜色填充

步骤3：在工具箱选择【矩形工具】，在属性选项栏设置相关属性。工具模式设置为"形状"，填充颜色#f3ffd6，描边 6 个点，颜色#c18d3a。点击鼠标在画布上拖动，画出矩形，并调整位置，如图 2 – 75 所示。

图 2－75　新建矩形

2. 设计店铺 Banner 商品图

步骤 1：在 PS 中打开素材 1，同样选择【魔棒工具】，结合反选快捷键，将商品抠出来，之后通过【选择工具】直接拖到“店铺 Banner 图”中，再结合自由变化快捷键，完成商品大小及位置调整，如图 2－76、图 2－77 所示。

图 2－76　选中商品图

图 2－77　店铺 Banner 商品图

步骤 2：找到商品图层，鼠标右击选择【混合选项】，进入“图层样式”对话框，如图 2－78 所示。

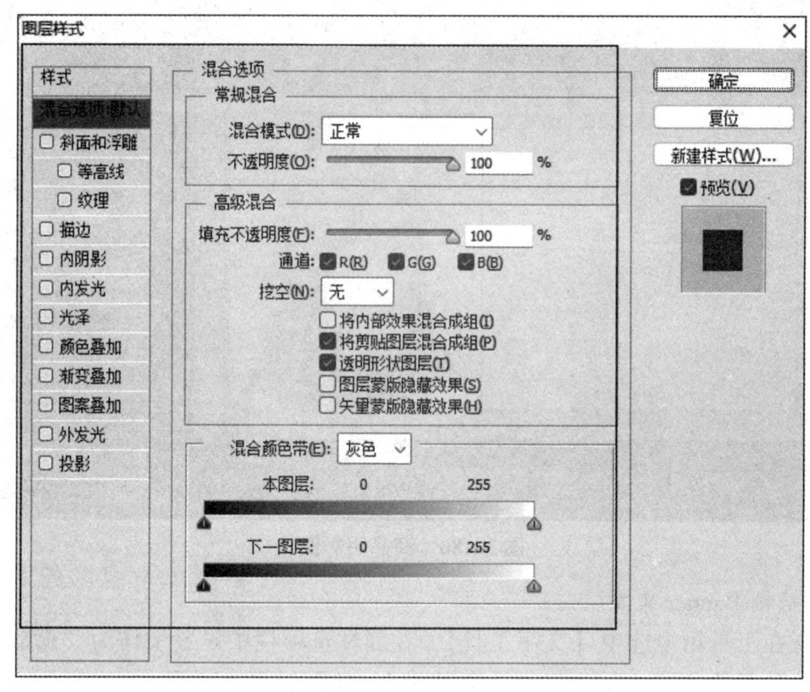

图 2－78　“图层样式”对话框

步骤 3：选中【投影】选项，调整相关参数，完成阴影设置，如图 2－79、图 2－80 所示。

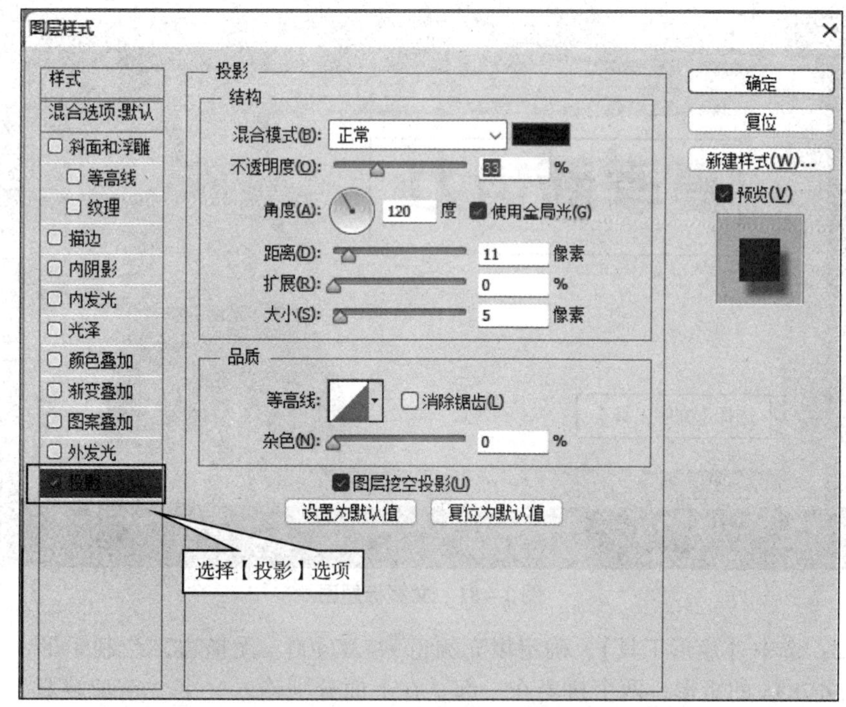

图 2－79　投影选项

图 2-80 商品阴影图

3. 撰写店铺 Banner 文案

步骤 1：在工具箱中选中【文字工具】，在属性选项栏中设置字体为“微软雅黑”，大小“70 点”，之后在图像上输入“夏季新势力”，如图 2-81 所示。

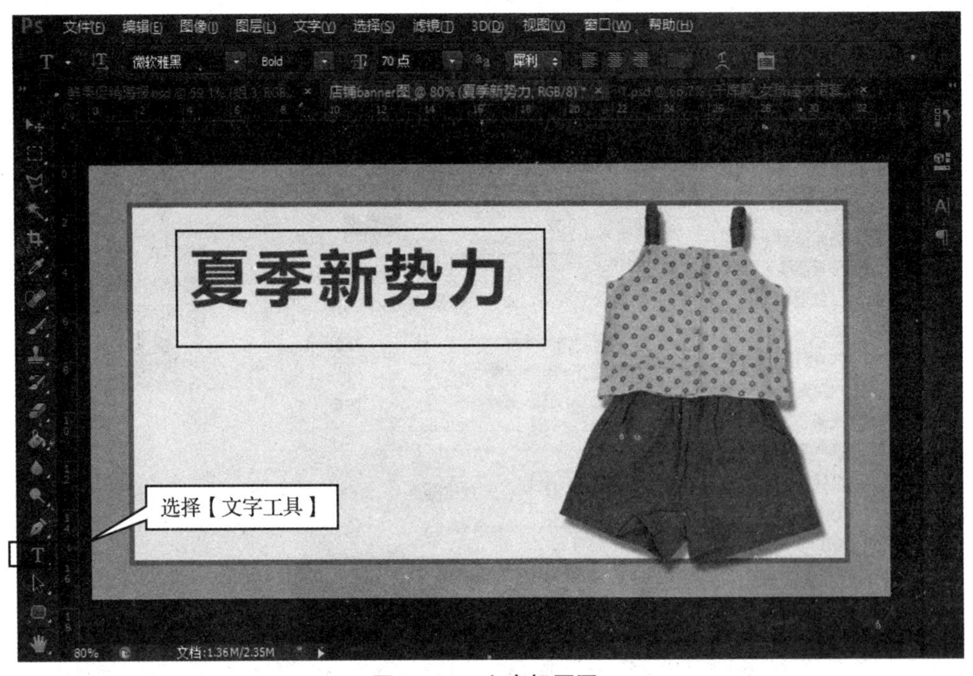

图 2-81 文案标题图

步骤 2：选中【矩形工具】，确定填充颜色为#3f7400，无描边，绘制矩形，同样操作绘制颜色#9c7834 的矩形，两个拼凑在一起。在上面分别输入文字“清凉夏日”“新品上市”，字体都为“微软雅黑”，颜色白色，大小“25 点”，如图 2-82 所示。

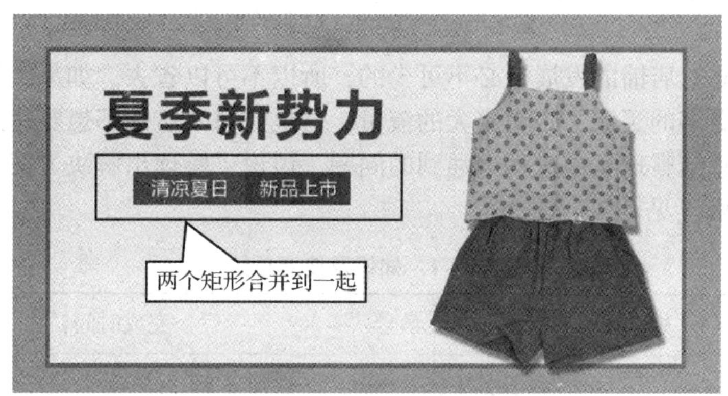

图 2 - 82　文字设计图

步骤 3：利用【文字工具】输入“全场满 99 减 20/满 199 减 40”，颜色为#3f7400，大小“28 点”，如图 2 - 83 所示。

图 2 - 83　营销文案图

步骤 4：利用【矩形工具】绘制矩形，填充颜色为#3f7400，在上面输入“立即抢购”，颜色为白色，字体微软雅黑，大小“18 点”，如图 2 - 84 所示。

图 2 - 84　文案设计图

步骤 5：执行“文件”—“存储为”命令，将文件分别保存为“店铺 Banner 图 . jpg”和“店铺 Banner 图 . psd”。

活动评价：

通过学习，徐小明及其团队学会了店铺 LOGO 的制作，店招的设计与制作以及店铺 Banner 图的设计制作，这也为他们对整个店铺的美化打下基础。

项目总结：

淘宝店铺装修对店铺的发展是必不可少的，所以不可以省去。如果淘宝店铺装修恰当的话，可以吸引更多的买家，带来更大的流量，这也是每个店铺都想要达到的效果。

通过学习，总结整理实施过程中遇到的问题，讨论、整理出解决方案并填写下面的知识及技能总结表格（见表2－1）。

表2－1 知识及技能总结

<table>
<tr><td colspan="4">班级：　　　　姓名：　　　　学号：　　　　完成时间：</td></tr>
<tr><td colspan="4">任务名称：　　　　组长签字：　　　　教师签字：</td></tr>
<tr><td>类别</td><td>索引</td><td>学生总结</td><td>教师点评</td></tr>
<tr><td rowspan="4">知识点</td><td>店铺基本信息</td><td rowspan="4"></td><td rowspan="4"></td></tr>
<tr><td>店铺装修的基本流程</td></tr>
<tr><td>店铺风格的几种类型</td></tr>
<tr><td>店铺LOGO、店招、Banner图制作的方法</td></tr>
<tr><td>技能点</td><td>能对店铺的基础信息以及子账号进行设置、设计店铺的风格与布局、制作店铺的主要模块</td><td></td><td></td></tr>
<tr><td rowspan="2">操作总结</td><td>操作流程</td><td></td><td></td></tr>
<tr><td>注意事项</td><td></td><td></td></tr>
<tr><td colspan="3">反思</td><td></td></tr>
</table>

任务实训：

任务实施提示：

眼睛是心灵的窗口，人们对世界的认知大部分来自眼睛的视觉信息。视觉就是一种无声的语言，值得经营淘宝网店的卖家好好运用。

一个好的淘宝店铺，装修设计一定十分精美，无论是色彩还是图片搭配，均可向顾客传达产品信息、服务信息和品牌理念。这样的店铺装修设计可以达到促进商品销售、树立品牌形象的目的。对买家而言，视觉营销吸引的是眼球，撩拨的是购物欲望。

任务部署：

阅读教材相关知识，按照任务单 2 的要求完成学习工作任务。

任务单 2　进行店铺装修并设置主要模块

<table>
<tr><td>任务名称</td><td>进行店铺装修并设置主要模块</td><td>任务编号</td><td>2</td></tr>
<tr><td>任务说明</td><td colspan="3">“双 11”大促即将来临，为迎接此次大促，团队成员准备对店铺进行重新装修，并对店铺的主要模块进行重新设置。店铺的风格为最近比较流行的日韩风，基本的店铺布局也采用日韩系常用的形式。对主要的模块也进行调整，其中店招已经重新进行设置，但店铺 Banner 图还没着落，请同学们以自己的店铺为载体，调整店铺布局，同时设计制作一张 Banner 图，并上传到自己团队的店铺中进行模拟展示</td></tr>
<tr><td rowspan="4">任务实施</td><td colspan="3">（1）分析其他网店的店铺装修。登录淘宝网站，进入 5～6 个商品性质不同的店铺，对比分析这些店铺装修的特点，并总结这些网店主营商品与其店铺风格的联系</td></tr>
<tr><td colspan="3"></td></tr>
<tr><td colspan="3">（2）在项目一实训部分所新建的网店的基础上，根据确定的商品类型策划网店装修的风格并设置基础信息</td></tr>
<tr><td colspan="3"></td></tr>
</table>

续表

<table>
<tr><td rowspan="2">任务实施</td><td colspan="2">（3）对店铺进行装修。为店铺选择模板，设置模板配色，设置店铺的背景，对店铺基础页面进行装修。进行页面装修时，选择合适的页面布局，制作店铺店招、导航条、图片轮播、客服中心、宝贝推荐、友情链接等模块</td></tr>
<tr><td colspan="2"></td></tr>
<tr><td>教师评语</td><td colspan="2"></td></tr>
<tr><td colspan="2">实训成绩</td><td>实训任务书成绩</td></tr>
</table>

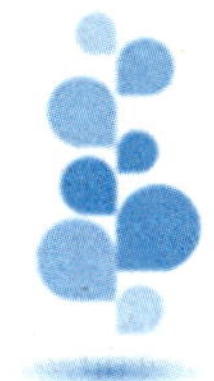

项目三

网店商品信息的发布

能力目标

能进行商品拍摄、商品信息提取，完成商品分类按钮、详情页制作、运费模板设置等商品发布工作。

知识目标

掌握商品拍摄的方法；
掌握商品类别的设置；
掌握运费模板的设置方法；
掌握商品详情页的制作方法；
掌握商品信息发布的方法。

思政目标

在商品发布过程中，商家需根据规则，发布完整且真实的产品信息，合理设置运费模板，减轻运营成本。

项目综述

徐小明及其团队在淘宝平台对店铺完成装修后，店铺就可以正式营业了。但目前店铺在售商品空白，需要发布商品。发布商品需要完成各项商品信息的编辑和设置，包括设置宝贝主图的拍摄、宝贝主图的选择、宝贝分类、类目标题、宝贝描述、运费模板和物流信息。淘宝网店作为虚拟商店，消费者不能直接接触商品，只能通过文字、图片、视频的形式来了解宝贝的各项信息。宝贝各项信息设置和编辑，会直接影响消费者对宝贝的第一印象，决定店铺的成交率。因此，在设置和编辑宝贝信息时，一定要正确无误。

任务一　拍摄及上传商品图片

情境设计：

徐小明及其团队在淘宝平台上开设了自己的店铺后，需要为店铺添加商品，而淘宝网店是虚拟商店，消费者不能感知商品，只能通过文字、图片、视频等形式来间接了解，这也需要我们对商品进行多角度拍摄，体现出商品的特性。本任务将带领大家一起学习商品的拍摄及上传商品图片。

任务分解：

拍摄及上传商品图片这一环节中，涉及两个活动任务，即拍摄商品图片和上传商品图片。

活动1 拍摄商品图片

活动背景：

徐小明及其团队在开设店铺后，认识到真实、清晰和美观的商品图片是促成商品成交的重要保证，有创意的商品图片更是保证商品点击率、获取流量的“利器”。因此对图片进行拍摄时需要根据商品类别、商品特性、店铺风格、目标客户喜好来进行设计。

活动实施：

1. 商品拍摄

商品拍摄主要有三个关键要素：技术细节（例如光圈和焦点设置）、光线、画面组成（例如构图和道具摆设）。

步骤1：清洁商品。

拍摄精美的商品图需要在摄影前对商品进行彻底清洁，要从各个角度检查产品是否存在缺陷，并清除灰尘、指印和污点。否则，既会放大产品的缺陷，也会增加后期图片处理的工作量。

步骤2：拍摄景别。

根据拍摄产品及目标的拍摄效果，拍摄的景别可分为特写、近景、中景、全景。特写镜头能表现商品细节，可使用相机微距功能拍摄，背景处于次要地位，甚至消失。近景景别的被摄对象距离相机在1米左右，能近距离观察商品的局部体现，在商品拍摄中应用较多。中景景别的被摄对象距离相机在2米左右，能展现商品与局部场景的关系，增强产品的故事性，在商品拍摄中常用于主图、详情页。全景景别的被摄对象距离摄像机在3~4米，能展现商品的全貌以及与场景的关系，在商品拍摄中常用于详情页、海报图。

步骤3：照明设备。

光根据质量不同，可分为硬光和柔光两种。硬光刺眼且非常集中，如晴天的室外自然光、相机闪光、灯的闪光。硬光多用于表面结构粗糙、起伏不平的全吸光体商品，使凹凸不平的表面产生细小的投影，能强化产品的肌理表现，造型感强。柔光光线宽广漫射且柔和，如阴天的室外自然光、柔光箱的光线。柔光多用于表面平滑的半吸光体商品，能细致地表现某些平滑表面的质感，如拍摄化妆品、丝巾等商品时，就要用柔光。

拍摄时，可使用常见的几种照明设备进行布光，如闪光灯、影室灯，并通过辅助设备改变光线的硬度及射线方向，如柔光箱，如图3-1所示。柔光箱的主要作用是柔化生硬的光线，使光质变得更加柔和，将柔光箱装在影室灯上，发出的光更柔和，拍摄时能消除照片上的光斑和阴影。标准罩是造型灯自带的标准口径灯罩，由于罩杯深度较大，因此发出的光线方向性较强，如图3-2所示。四叶挡板被安装在影室灯灯头上，用于控制光线方向和范围，并可以通过中央位置插入色片和蜂窝片，制造更多效果，如图3-3所示。雷达罩是安装在影室灯前的一个环形反光罩，光质中性偏硬，加入雷达罩的影室灯可以为整个场景照明，这种光线可以模拟从窗户进入的自然光线，如图3-4所示。

步骤4：拍摄布光。

不同角度的布光，从本质上可以看作是人造灯光对一天中太阳不同位置的光线的模拟，常见的商品拍摄布光可分为以下三种：

图 3-1　柔光箱

图 3-2　标准罩

图 3-3　四叶挡板

图 3-4　雷达罩

（1）正面两侧布光：正面两侧光为主要光源，能让产品表面受光均匀，没有暗角阴影，是产品拍摄中常用的布光手法，如图 3-5 所示。

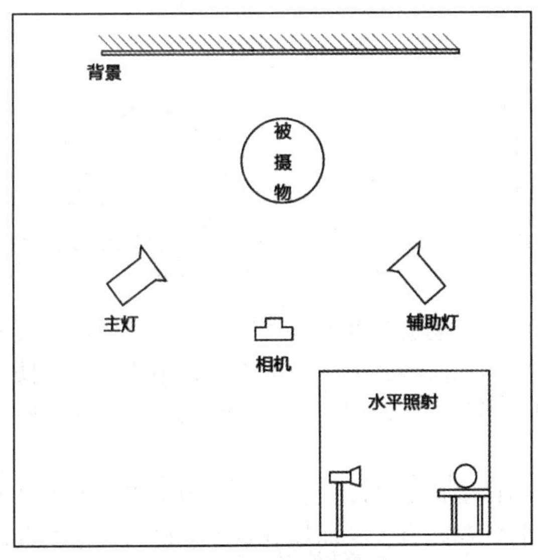

图 3-5　正面两侧布光

（2）两侧 45°布光：两侧 45°布光能让产品顶部受光，比较适合拍摄外形扁平不高的产品，不适合拍立体感强偏高偏瘦的产品，如图 3-6 所示。

（3）前后交叉布光：前面为主光源，后侧打光可以增加产品的层次感，让产品更立体化，如图 3-7 所示。

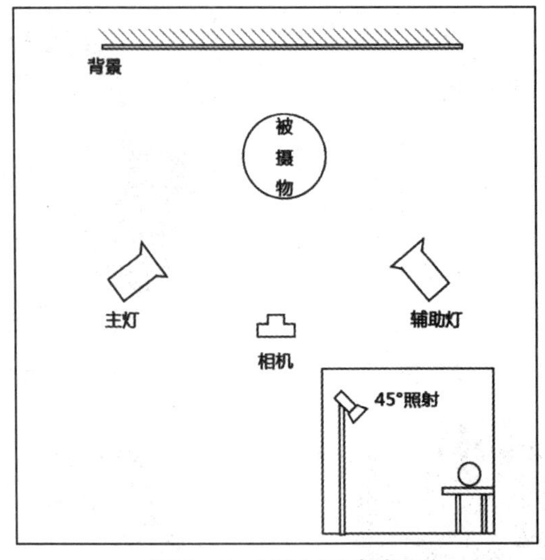

图 3－6 两侧 45°布光

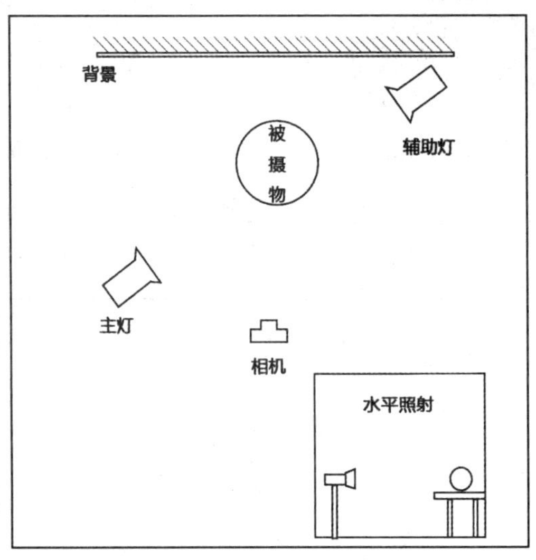

图 3－7 前后交叉布光

好的商品照片很有深度，创造深度的方法就是控制光，这也是掌握好商品拍摄照明的重要原因之一。没有良好的光线，就无法创造深度，用侧光可以使商品的一侧变亮，而另一侧不可见，光影之间的相互作用造就了深度错觉的同时，也让商品照片有了新的高度。

步骤 5：设置参数。

在商品拍摄中光圈的设置是关键步骤，光圈是相机镜头中用来控制镜头孔径大小的部件，可以按光圈的设置打开和闭合，从而控制景深、镜头成像质素以及拍摄进光量。

常见的光圈值有 F1、F1.4、F2、F2.8、F4、F5.6、F8、F11、F16、F22、F32、F44、F64。光圈的 F 值越小，在同一单位时间内的进光量就越多，上一级的进光量刚好是下一级的两倍，即光圈值 F16 的进光量比 F11 的进光量多一倍。

景深是对焦点前后的清晰成像范围。简单地说就是景深越小，背景虚化的程度越高；在同一相机拍摄的情况下，光圈增大，焦距变长，拍摄距离近，会形成小景深，背景虚化；相反，光圈缩小，焦距变广，拍摄距离远，会形成大景深，背景清晰。

快门速度是照相机用来控制感光元件有效曝光时间的构件，它的结构、形式及功能是衡量照相机档次的一个重要指标，一般而言快门的时间范围越大越好，在其他因素不变的情况下，快门速度越快，通过镜头进入的光量就越少。ISO 在相机中表示 CCD 或者 CMOS 感光元件的感光速度，ISO 数值越高说明该感光元件的感光能力越强，常用的 ISO 值有 50、100、200、400 等。ISO 值越低，相片质量越高，相片的细节表现得更细腻；ISO 值越高，相片的光量就越高，随着 ISO 值的升高相片噪点会变得越来越严重，从而导致相片质量下降。

步骤 6：拍摄构图。

在进行商品拍摄时，需要对成像效果进行预设，以突出商品特点，符合消费者的审美和视觉习惯，增加消费者的购买欲望，这就需要根据商品的特征进行拍摄构图。

常见的构图方式有：竖式构图、对角线构图、对称式构图和三分法构图，如图 3－8～图 3－11 所示。

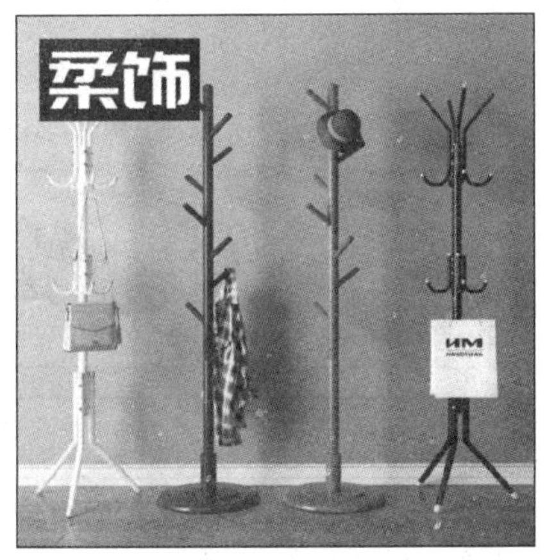

图 3－8　竖式构图

图 3－9　对角线构图

图 3－10　对称式构图

图 3－11　三分法构图

在进行拍摄时，对拍摄视角的设计也至关重要，不同的拍摄视角会对商品的形态和质感产生影响，常见的拍摄视角有：平视、俯视、仰视、倾斜角度、垂直角度和微距等。

活动 2　商品图片上传

活动背景：

通过活动 1 的学习，徐小明及其团队已经掌握商品图片的拍摄技巧。他们拍摄出了符合商品特征的图片，接下来需要学习将图片上传到淘宝平台，并为商品设置对应的类目。

活动实施：

商品主图最多可以放置五张，最少要一张，主图的文件大小需要在 3 兆以内，推荐尺寸大小在 700 像素 ×700 像素以上（700 像素 ×700 像素以上的图片上传后，提供放大镜功能），第五张主图发商品白底图可增加手淘首页曝光机会，白底主图要求尺寸为 800 像素 × 800 像素，文件大小在 3 兆以内，背景为白色，白底主图构图要求如图 3 – 12 所示。

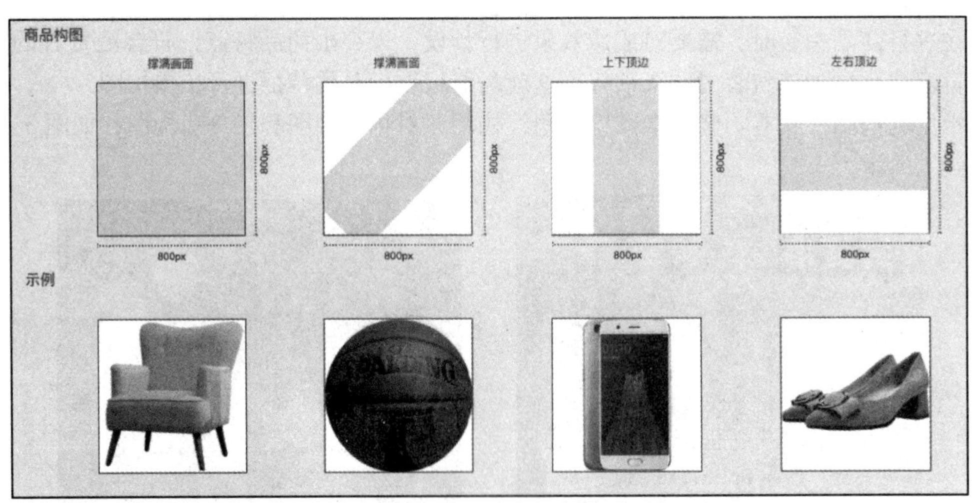

图 3 – 12　白底主图构图要求

1. 上传主图

步骤 1：进入淘宝网“卖家中心”页面，点击【商品】→【商品管理】→【发布宝贝】。在打开的页面中点击添加上传图片，如图 3 – 13 所示。

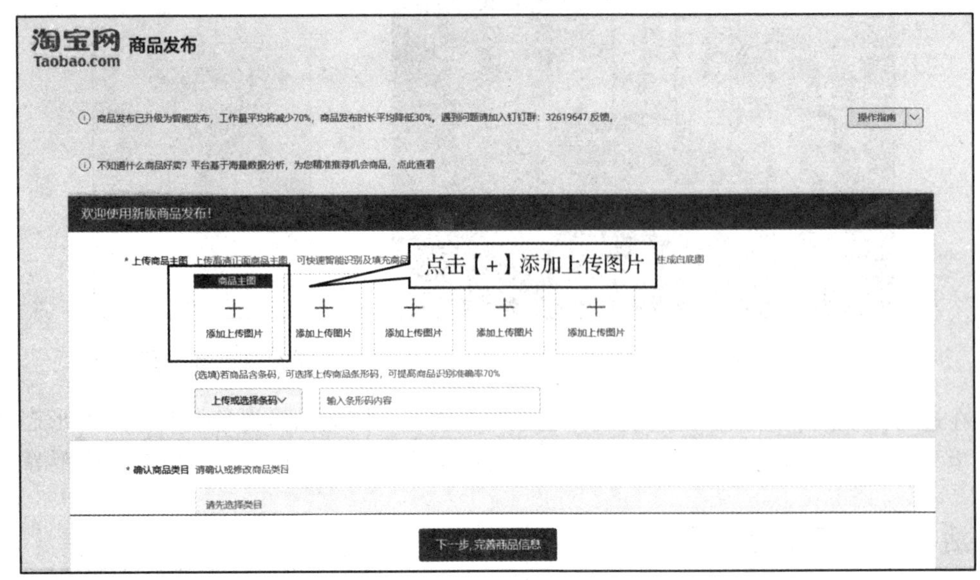

图 3 – 13　“商品发布”页面

步骤2：在图片空间中点击【上传图片】按钮，进入上传页面，通过点击【新建文件夹】，命名文件夹，对商品图片进行归类，便于后期修改查找。点击【上传】按钮或根据提示将商品图片拖到区域内完成图片上传，如图3-14所示。

步骤3：图片上传完成后，会在图片空间中展现，通过点击图片，完成商品主图的添加，如图3-15所示。

步骤4：将鼠标移动到商品主图上方，会弹出删除及移动图片的操作界面，可通过点击对主图进行更改，如图3-16所示。

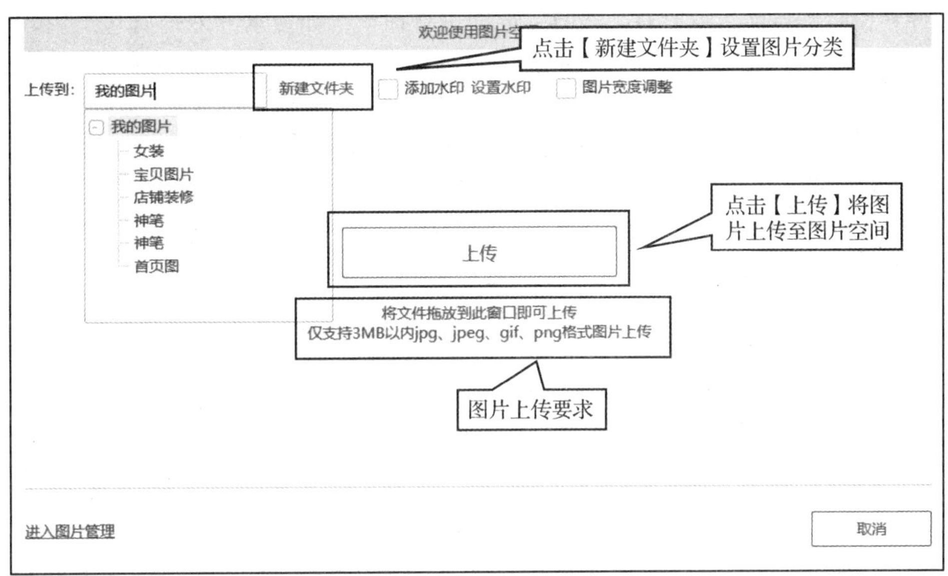

图3-14　图片上传页面

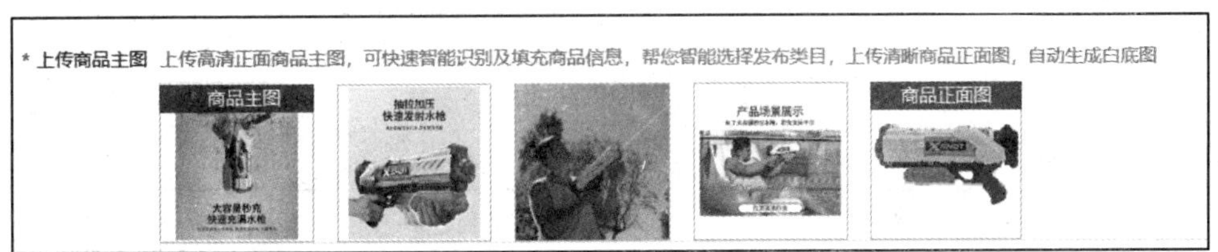

图3-15　完成商品主图上传

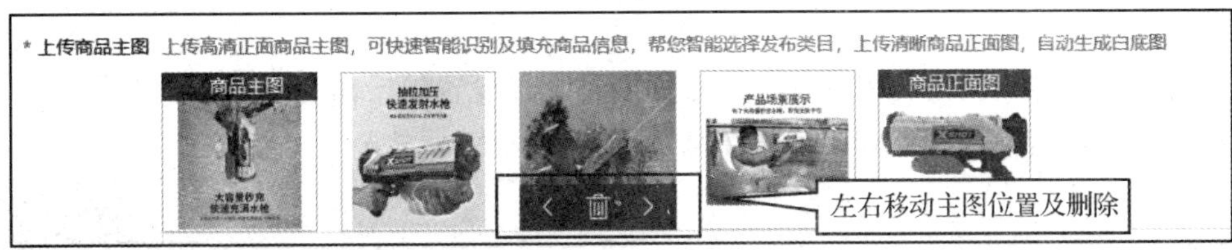

图3-16　编辑商品主图

2. 确定商品类目

步骤1：选择类目。

对于同一件商品，可能存在不同的类目选择，如双肩包可以是属于运动户外的，如图3-16所示，也可以是箱包皮具。不同的类目对于商品的影响是巨大的，如果将产品放置在低流量的类目中，那该商品获得的流量也是低的。

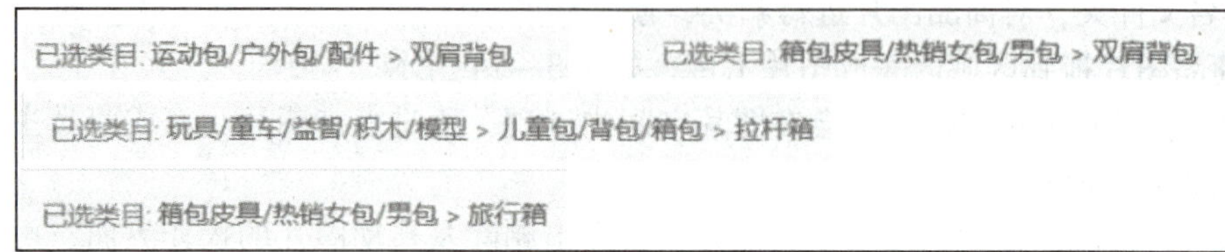

图 3－16　商品类目

因此在设置类目前，需要对品类的关键词进行搜索，如搜索“双肩背包”，按销量进行排序，使用“店侦探”等插件可查看排名靠前的商品所属类目，这里排名靠前的链接，搜索流量也必然是靠前的，使用“生意参谋”对几种类目进行分析，查看不同类目的搜索占比及转化率，再根据市场竞争关系和供应关系，确定本店的商品类目。

步骤 2：确定各级类目。

在宝贝发布页面中点击确定商品类目中的一级类目选项、二级类目选项和三级类目选项，完成商品类目的确定，如图 3－17 所示。

图 3－17　确定商品类目

步骤 3：点击【下一步，完善商品信息】，完成商品类目设定。

步骤 4：点击【保存草稿】，将商品信息进行暂存。

活动评价：

通过学习，徐小明及其团队学会了根据商品特征设置拍摄角度及布光；并根据上传要求对拍摄照片进行筛选和处理，使得商品图片成功上传。

任务二　设置商品分类

设置宝贝分类

情境设计：

无分类的商品或无规律的商品列表，都会给消费者在店铺内的搜索带来不便，进而导致店铺整体成交量的下降。本任务将带领大家一起学习商品分类的设置。

任务分解：

设置商品分类这一环节中，涉及两个活动任务，即设置商品类别和添加商品类别。

活动1　设置商品类别

活动背景：

在淘宝网上，商品分类的设置可以帮助消费者快速找到要购买的商品，因此类别的名称要尽量通俗易懂。可根据商品与店铺的风格，设置独特的类别名称，从而提升店铺的辨识度。

活动实施：

步骤1：进入【卖家中心】页面，选择【店铺】→【装修管理】→【分类设置】，进入商品分类，如图3－18所示。

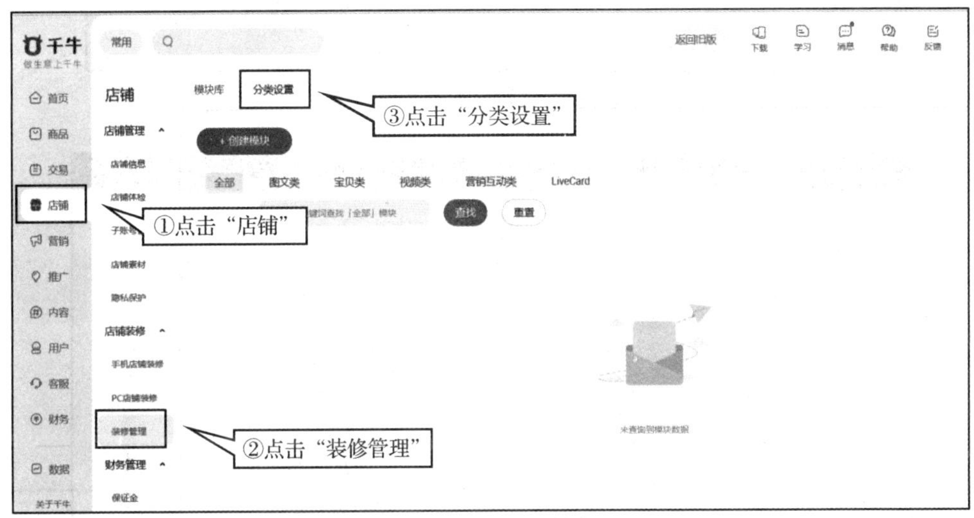

图3－18　商品分类设置界面

步骤2：进入“分类设置”界面后，分类管理有两个分类：“添加手工分类”和“添加自动分类”。通过点击手工分类设置，可以在分类管理中添加一个分类项，并可以自由设置分类名称。点击添加子分类可以为分类设置子分类，如一级分类为杯子，二级分类可设为玻璃杯、硅胶杯等，完成后点击【保存更改】，完成商品的分类设置，如图3－19所示。

图3－19　分类管理界面

点击【添加自动分类】，系统将根据已经上传的商品类目、属性、品牌和时间价格进行自动分类。在按类目归类中系统自动对店铺商品的类目进行分析，并罗列出店铺商品的类目，【搜索】后面的数字表明对应类别的产品数量，通过点击【搜索】按钮，可以查看到具体的产品信息，如图 3－20、图 3－21 所示。

图 3－20　自动分类按类目归类

图 3－21　自动分类按时间价格分类界面

步骤 3：商品分类可以是文字或图片形式，因为图片相较于文字有更直观更醒目的特殊效果，所以设计精美的图片，用图文结合的方式会让店铺更加吸引人，可为分类设置宽度≤160 像素、高度随意的空间图片作为封面（超出宽度、超过区域将被隐藏）。

活动 2　添加类别

活动背景：

通过活动 1 的学习，徐小明及其团队已经对商品进行了分类，商品分类与商品发布选择的类目无关系，在完成手工分类后还需要在商品发布时进行选择设置。

活动实施：

步骤1：在使用“添加手工分类”的设置后，需要在发布商品时设置选择分类，先回到【卖家中心】，点击【商品】进入【商品管理】中的【我的宝贝】，如图3－22所示。

图3－22 商品发布界面

步骤2：从草稿宝贝中选择任务一保存的草稿，找到店铺中的分类。

步骤3：点击【选择分类】，在跳出的窗口中勾选商品分类，如图3－23所示。

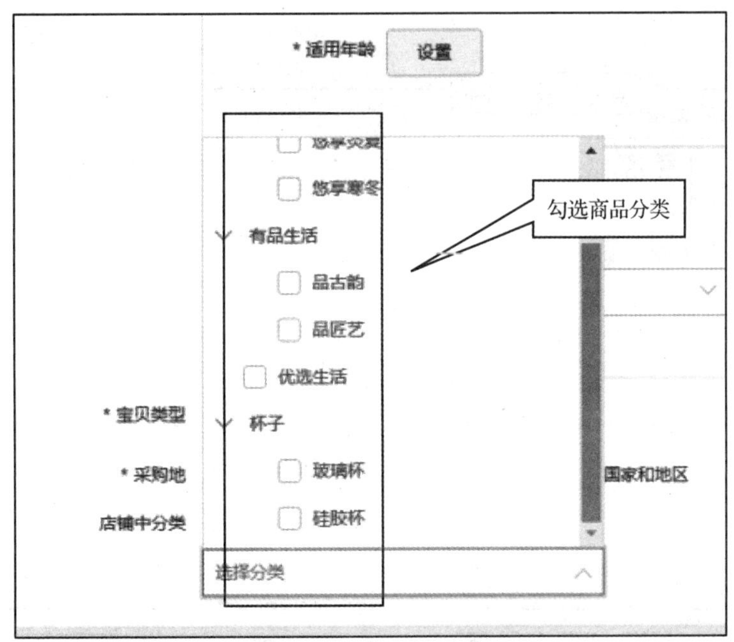

图3－23 商品分类选择

活动评价：

通过学习，徐小明及其团队对店铺商品进行了优化，根据商品的不同特性设置相应的分类，完成分类后的店铺在接下来的运营过程中的页面停留时间有了明显增加。

任务三　设置商品运费模板

设置运费模板

情境设计：

物流服务是连接店铺和消费者的重要桥梁，店铺的良好服务需要通过物流服务来进行体现，徐小明及其团队在考察了几大快递公司的服务和收费标准后，针对自己的店铺和商品特点，结合参与活动的情况，设置了商品的运费模板。本任务将带领大家一起学习运费模板的设置流程。

任务分解：

设置商品运费模板这一环节中，涉及两个活动任务，即设置包邮的运费模板和设置自定义的运费模板。

活动 1　设置包邮的运费模板

活动背景：

运费模板是针对交易成功后，卖家需要频繁修改运费而推出的一种运费工具，它可以根据商品的重量或体积，使用卖家设置的到各地的运费费率来计算运费。徐小明及其团队对引流产品进行了包邮设置。

活动实施：

步骤 1：登录淘宝网，进入卖家中心，点击【交易】→【物流工具】→【运费模板设置】，如图 3－24 所示。

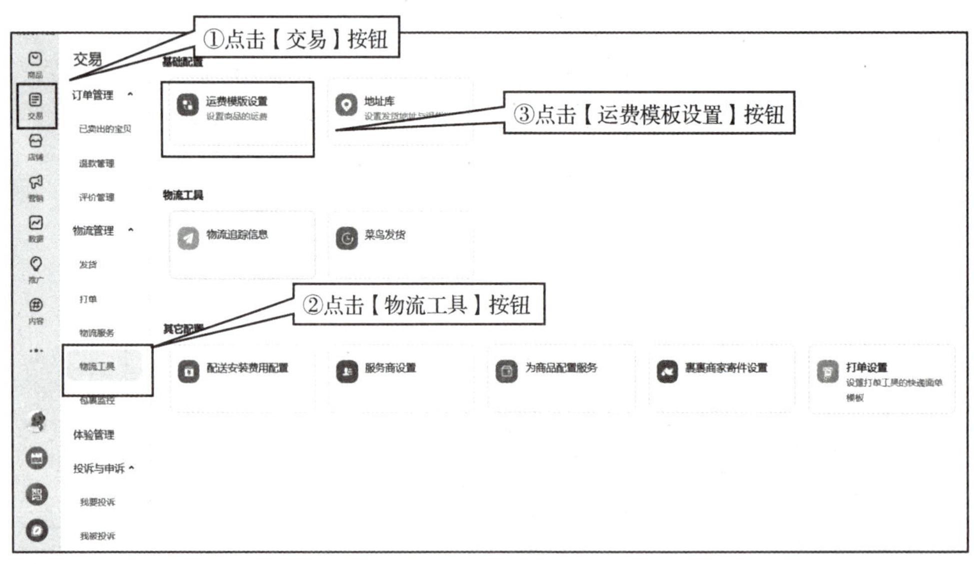

图 3－24　物流工具界面

步骤 2：在运费模板设置界面点击【新增运费模板】，进入模板设置界面，如图 3－25 所示。

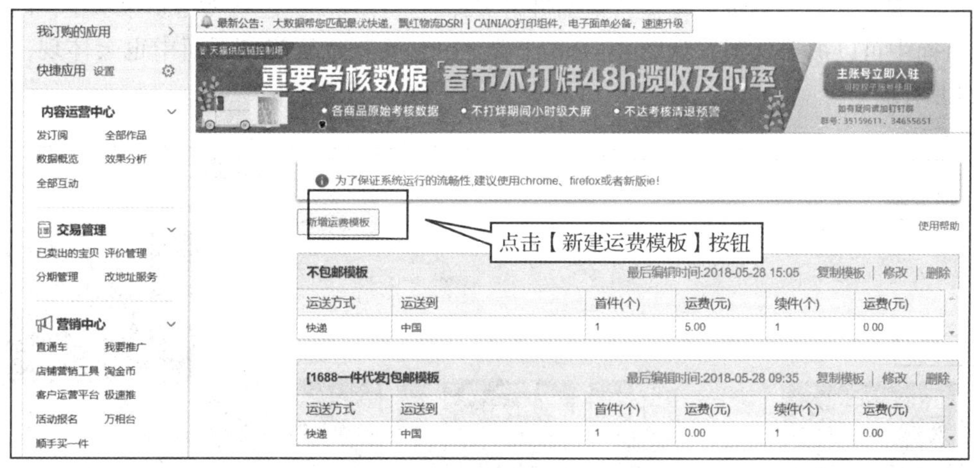

图 3－25　运费模板设置界面

步骤 3：根据店铺信息，完成运费模板内容的编辑设置，及时保存，如图 3－26 所示。

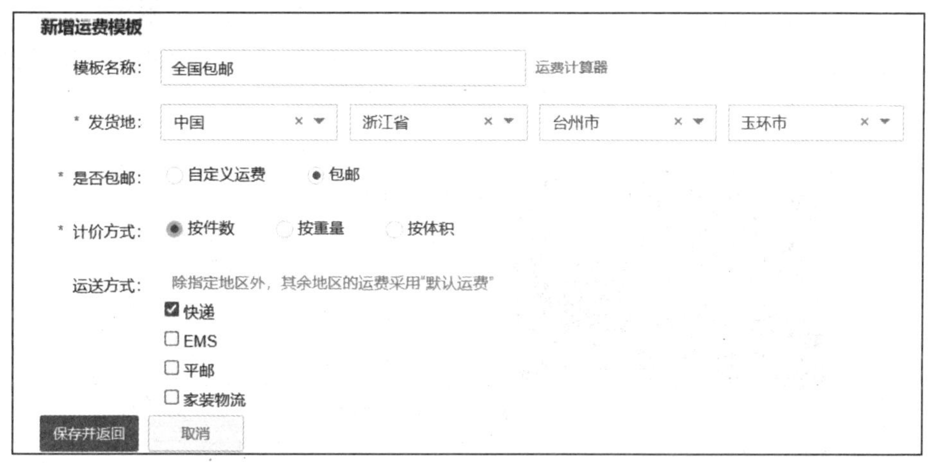

图 3－26　编辑运费模板

（1）模板名称：自定义，方便记忆和查找，如一件代发、全国包邮等。

（2）宝贝地址：选择宝贝所在地址“中国—浙江—嘉兴”，能够在淘宝搜索页面显示，便于筛选，如图 3－27 所示。

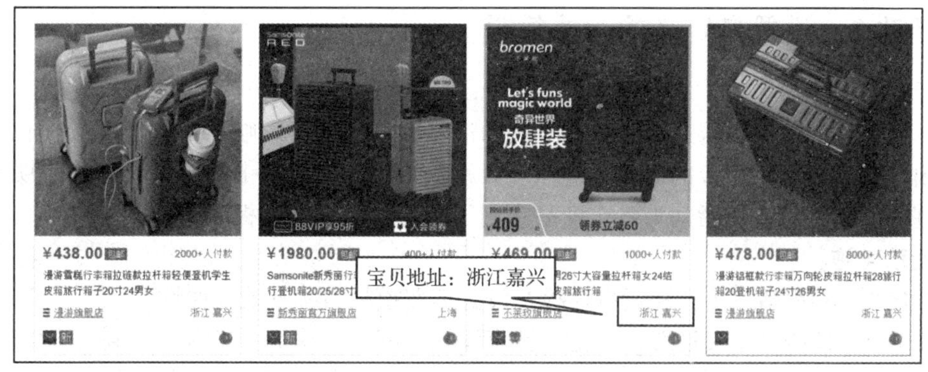

图 3－27　宝贝地址在搜索界面的显示

(3) 是否包邮：根据店铺运营情况进行选择。选择包邮，运费将由卖家承担，同时在搜索页面中可以被筛选到，如图 3－28 所示；在宝贝的商品信息页面中也会体现，如图 3－29 所示。

图 3－28　淘宝搜索页面筛选

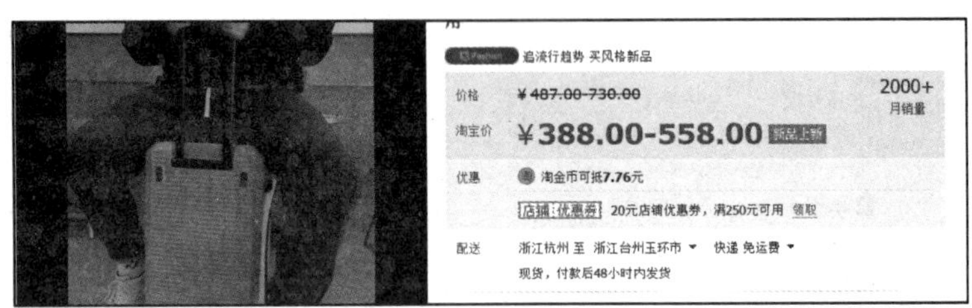

图 3－29　商品信息页面

(4) 计价方式：根据店铺商品情况进行选择。

(5) 运送方式：快递、EMS、平邮、家装物流。

步骤 4：在日常的运营过程中，不同的商品和消费者有着不同的需求，这就需要卖家设置多样的运费模板。

活动 2　设置自定义的运费模板

活动背景：

不同类型的商品销售过程中，在不同的活动和营销策略影响下，若全部选择包邮，可能会出现费用成本不可控的情况，进而导致亏损，因此在活动 1 的基础上，徐小明及其团队根据商品特性和营销活动为各个商品定制了个性化的运费模板。

活动实施：

步骤 1：参照活动 1 新建运费模板，设置运费模板名称及地址属性。

步骤 2：选择自定义运费，对指定城市设置运费，如图 3－30 所示，除江浙沪三个地区包邮外，其他的城市将收取 10 元的运费，每增加一件多收取 5 元的运费。

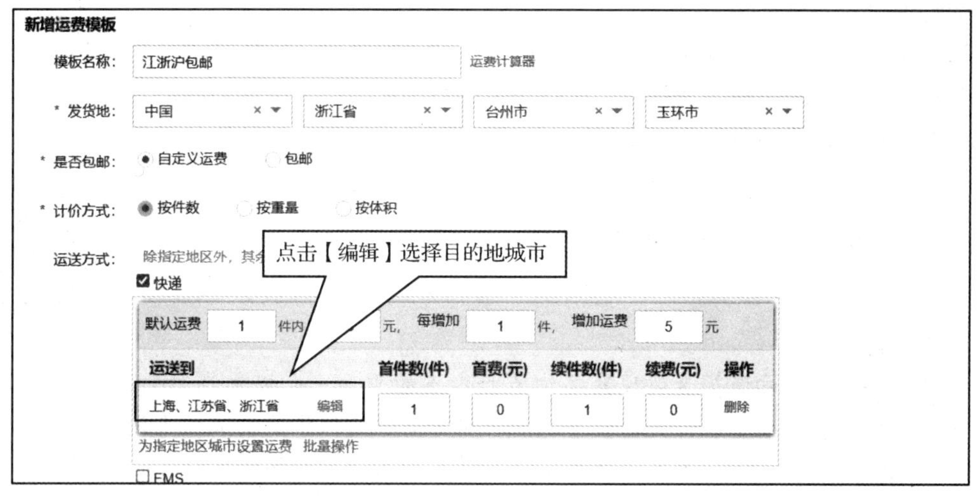

图 3－30　指定地区城市设置运费

步骤 3：指定条件包邮，如图 3－31 所示，对北京、天津、河北等省市实行满 68 元包邮，对山西、辽宁、吉林等省、自治区实行满 120 元包邮。除按金额进行包邮条件设置外，还可以根据件数、件数＋金额的形式对条件进行设置。

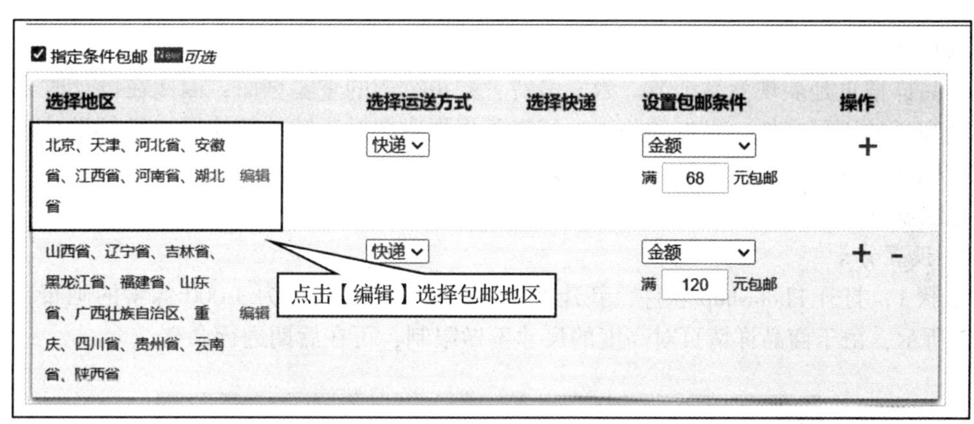

图 3－31　指定条件包邮

步骤 4：点击【保存并返回】，完成运费模板的设置。

步骤 5：回到商品发布界面，在发布界面找到物流信息模块，如图 3－32 所示，完成模板选择。

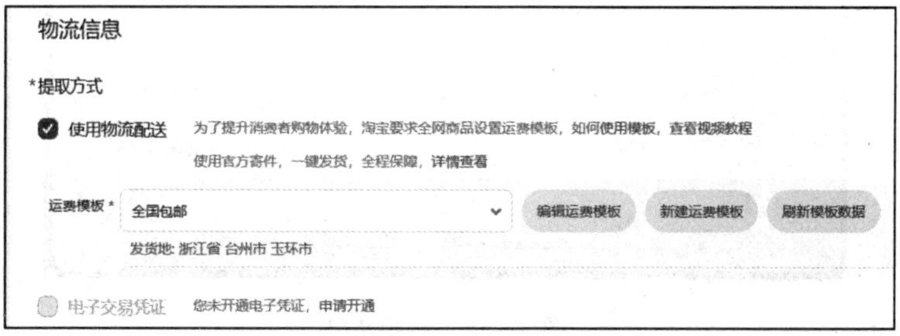

物流信息
*提取方式
使用物流配送　为了提升消费者购物体验，淘宝要求全网商品设置运费模板，如何使用模板，查看视频教程
使用官方寄件，一键发货，全程保障，详情查看
运费模板 *　全国包邮　编辑运费模板　新建运费模板　刷新模板数据
发货地: 浙江省 台州市 玉环市
电子交易凭证　您未开通电子凭证，申请开通

图 3－32　商品发布中的物流信息模块

活动评价：

通过学习，徐小明及其团队了解了运费模板的设置将对商品的展现产生影响，正确的运费模板设置将提高商品的展现量，具有一定的营销能力，并根据商品的性质选择合适的物流企业，正确设置运费模板，在保证利润的同时为不同地区的消费者提供包邮服务。

详情页切片

任务四　设置商品详情页

情境设计：

商品的详情页是向消费者展现商品细节和卖点的页面，也极大地影响店铺的转化率。徐小明及其团队在明确了详情页的重要性后，根据店铺的风格及商品特点进行了设计，以期提高店铺的转化率。本任务将带领大家一起学习商品详情页的设置。

任务分析：

设置商品详情页这一环节中，涉及两个活动任务，即制作商品详情页和上传商品详情页。

活动1　制作商品详情页

活动背景：

商品详情页是展现商品细节、激发消费者购买欲望的重要页面，因此在设计时不仅要考虑到商品的不同特性、卖点的陈列，还需要根据主图及店铺的整体风格进行设计，徐小明及其团队根据商品设计并制作了相应的商品详情页。

任务实施：

1. 设置背景

步骤1：打开Photoshop软件，新建宽度为750像素，高度为3 000像素的画布，如图3-33所示，由于商品详情页对高度的尺寸不做限制，可在后期进行调整。

图3-33　新建文件

步骤2：对画布进行背景设计，对于详情页的各个模块，先确定其位置并进行排版，将内容留空，如图3－34所示。设置背景时需要考虑到店铺风格及产品特点或活动情况。常见的店铺风格有简约风、古典/民族风、日/韩系风、潮牌风、欧美大牌风等。

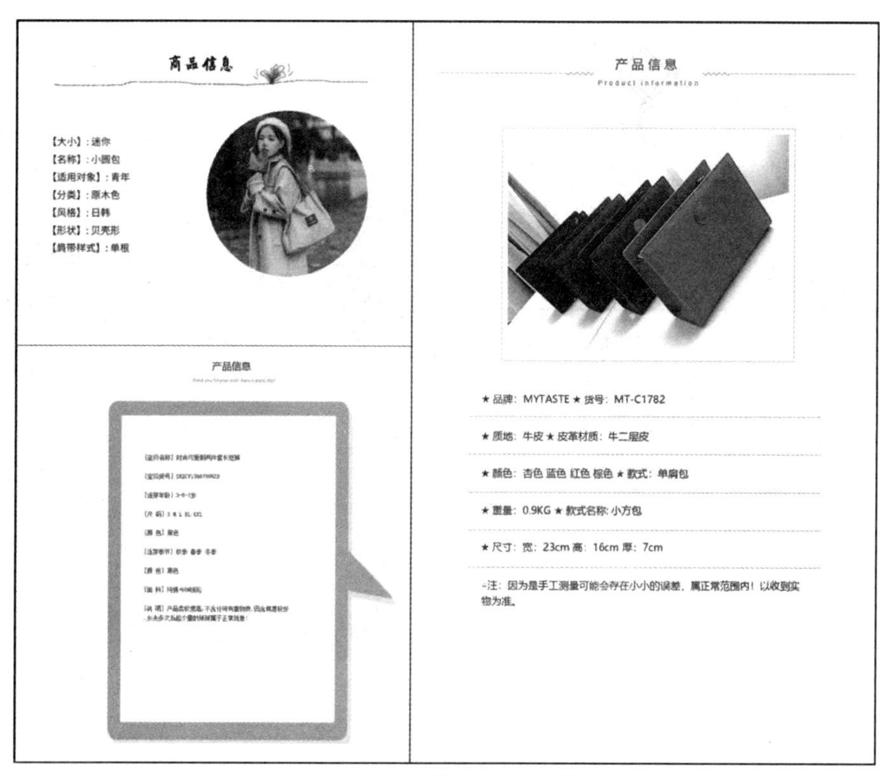

图3－34　详情页不同风格

店铺风格的设置有利于：

（1）提升店铺的品牌形象；

（2）提升顾客对店铺的信任度；

（3）提升商品品质；

（4）提升顾客的视觉体验；

（5）增加店铺页面的访问量；

（6）增加店铺顾客浏览停留的时间。

步骤3：详情页海报可以是商品的推广宣传，也可以是网店促销活动宣传。在详情页顶端展现详情页海报，如图3－35所示。

步骤4：详情页的内容在设置上没有明确的要求，但一般由海报、商品信息/参数、同行商品对比、商品场景展示、商品细节展示、售后保障等组成，根据产品和店铺的不同，各个店铺设置的内容也不尽相同，如图3－36所示。

步骤5：制作完成商品详情页后，在保存时需要注意文件的存储大小，如图3－37所示。由于淘宝平台单张图片上传限制为3兆，因此对超过此大小的图片可以使用Photoshop中的切片功能，将一整张详情页分割成多张，如图3－38所示。

图 3-35 详情页海报图

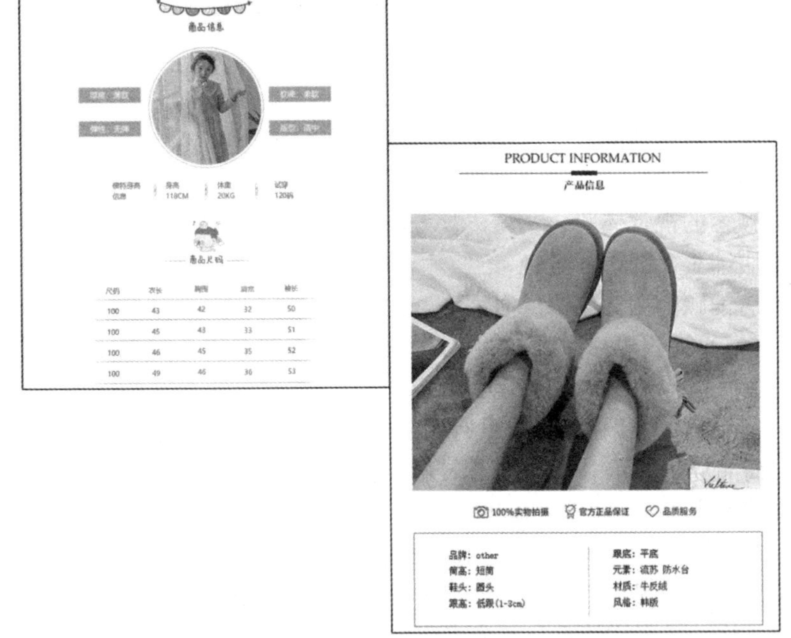

图 3-36 不同店铺的详情页设置（部分）

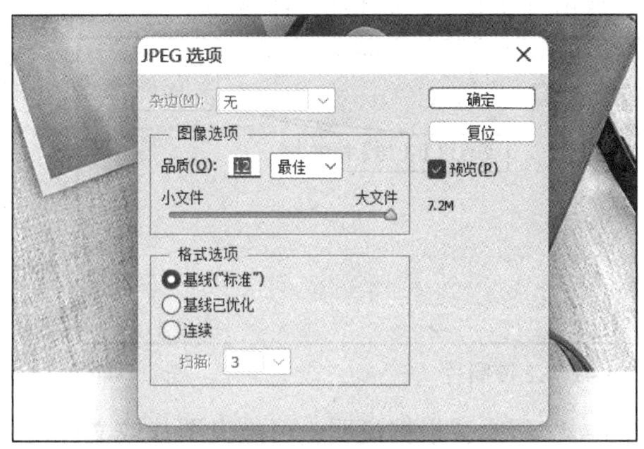

图 3-37　详情页存储

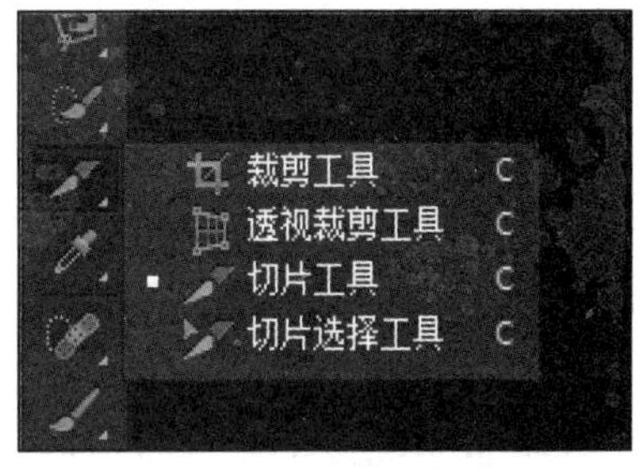

图 3-38　Photoshop 切片工具

活动 2　上传商品详情页

上传商品详情

活动背景：

商品详情页在设计制作完成后，还需要添加到平台中再进行发布，这样才能够展现在消费者面前，徐小明及其团队根据步骤对商品详情页进行了添加。

任务实施：

步骤 1：进入卖家中心，点击【商品】，在【商品管理】中打开【图片空间】页面，如图 3-39 所示。

步骤 2：在【图片空间】页面中点击【新建文件夹】，如图 3-40 所示，为产品设置单独的文件夹并命名，便于后期查找和修改，文件夹可根据需要设置多级。

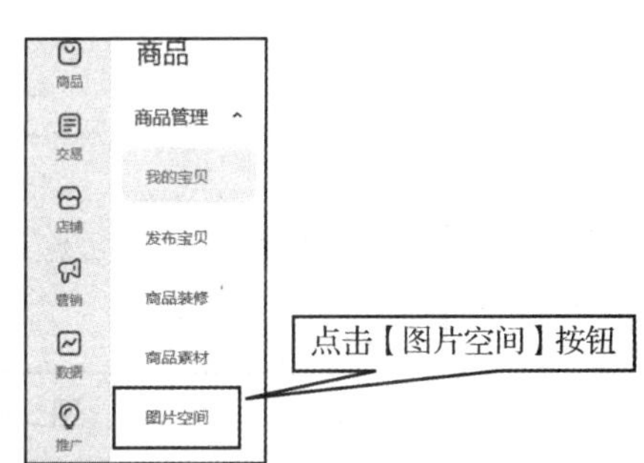

图 3-39　卖家中心页面

图 3-40　图片空间新建文件夹界面

步骤3：在左侧栏中选择文件夹后，点击【上传】，如图3－41所示。

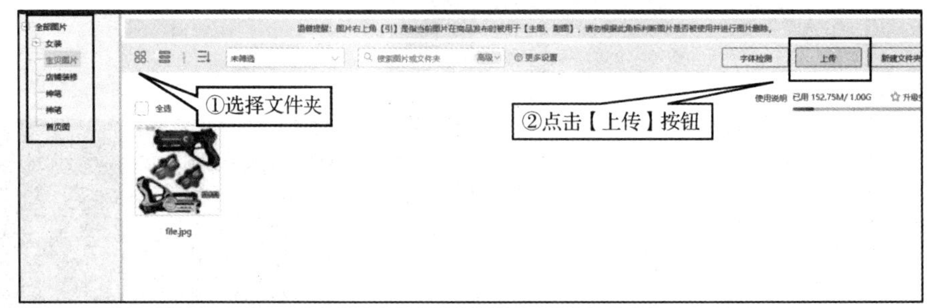

图3－41　上传图片

步骤4：进入上传图片对话框，如图3－42所示，根据说明，可拖曳图片或文件夹至上传图片对话框中，也可以点击【上传】，打开计算机的文件对话框，如图3－43所示，将事先存储在计算机中的商品详情页选中，点击【打开】按钮，完成图片在图片空间中的添加。

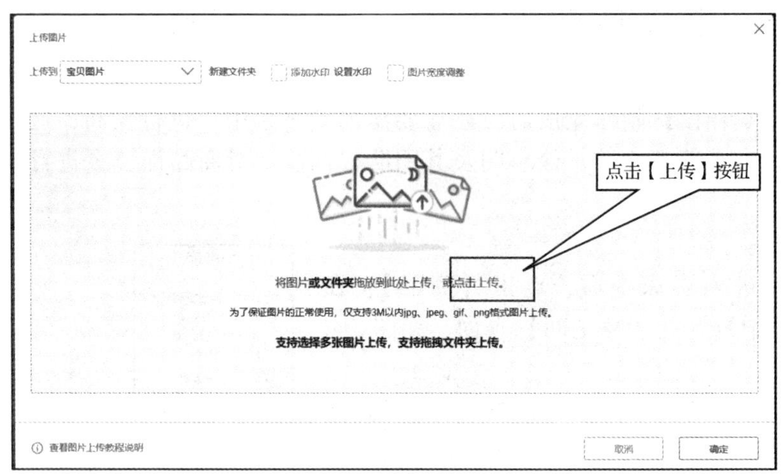

图3－42　上传图片对话框

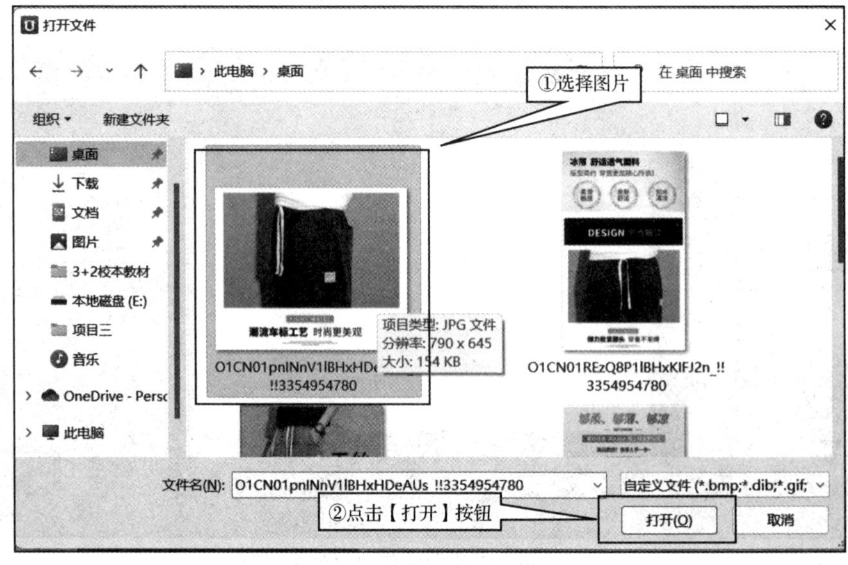

图3－43　选择图片对话框

步骤5：详情页上传成功后，将在图片空间中显示，如图3-44所示，将光标放置在某张图片上，系统会弹出四个选项框，从左到右分别是：复制图片、复制链接、复制代码、删除。通过点击按钮可以对图片进行相应的操作，其中复制链接是指对图片在图片空间中的存储地址进行复制，在后续的图片添加中可直接使用复制的链接进行设置，如在设置轮播图海报时，通过图片链接的填入，完成轮播图的展示。

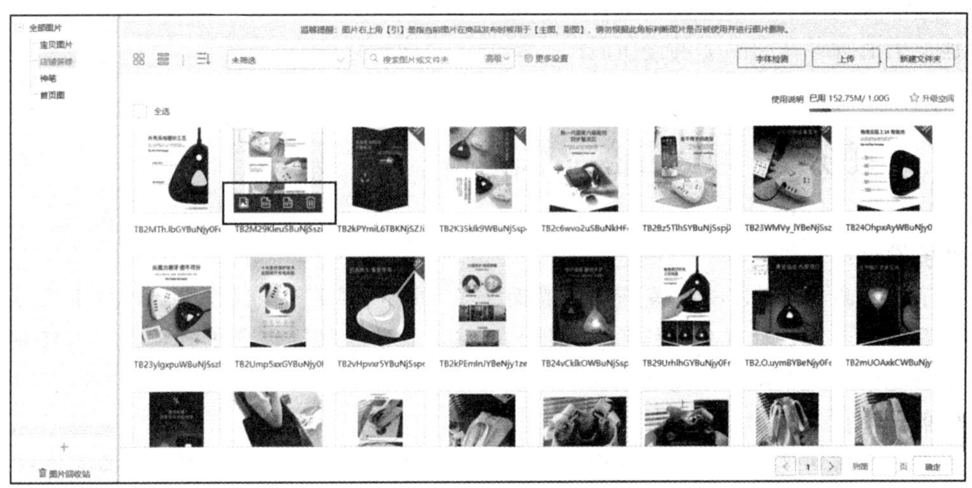

图3-44　图片上传完毕

步骤6：回到商品发布界面，在电脑端详情模块中选择使用文本编辑，如图3-45所示，再点击图片空间图标进入图片空间，根据详情页内容进行选择，注意详情页展现内容的先后顺序，先展示的先添加，完成详情页的添加。

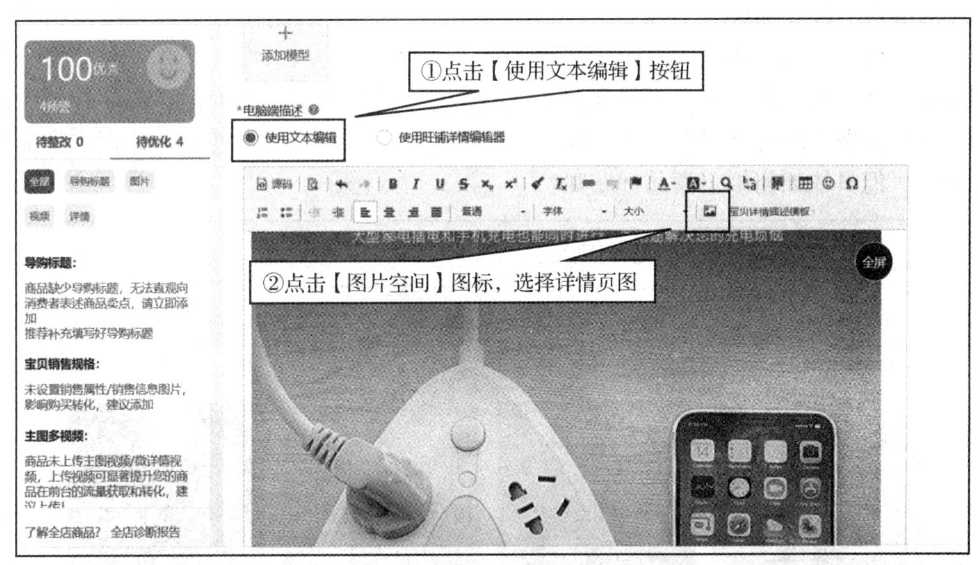

图3-45　电脑端描述界面

步骤7：根据完成情况点击提交宝贝信息或保存草稿，如图3-46所示。点击提交宝贝信息，即对商品进行发布，在发布期间无法修改商品信息，需要下架后再修改，点击保存草稿，可随时对存于草稿的商品进行修改。

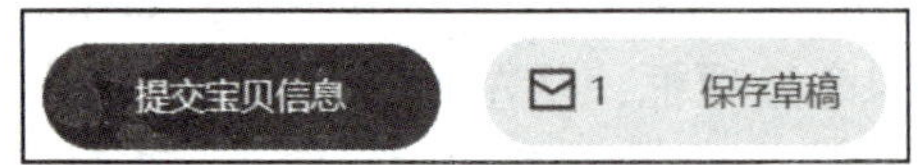

图 3－46　提交宝贝信息和保存草稿按钮

活动评价：

通过学习，徐小明及其团队对商品详情页进行了精心设计，将商品卖点最大化地展现，延长了消费者在商品上的停留时间，提升了店铺转化率。

任务五　发布商品信息

情境设计：

为了让商品的流量提升，发布商品界面除了主图、类目、店铺分类、详情页及运费模板的设置外，还需要对商品的标题、属性、规格、售后保障等信息进行设置。本任务将带领大家一起学习发布商品信息的方法。

任务分解：

发布商品信息这一环节，涉及两个活动任务，即拟定商品标题和发布商品其他信息。

活动 1　拟定商品标题

活动背景

徐小明及其团队发现，如以“裤子”为搜索关键词，那淘宝的搜索结果会包括“西装裤、九分裤、阔腿裤”等各类裤子；如将关键词更换为“九分裤”后，搜索结果基本排除了“西装裤、阔腿裤”，展示各种“九分裤”，如图 3－47 所示。消费者习惯于用关键词搜索商品。当商品标题中不包含搜索关键词时，系统将不展现商品；商品标题中的关键词越符合消费者的搜索习惯，商品被系统展现的机会就越多。这使他们认识到商品标题的重要性，但具体如何拟定商品标题呢？

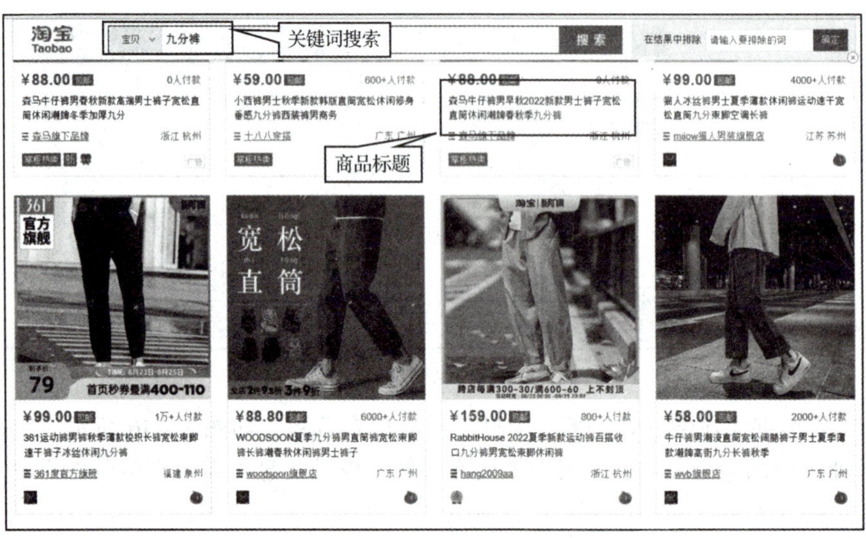

图 3－47　淘宝搜索界面

活动实施：

1. 标题填写规范

步骤1：进入卖家中心，在【商品管理】中点击【发布宝贝】，找到宝贝标题模块，如图3－48所示。

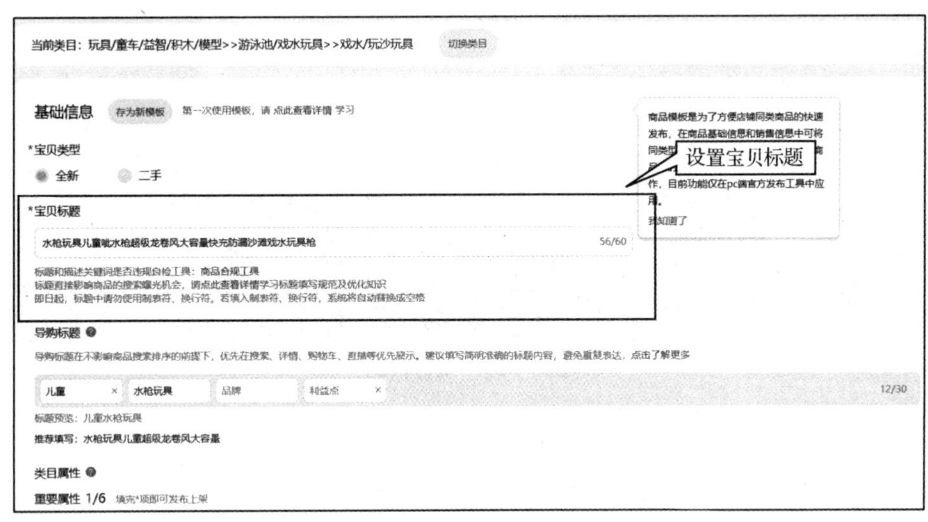

图3－48　宝贝标题设置界面

步骤2：根据商品以及宝贝标题的基本要求设计宝贝标题，在宝贝标题模块中录入商品标题的基本要求有：

商品标题的容量是30个汉字或60个字符。根据消费者的需求和定位，大致将关键词分为属性关键词、营销关键词、品牌关键词三大类。

在商品发布时，商品标题可以由两种以上的关键词来组合，如促销关键词＋属性关键词、品牌关键词＋属性关键词。其中属性关键词必须包含在商品标题中。

属性关键词是指商品名称或俗称，商品的类别、规格、功用等介绍商品基本情况的字或词，对于有多种习惯称呼的商品，可以设置多个属性关键词，以符合更多消费者的搜索习惯。如“文旦”的属性词可能有“文旦”“柚子”“文旦柚”等。

营销关键词是关于代购、包邮、礼盒、韩版等信息的字或词，这类字词往往能吸引和打动消费者。

品牌关键词分为商品本身的品牌和店铺自有品牌两种，品牌关键词对于提高店铺知名度和打造网店品牌都有很显著的意义和效果。如“三只松鼠”“良品铺子”等。

2. 初拟标题

步骤1：登录“生意参谋”，点击“市场”→“搜索排行”，查看行业热词、商品和店铺的排行榜，从中选取摘录与自己店铺商品匹配度较高且搜索量大的关键词。

步骤2：将关键词进行组合，形成标题。

步骤3：在宝贝标题模块中点击使用商品合规工具，如图3－49所示。

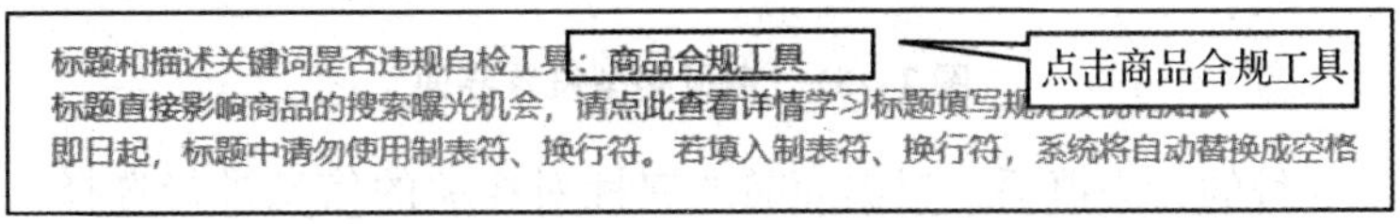

标题和描述关键词是否违规自检工具：商品合规工具　点击商品合规工具
标题直接影响商品的搜索曝光机会，请点此查看详情学习标题填写规……
即日起，标题中请勿使用制表符、换行符。若填入制表符、换行符，系统将自动替换成空格

图3－49　商品合规工具

步骤4：在素材检测中录入文本或图文，点击开始检测，对素材进行检查否违规，如图3－50所示。

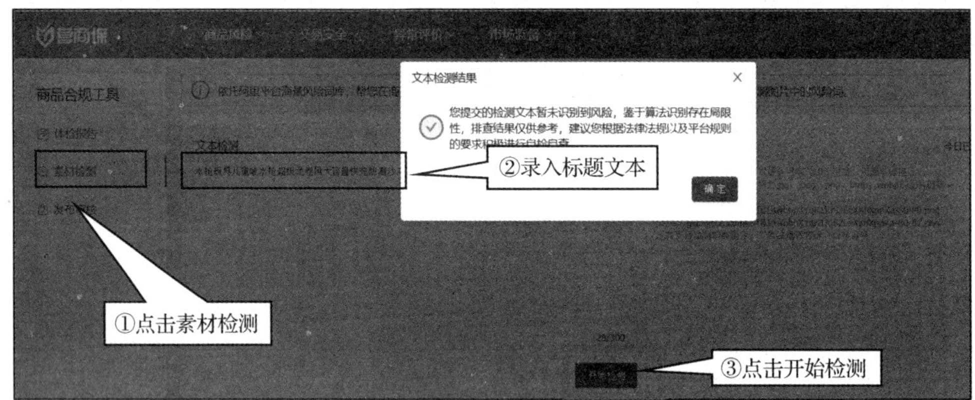

图3－50　素材检测

步骤5：查看检测结果，点击确认。

活动2　发布商品其他信息

活动背景：

通过活动1的学习，徐小明及其团队已经掌握了商品标题的规范性要求，学会了拟定商品标题的方法。他们观察了发布宝贝页面，发现还有“宝贝类型”“类目属性”“采购地”等其他信息也需要发布。他们将继续学习发布商品的其他信息。

活动实施：

步骤1：根据宝贝类型选择全新或二手，如图3－51所示。

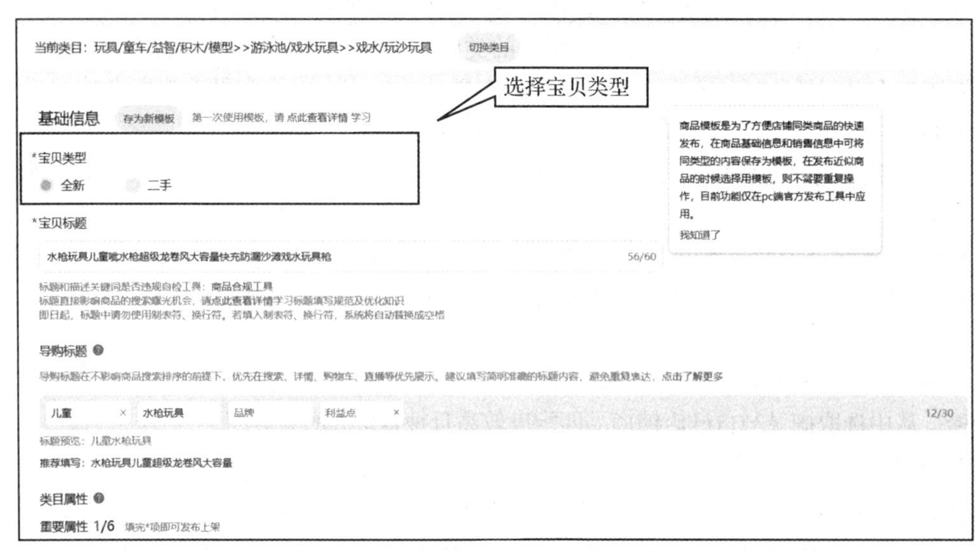

图3－51　宝贝类型设置界面

步骤2：带＊号的为必填项，根据商品的属性对相关的信息进行选择，填写的商品属性将在商品的参数中展现。消费者通过查看参数，可以更好地了解商品，从而快速下单。

详细的商品参数还可以减少消费者的疑虑，增加静默下单量，减少客服工作量，如图 3-52 所示。

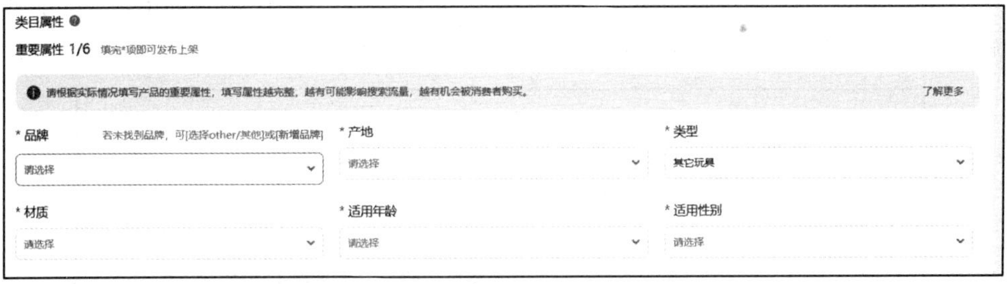

类目属性
重要属性 1/6 填完*项即可发布上架
请根据实际情况填写产品的重要属性，填写属性越完整，越有可能影响搜索流量，越有机会被消费者购买。
了解更多
* 品牌
若未找到品牌，可[选择other/其他]或[新增品牌]
请选择
* 产地
请选择
* 类型
其它玩具
* 材质
请选择
* 适用年龄
请选择
* 适用性别
请选择

图 3-52　宝贝类目属性界面

步骤 3：选择采购地或商品产地，如图 3-53 所示，默认为中国内地（大陆）。

*采购地
中国内地（大陆）
中国港澳台地区及其他国家和地区

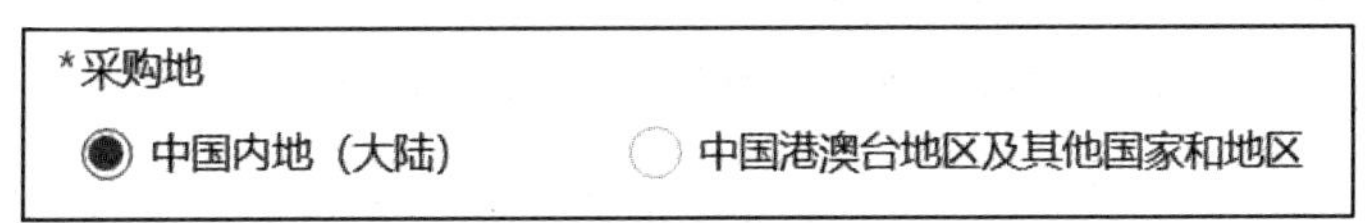

图 3-53　宝贝采购地选择界面

步骤 4：选择发货时效，如图 3-54 所示，超过 48 小时的，需要填写具体的天数，未按约定时间发货可能会被消费者投诉，进而受淘宝平台处罚，因此需要根据店铺的情况设置发货时效，24 小时内发货将会提升商品权重。

“一口价”指商品的价格，价格将会出现在搜索界面，价格的设置将会影响消费者的判断，影响点击率。

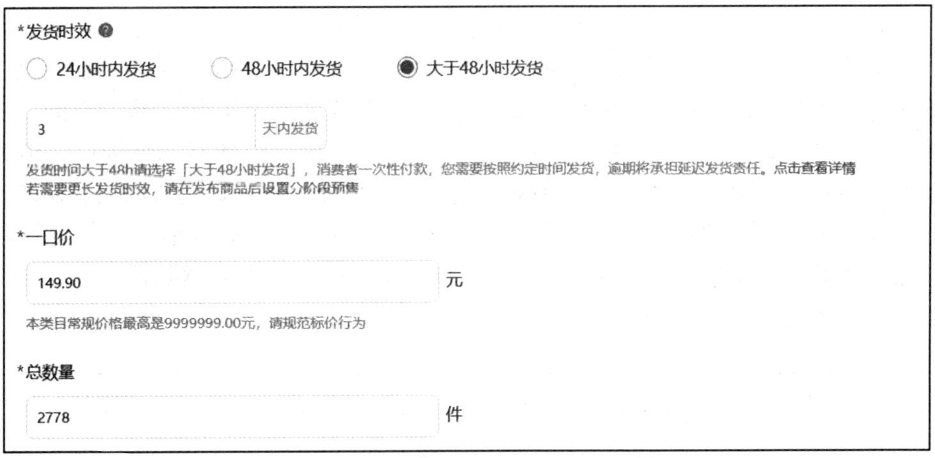

*发货时效
24小时内发货
48小时内发货
大于48小时发货
3
天内发货
发货时间大于48h请选择「大于48小时发货」，消费者一次性付款，您需要按照约定时间发货，逾期将承担延迟发货责任。点击查看详情
若需要更长发货时效，请在发布商品后设置分阶段预售
*一口价
149.90
元
本类目常规价格最高是9999999.00元，请规范标价行为
*总数量
2778
件

图 3-54　发货时效等信息填写

“总数量”指商品的库存，当库存数量为 0 时，如果选择的库存扣减，消费者将无法下单付款，如图 3-55 所示。

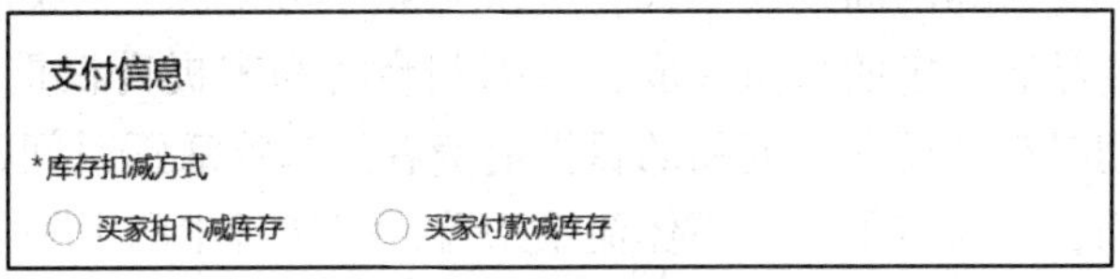

支付信息
*库存扣减方式
买家拍下减库存
买家付款减库存

图 3-55　库存扣减方式

步骤5：填写售后服务模块及选择上架时间，根据商品类目，系统对7天无理由退货会进行限制。如服装、玩具等将默认显示必须支持【七天退货】服务，如图3－56所示；如点卡充值、食品等将默认显示不支持【七天退货】服务，如图3－57所示。根据店铺情况，合理选择售后服务内容，将提高消费者的成交转化率。

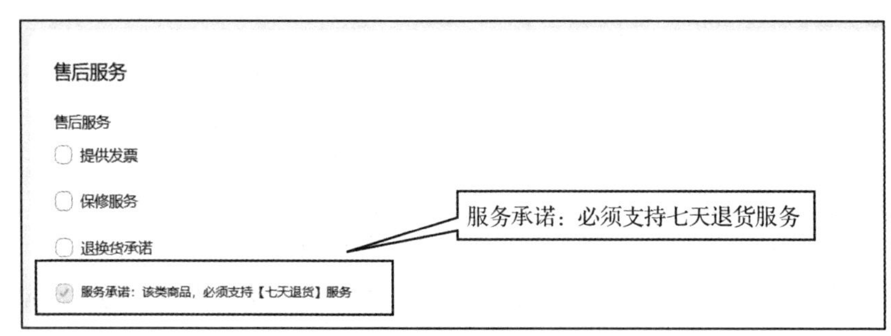

图3－56　玩具类商品售后服务模块

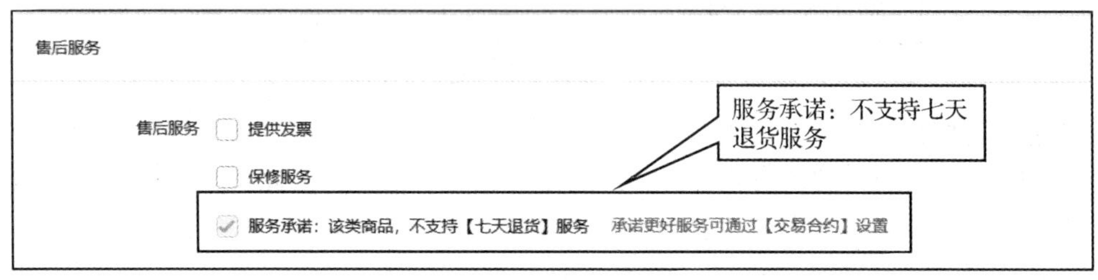

图3－57　点卡充值类商品售后服务模块

步骤6：设置上架时间，上架时间模块分为立即上架、定时上架及放入仓库三个选项。选择“立刻上架”后，将商品直接完成发布，消费者可在平台中搜索到该商品，这一阶段的页面信息将无法更改；选择“定时上架”，即对商品设置正式开始销售的时间，在未到设定时间时，商品处于不可售的发布状态，消费者可在平台中搜索到该商品，但无法购买，这一阶段可在【仓库中的宝贝】中对该商品进行修改，到达设定时间后，商品即处于可销售状态，届时无法对该商品进行修改（需对商品进行下架处理后，才能进行修改）；选择“放入仓库”，即将商品暂存在仓库，消费者无法在平台中搜索到该商品，这个阶段的商品信息可更改，如图3－58所示。

图3－58　上架时间模块

淘宝宝贝的上下架时间的周期是7天，所以上架时间决定了下架时间，在淘宝规则中对临近下架时间的商品有一定的权重加成，根据剩余时间来提升权重（排名顺序），因此我们在设置上架时间时就需要考虑商品的目标消费者的购物活跃时间，通过生意参谋查看店铺人群的浏览时间，从淘宝平台的整体流量来看，工作日中的上午10—12点、下午3—5点、晚上8—10点为三个流量高峰段（不同的商品会有所区别）。根据上面的时间段，我们最好在工作日的 12 点、17 点、22 点上架商品。当店铺有多个商品时，可平均分配上下架时间，以达到店铺整体流量提升的作用。

步骤 7：完成以上设置后，点击提交宝贝信息完成商品的信息设置。

活动评价：

通过学习，徐小明及其团队对商品的其他信息进行了设置，并根据店铺的情况选择了合适的售后服务，通过对商品上架时间的把控，提升了店铺的整体浏览量。

项目总结：

在发布商品时，不仅需要店铺做好商品拍摄处理的前期工作，还需要选择合适的物流运输服务商，并设置相应的运费模板，也需要设计详情页海报。在整个发布过程中，网店的运营团队要紧扣市场，了解目标客户特征，根据店铺及商品特点进行通盘的设置，全方位地考虑设计才能提升店铺的销量。

通过学习，总结整理实施过程中遇到的问题，讨论、整理出解决方案并填写下面的知识及技能总结表格（见表 3－1）。

表 3－1　知识及技能总结

<table>
<tr><td colspan="4">班级：　　　　姓名：　　　　学号：　　　　完成时间：</td></tr>
<tr><td colspan="4">任务名称：　　　　组长签字：　　　　教师签字：</td></tr>
<tr><td>类别</td><td>索引</td><td>学生总结</td><td>教师点评</td></tr>
<tr><td rowspan="4">知识点</td><td>商品拍摄的方法</td><td></td><td></td></tr>
<tr><td>运费模板的设置方法</td><td></td><td></td></tr>
<tr><td>商品详情页的制作方法</td><td></td><td></td></tr>
<tr><td>商品信息发布的方法</td><td></td><td></td></tr>
<tr><td>技能点</td><td>进行商品拍摄、设置运费模板、制作详情页、发布商品等</td><td></td><td></td></tr>
<tr><td rowspan="2">操作总结</td><td>操作流程</td><td></td><td></td></tr>
<tr><td>注意事项</td><td></td><td></td></tr>
<tr><td colspan="3">反思</td><td></td></tr>
</table>

任务实训：

任务实施提示：

一个好的商品信息描述是网店生命力的源泉，其肩负了两个重要使命：一是激发买家购买的欲望；二是在买家心目中成功树立起品牌形象。有人说，流量是网站的生命，那么做好商品的发布工作，就是将流量转化为有效流量（激发购买），再到忠实流量（传达品牌信息）的一个过程。

任务部署：

阅读教材相关知识，按照任务单 3 的要求完成学习工作任务。

任务单 3　在淘宝网个人网店发布一款商品

任务名称	在淘宝网个人网店发布一款商品	任务编号	3
任务说明	通过完成在淘宝网个人网店发布一款商品，掌握商品详情页的制作方法，在网店后台和助手工具软件上发布商品的方法		
任务实施	（1）在项目一实训的基础上，进行商品分类、运费模板和商品详情页等设置。特别是根据以下几点要求做好商品详情页的内容。 焦点图——引发买家兴趣； 目标客户群设计——卖给谁用，自己能不能使用		
	场景图——激发潜在需求； 商品细节——逐步建立信任； 为什么购买——好处设计； 没有商品会怎样——“恐吓营销”； 同类商品对比——凸显优势； 客户评价、第三方评价和相关资质——加深信任； 拥有后的感觉塑造——再次强化购买好处； 孝敬父母、送恋人或者爱护自己——给买家一个购买理由； 优惠价格的时限与商品热销情况——发出购买号召； 品牌介绍——树立品牌形象； 购买须知，包括邮费、发货、换货、退货等政策——消除最后一丝顾虑； 关联推荐——不满意还有其他商品可供挑选		

续表

<table>
<tr><td rowspan="4">任务实施</td><td colspan="2">（2）在网店后台发布商品信息</td></tr>
<tr><td colspan="2"></td></tr>
<tr><td colspan="2">（3）安装“甩手掌柜”工具箱软件，在淘宝网上寻获合适的商品链接，利用助手软件批量抓取商品信息并发布到自己的网店上</td></tr>
<tr><td colspan="2"></td></tr>
<tr><td>教师评语</td><td colspan="2"></td></tr>
<tr><td>实训成绩</td><td></td><td>实训任务书成绩</td></tr>
</table>

项目四

网店的客户服务管理

能力目标

能运用技巧跟客户进行沟通；

能设置千牛工作平台及进行快捷回复等客户服务管理工作。

知识目标

掌握客户服务管理基础知识，包括接待客户咨询、客户管理、处理退换货；

掌握催拍、催付等店小蜜的设置，以及沟通技巧；

掌握客服工具软件及快捷回复的设置。

思政目标

在与客户沟通的过程中，客服要秉承客户至上的理念，养成精益求精的工作态度，做到细心、耐心、有责任心。

项目综述

通过前面的学习，徐小明及其团队已经学会了店铺开设、装修美化、商品发布等方法和技巧，店铺马上进入运营阶段。但目前徐小明及其团队缺乏客服管理方面的经验与技巧，于是，他们开启客服管理之旅，来应对与客户沟通带来的一系列难题。

网店的客户服务管理是一项琐碎的工作，客服每时每刻都要与形形色色的客户沟通，力争快速高效解决各种问题。希望通过本项目的学习，大家能够了解网店客户服务管理工作，掌握与客户沟通的技巧和工具。

任务一　认识客户服务管理

情境设计：

徐小明及其团队即将开始接触客户，既兴奋又忐忑，如何才能有效对客户进行管理，更好地服务客户呢？需要具备哪些技能呢？本任务将带领大家一起学习客户服务管理基础知识。

任务分解：

认识客户服务管理这一环节中，涉及三个活动任务，即接待客户咨询、客户管理、处理退换货。

活动1　接待客户咨询

活动背景：

合理利用工作平台，才能高效作业。作为新手，徐小明及其团队也终于意识到千牛工作平台的重要性，于是对接待客户咨询展开初步学习。

活动实施：

网店客服与客户的交流沟通基本都在平台上完成，淘宝网客服要学会使用千牛工作平台上的接待中心，接待客户咨询、查询订单、查看物流信息，都可从接待中心进入。

1. 接待中心

千牛卖家工作台由阿里巴巴集团官方出品，淘宝卖家、天猫商家均可使用，包含卖家工作台、接待中心（阿里旺旺卖家版）、消息中心和插件中心四大核心模块。

接待中心能够打开阿里旺旺卖家版界面，实现与买家的沟通、客户管理的功能，还可以通过添加服务插件增强其他功能。如何进入接待中心呢？

步骤1：打开千牛工作台登录界面，输入淘宝账号和密码，点击【登录】按钮登录千牛工作台，如图4-1所示。

图4-1　千牛平台账号登录界面

千牛工作平台还可以通过扫描二维码登录，如图4-2所示。

步骤2：登录千牛工作台界面后，点击右上角【接待中心】，进入操作界面，如图4-3所示。界面主要分为四个板块：联系人板块、接待数量信息板块、聊天内容编辑板块和功能插件板块，如图4-4所示。

图 4－2　千牛工作平台二维码登录界面

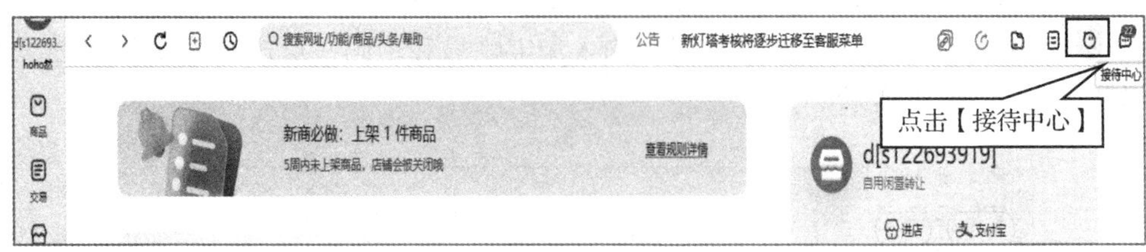

图 4－3　工作台界面

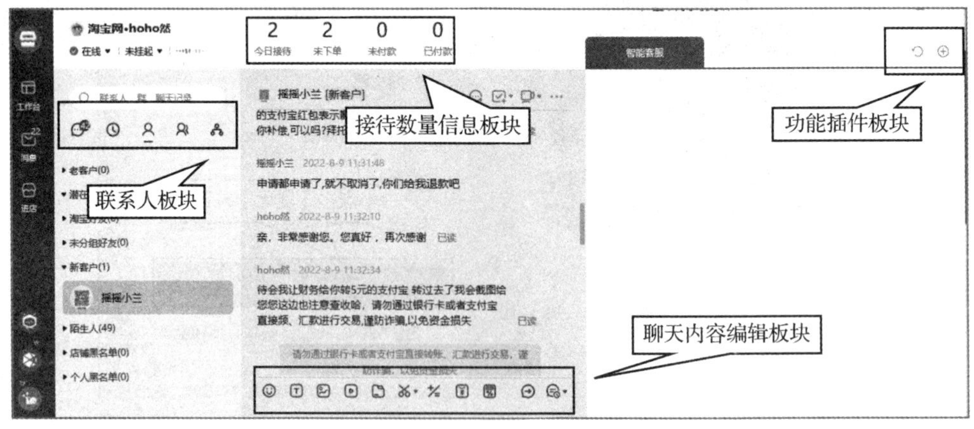

图 4－4　接待中心界面

2. 插件设置

为了提高客户接待效率，许多客服会根据工作需要设置插件。可以根据用户的需要改变插件模块的布局结构，使用户在打开千牛平台时及时了解所需要的各类网店经营信息。

步骤 1：进入千牛工作台首页，点击接待中心的【阿里旺旺功能插件区域】，如图 4－5 所示。

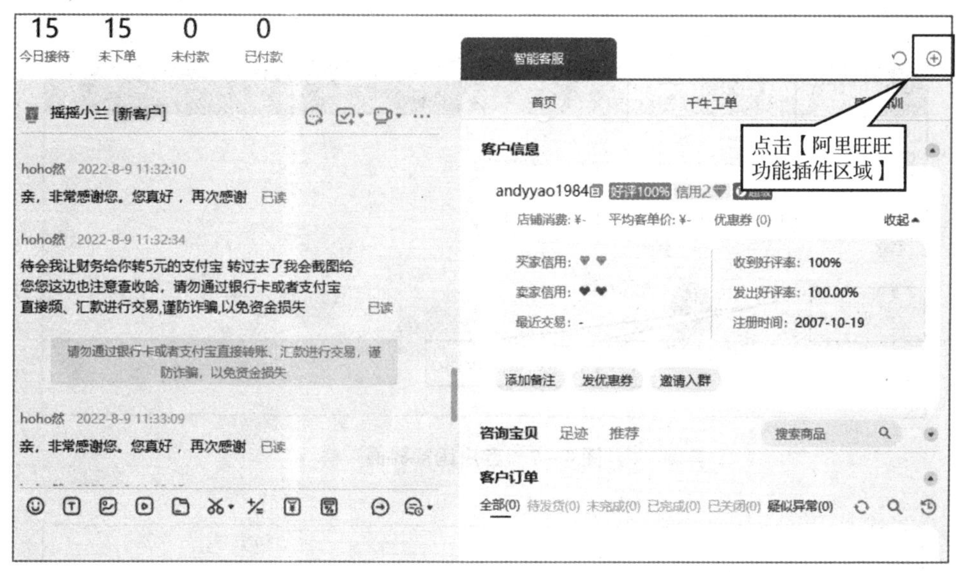

图4-5　接待中心界面

步骤2：进入旺旺插件中心界面，如图4-6所示。界面中包括了“客服”“客户运营”“仓储物流”三类插件。分别点击“客服”“客户运营”“仓储物流”，可查看、添加或删减插件细项。其中“客服”下的“智能客服”是默认使用插件，不可删减。

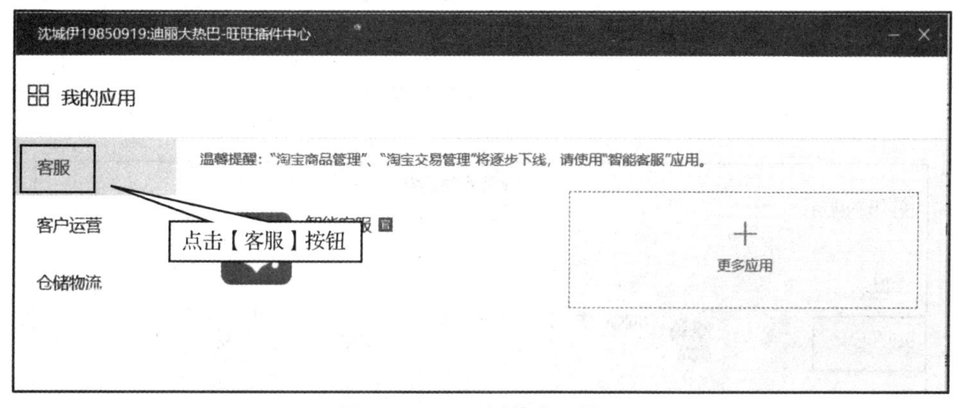

图4-6　旺旺插件中心界面

步骤2：个性化添加插件。以“客户运营”下的“机器人”插件为例：点击【客户运营】，显示界面如图4-7所示。移动鼠标至框内，显示“添加至右侧”字样，如图4-8所示。点击鼠标左键，图钉符号颜色由灰色转为橙色，显示如图4-9所示，插件设置成功。返回接待中心，成功设置的插件已在“功能插件模块”位置，显示如图4-10所示。

步骤3：若需添加更多应用，在图4-11“插件订购”界面中可选择“前往服务市场订购”。

步骤4：若需删减已添加的插件，可在接待中心的功能插件板块中，按照步骤2，找到需要删减的插件。以“客户运营”中的“机器人”插件为例：鼠标移至插件框右上角处，出现“取消添加右侧”，如图4-12所示。点击鼠标左键即可完成删减。图钉符号颜色由橙色转为灰色。

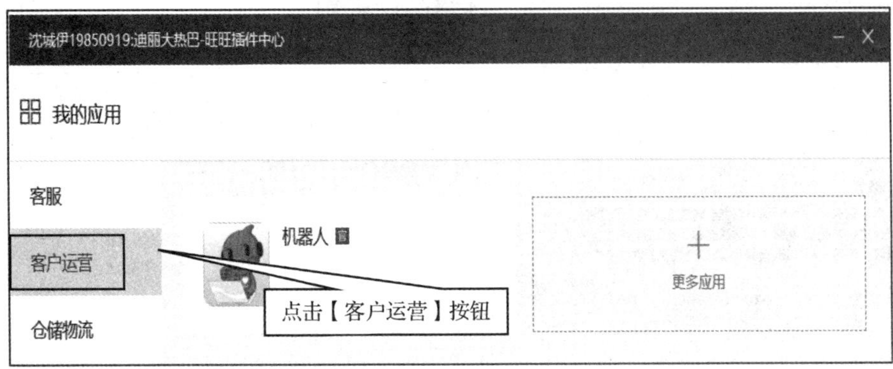

图 4－7　客户运营界面

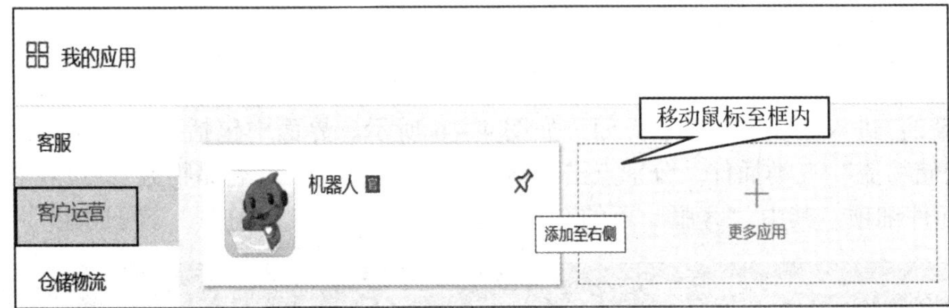

图 4－8　添加插件界面

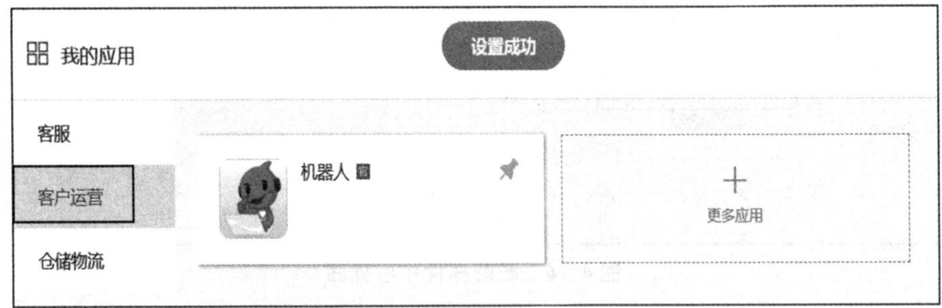

图 4－9　旺旺插件设置成功界面

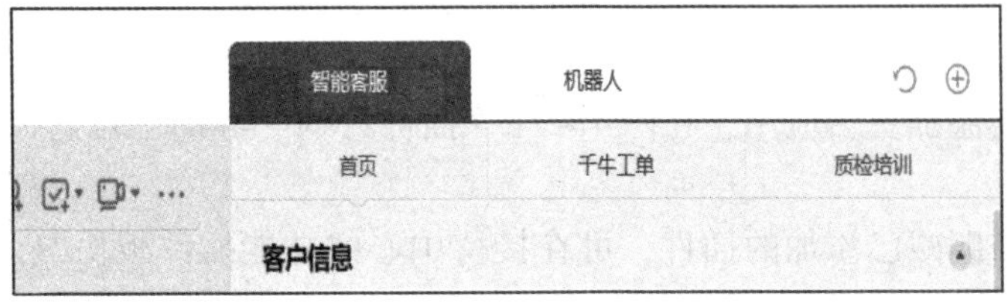

图 4－10　设置成功的接待中心界面

图 4-11　插件订购界面

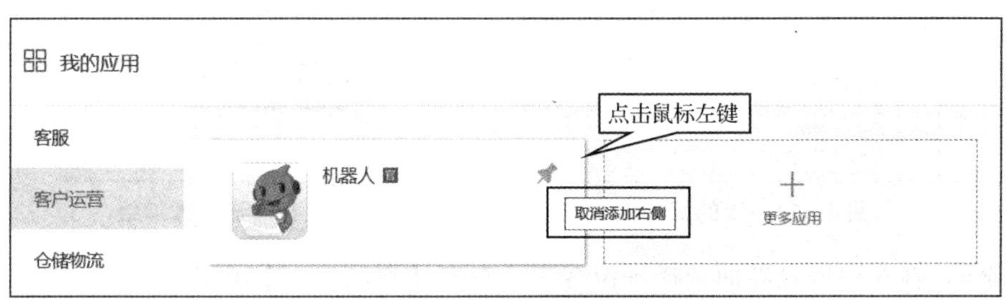

图 4-12　机器人插件删减界面

最常见的插件有：

(1) 订单插件：显示当前与之沟通的客户在店铺的“全部”“未完成”“已完成”“已关闭”四种订单信息，方便客服了解客户订单信息，进行改单、催单、同意取消订单等操作。

(2) 商品插件：显示当前与之沟通的客户在店铺内的商品浏览足迹，向客服展示当前店铺内的“推荐”“热销”“橱窗”商品，便于客服向客户快速发送商品信息和活动信息。

(3) 机器人插件：分为“半自动”和“全自动”两种模式，用于设置自动转接客户到别的客服和配置各种自动回复问题，加强了客服同时接待多位客户的能力。

(4) 客户插件：显示当前与之沟通的客户的基本信息，如所在地、买家信誉、好评率、上次登录、注册时间和认证等信息。使客服能够更加直观地了解客户，对客户有个初步的分析和判断，便于进一步沟通。

活动 2　客户管理

活动背景：

徐小明及其团队对于客户接待咨询已经了然于胸，但是随着客户的不断增多，如何有针对性地对客户发放优惠券、红包等，是徐小明团队接下来要学习的内容。

活动实施：

1. 添加好友

为了方便与客户沟通，客服经常会添加客户为好友，具体步骤如下：

步骤 1：登录千牛工作台首页，点击右上角【接待中心】。

步骤 2：进入接待中心界面后，点击右侧【我的好友】，如图 4-13 所示。

步骤 3：任意选择一组，右击，选择【添加组】，即可创建新的组别，完成“分组名称”的设置，如图 4 – 14 所示。

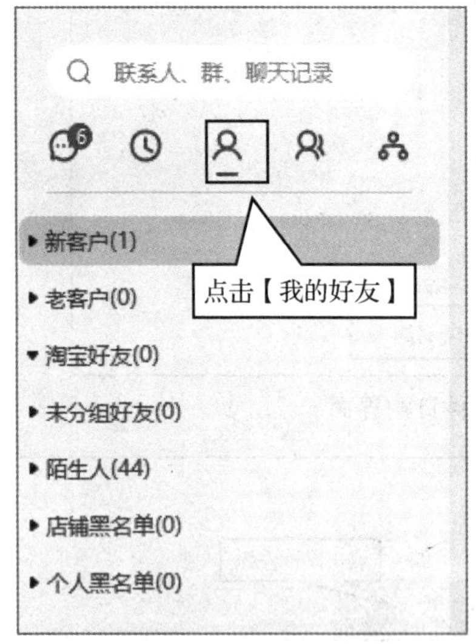

图 4 – 13　我的好友界面

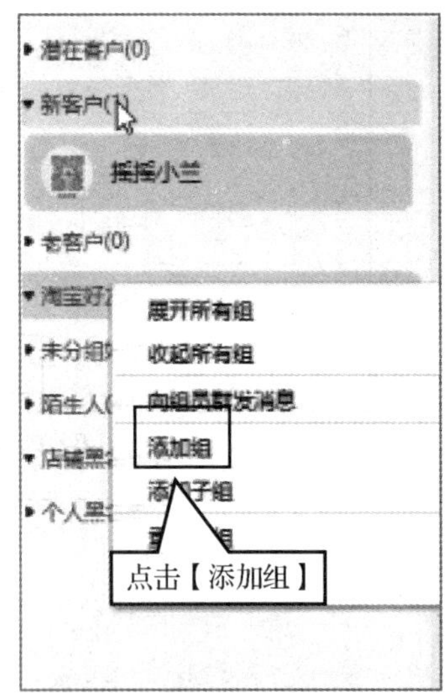

图 4 – 14　进入添加组

步骤 4：在客户信息界面选择一位客户，右击【移动好友】可以被添加到所需的客户分组中，如图 4 – 15 所示。

2. *建立淘宝群*

创建淘宝群群聊，群聊运营包括会员维护、关系沉淀、消息直达、即时互动。

步骤 1：进入接待中心界面后，点击右侧【我的群】，如图 4 – 16 所示。

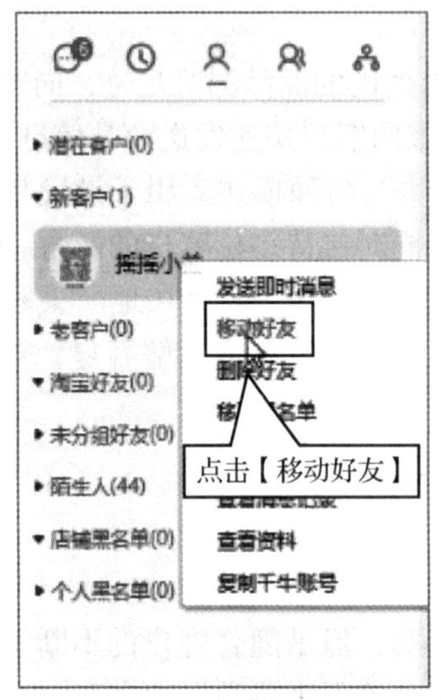

图 4 – 15　移动好友

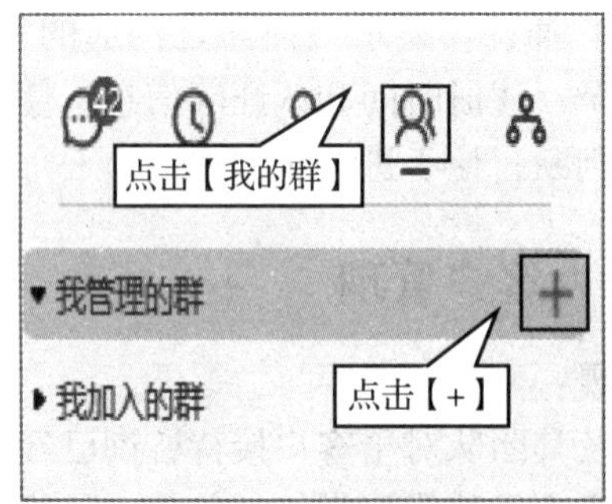

图 4 – 16　我的群界面

步骤 2：点击“我管理的群”右侧的【+】，进入“创建群”界面，点击“创建淘宝群”的【开始创建】按钮，如图 4 – 17 所示。

步骤 3：进入“创建淘宝群”界面，进行群信息设置，完成后点击【创建】即可，如图 4 – 18 所示。

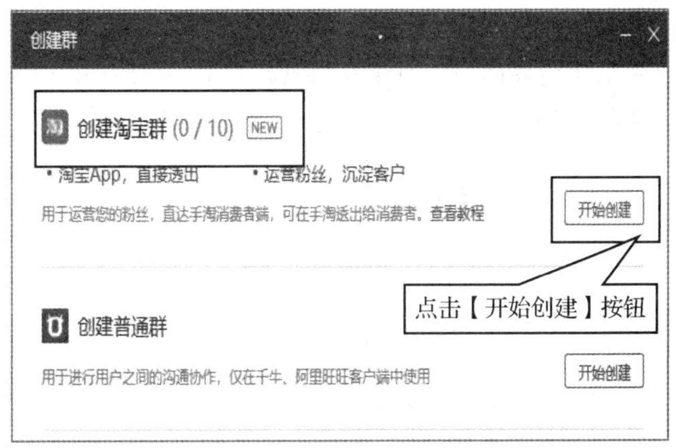

图 4-17　创建群界面

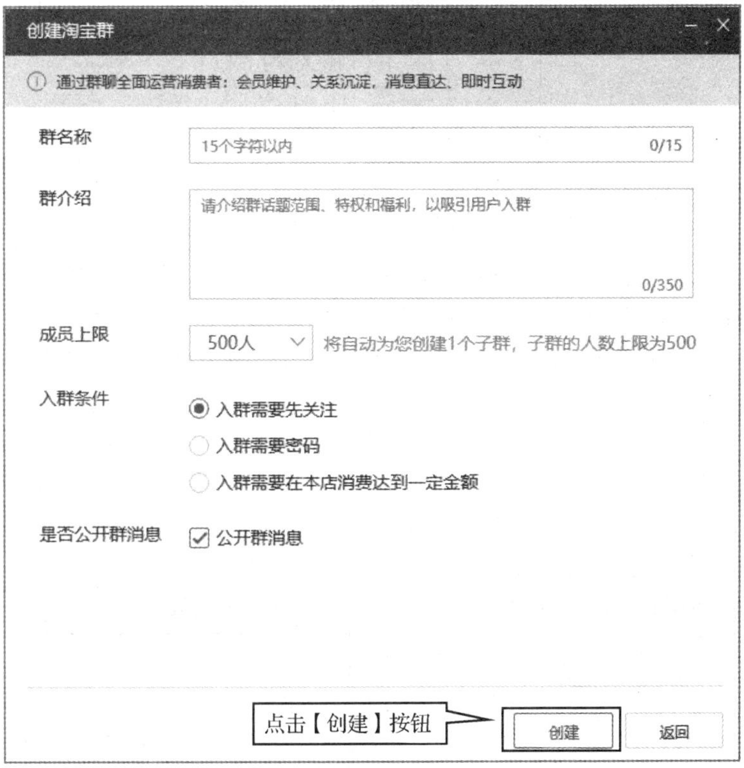

图 4-18　创建淘宝群界面

注意：(1) 入群条件：

①入群需要先关注。

②入群需要输入 4 位密码。

③入群需要在本店历史消费最少达到 1 元。

(2) 是否公开群消息：如选择不公开群消息，则只有主动邀请的用户才能加入群组。

3. 客户分群设置

建立客户分群是为了进行深入的人群分析。人群分析是客户运营平台为商家提供的基于特定人群的数据分析功能，通过查看特定人群在一段时间内的浏览、加购、收藏及成交等行为，以及分析该人群的商品偏好及基础特征，来帮助商家更好地决策，针对该人群制定有效的转化策略。

步骤1：进入千牛工作台界面后，点击左侧【用户】列表菜单，在展开的列表内容中点击【创建人群】，如图4－19所示。

图4－19　用户列表

步骤2：进入"创建人群"参数设置界面，先选择组成人群的标签，可以在"基础信息""店铺关系""全网属性""行业属性"中选择，然后在选择标签栏的右边编辑具体的标签参数。输入完毕后再输入"人群名称"，点击【立即保存人群】按钮即可完成新建人群的操作，如图4－20所示。

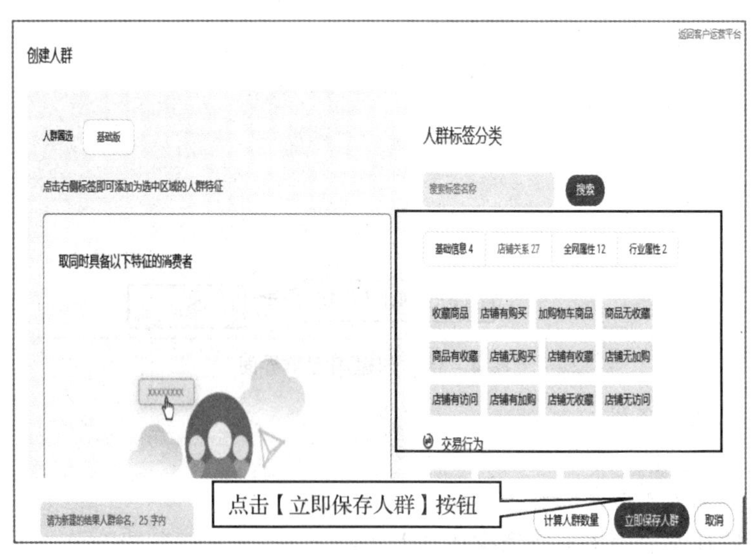

图4－20　创建人群及标签分类界面

4. 客户分组管理

客户分组的目的是便于管理不同的客户，方便客服进行"批量设置""送优惠券""送支付宝红包""送流量"等功能的批量功能设置。客户分组具体操作步骤如下：

步骤1：点击千牛工作台【客户运营】按钮，展开客户运营平台，然后点击"客户管理”下拉菜单下的【客户列表】菜单，进入“客户列表”操作界面，如图4－21所示。

步骤2：在“客户信息”界面点击【分组管理】，进入“新增分组”入口界面，如图4－22所示。

步骤3：点击【新增分组】按钮，进入“新建分组”信息输入界面，完成“分组名称”和“分组方式”的设置后，点击【确定】按钮完成分组设置，如图4－23所示。

步骤4：在客户信息界面选择一位客户，点击打开【添加分组】列表，在列表中选中所需添加的分组名称，完成对客户的分组添加工作，同一位客户可以被添加到多个客户分组中，如图4－24所示。

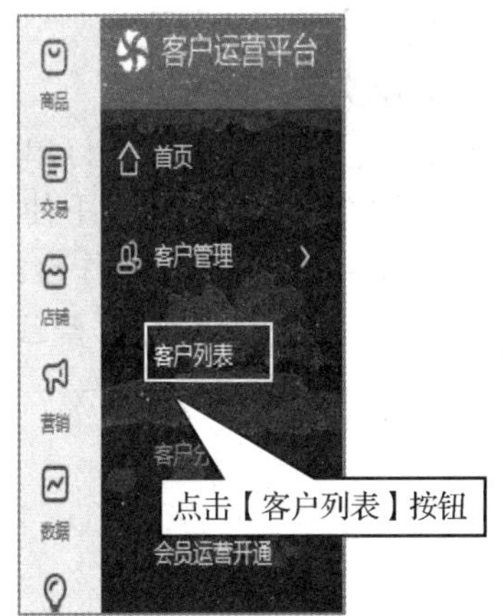

图4－21　客户运营平台

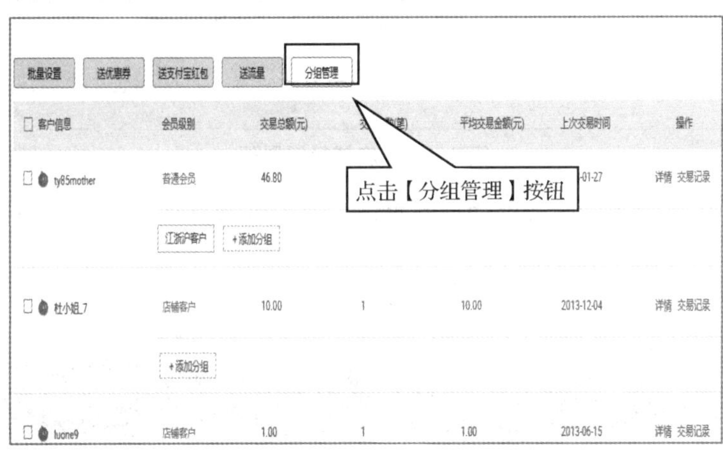

图4－22　客户信息界面

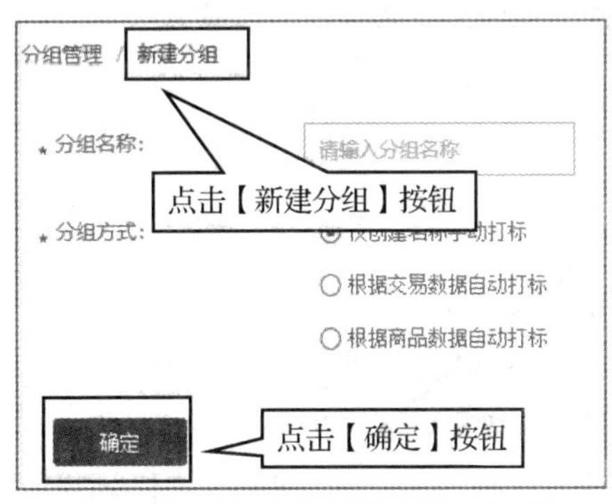

图4－23　新建分组信息输入界面

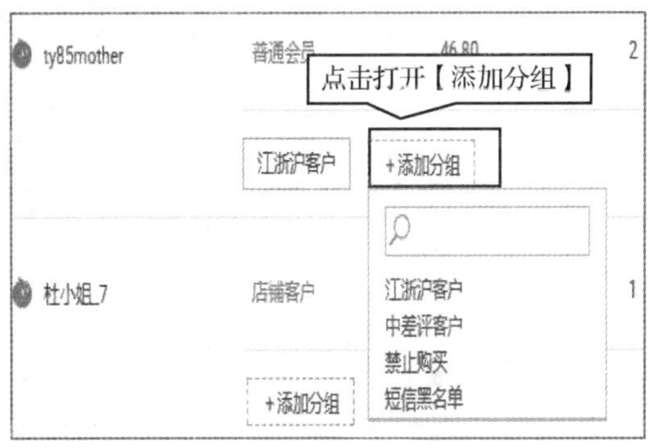

图4－24　把客户添加到分组中

活动3　处理退换货

活动背景：

对客户关系造成极大损害容易发生在处理退换货的时候，而退换货又是几乎不能杜绝的现象。为提高客户满意度，徐小明及其团队要学会熟练地完成整个操作。具体应该如何操作呢?

活动实施:

卖家订单退换货属于订单管理范畴，淘宝官方目前没有订单管理软件，我们需要通过第三方软件进行操作，以下使用第三方软件“普云交易”对订单进行退换货操作。

步骤1：打开千牛工作台，在主页面中找到【店铺数据】板块，点击板块中的【退款中】按钮，随后跳转至“普云交易”管理系统，如图4-25所示。

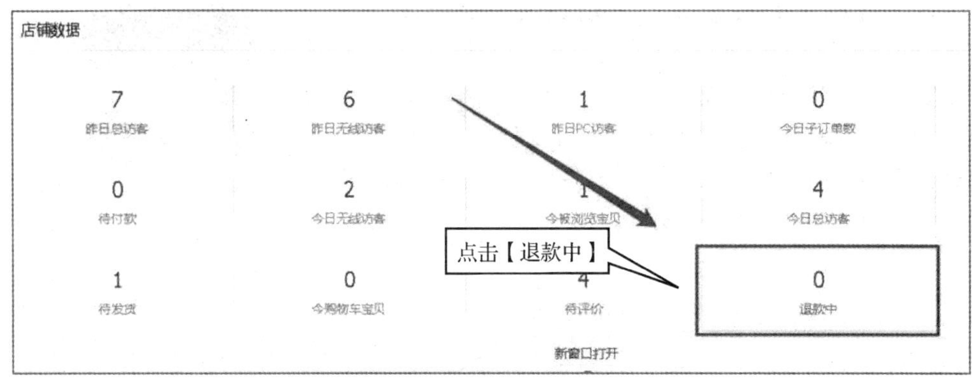

图4-25 店铺数据界面

步骤2：进入“普云交易”界面后，点击上方“交易管理”中的【退款管理】，如图4-26所示。

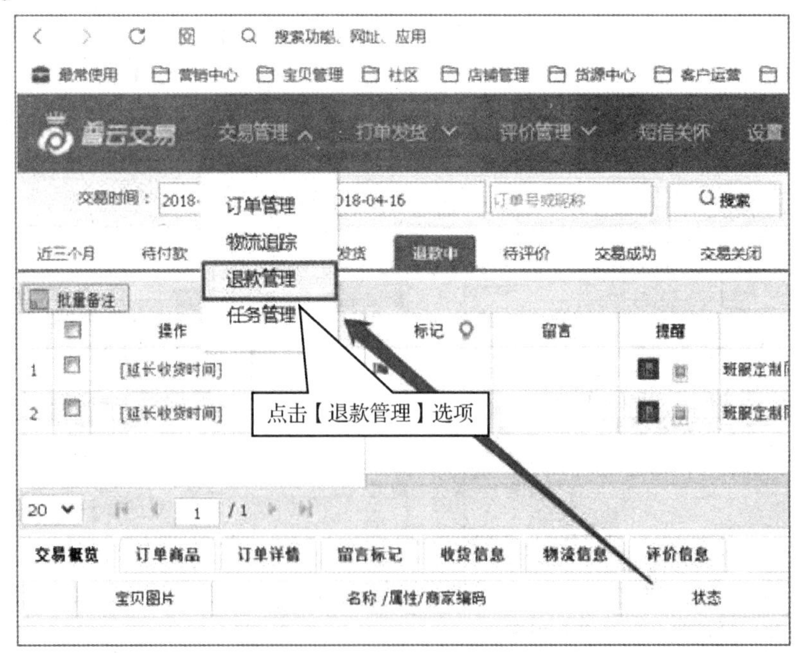

图4-26 交易管理界面

步骤3：进入退款管理界面后，找到需要退款的订单，在订单右侧点击【处理退货】按钮，如图4-27所示。

步骤4：进入退货界面后，卖家根据实际情况选择【同意退货】或【拒绝退货申请】，如图4-28所示。

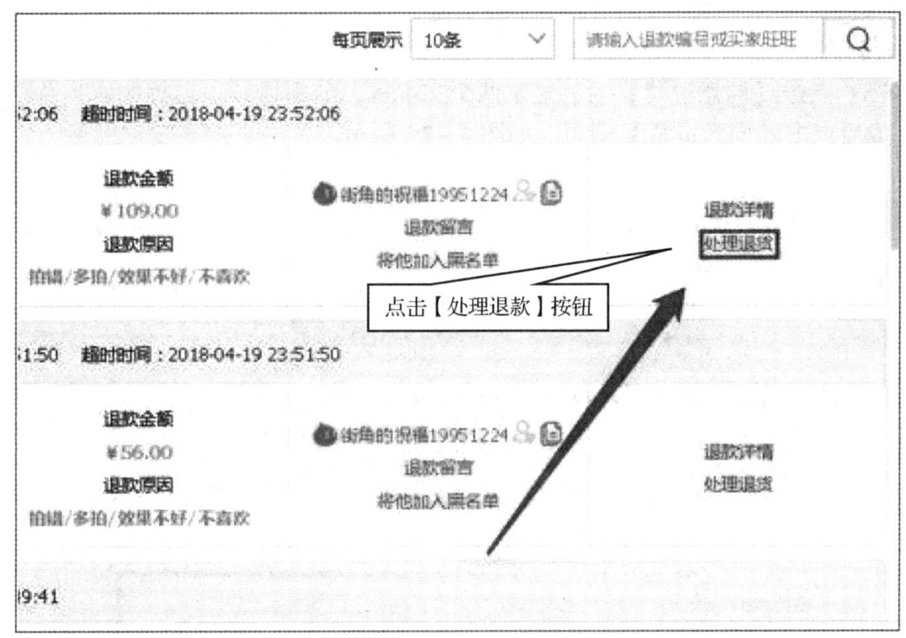

图 4－27　退款管理界面

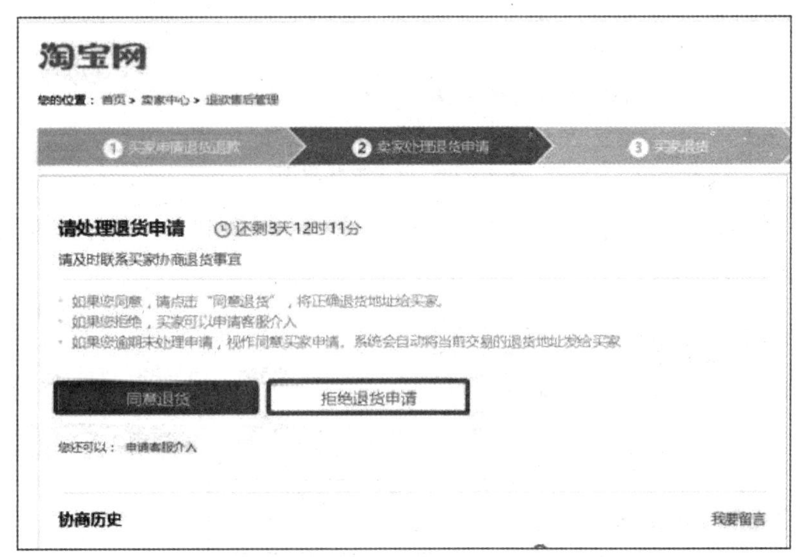

图 4－28　退货界面

若是七天无理由退换货商品，按照最新《淘宝网七天无理由退货规范》的规定：消费者退回的商品应当完好。

（1）商品和配件。客户应当确保退回的商品和相关配（附）件（如吊牌、说明书、三包卡等）齐全，并保持原有品质、功能，无受损、受污、刮开防伪、产生激活（授权）等情形，无难以恢复原状的外观使用痕迹、不合理的个人数据使用痕迹。

（2）外包装。商品的外包装为商品不可分割的组成部分，退回时应当齐全，无严重破损、受污。“外包装”指：生产厂商原包装（最小销售单元），不含商家或者物流公司自行二次封袋。

（3）赠品/发票。赠品遗失或破损、发票遗失不影响商品退货。赠品破损或遗失做折价处理，发票遗失由客户承担相应税款。

步骤5：点击【同意退货】后，显示两个文本框，分别填写"退货地址"及"退货说明"，完成后点击【同意退货】即可，如图4－29所示。

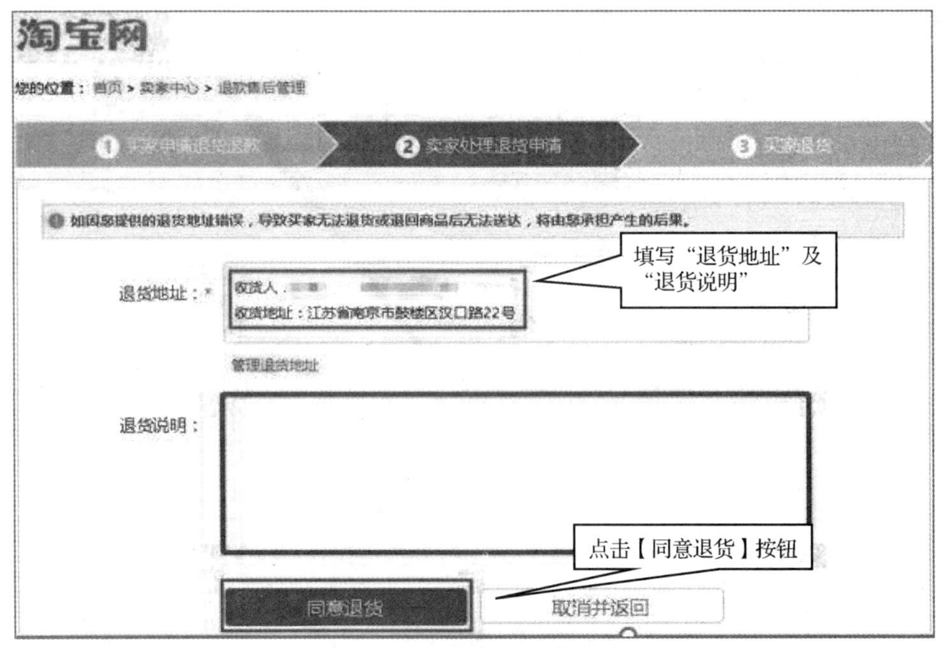

图4－29　同意退货界面

步骤6：卖家收到货物后，无其他问题则可选择【已收到货，同意退款】，退货流程完成，如图4－30所示。

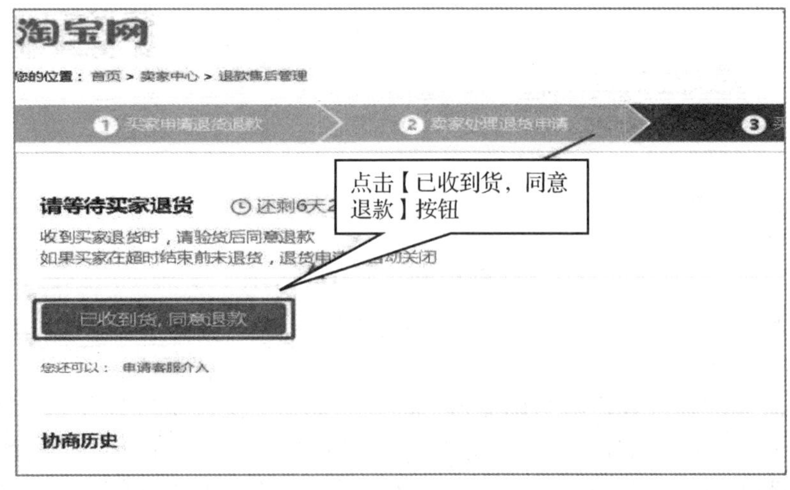

图4－30　退款售后管理

若时间不足，还需要请买家点击【延长收货】，待收到货物，无其他问题即可安排换货商品发货，如图4－31所示。

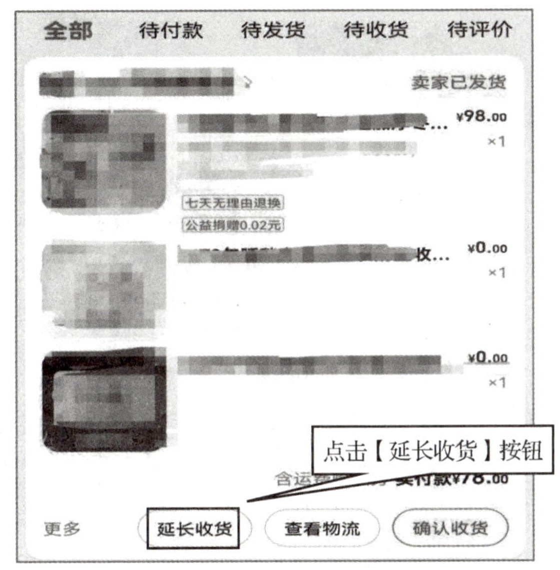

图 4－31　延长收货界面

活动评价：

通过学习，徐小明及其团队学会了在开展客户服务工作前，需要进行接待客户咨询的相关工作；为了更好地管理客户，在千牛平台进行客户管理的相关设置；以及及时为客户处理退换货。

任务二　使用技巧与买家沟通

情境设计：

经过前期的准备，徐小明及其团队迎来了店铺的第一批客户，客户中有询问后未下单或者下单后未付款的现象。如何避免错失交易机会，是徐小明团队迫切需要解决的问题。本任务将带领大家进一步学习使用技巧与买家沟通。

任务分解：

使用技巧与买家沟通这一环节中，涉及两个活动任务，即催拍催付设置和售后沟通技巧。

活动 1　催拍催付设置

活动背景：

徐小明及其团队通过多日与客户沟通发现，客户下单犹豫不决，对商品的质量、价格、售后等存在疑虑，如何有效快速解决这些问题，十分重要。那么，接下来看看店小蜜是如何高效运作的。

活动实施：

步骤 1：打开千牛工作台，点击左侧【客服】列表菜单，如图 4－32 所示。

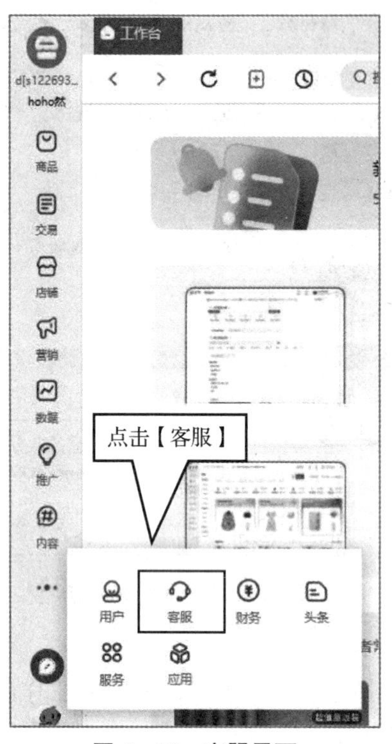

图 4－32　客服界面

步骤 2：进入“客服”界面，点击“接待工具”中【机器人】，如图 4－33 所示。

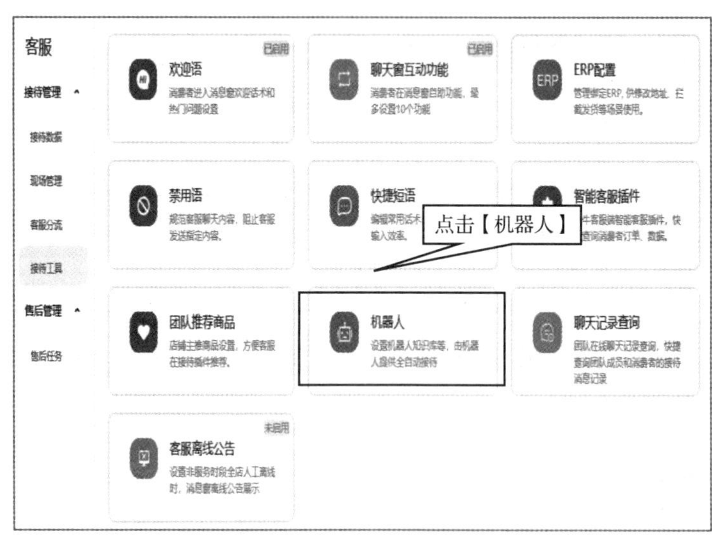

图 4－33　接待工具界面

步骤 3：进入“机器人”界面，点击【下单未支付－催付】，如图 4－34 所示。

步骤 4：进入“跟单场景任务”界面中的“配置面板”，有三个任务，分别为【催付】下单未支付、【催付】预售尾数未付和【催拍】咨询未下单，如图 4－35 所示。

步骤 5：点击新建任务，有三个渠道可选择，分别是“千牛自动”“智能外呼”和“小蜜自动”，如图 4－36 所示。

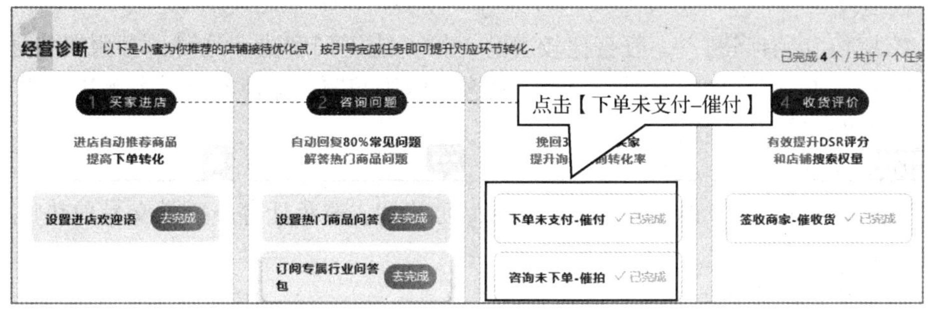

图 4－34　机器人界面

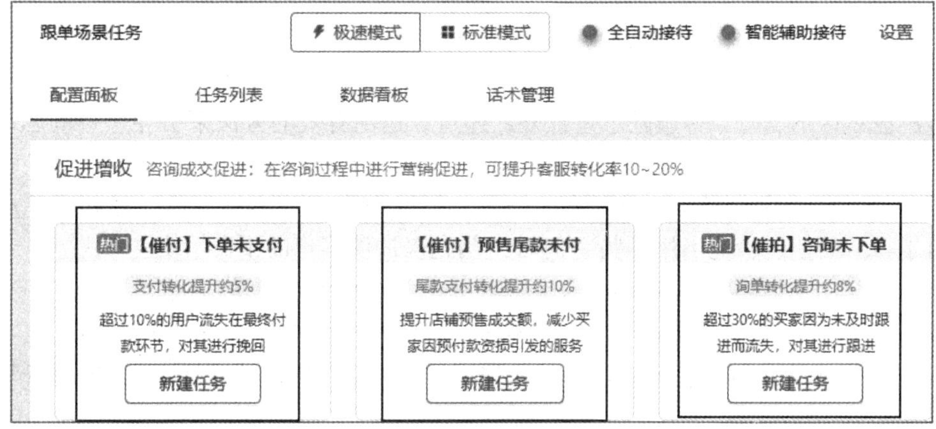

图 4－35　配置面板

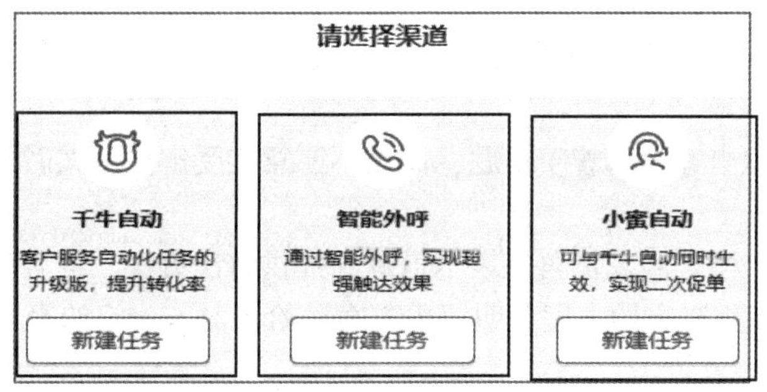

图 4－36　选择渠道

步骤 6：根据店铺情况，完善每个新建任务。

活动 2　售后客服沟通技巧

活动背景：

通过活动 1 的学习，徐小明及其团队深刻体验了售前及售中客服沟通技巧，但最近收到了客户投诉。面对此情况，徐小明团队该如何处理呢？接下来他们要学习售后处理投诉沟通技巧。

活动实施：

遇到客户投诉时，要做到及时道歉并上报情况，注意沟通技巧，做到以下几点：

1. 快速反应

客户认为商品有问题，一般会比较着急，怕不能得到解决。这时，客服要快速反应，记下问题，查询问题发生的原因，及时帮助客户解决问题。即使不能马上解决，也要告诉客户一定会尽心尽力地解决。

2. 热情接待

客户收到商品后来投诉，客服要比交易时更热情，避免让客户感觉交易前热情，变易后不闻不问。

3. 表示愿意提供帮助

客服在处理投诉时，应主动表示乐于提供帮助，让客户有安全感，以消除对立情绪，建立信任。

“让我看一下该如何帮助您，我很愿意为您解决问题。”

4. 引导客户思绪

客户在表达不满时，客服除了道歉外，还可以运用有效的方法来引导客户的思绪，化解客户的愤怒。

（1）“何时”法提问。降低客户的愤怒，可以做到有效进行沟通，有利于矛盾的解决。对于客户的抱怨，应当用一些“何时”问题来冲淡客户的不良情绪。

客户：“你们根本是瞎胡搞，不负责任才导致了今天的烂摊子！”

客服：“您什么时候开始感到我们的服务没能及时替您解决这个问题？”

（2）转移话题。当客户按照自己的思路在不断地指责时，可以抓住关键内容扭转方向，缓和气氛。

客户：“你们这么搞把我的日子彻底打乱了，你们的日子当然好过，可我还上有老下有小啊！”

客服：“我理解您，您的孩子多大了？”

客户：“嗯，6岁半。”

（3）暂停对话。当客户执着于问题，而又不愿意接受解决方案时，可以暂停对话，并报上级做出决定。

（4）表明底线。当客服人员再三表示道歉并提供解决方案，但客户依然不依不饶、出言不逊时，客服可以用坚定的态度表明解决方案，给予对方一定的警示。

5. 认真倾听

客户在阐述问题时，客服不要着急辩解、推卸责任，而是要耐心倾听，记录客户的问题和需求，并与客户一起分析问题，有针对性地提出解决方案。

6. 认同客户的感受

当客户出现烦恼、失望、愤怒等各种情绪时，客服要重视、理解客户的感受，只有真正了解客户的问题，才能找到最合适的方式与他交流。

“您好！很抱歉让您有这种不太舒服的使用体验，新出厂的皮鞋确实有些气味。我也这么觉得呢，不过皮鞋可是一出工厂就寄发的哦，相信您对质量还是挺满意的吧？至于有稍许味道这个问题，我们一起来商量下如何去除，您看可以吗？”

7. 安抚和解释

站在客户的角度思考，设想如果是自己遇到这个问题，希望得到怎样的解决方案。可以和客户说：“我同意您的看法，我也是这么想的。”此外，沟通时的称呼也很重要，客服代表的是团队，对客户说“我们”会更亲近一些，同时对客户也要以“您”来尊称，做到专业和礼貌。

“亲，对不起，让您感到不愉快了，我非常理解您此时的感受。”

8. 诚恳道歉

不管是什么原因造成客户的不满，都要诚恳地向客户致歉。

9. 提出解决方案

对于客户的不满，要及时提出解决方案，并且明确告诉客户，让客户感觉到客服在为他考虑、为他弥补，并且很重视他。一个及时有效的解决方案，往往能让客户的不满转化成满意和感谢。

针对客户投诉的情况，客服在提供解决方案时要注意以下几点：

（1）为客户提供选择。通常一个问题的解决方案不是唯一的，给客户提供选择会让客户感到受尊重。同时，客户选择的解决方案在实施时也会得到客户的认可和配合。

（2）诚实地向客户承诺。如果有些问题比较复杂或特殊，客服不确定该如何为客户解决时，不要向客户做任何承诺，而要诚实地告诉客户，会尽力寻找解决的办法，但需要时间，然后约定给客户答复的时间。客服一定要确保准时给客户答复，即使到时仍不能解决问题，也要告诉客户问题的进展，并再次约定答复时间。客服的诚实会更容易得到客户的理解。

（3）适当地给客户一些补偿。客服一定要灵活处理，需要注意的是，将问题解决后，一定要改进工作，以避免今后再出现类似的问题。

10. 通知客户并及时跟进

给客户采取了补救措施后，进行到哪一个环节了，都应该告知客户，让他了解客服的付出和努力。当他发现补救措施及时有效并备受重视的时候，就会感到放心。

以上是处理客户投诉的一般沟通技巧。具体处理客户投诉的步骤如下：

步骤1：当客户投诉时，先要和客户道歉，安抚客户的情绪，并询问客户问题，了解原因，以便为客户解决问题，如图4－37所示。

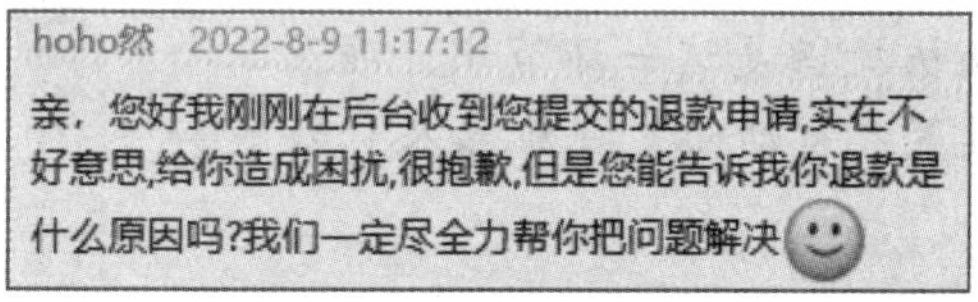

图4－37　道歉了解原因

步骤2：了解客户投诉的原因之后，第一时间查清楚，并和客户协商解决的方案，等待客户的反应，如图4－38所示。

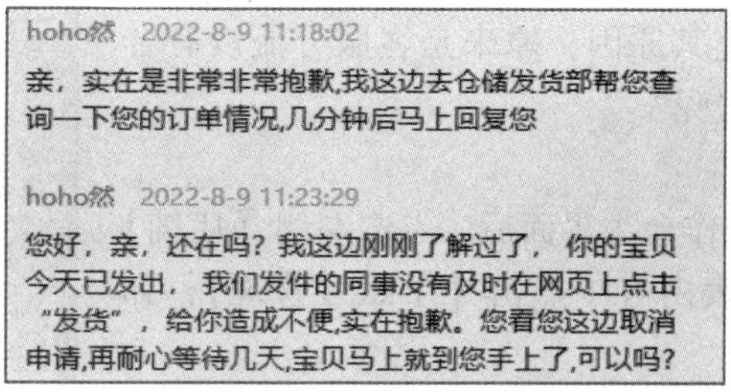

图4－38　协商解决方案

步骤3：如果客户接受商家提出的解决方案，当然是最好的。但如果客户不接受，需要先根据客户的回答来分析其心理，然后再次提出新的解决方案。

例如，当事情已经了解清楚，客户的情绪也已经安抚好，现在客户只是有点怕麻烦，不想再去操作，对客服或者产品不会有不满，那么这个时候，就可以给客户一点小礼品或者小恩惠，一般客户都会愿意去做的，如图4－39所示。

步骤4：如果客户同意，则再次感谢客户，并告知已在处理，如图4－40所示。

andyyao1984 2022-8-9 11:29:49
申请都申请了,就不取消了,你们给我退款吧
hoho然 2022-8-9 11:30:31
亲，不好意思,再次给您道歉,都是我们的错。您看这样可以吗?麻烦您高抬贵手把申请取消,我们给你发送5元的支付宝红包表示歉意,请您给我们一个机会让我们给你补偿,可以吗?拜托~

图4－39 新的解决方案

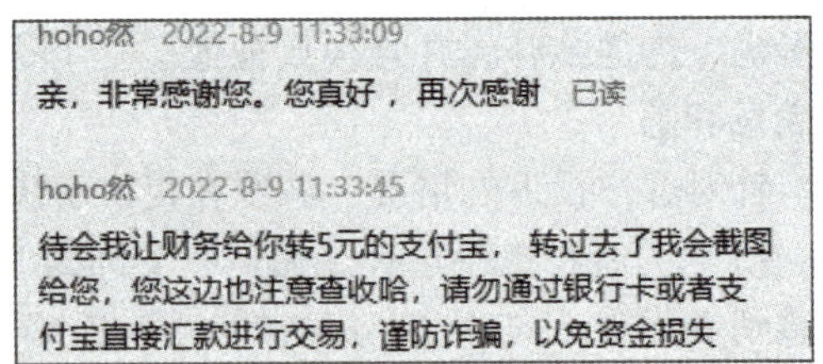

图4－40 感谢客户及告知在处理

活动评价：

通过学习，徐小明及其团队学会了在使用技巧与买家沟通中，为了进行高效沟通需要进行催拍、催付等设置；对于售后频繁出现的问题，还需要运用一定的售后沟通技巧去解决问题。

任务三 设置客服工具软件及快捷回复

徐小明及其团队在接待客户时，偶尔会因等待时间过长引起客户不满。徐小明及其团队需要研究客服工具软件，以做到快速回复。本任务将带领大家一起学习客服工具软件的设置及快捷回复。

任务分解：

设置客服工具软件及快捷回复这一环节中，涉及三个活动任务，即客服分流设置、自动回复（机器人）设置和快捷回复。

活动1 客服分流设置

活动背景：

徐小明及其团队发现接待客户时，有的客服特别忙，而有些客服却比较闲，究其原因，原来是客服分流没有合理设置，那到底如何设置呢？

活动实施：

步骤1：打开千牛工作台主界面后，点击左侧【店铺】列表菜单，在展开的列表内容中点击【子账号管理】，如图4－41所示。

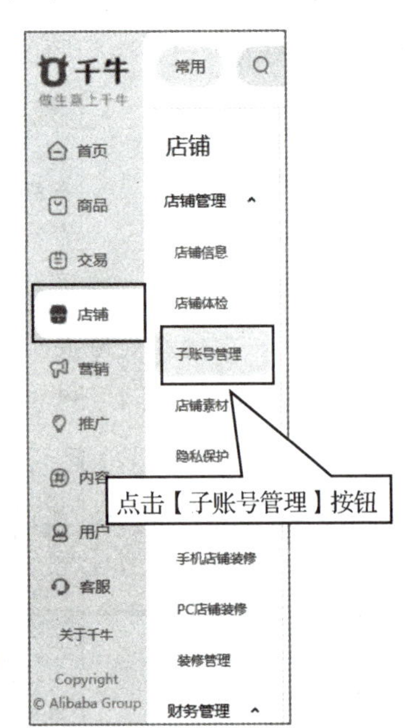

图4－41 店铺菜单列表

步骤2：进入“子账号管理”界面，可看到店铺子账

号的“账号概况信息”，然后点击【客户分流】按钮，进入“客户分流”界面，如图4－42所示。

图4－42　客户分流界面

步骤3：进入“客户分流”界面后，点击【新增分组】按钮，则增加分组数量，再添加客服，则可分流客户到该组，如图4－43所示。

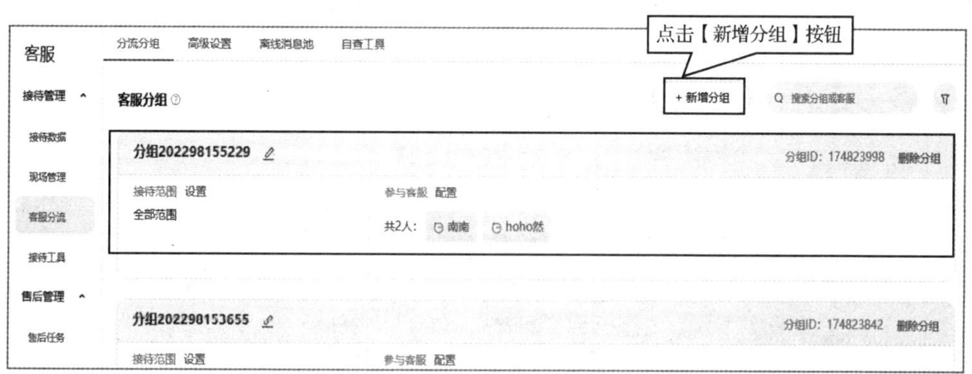

图4－43　客服分组界面

步骤4：对于新增分组，可对“接待范围”进行设置，可对指定人群、咨询商品、咨询意图、订单状态进行设置，如图4－44所示。

也可对其参与客服进行配置设置，点击【配置】按钮，设置【服务等级】对客服分流，如图4－45所示。

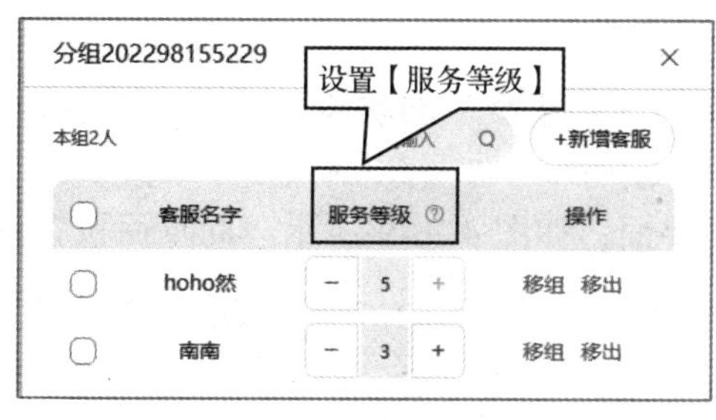

图4－45　配置设置

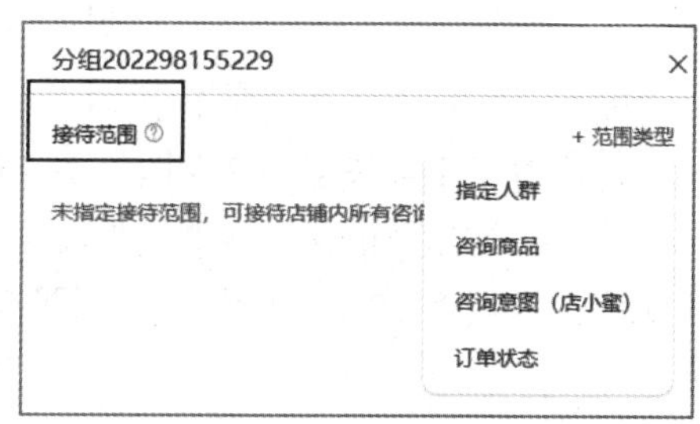

图4－44　接待范围

活动 2　自动回复（机器人）设置

活动背景：

徐小明及其团队发现，仅仅对千牛平台的卖家工作台了如指掌还不够，在跟客户沟通的过程中还需要借助接待中心，若能做到自动回复，将会达到事半功倍之效。

活动实施：

步骤 1：在千牛接待中心界面的右上角点击“设置”中的【系统设置】按钮，如图 4－46 所示。

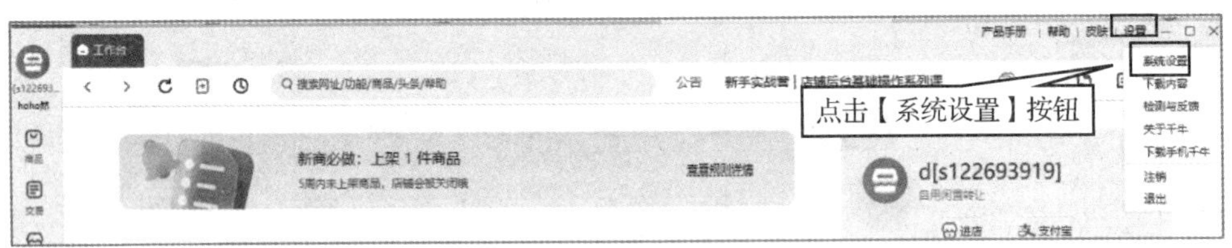

图 4－46　千牛接待中心界面

步骤 2：进入系统设置界面，点击【自动回复】按钮，如图 4－47 所示。

hoho然 - 系统设置
基础设置　接待设置
状态
会话窗口
显示字体
提醒
星标
声音
防骚扰
接待
个性签名
自动回复
自动回复　点击设置自动回复
自动回复
点击【自动回复】按钮
快捷短语　输入时自动联想快捷短语
无论是否勾选此项，输入时都可以按 / 调用快捷短语
文件管理　个人文件夹（用于保存消息记录等数据）位置
D:\AliWorkbenchData\　更改　打开
所需空间：0.0KB　可用空间：326.0GB
清理消息记录、图片等内容，释放更多空间
前去清理
个人目录超过 100 MB时提醒我清理
文件接收　默认把接收到的文件保存在此文件夹中
C:\Users\Administrator\Docume　更改　打开

图 4－47　自动回复界面

步骤 3：点击【自动回复】按钮后，直接跳转“店小蜜”的欢迎语界面，可对店小蜜后台进行设置或重新设置。如图 4－48 所示。

步骤 4：点击【重新设置】，进入店铺管理界面，如图 4－49 所示。此页面包括两种工作模式：极速模式与标准模式；三种接待方式：全自动接待、智能辅助接待与需人工跟进。

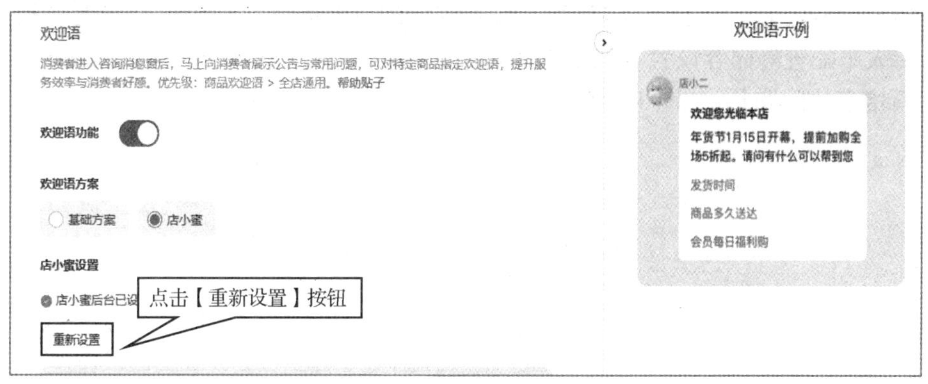

图 4-48　“店小蜜”的欢迎语界面

1. 极速模式与标准模式

极速模式特点是快捷配置，简单易上手，适用于新启用店小蜜机器人；无专人负责机器人配置；主营爆款商品少于 50 款；每天接待顾客少于 500 个；希望简单回复咨询，减少客服投入。而标准模式的特点是精细配置，完善又专业，适用于熟练使用店小蜜机器人；拥有成熟客服团队或训练师；主营爆款商品超过 50 款；每天接待顾客超过 500 个；希望精细回复咨询，降低客服成本。

2. 全自动接待、智能辅助接待与需人工跟进

全自动接待是机器人在无客服的情况下根据提前配置好的知识答案自动回复客户的问题。店小蜜可以在人工客服不在的时候（如夜间），或者人工客服接不过来的情况下（如大促或活动中）帮助回答店铺的高频问题、爆款商品问题等。

智能辅助是机器人辅助客服接待的模式。当客服使用千牛接待买家时，智能辅助会在千牛输入框上方、千牛右侧“机器人”面板内提供问题自动回复、回复话术推荐、商品推荐、优惠券卖点推荐、商品知识库展示、物流异常查询、跟单任务展示等功能，适合在日常接待时使用，提升客服接待效率。

需人工跟进则为买家请求人工服务。

因此，新启用店小蜜宜采用极速模式和全自动接待，如图 4-49 所示。

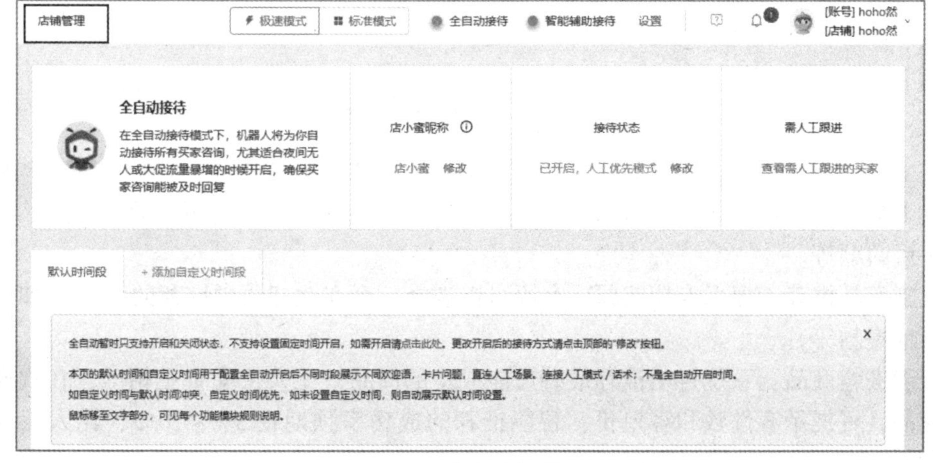

图 4-49　全自动接待界面

步骤5：下拉进入全自动接待界面，需要进行配置时间、欢迎语卡片设置、相关问题推荐、转人工配置等内容设置。现主要针对“欢迎语卡片设置”下的卡片问题进行设置，点击【新增卡片问题】，如图4－50所示。

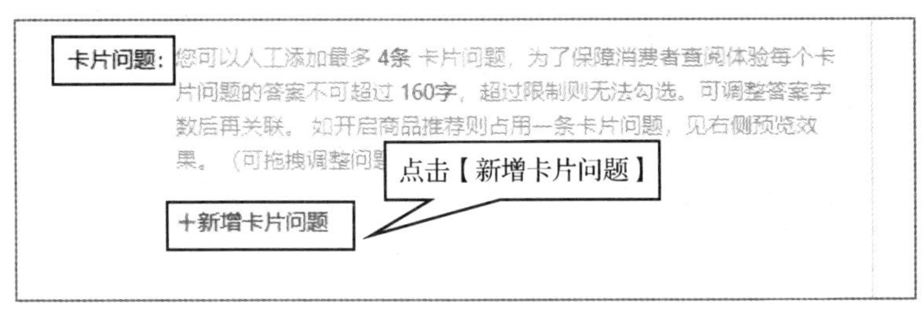

图4－50　卡片问题

欢迎语卡片是店小蜜机器人收到客户进入咨询后的首句会话自动吐出预先设置好的回复话术，主动跟客户问好，提升客户的咨询体验。

注意事项：人工添加最多4条卡片问题，每个卡片问题的答案不可超过160字。如开启商品推荐则占用一条卡片问题。

步骤6：编辑卡片问题，选择类型，添加所需的卡片问题，点击右下方【保存】按钮，如图4－51所示。

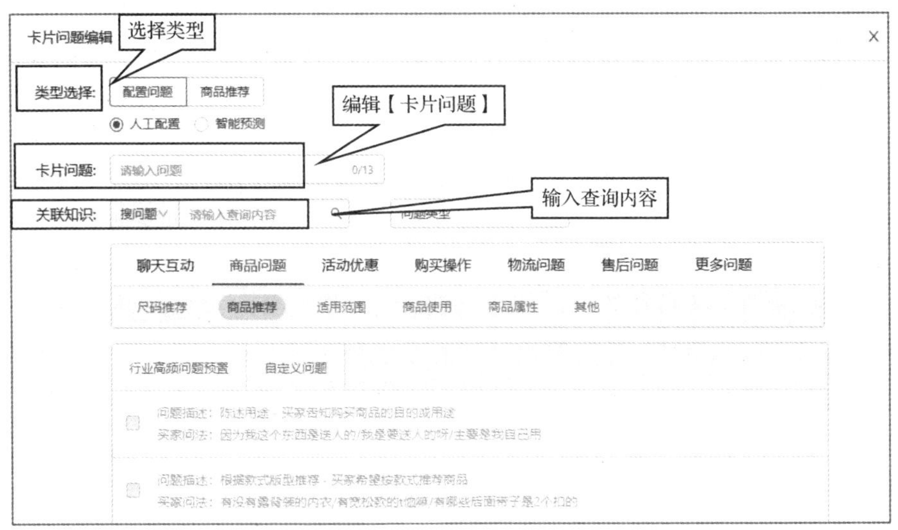

图4－51　具体卡片问题

其中，卡片问题类型有配置问题和商品推荐，每种类型又分为人工配置和智能预测。

人工配置问题：根据卡片问题，客服关联相关问题，如商品问题、活动优惠、购买操作、售后问题等。

人工商品推荐：根据卡片问题，客服可以选择一个在欢迎语中推荐的商品（如当季热销、店铺爆款等）。

智能推荐商品：系统自动推荐最有可能成交的商品，比人工配置更精准，在欢迎语中推荐商品，可提示客件数和客单价，智能推荐的成功率预期在5%~10%，比人工配置高1~5倍。

智能预测问题：系统会智能帮您推荐热度最高的自定义问题，回答消费者最关心的问题。

活动3　快捷回复

快捷回复

快捷回复设置

活动背景：

徐小明及其团队发现，仅仅靠自动回复是不够的，有时客户会特别要求人工客服。要提高人工客服对重复问题的接待速度，快捷回复功能就显得尤为重要。

1. 个人快捷回复设置

步骤1：进入接待中心，点击聊天窗口【快捷短语】图标，如图4－52所示。

步骤2：页面右侧会出现快捷短语内容列表，点击页面右上方的【新增】按钮，如图4－53所示。

图4－52　进入快捷短语

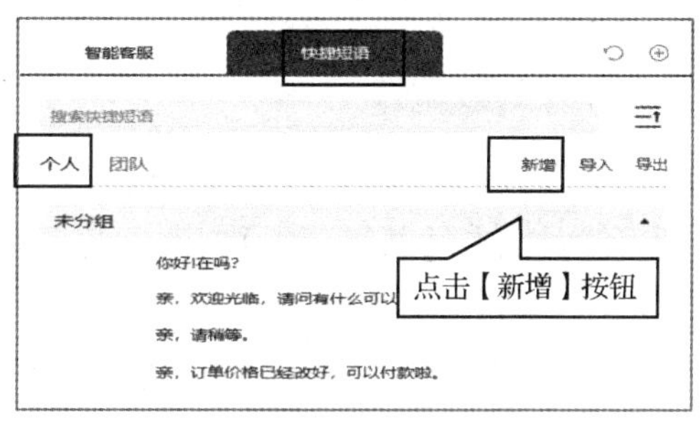

图4－53　新增快捷短语

步骤3：弹出新增快捷短语对话框，按照提示输入快捷短语、快捷编码以及选择新增分组，设置完成后，点击【保存】，如图4－54所示。

步骤4：聊天界面的右侧则显示设置好的快捷短语，如需发送给客户，直接选择并点击即可，如图4－55所示。

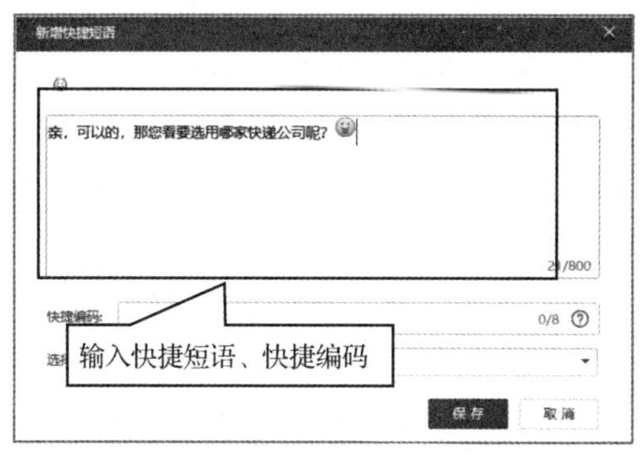

图4－54　设置生成快捷短语

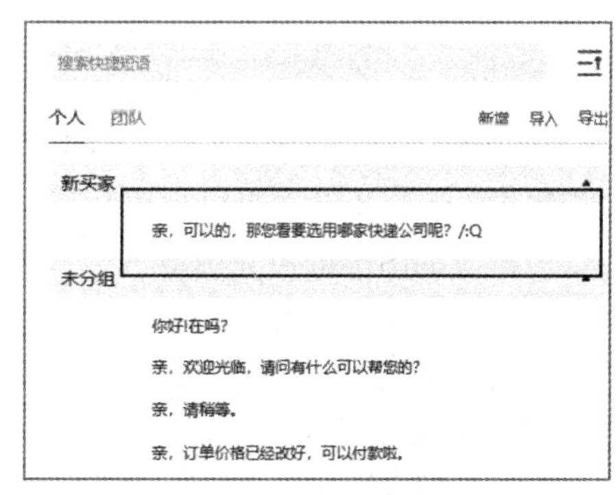

图4－55　发送快捷短语

2. 设置团队快捷短语

步骤1：进入接待中心，在其页面右侧会出现快捷短语内容列表，点击【团队】，再点击【管理团队快捷短语】，如图4－56所示。

步骤2：进入“团队管理界面”，“快捷短语”项下有“新增分组”“导入快捷短语”“导出快捷短语”三部分内容，如图4－57所示。

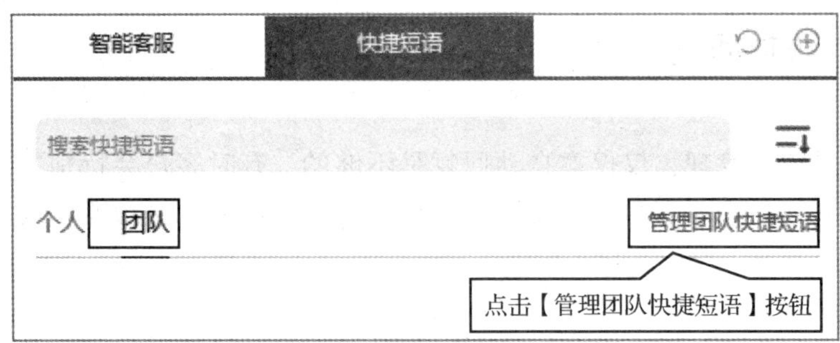

图 4－56　管理团队快捷短语界面

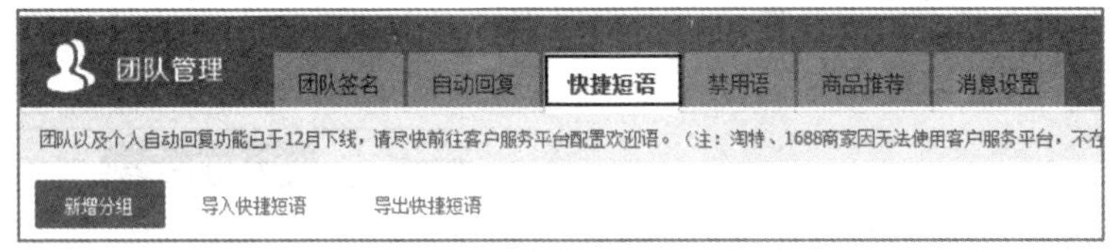

图 4－57　团队管理界面

步骤 3：点击【新增分组】，进入此界面，填写分组名称、快捷短语内容以及快捷编码，如图 4－58 所示。

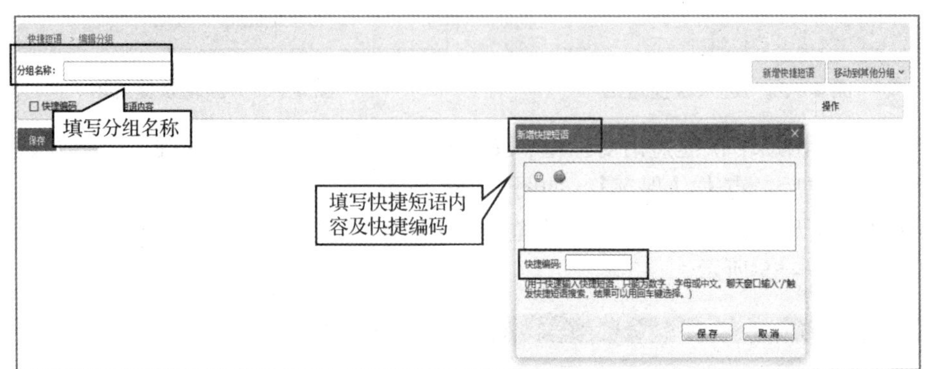

图 4－58　新增分组界面

步骤 4：点击【导入快捷短语】，进入此界面，将准备好的 CSV 文件或者 XML 文件导入，点击相应的图标即可完成导入，如图 4－59 所示。

步骤 5：点击【导入快捷短语】，进入此界面，可以以 CSV 文件或者 XML 文件导出，点击相应的图标即可完成导出，如图 4－60 所示。

3. 设置重大活动快捷短语

“双 11” 拥有巨大的流量，能给卖家带来巨大的利益，但同时也增加了客服的工作量，使用好快捷短语能使客服减少工作量。常用的快捷短语有：

（1）活动预告快捷短语。

①亲，欢迎光临 ××店，诚挚为你服务！“双 11” 降临，你我同欢，狂欢购物，全场四折，买任意三件包邮，买得越多，折得越多！亲，赶快下单哦！

②为了庆祝 “双 11”，凡光临 ××店购买宝贝三件以上的，都有机会抽签赠礼品，活动仅限今天哦！

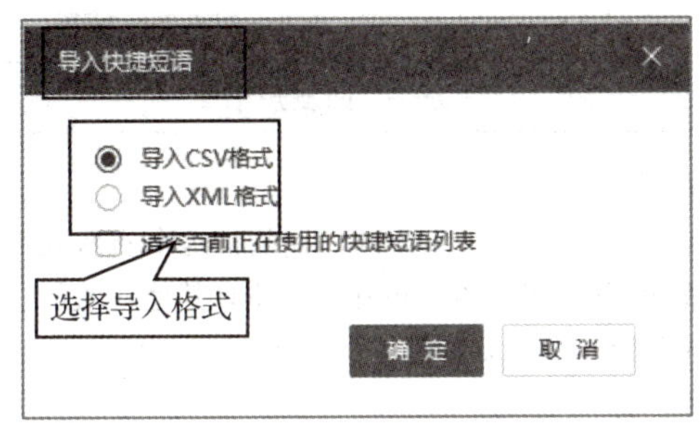

图4－59　导入快捷短语

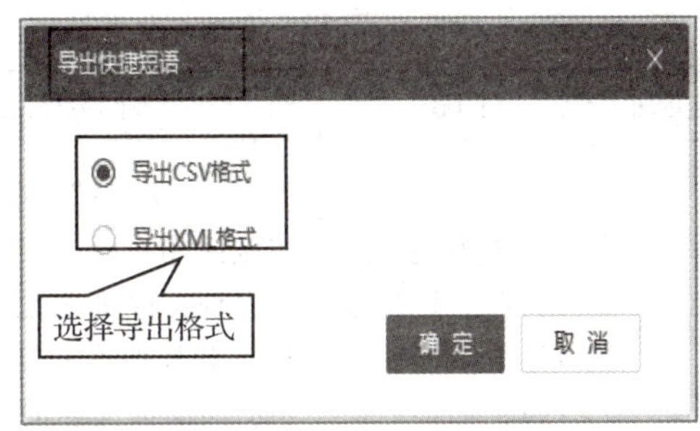

图4－60　导出快捷短语

③亲，您好，欢迎进入××小店，全场×折起！目前咨询量大，不能及时回复请您谅解，为节省您的时间，请自助选购，我们会尽快为您发货，谢谢！

（2）自动回复快捷短语。

①亲，客人比较多，不要着急哦，您可以先看下店铺的其他宝贝哦，我稍后会一一回复哦！

②亲，掌柜外出发货，非常抱歉没能及时回复您，看到喜欢的宝贝直接拍下，回来联系亲，祝亲生活愉快！

（3）售中常见快捷短语。

售中问题主要包括处理销售过程中的店铺发票、尺寸、色差、价格、质量、快递、发货等问题，如表4－1所示。

表4－1　常见售中的回复短语

类别	问题	回复短语1	回复短语2
发票	在吗？我买的东西比较多，请问您这里能开发票吗	本店提供正规发票，发票随货物一起发给您（您若有需要，请您在拍下后备注一下就可以了，请放心购买您心仪的宝贝哦）	本店提供正规发票，只是我们是每月一开，集中寄出的（您若有需要，请您在拍下后备注一下就可以了，我们会统一以挂号信的方式寄给您，邮费我们出，请放心购买您心仪的宝贝哦）
尺寸	您好！我身高166 cm，体重59 kg，应该穿多大码	亲，宝贝详情页有对应身高尺码的，尺码表数据是根据实物测量得出的，亲可根据自己的实际情况，以及个人喜好的松紧度来选择尺码哦	亲，根据您提供的数据，我们觉得您比较适合这个尺码。但您对您自己身体的尺码肯定要比我们更加了解，您可以参照宝贝详情页的尺码表再做定夺哦
色差	您好！请问您家的宝贝有色差吗？会不会跟实物的颜色有很大区别呢	亲，由于拍摄灯光和显示器设置的不同，色彩差异无法避免，商品的实际颜色请以实物为准哦	亲，我们是专门请摄影师拍摄的，有时会由于计算机显示器的亮度调节不同而出现色差，但是我们都是把色差降到最小的，您可以放心购买

续表

类别	问题	回复短语 1	回复短语 2
价格	掌柜您好！请问这个衣服可以再优惠些吗	亲，“双 11”期间我们的商品在做活动，已经很便宜了，质量有保证，性价比也很高，您可以看一下其他客户对宝贝的评论。亲，如果想优惠的话参加我们的团购，我们可以给您免邮哦	亲，“双 11”期间，这个衣服我们可以给您包邮，您还有其他喜欢的也可以继续购买。购买越多，优惠越多哦
质量	掌柜，这个衣服质量保证吗？出现问题可以退货吗	亲，我们家的宝贝都是自家生产的，生产流程受严格监督，出现问题的宝贝是不允许出售的，您大可放心购买哦！如果还是出现质量问题，我们支持七天无理由退货哦	亲，您放心，我们的衣服在发货之前都检查过，保证质量无碍，您也可以查看其他客户的评价。如果还是出现质量问题，我们支持七天无理由退货哦
快递	这件衣服包邮吗	亲，“双 11”活动期间，衣服都是低价销售的，您多买的话我们这边可以给您包邮哦	欢迎光临~西藏、青海、宁夏、贵州、内蒙古、新疆等偏远地区不包邮哦，其他地区均包邮，默认发圆通快递哦
	掌柜，你家一般发什么快递呢	亲，我们一般发申通、韵达，您想发其他快递可以拍下宝贝后备注	亲，江浙沪皖包邮，默认发申通快递，其他地区发汇通、圆通，一般快递无法到达的发 EMS
发货	掌柜，已经拍下了，什么时候可以发货呢？多久可以到	亲，我们是统一下午 6 点发货，省内一般 3 天之内到货，省外一般 5~7 天到货哦	亲，我们是统一下午 6 点发货的，省内一般 3 天内到货，偏远地区可能会久一些，一般 10 天内到货，有突发情况可以随时联系我们哦

（4）售后快捷短语。

①客户未收到货：“亲，已帮您查询，您的物件正在派送途中，为了您的帅气，麻烦您耐心等一下，相信很快就到哦！”

②客户收到货后反映发错货：“亲，先不要着急，可以麻烦您给我发一下图片吗？如果是我们的过失，我们会承担责任哦，谢谢！”

确认是自身的过失后，客服首先跟客户道歉：“亲，真的对不起，给您造成了不便，郑重向您道歉。”然后尽量在降低成本的基础上跟客户协商解决的方法，一般的解决方法有以下几种：

①“亲，您看您那边可以找一下裁缝店，帮您修补一下吗？费用我们这边补给您。或者您申请换货，由我们承担邮费。”

②“亲，我们这边帮您返还些钱作为补偿可以吗？真的很抱歉！”

③“亲，您那边直接退货给我们，或者如果您想换货也是可以的，邮费都由我们来承

担哦！您看这样行吗?”

（5）客户反映商品不喜欢或者不合适，提出退换货。

“亲，宝贝是可以退换的，如果非质量的问题，邮费需要您来承担哦!”

（6）遭到客户投诉或者差评时的接待用语。

①首先要沉住气：“亲，您好！是哪方面出现问题了呢，可否告知一下，如果确实是我们这边出现的问题，我们会尽最大的努力补偿您；如果是快递途中损坏的，我们也会赔偿给您；如果不是以上问题，我们也是无能为力哦!”

②确认如果是商品本身出现的问题，马上道歉：“亲，由于‘双11’订单比较多，工作人员可能在检查的时候疏忽了，我们这边立即帮您安排退货或者换货，给您造成的不便，敬请谅解。”

③如果是快递方面导致的问题，可以说：“亲，核查后是快递公司运输途中出现差错导致的，我们这边帮您申请退款或者换货，快递公司那边我们也会申请赔偿的，给您造成的不便，敬请谅解。”

④解决完投诉，对于给了差评的客户也要保持良好的态度：“亲，您好，首先感谢您对我们店铺的支持！看到您对我们家商品的评价不是很好，是哪方面出现问题了，可否告知一下，我来帮您分析解决，做淘宝的不容易，有打扰之处请见谅!”

活动评价：

通过学习，徐小明及其团队学会了快速回复客户的方法，顺利进行了客服分流设置、自动回复（机器人）设置、快捷回复，工作效率的提高也提升了客户的满意度，店铺运营越来越好。

项目总结：

不管售前、售中、售后客服都要随时与客户进行沟通，做到沟通无小事，完美解决客户疑难，这个过程中要做很多鸡毛蒜皮的客户服务管理工作。网店的客户服务管理工作做不好，就会导致客户不下单，频繁出现退换货，甚至遭受投诉，店铺也就无法发展。

通过学习，总结整理实施过程中遇到的问题，讨论、整理出解决方案并填写下面的知识及技能总结表格（见表4－2）。

表4－2　知识及技能总结

班级：	姓名：	学号：	完成时间：
任务名称：	组长签字：	教师签字：	
类别	索引	学生总结	教师点评
知识点	接待客户咨询、客户管理、处理退换货		
	催拍、催付等店小蜜等的设置以及沟通技巧		
	客服工具软件及快捷回复的设置		

续表

<table>
<tr><td colspan="2">班级：</td><td>姓名：</td><td>学号：　　完成时间：</td></tr>
<tr><td colspan="3">任务名称：　　组长签字：</td><td>教师签字：</td></tr>
<tr><td>类别</td><td>索引</td><td>学生总结</td><td>教师点评</td></tr>
<tr><td rowspan="2">技能点</td><td>运用技巧跟客户进行沟通</td><td></td><td></td></tr>
<tr><td>设置千牛工作平台及进行快捷回复等客户服务管理工作</td><td></td><td></td></tr>
<tr><td rowspan="2">操作总结</td><td>操作流程</td><td></td><td></td></tr>
<tr><td>注意事项</td><td></td><td></td></tr>
<tr><td colspan="3">反思</td><td></td></tr>
</table>

任务实训：

任务实施提示：

经过一段时间的经营，徐小明及其团队发现客户询问的问题形形色色，其中很大一部分客户询问的问题是相同或者相似的，但徐小明及其团队总是不厌其烦地为客户解决千篇一律的问题。

其实，作为一个优秀的卖家，沟通重点要突出，而不是放在不是问题的问题上，忽略了平台赋予的便捷方式。

任务部署：

阅读教材相关知识，按照任务单 4 的要求完成学习工作任务。

任务单 4　搜集客服的话术并将其设置为快捷短语

<table>
<tr><td>任务名称</td><td>搜集客服的话术并将其设置为快捷短语</td><td>任务编号</td><td>4</td></tr>
<tr><td>任务说明</td><td colspan="3">通过完成搜集客服的话术并将其设置为快捷短语，掌握搜集客服的话术、导入快捷短语的方法</td></tr>
<tr><td rowspan="6">任务实施</td><td colspan="3">（1）仔细分析“大学生品牌服饰店”的特点，通过浏览相似店铺进行咨询，或利用百度等搜索引擎查找，搜集相关资料</td></tr>
<tr><td colspan="3"></td></tr>
<tr><td colspan="3">（2）根据收集的内容，为“大学生品牌服饰店”确定需要设置的快捷短语</td></tr>
<tr><td colspan="3"></td></tr>
<tr><td colspan="3">（3）导出 CSV 格式文件，用表格代课对快捷短语编码、快捷短语、快捷短语分组等内容进行编辑，再导入千牛工作平台</td></tr>
<tr><td colspan="3"></td></tr>
</table>

续表

任务实施	（4）以小组（2 人）为单位，一人扮演顾客，另一人扮演卖家，使用快捷短语进行快捷应答
教师评语	
实训成绩	实训任务书成绩

第二篇

提　高　篇

项目五 网店经营的日常管理

能力目标

能进行商品上下架管理、订单处理、售后处理、财务管理等日常运营管理工作。

知识目标

掌握商品上下架、编辑和删除的方法；
了解交易订单管理的方法；
掌握交易退款的方法；
掌握自主处理交易售后问题的方法；
掌握网店财务管理的方法。

素质目标

培养团队协作精神；
培养沟通表达能力；
培养良好的职业素养和勤奋工作的基本素质；
培养诚信意识。

思政目标

在与顾客沟通的过程中，商家一定要注意在沟通的过程中言语要礼貌，同时有耐心，不用低俗词，弘扬正能量。

培养学生团队协作精神、沟通表达能力，培养良好的职业素养和勤奋工作的基本素质。

项目综述

徐小明及其团队经过努力，已经成功地在淘宝平台上开店。通过学习，他们已经掌握了店铺开设、装修美化、商品发布、客户服务等方法和技巧。随着店铺开始运营，徐小明及其团队面临着网店日常运营的相关问题。于是，团队成员决定学习相关知识，以解决网店经营日常管理的问题。

网店经营的日常管理是一项长期工作，即每天都要重复进行商品上下架管理、订单处理、售后处理、财务管理等工作，用每一个完美的环节来实现成功的商品销售。希望通过本项目的学习，大家能够了解店铺的日常运营管理工作，掌握简单的工作方法和流程。

任务一　做好商品的展示管理

情境设计：

徐小明及其团队在淘宝平台上开设了自己的店铺后，一直努力学习店铺装修知识，不断美化店铺。伴随着店铺商品数量的不断增加，如何及时处理存在问题的商品，时刻关注店铺的健康程度，如何有利于店铺的正常经营，是团队成员亟须学习的知识和技巧。本任务将带领大家一起学习商品的展示管理。

任务分解：

做好商品的展示管理这一环节中，涉及三个活动任务，即商品的上下架、删除和编辑、橱窗推荐与取消推荐和店铺体检中心。

活动 1　商品的上下架、删除和编辑

活动背景：

徐小明及其团队通过日常运营发现，从店铺的角度来说，刚进货的新商品需要上架；过季或者暂时断货的商品需要下架；过时或永远断货的商品需要删除。那么，具体应该如何操作呢？首先，他们要进入淘宝网“卖家中心”，了解将商品进行上下架、删除和编辑的操作流程。

活动实施：

1. 商品上架

对于仓库中的商品，店铺卖家可以进行一键上架处理。

步骤 1：进入“卖家中心”，点击左侧快捷应用“宝贝管理”区域中的【仓库中的宝贝】超链接，如图 5－1 所示。

图 5－1　点击“仓库中的宝贝”超链接

步骤 2：在打开的“仓库中的宝贝”页面中，勾选需要上架的商品，点击【上架】按钮即可上架。勾选“全选”复选框可选中所有宝贝进行批量上架，如图 5－2 所示。

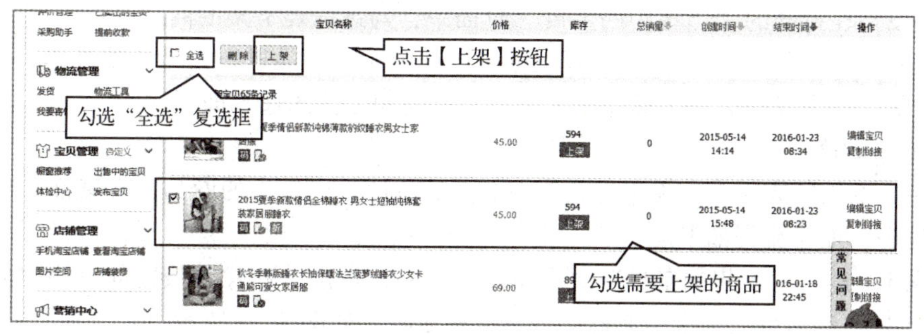

图 5－2　“仓库中的宝贝”页面

步骤3：设置完成后，页面将显示上架情况统计提示，如图5－3所示。

图5－3 上架情况统计提示

步骤4：返回到“出售的宝贝”页面中，可以看到刚才上架的商品已经在出售中，如图5－4所示。

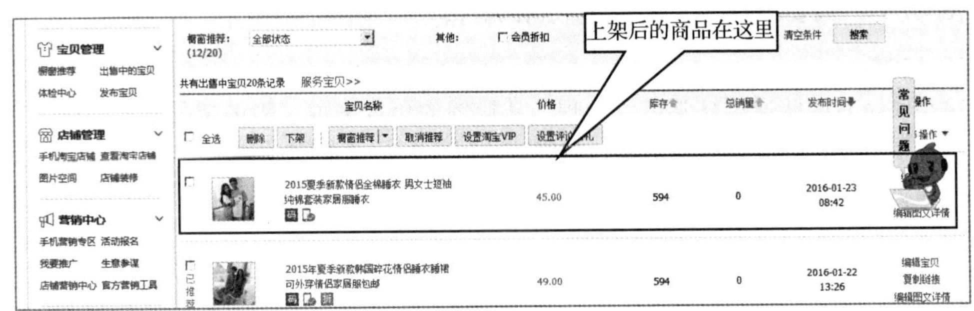

图5－4 “出售的宝贝”页面

2. 商品下架

对于出售中的商品，店铺卖家还可以进行一键下架处理。

步骤1：进入淘宝网“卖家中心”页面，点击“宝贝管理”快捷应用区域中的【出售中的宝贝】超链接，如图5－5所示。

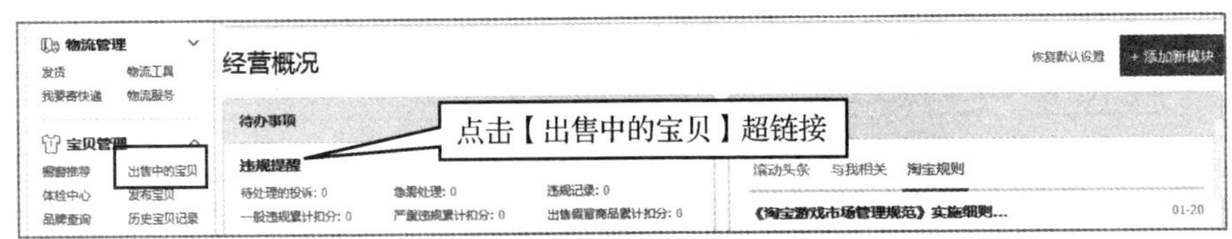

图5－5 点击“出售中的宝贝”超链接

步骤2：在打开的“出售中的宝贝”页面中，勾选需要下架的商品，点击【下架】按钮即可下架。勾选“全选”左侧的复选框可以选中所有商品进行批量下架处理，如图5－6所示。随后淘宝旺旺会弹出商品被下架的消息通知，关闭通知即可。

3. 商品删除

在淘宝网的网店后台，无论是仓库中的商品，还是出售中的商品，卖家都可以进行一键删除处理，操作流程如下。

步骤1：进入“出售的宝贝”页面中选中商品，点击【删除】按钮即可删除商品。勾选“全选”复选框可以选中所有商品进行批量删除，如图5－7所示。

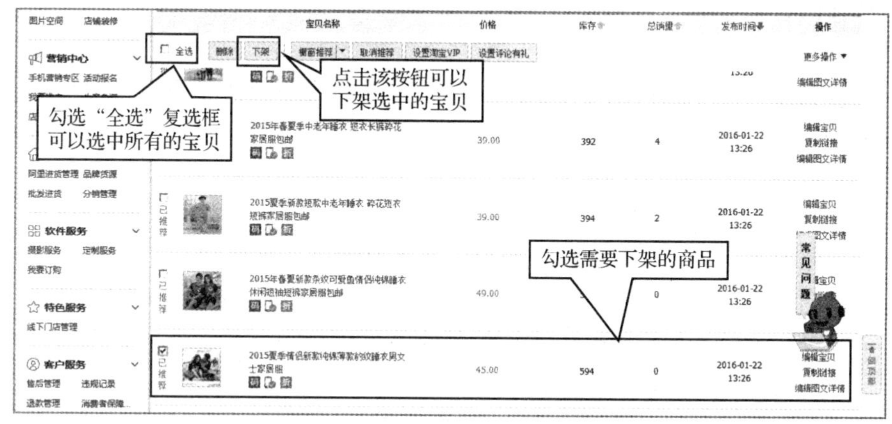

图 5－6　"出售中的宝贝"页面

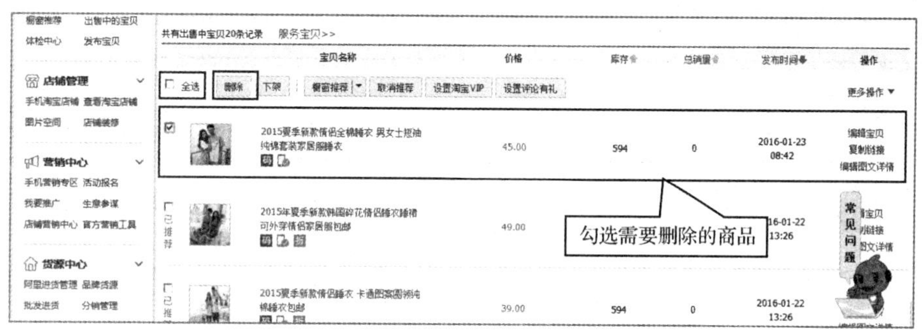

图 5－7　删除宝贝

步骤 2：在弹出的"确认删除提示框"中，点击【确定】按钮即可。淘宝旺旺弹出商品被删除消息通知，关闭通知即可。

4. 商品编辑

进入"卖家中心"页面，点击"交易管理"中的【出售中的宝贝】超链接，在打开的页面中点击【编辑宝贝】按钮即可对该商品详情进行再次编辑，如图5－8 所示。

图 5－8　"出售中的宝贝"页面

活动 2　橱窗推荐与取消推荐

活动背景：

通过活动 1 的学习，徐小明及其团队已经了解了商品进行上下架、删除和编辑的操作流程。他们也通过观察发现，很多买家进入网店平台，会直接到平台首页去搜索商品，此时就会出现橱窗推荐（因为默认的只有橱窗推荐的商品），这样也就能让卖家的商品有更多的被买家浏览的机会，极大地提升了店铺点击率。他们接下来将继续学习橱窗推荐与取消推荐的操作流程。

活动实施：

橱窗推荐就好比线下实体店中的展示橱窗，可以摆放一些精品商品，用来吸引买家进入自己的店铺。可是橱窗又不可能摆下淘宝所有的商品，每个卖家可以根据信用级别与销售情况获得不同数量的橱窗推荐位。

1. 设置橱窗推荐中的商品

步骤1：进入淘宝网“卖家中心”页面，点击【出售中的宝贝】超链接。在打开的页面中勾选要设置橱窗推荐的商品，然后点击【橱窗推荐】按钮即可，如图5－9所示。

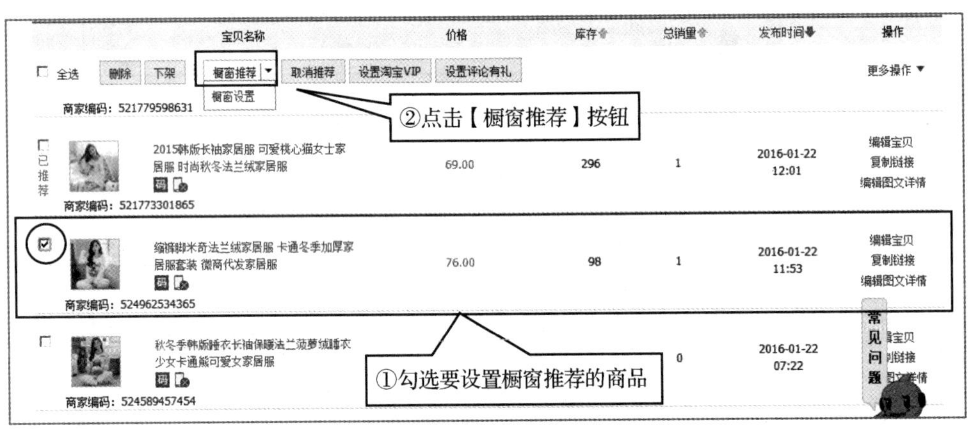

图5－9 “出售中的宝贝”页面

步骤2：如果点击“橱窗推荐”下拉框中的【橱窗设置】按钮，会弹出“橱窗设置”对话框，选择一种排序方式，如“按人气”，然后点击【确定】按钮，即可按此方式批量设置橱窗推荐，并且会覆盖原来推荐的商品，如图5－10所示。

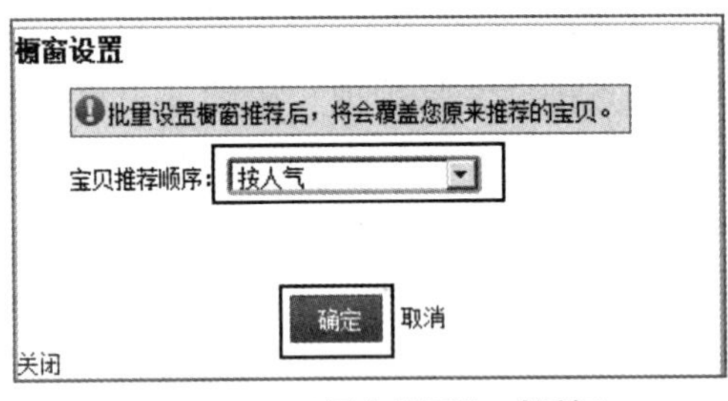

图5－10 “橱窗设置”对话框

步骤3：设置完成后，在商品左侧会出现“已推荐”复选框，如图5－11所示。

	宝贝名称	价格	库存	总销量	发布时间	操作
□已推荐	2015韩版长袖家居服 可爱桃心猫女士家居服 时尚秋冬法兰绒家居服 商家编码：521773301865	69.00	296	1	2016-01-22 12:01	编辑宝贝 复制链接 编辑图文详情
□已推荐	缩裤脚米奇法兰绒家居服 卡通冬季加厚家居服套装 微商代发家居服 商家编码：524962534365	76.00	98	1	2016-01-22 11:53	编辑宝贝 复制链接 编辑图文详情

图5－11 推荐成功

2. 查看橱窗推荐的商品

步骤1：从淘宝网“卖家中心”页面进入“出售中的宝贝”页面，然后点击【橱窗推荐宝贝】按钮，如图5-12所示。

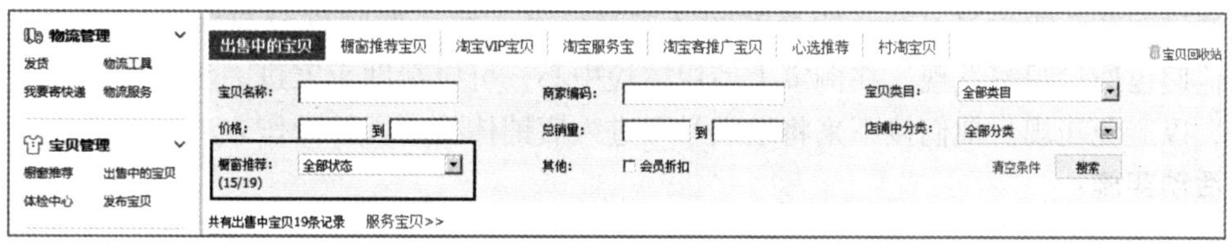

图5-12　打开“橱窗推荐宝贝”页面

步骤2：在打开的“橱窗推荐宝贝”页面中，将在列表中显示所有被推荐的宝贝，以及店铺拥有的橱窗数量和已经使用的橱窗数量，如图5-13所示。

图5-13　“橱窗推荐宝贝”页面

3. 取消橱窗推荐的商品

从“卖家中心”进入“出售中的宝贝”页面，在“橱窗推荐宝贝”页面下的列表中，勾选要取消橱窗推荐的商品，点击【取消推荐】按钮即可，如图5-14所示。勾选“全选”复选框即可选中所有宝贝进行批量处理。

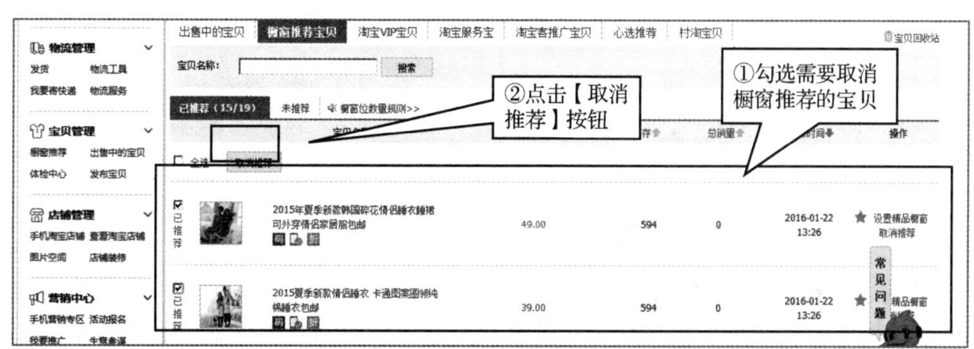

图5-14　取消推荐

活动 3 店铺体检中心

活动背景：

通过活动 2 的学习，徐小明及其团队成员已经了解了橱窗推荐与取消推荐的操作流程。他们也通过观察发现，在淘宝上使用体检中心，可以帮助卖家进一步了解店铺的运营状态，以避免违规。他们接下来将继续学习进入店铺体检中心的操作方法。

活动实施：

1. 进入店铺体检

步骤 1：进入淘宝网“卖家中心”页面，点击左侧快捷应用“宝贝管理”区域中的【体检中心】超链接，如图 5－15 所示。

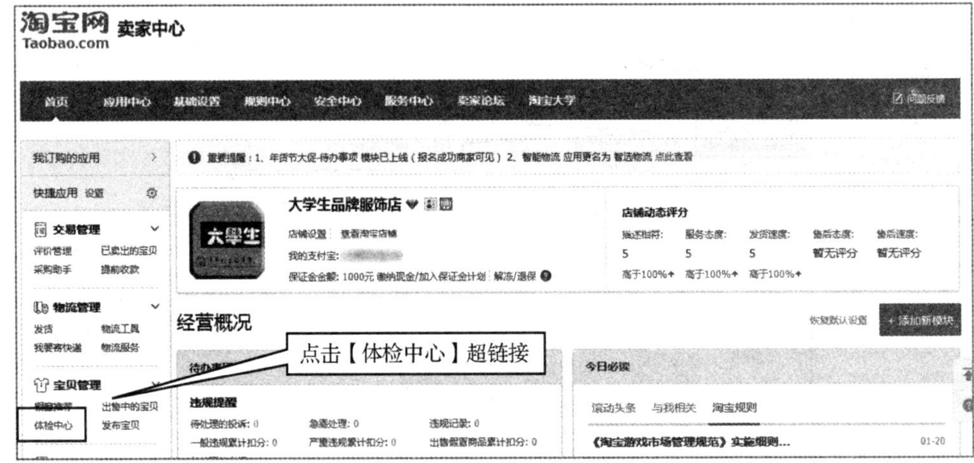

图 5－15 “卖家中心”页面

步骤 2：打开的页面即为淘宝网“体检中心”首页，如图 5－16 所示。

图 5－16 “体检中心”首页

2. 警告、违规、市场管理、申诉

在“体检中心”页面，可以很清楚地看到目前店铺亟须处理的警告、违规记录、市场管理记录、待跟进申诉等。

3. 账号扣分状况

账号扣分状况包括一般违规、严重违规、售假违规、供销违规。点击【查看详情】按钮可以看到被扣分的具体详情。点击【点击查看】按钮可以看到权限受限的情况，如图 5－17 所示。

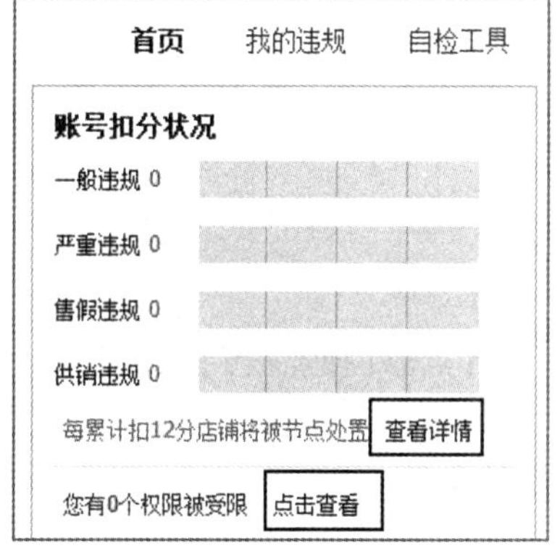

图 5－17　账号扣分情况

4. 自检工具

在淘宝“体检中心”页面还提供了 6 个免费的自检工具，包括建议优化、搜索来源、滞销商品、订单体检、营销体检、商品资质，如图 5－18 所示。

图 5－18　自检工具

（1）建议优化。

点击【建议优化】按钮后，在页面中可以看到当前店铺中是否有需要进行优化的宝贝，如图 5－19 所示。

图 5－19　“建议优化”工具

（2）搜索来源。

点击【搜索来源】按钮后，在页面中可以看到最近 7 天的热门搜索数据及热门商品数据。

通过观察热门商品数据，卖家可以优化符合宝贝属性的描述词，还可以优化宝贝标题提高搜索排名，所以“搜索来源”这一应用非常实用，如图 5 – 20 所示。

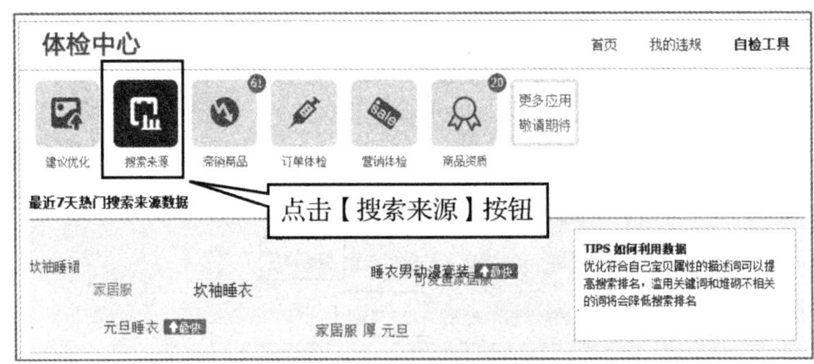

图 5 – 20　“搜索来源”工具

而热门商品数据主要包括搜索来源关键词、曝光次数、搜索曝光量、与前 7 日同比增长情况，如图 5 – 21 所示。

热门商品数据

	成交TOP20宝贝	搜索来源关键词/曝光次数		搜索曝光量/与前7日同比
1	2015夏季新款碎花裙睡衣 坎袖性感睡裙包邮 ID: 45344639729 编辑宝贝	坎袖睡衣 坎袖睡裙 睡衣 坎袖	1 2 2	5 同比 0%
2	睡衣元旦全球狂欢节女冬 加厚 卡通女睡衣套装 法兰绒家居睡衣新 ID: 526284253116 编辑宝贝	家居服 厚 元旦 元旦睡衣	1 2	3 同比 0%
3	2015夏季新款卡通动漫男女短袖情侣睡衣休闲亲子家居服套装包邮 ID: 45499677392 编辑宝贝	睡衣男动漫套装	1	1 同比 0%
4	2015夏季新款女睡衣 字母宽松半袖短裙两件家居服包邮 ID: 44633986856 编辑宝贝	家居服	1	1 同比 75%
5	2015年春夏新款条纹可爱鱼情侣纯棉睡衣 休闲短袖短裤家居服包邮 ID: [illegible]	可爱鱼家居服	1	1 同比 0%

图 5 – 21　热门商品数据

（3）滞销商品。

点击【滞销商品】按钮后，在页面中可以看到当前店铺滞销商品的数量和列表，以及滞销下架规则说明、提升销量的手段等。

淘宝规定 90 天无成交、无浏览、无编辑商品为滞销商品，做下架处理。下架商品可编辑后再上架，滞销下架 90 天后商品将移动至商品历史库。

（4）订单体检。

点击【订单体检】按钮后，在页面中可以看到当前店铺中涉嫌虚假交易的订单。

（5）营销体检。

点击【营销体检】按钮后，在页面中可以看到当前店铺可以报名的活动，如图5-22所示。

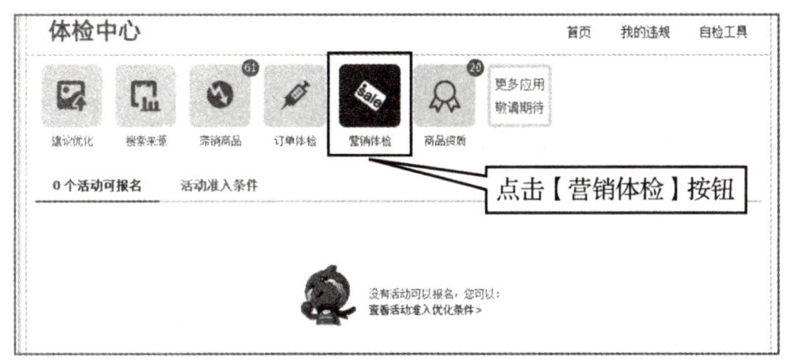

图5-22　“营销体检”工具

（6）商品资质。

点击【商品资质】按钮后，在页面中可以看到商品资质规则说明、待提交商品资质的商品列表、待审核商品资质的商品列表、待优化商品资质的商品列表、已披露商品资质的商品列表，并可在此页面根据需要提交商品的资质等，如图5-23所示。

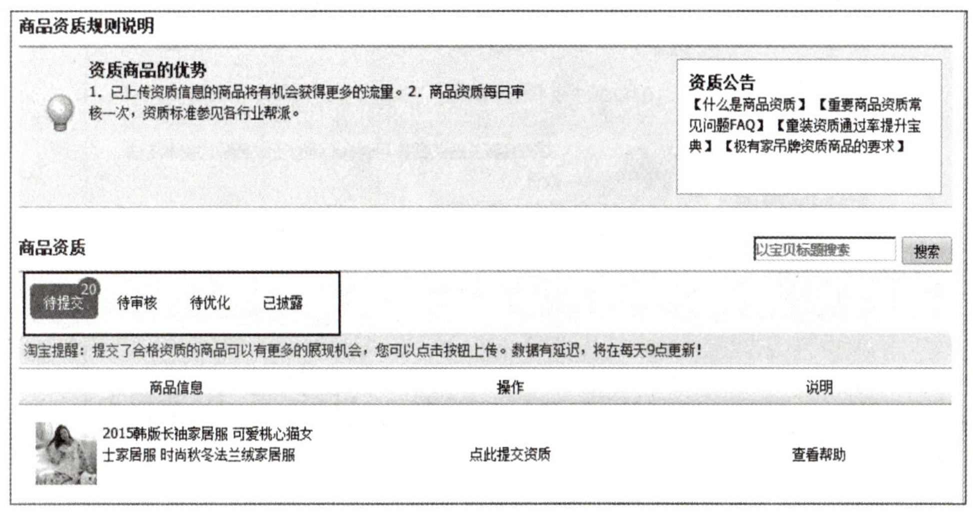

图5-23　商品资质规则说明页面

活动评价：

通过学习，徐小明及其团队学会了在对商品展示的管理中，及时将商品上下架、删除或编辑商品；以及为了在淘宝首页吸引更多的流量到店铺中来，为商品添加橱窗推荐；定期为店铺进行体检，发现问题。

任务二　处理交易订单

情境设计：

功夫不负有心人，徐小明及其团队终于迎来了店铺的第一笔订单，这让他们兴奋不己。买家在店铺选好商品并购买后，会生成一条订单发送到网店后台，此时需要卖家立即处理订单。本任务将带领大家一起学习处理交易订单的操作流程。

任务分解：

处理交易订单这一环节中，涉及四个活动任务，它们分别是：核实并确定订单信息、安排发货、提供物流信息和交易评价管理。

活动1　核实并确定订单信息

活动背景：

在淘宝网上，当买家为订单付款后，为防止买家订单输入错误而给其带来不便，卖家需要查看订单信息并向买家确认信息。首先，他们要进入淘宝千牛工作台，了解核实并确定订单信息的方法。

活动实施：

1. 核实地址信息

步骤1：订单生成后，淘宝旺旺会弹出“消息通知”对话框，点击【核对地址】按钮，如图5－24所示。

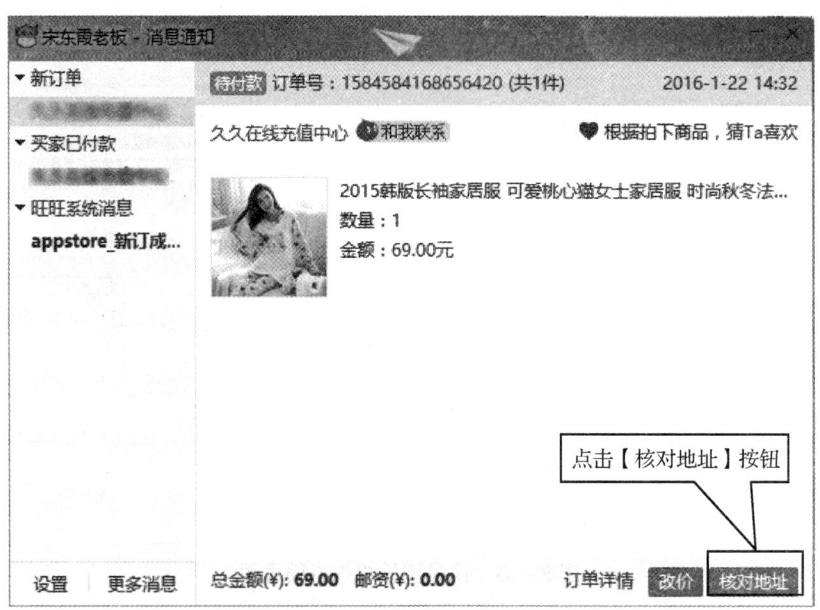

图5－24　核对地址

步骤2：买家地址会自动出现卖家和买家的淘宝旺旺聊天窗口。点击【发送】按钮，等待买家的核实即可，如图5－25所示。

步骤3：如果想要修改地址，可点击“消息通知”对话框中的订单编号，如图5－26所示。

步骤4：然后在打开的千牛工作台“交易管理”页面中，点击【改地址】按钮，如图5－27所示。

步骤5：在打开的“修改收货人地址”页面中，重新编辑地址内容，点击【确定】按钮，即可修改收货人地址，如图5－28所示。

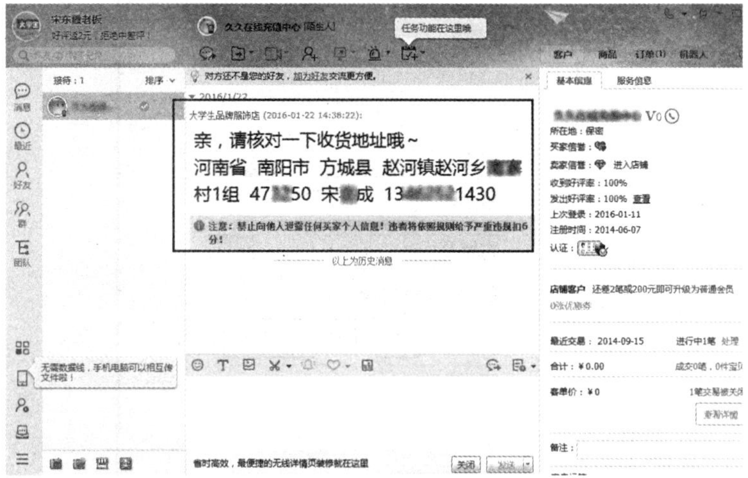

图 5－25 发送买家地址，等待买家确认

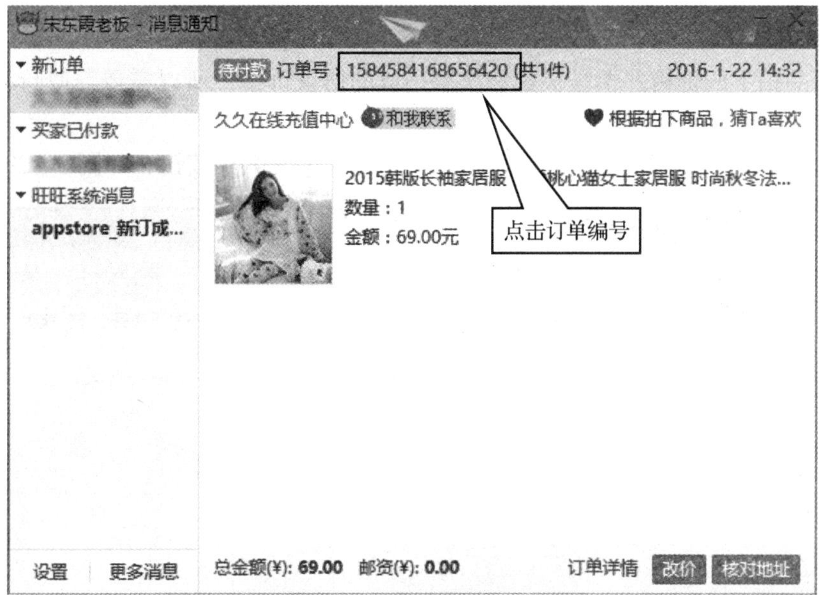

图 5－26 “消息通知”对话框

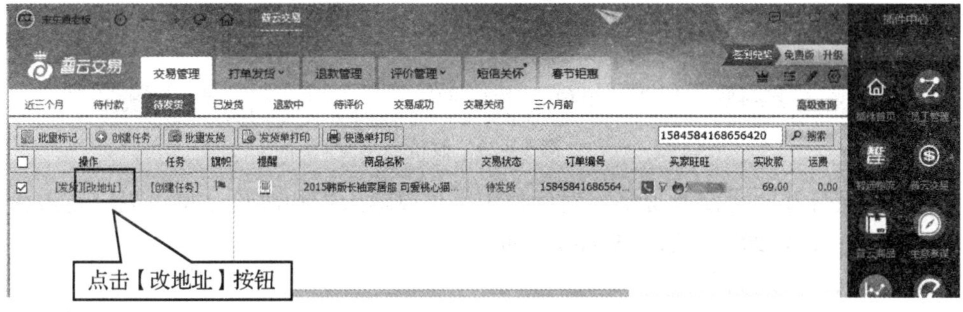

图 5－27 “交易管理”页面

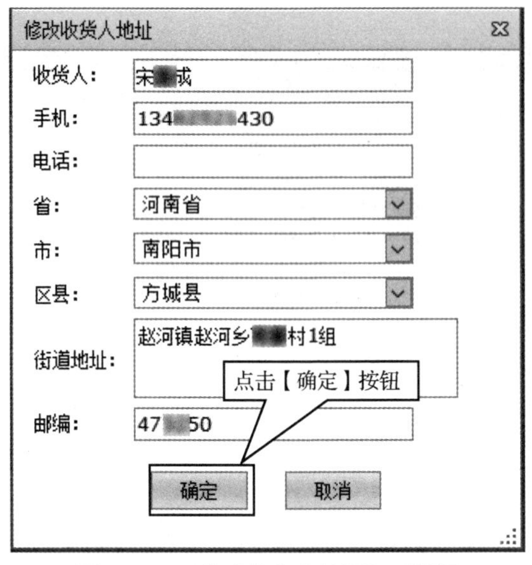

图5－28 “修改收货人地址”对话框

2. 修改价格信息

有时商品拍下的价格并不是买家和卖家达成的协议价格，所以需要修改价格。修改价格的操作方法如下：

步骤1：返回到淘宝旺旺消息通知对话框，点击【改价】按钮，如图5－29所示。

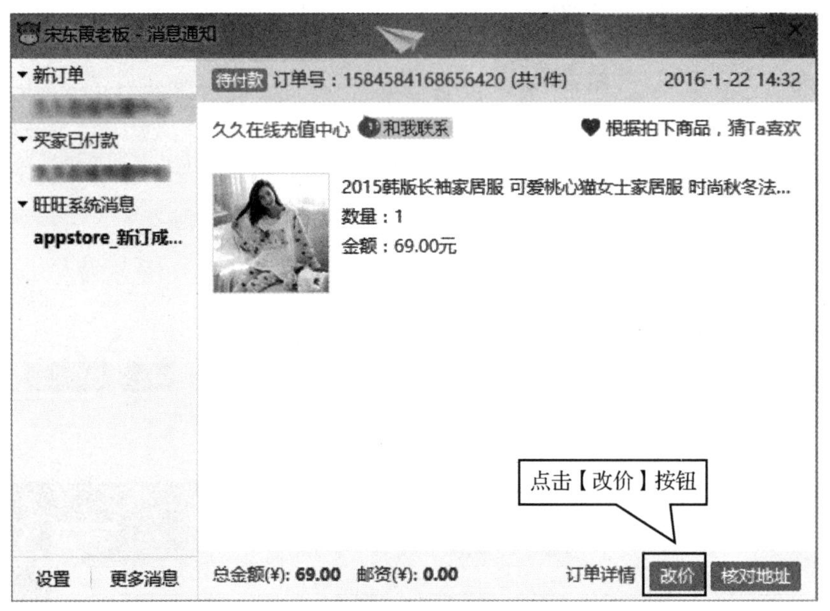

图5－29 改价

步骤2：在打开的“修改价格”对话框中，可以输入折扣改价，也可以一键改价，最后点击【保存】按钮即可，如图5－30所示。

3. 核实商品

步骤1：进入千牛工作台“交易管理”页面，页面下方默认打开订单商品选项区，点击“交易概览”选项卡，切换到“交易概览”选项区，如图5－31所示。

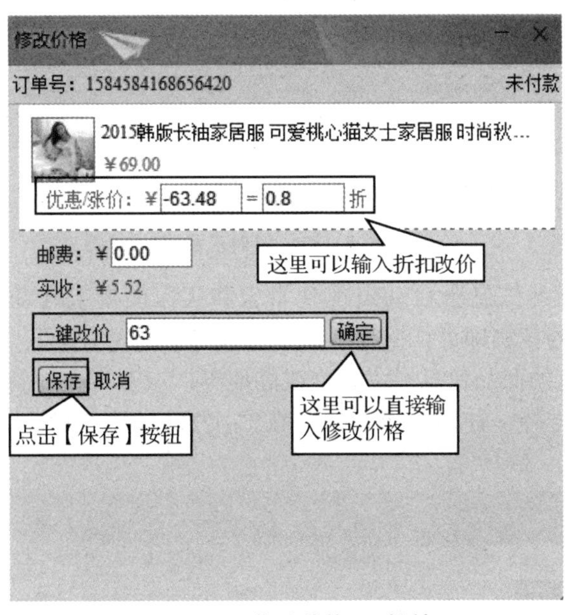

图5-30　“修改价格”对话框

步骤2：在打开的“交易概览”选项区中，点击【核对商品】按钮，如图5-32所示。

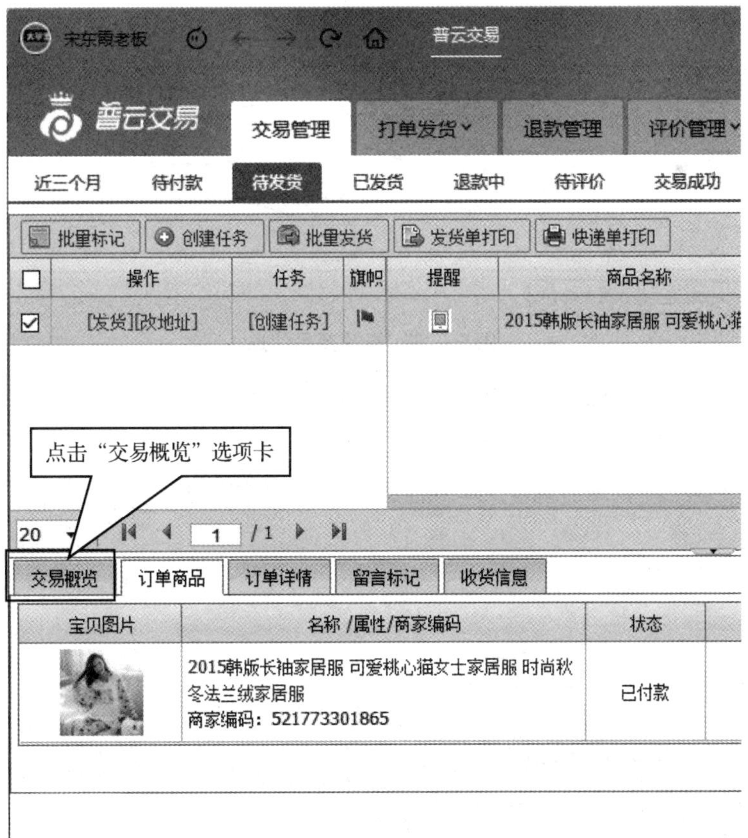

图5-31　“交易管理”页面

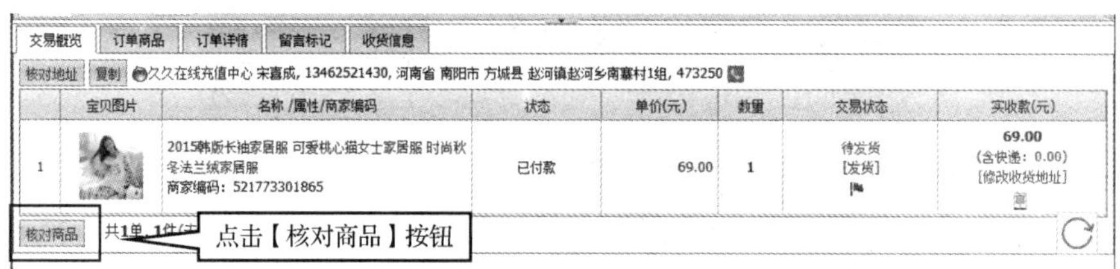

图 5－32　核对商品

步骤 3：此时，商品信息会自动出现到卖家和买家的淘宝旺旺聊天窗口，点击【发送】按钮，等待买家的核实即可。

步骤 4：如果买家的商品信息有需要修改的地方，点击“交易管理”页面中的“留言标记”选项卡，点击选择一种标记旗帜，并在“卖家标记”里输入修改内容，最后点击【保存】按钮，如图 5－33 所示。

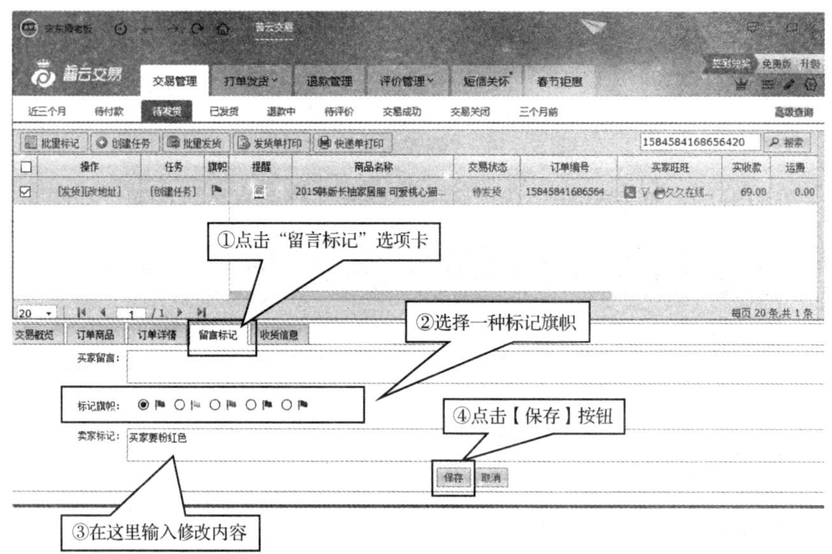

图 5－33　修改商品信息

步骤 5：在“交易管理”页面中点击【待发货】选项卡，商品将会出现标记旗帜，表明商品信息有修改，如图 5－34 所示。

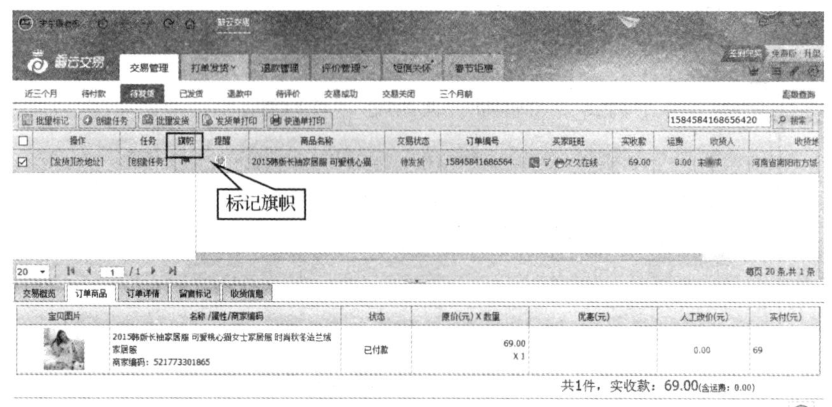

图 5－34　“待发货”选项区域

活动 2　商品发货管理

活动背景：

通过活动 1 的学习，徐小明及其团队已经了解了核实并确定订单信息的方法。接下来，和买家确定好订单信息之后，就可以安排发货了。他们将继续进入千牛工作台，学习商品发货的操作流程。

活动实施：

步骤 1：在千牛工作台“交易管理”页面中的“待发货”选项区中，点击【发货单打印】按钮打印出发货单，如图 5－35 所示。

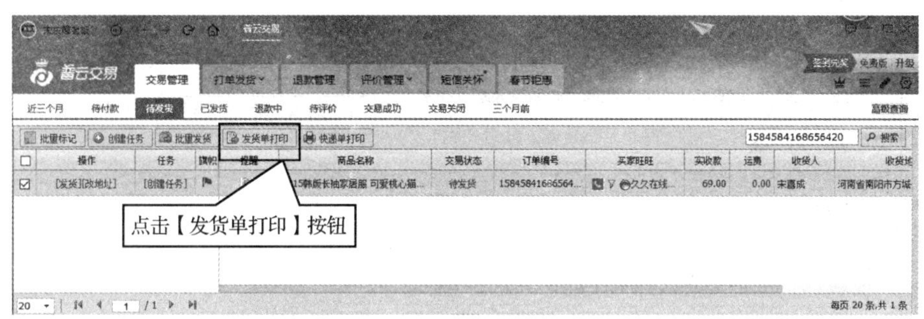

图 5－35　打印发货单

步骤 2：接着点击【快递单打印】按钮打印出快递单，如图 5－36 所示。

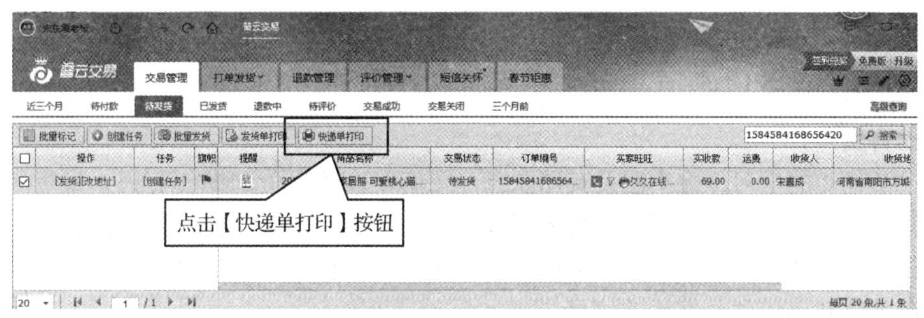

图 5－36　打印快递单

步骤 3：根据发货单找对、找全订单中的商品，并再次核实。

步骤 4：包装货物，并贴上快递单。

步骤 5：快递单贴好后，在“待发货”选项区点击【发货】按钮，如图 5－37 所示。

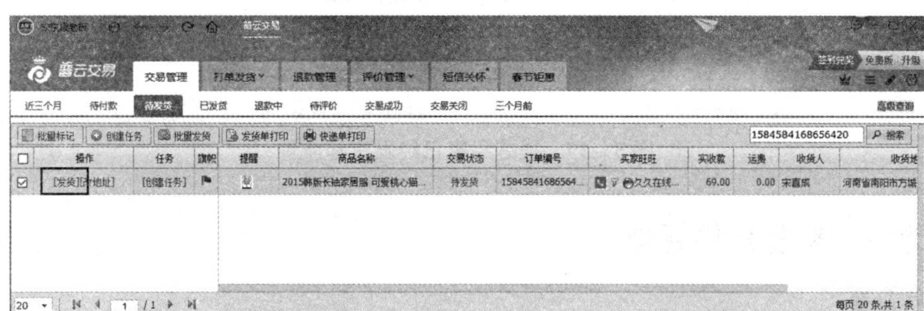

图 5－37　点击【发货】按钮

步骤6：此时会打开“发货”对话框，在此对话框中选择适合自己淘宝店铺的运送方式。运送方式有3种：自己联系物流、无需物流、在线下单。常用的是自己联系物流，在对话框中选择物流公司，手动输入或者使用扫码枪扫描输入均可，最后点击【确定】按钮即可完成发货，如图5-38所示。

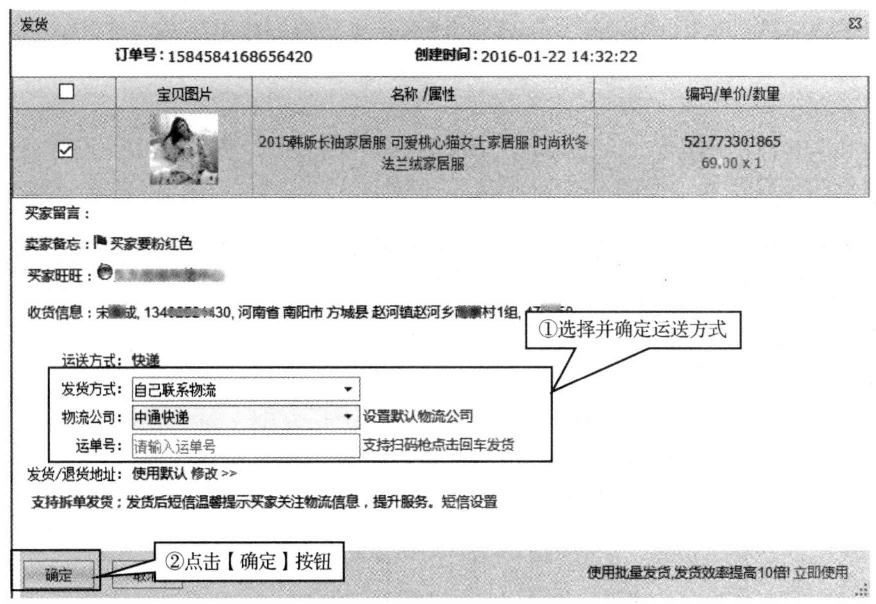

图5-38 发货详情页面

活动3 提供物流信息

活动背景：

通过活动2的学习，徐小明及其团队已经了解了商品发货的操作流程。发货后，卖家需要告知买家已经发货，并提供快递公司和单号。商品快到时，提醒买家注意收货。这些小细节往往可以获得买家的好感，从而促使二次成交。徐小明及其团队通过观察发现，可以通过淘宝旺旺提供商品发货的信息。

活动实施：

通常卖家会通过淘宝旺旺提供这些物流信息，如图5-39所示。

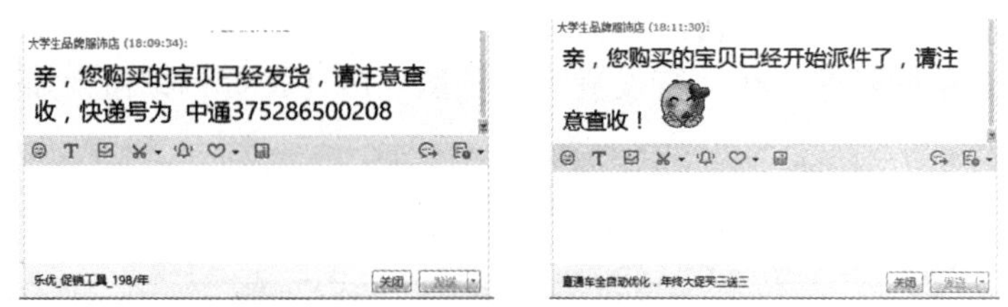

图5-39 提醒买家已经发货和派件

活动4 交易评价管理

活动背景：

当完成商品交易后，卖家要第一时间给买家进行评价，还要催促买家给自己进行好评。这样做的原因有两个：一是有可能获得1分的信用评分；二是给买家好评可以获得买家好感。淘宝店铺评价对于店铺运营者，尤其是新开店铺来说，非常重要。那么如何有效进行商品评价管理，是徐小明团队需要关注的问题。

活动实施：

步骤1：点击淘宝旺旺“交易管理”页面中的“交易成功”选项卡，找到需要评价的宝贝，点击【评价】按钮，如图5-40所示。

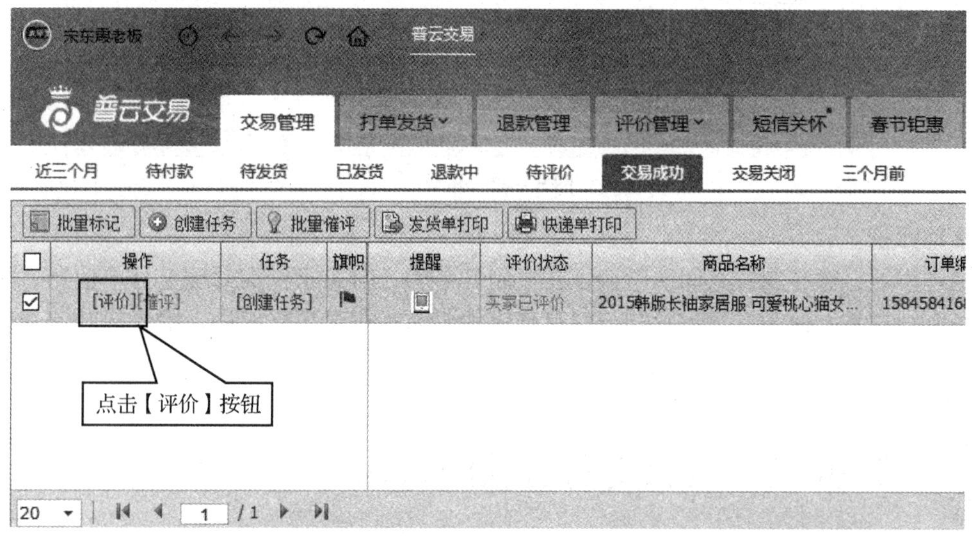

图5-40　“交易成功”选项区

步骤2：在弹出的“交易评价”对话框中，给予好评并点击【确定】按钮，即可完成评价，如图5-41所示。

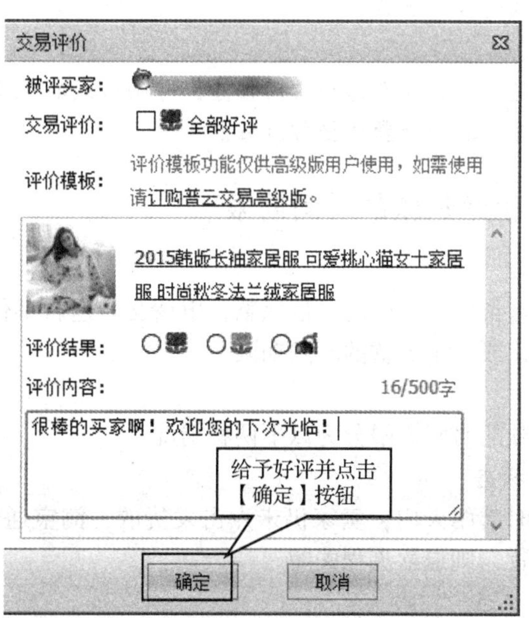

图5-41　“交易评价”对话框

步骤3：在淘宝旺旺“交易管理”页面中的“交易成功”选项区中，选中需要催评的宝贝，点击【催评】按钮完成单个宝贝的催评，或者点击【批量催评】按钮可以同时完成多个宝贝的催评，如图5－42所示。

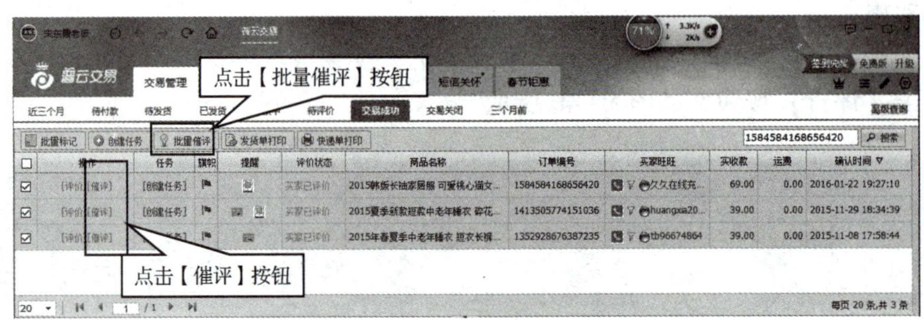

图5－42 催评

活动评价：

通过学习，徐小明及其团队学会了在接到订单后，向买家核实并确定订单信息；然后对商品进行发货；商品发货后将物流信息提供给买家；在交易完成后，给买家好评并提醒买家也给自己好评。

任务三 熟悉交易退款的操作

情境设计：

徐小明及其团队完成了第一笔订单交易，但令人遗憾的是买家发起了交易退款，此时需要卖家立即处理订单。徐小明及其团队虽然心情很难受，但他们毫不灰心。本任务将带领大家一起学习交易退款的操作流程。

任务分解：

操作交易退款这一环节中，涉及三个活动任务，即确认或拒绝退款的时间期限、卖家同意退款的操作流程、卖家拒绝退款的操作流程。

活动1 确认或拒绝退款的时间期限

活动背景：

在淘宝网上，买家自付款后可即时申请退款，申请交易退款事件经常会发生。徐小明及其团队首先要了解确认或拒绝退款的时间期限。

活动实施：

卖家确认或拒绝退款的时间期限分为以下两种情况。

1. “卖家未发货”状态

自买家申请退款之时起两天内，卖家仍未点击发货的，淘宝通知支付宝退款给买家。若卖家在两天内点击发货，则退款流程关闭。

2. “卖家已发货”状态

（1）实物交易。

①卖家若在五天内未响应退款申请，淘宝会通知支付宝退款给买家。

②卖家若同意退款，且要求买家退货，则按以下情形处理：

买家未在七天内点击退货、填写退货物流信息的，退款流程关闭，交易正常进行；

买家在七天内点击退货、填写退货物流信息，且卖家确认收货的，淘宝退款给买家；

买家在七天内点击退货、通过快递退货十天内、平邮退货三十天内，卖家未确认收货的，淘宝在超时之后通知支付宝退款给买家。

(2) 虚拟交易。

卖家同意退款或在三天内未操作，淘宝通过支付宝退款给买家。

活动2　卖家同意退款的操作流程

活动背景：

通过活动1的学习，徐小明及其团队已经了解了确认或拒绝退款的时间期限。这时候买家是否已经收到货物呢？如果他们同意买家的退款申请，那么该如何操作呢？他们接下来就要学习卖家同意退款的操作流程。

活动实施：

1. 买家未收到货物

如果卖家已经发货，货物在运输途中，买家申请了退款，建议卖家先联系买家确认对方是否需要货物。若买家表示不需要该货物或联系不上买家，卖家需联系物流追回货物后再退款给买家。

交易状态为“卖家已发货”，买家未收到货物的情况下，退款流程如图5-43所示。

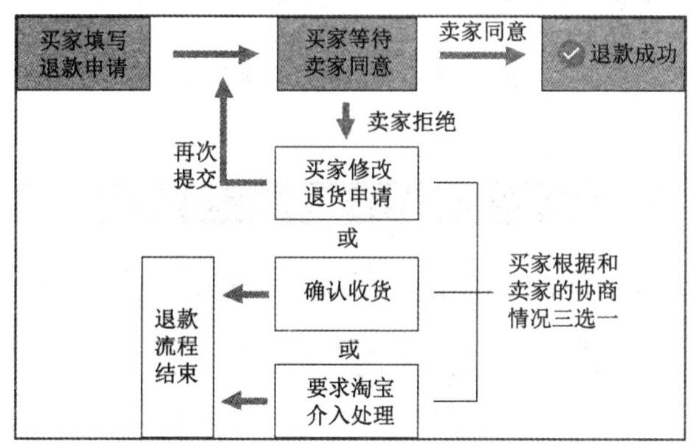

图5-43　买家未收到货的退款流程

买家未收到货物的情况下卖家同意退款的操作流程如下：

步骤1：进入淘宝网“卖家中心”，点击“客户服务”快捷应用区域中的【退款管理】超链接，如图5-44所示。

步骤2：在打开的“退款管理”页面中点击【我收到的退款申请】选项卡，然后在退款交易右侧点击【查看】按钮，如图5-45所示。

步骤3：在打开的“卖家处理退款申请”选项区中，点击【同意退款申请】按钮，如图5-46所示。

步骤4：在“卖家处理退款申请”环节，还可以对买家的留言进行回复。对买家留言进行回复的操作如下：点击【我要发表留言】即可打开如图5-47所示的页面。在页面留言板中输入留言，点击【发表留言】按钮即可。留言发表后，将迅速上传到页面。

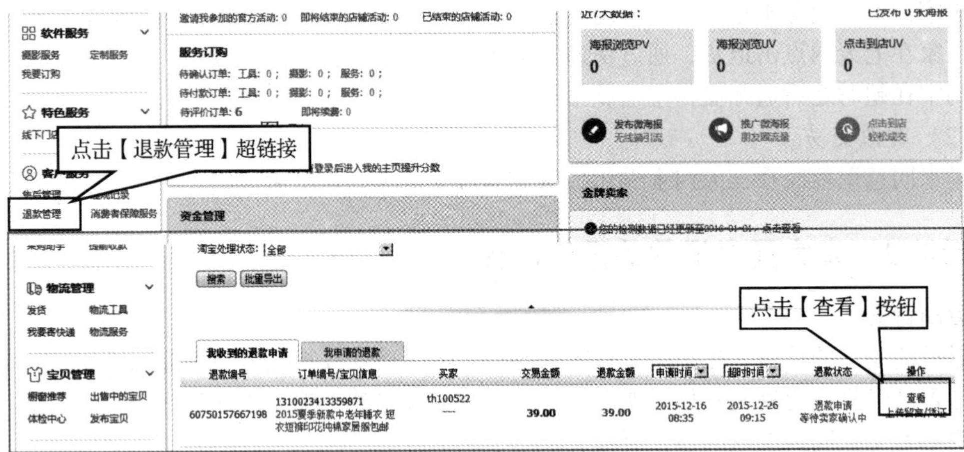

图 5－44 在“卖家中心”页面点击“退款管理”超链接

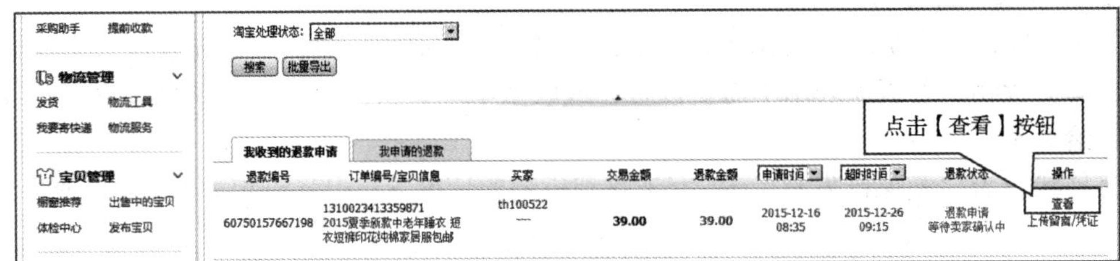

图 5－45 “我收到的退款申请”选项区

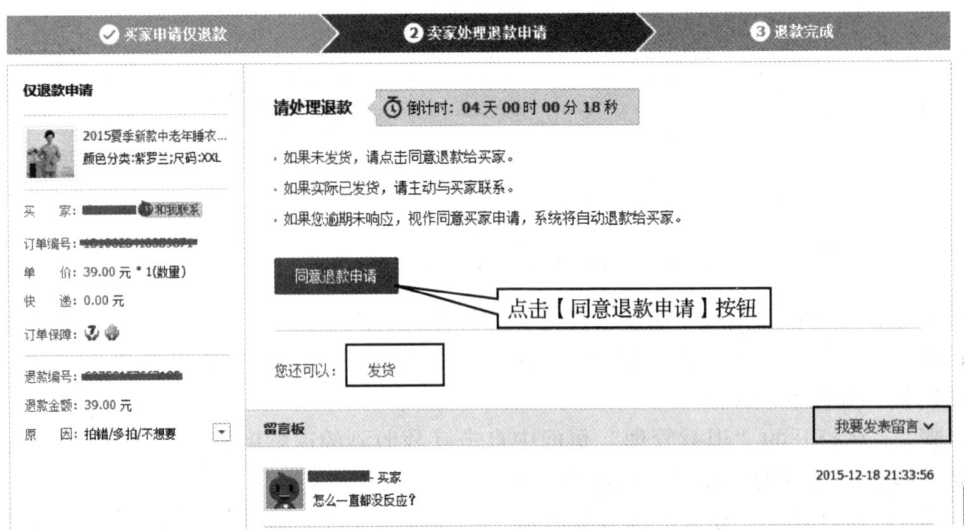

图 5－46 “卖家处理退款申请”选项区

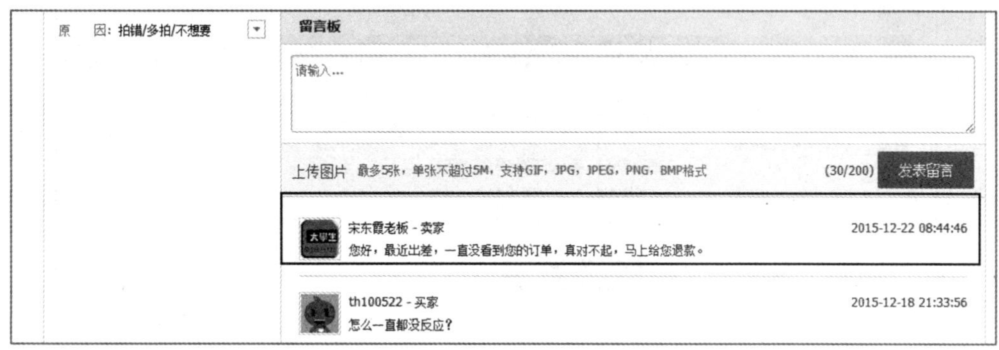

图 5-47　留言成功

步骤 5：点击【同意退款申请】按钮后，在打开的页面中输入支付宝支付密码，点击【确定】按钮。操作完成后，页面即显示退款成功，如图 5-48 所示。

图 5-48　退款成功

2. 买家已收到货物

交易状态为“卖家已发货”，买家已经收到货物的情况下退款流程如图 5-49 所示。

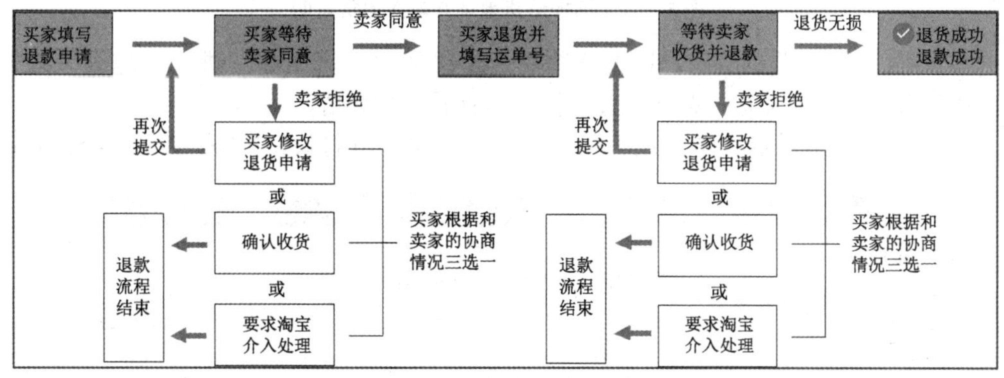

图 5-49　买家已收货的退款流程

买家已经收到了货物，卖家同意退款的操作流程如下：

步骤 1：进入“卖家中心”的“退款管理”页面，找到对应的退款交易，点击【查看】按钮查看退款详情。

步骤 2：在打开的“卖家处理退货申请”页面中，点击【同意退货，发送退货地址】按钮，如图 5-50 所示。

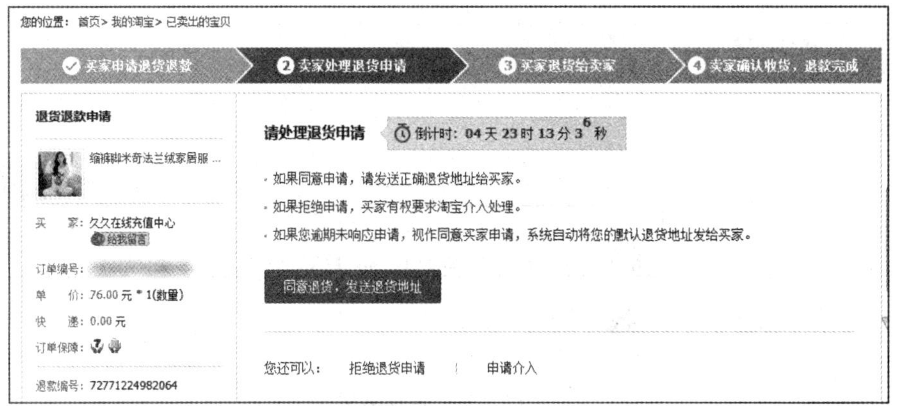

图 5－50 卖家处理退货申请页面

步骤 3：在弹出的页面中，选择一个退货地址，输入退货说明，并点击【发送退货地址】按钮，如图 5－51 所示。

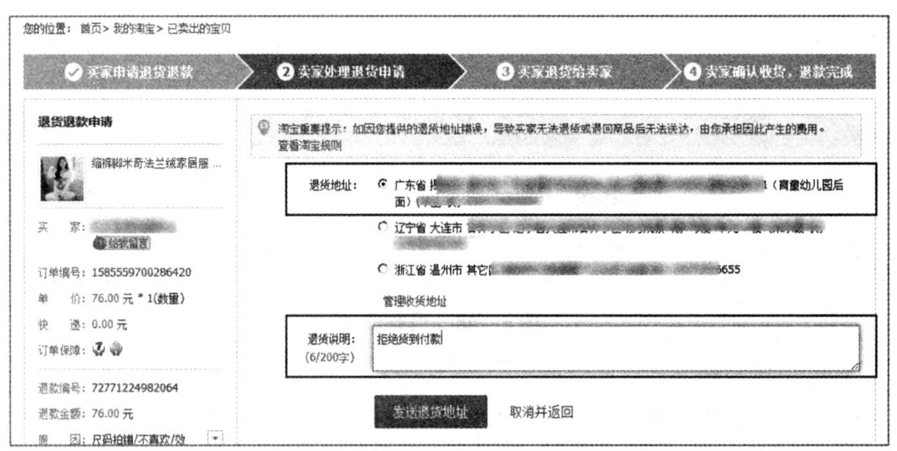

图 5－51 选择退货地址并输入退货说明

步骤 4：卖家在收到买家退回的货物后，再次从“卖家中心”进入“退款管理”页面，找到对应的退款交易，点击【查看】按钮查看退款详情。

步骤 5：在打开的退款详情页面中，点击【确认收货并打款】按钮，如图 5－52 所示。

图 5－52 点击【确认收货并打款】按钮

步骤6：输入支付宝支付密码，点击【确定】按钮即可完成退款。

活动3 卖家拒绝退款的操作流程

活动背景：

通过活动2的学习，徐小明及其团队已经了解了卖家同意退款的操作流程。但如果他们不同意买家的退款申请，又该如何操作呢？他们接下来就要学习卖家拒绝退款的操作流程。

活动实施：

1. 交易状态为“买家已付款”，卖家未发货

卖家点击【发货】按钮前，买家申请的退款是没有拒绝退款按钮的。

若实际已发货，只是网上忘记操作完成发货的动作，卖家要联系买家说明并点击【立即发货】，待交易状态变更为“卖家已发货”，买家之前进行的退款申请自动关闭。

若实际未发货，但卖家想要继续交易，卖家要先行联系买家协商，待买家同意继续发货后，再点击【发货】，并保存好淘宝旺旺聊天记录，待交易状态变更为“卖家已发货”，买家之前进行的退款申请将自动关闭，如图5－53所示。

图5－53 点击【发货】按钮

2. 交易状态为“卖家已发货”，买家未收到货

步骤1：从淘宝网“卖家中心”进入“退款管理”页面，找到对应的退款交易，点击【查看】按钮查看退款详情，如图5－54所示。

我收到的退款申请　我申请的退款

退款编号	订单编号/宝贝信息	买家	交易金额	退款金额	申请时间	超时时间	退款状态	操作
72771224982064	1585559700286420 缩裤脚米奇法兰绒家居服 卡通冬季加厚家居服套装 微商代发家居服		76.00	76.00	2016-01-23 12:36	2016-01-30 13:28	退款申请达成 等待买家退货	查看 上传留言/凭证

图5－54 查看退款详情

步骤2：在打开的退款详情页面中，于规定时间内及时点击【拒绝退款申请】按钮，如图5－55所示。

步骤3：在打开的页面中填写拒绝原因、说明，并上传有效凭证，点击【确定拒绝】按钮，如图5－56所示。

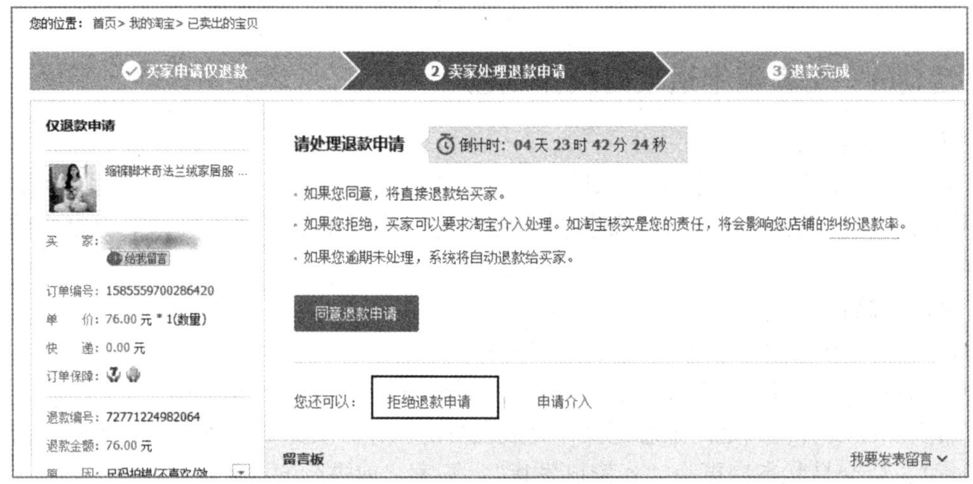

图 5-55 拒绝退款申请

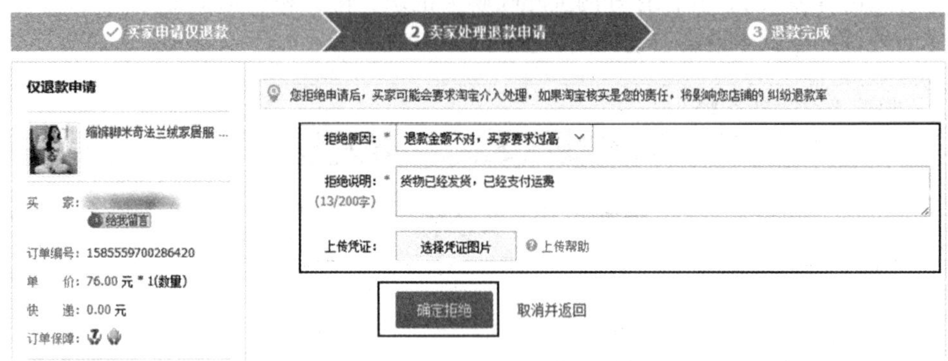

图 5-56 填写拒绝原因，确定拒绝

在退款过程中，卖家应积极联系买家协商，并关注退款状态和退款超时，若一直未协商一致，规定时间内可在退款详情页面点击【申请介入】按钮要求客服介入处理，淘宝客服会在 4 个工作日内介入处理。

3. 退款协议达成，等待买家退货

若因退款超时或误操作导致退款状态变更为“退款协议达成，等待买家退货”，此退款状态下无法拒绝退款协议，请积极联系买家协商：

（1）若买家同意付款，让买家操作“确认收货”即可；

（2）若买家接受不退货部分退款，那么请部分退款给买家；

（3）若买家仍坚持退货退款，请按照退款协议履行退货退款义务，并关注退款状态和退款超时。

活动评价：

通过学习，徐小明及其团队学会了在交易的过程中，在买家提出退款申请后，进行退款或拒绝退款的操作。

任务四　处理交易售后

情境设计：

徐小明及其团队经过前期对店铺经营日常管理的学习，工作越来越规范了。处理交易售后也是网店日常运营的重要环节之一。售后服务质量和商品本身质量、店铺信誉同等重要，决定着网店运营的成效。本任务将带领大家一起学习交易售后的处理。

任务分解：

处理交易售后这一环节中，涉及两个活动任务，即自主解决售后问题和卖家处理售后问题的操作流程。

活动 1　自主解决售后问题

活动情境：

徐小明带领团队成员对自主解决售后问题进行了梳理，并且整理出了一套自主解决售后问题的方法和案例，对自主解决售后问题的优势和劣势进行了分析。

活动实施：

1. 自主解决售后问题的优势

以淘宝网为例，积极主动地联系买家，友好协商处理双方的交易纠纷。自主解决售后问题将会给店铺增加以下优势：

（1）好的售后不仅能带来更多的客户，还能营造好的口碑，好的口碑可以让店铺之名广为传播。此外，好的售后还能有效地减少中差评。

（2）淘宝会给予优秀的、致力于做好服务的卖家更多推广与宣传的机会（如大型促销活动的钻石推广位）。

（3）当卖家自主解决率高于同行业平均水平的时候，将提升整体的店铺信誉，使店铺有更多被浏览与被搜索的概率，可以让更多的买家看到卖家店铺的商品，从而提升店铺销售量。

2. 未自主解决售后问题的劣势

在淘宝网上，若卖家未能够积极主动地联系买家，友好协商处理双方的交易纠纷，将会对卖家的店铺产生负面的影响：

（1）未能自主解决而由淘宝介入处理的交易纠纷，都将会记载在卖家淘宝的信用档案中，过高的纠纷退款率、过长的处理时间，都会影响买家对卖家店铺的选择，降低店铺在淘宝上的口碑。

（2）卖家店铺信誉将受影响，宝贝、店铺排名都会下降，甚至可能会受到处罚，导致店铺不能正常经营。

（3）淘宝也会把卖家成绩（包括退款率、自主解决率、店铺综合评分等）作为决定对卖家扶持程度的重要依据之一，会进一步影响卖家店铺的生意及长远发展。

（4）淘宝会定期为一些优质卖家提供参加推广的机会。

活动 2　卖家处理售后问题的操作流程

活动情境：

通过活动 1 的学习，徐小明及其团队已经了解了自主解决售后问题。他们接下来将继续学习卖家处理售后问题的操作流程。

活动实施：

1. 售后问题处理流程

首先，若卖家对买家申请的售后申请存在质疑，建议先不要操作售后协议，72 小时的协商期内先尝试与买家沟通。例如，在买家针对商品描述不符而申请售后的情况下，卖家需联系买家，请对方提供商品描述不符的凭证；若商品确实没有问题，向买家友好地解释。

其次，若无法沟通协商，卖家可以选择拒绝售后申请。操作流程如下：

步骤 1：进入“卖家中心”，点击“客户服务”快捷应用区域中的【售后管理】超链接，如图 5－57 所示。

图 5－57　在“卖家中心”页面点击【售后管理】超链接

步骤 2：在打开的“售后服务管理”页面中点击“淘宝售后服务记录”选项卡，找到目标交易记录后，点击【查看详情】按钮查看售后详情，如图 5－58 所示。

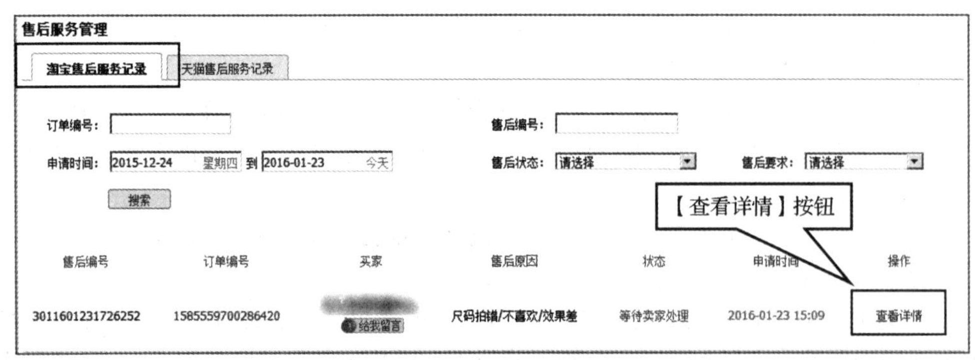

图 5－58　“售后服务管理”对话框

步骤 3：在售后详情页面里，点击【拒绝退货申请】按钮，如图 5－59 所示。

图 5－59　点击【拒绝退货申请】按钮

步骤 4：在打开的页面中填写拒绝原因，填写拒绝说明，并上传凭证，然后点击【确定拒绝】按钮，如图 5－60 所示。

图 5－60　填写拒绝原因，确定拒绝

步骤 5：后续等待买家在七天内修改售后申请，同时，可继续与买家协商解决售后事宜。

最后，后续若与买家解决不了可以申请客服介入处理。点击图 5－61 中的【申请介入】按钮即可。

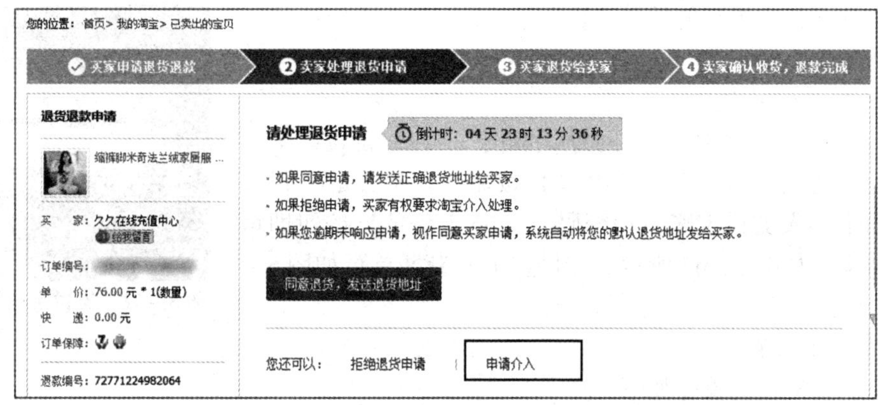

图 5－61　点击【申请介入】按钮

2. 卖家在退款退货中应该注意的事项

(1) 提供正确的退货地址;

(2) 联系买家,告知在退货时,在包裹上注明买家 ID 及商品实际退货原因;

(3) 签收退回的货物时,应及时验货,确认签收;

(4) 若在签收时发现包裹异常,应主动联系买家,告知具体情况,并做好取证工作(如拍照取证、第三方情况说明等);

(5) 若退回的商品无误,请及时给买家退款,以免造成投诉升级;

(6) 对于通过维权平台发起的投诉,若淘宝已经垫付出账,卖家需要"缴纳赔偿金",可登录"卖家中心"—"售后管理"—"淘宝售后服务记录"页面中,找到相应的投诉记录并缴纳。

活动评价:

通过学习,徐小明及其团队懂得了在交易的过程中,并不是每一次交易都能完美达成,如果买家提出了售后请求,卖家还必须自主解决售后问题。

任务五　优化网店财务管理

情境设计:

只要是开店就会有资金往来,无论是支付给供货商的货款还是要入账的销售款,都需要定期进行梳理。通过财务管理卖家可以掌握店铺的月度、季度、年度盈亏情况,从而指导店铺的经营活动。本任务将带领大家一起学习优化网店财务管理的方法。

任务分解:

优化网店财务管理这一环节中,涉及两个活动任务,即支付宝充值和提现、查看账户信息。

活动 1　支付宝充值和提现

活动情境:

随着店铺订单量的增加,店铺生意越来越好,财务进出额也越来越多。大多数网店,特别是淘宝网上的商家,都会选择支付宝作为其网店财务管理的工具。徐小明及其团队将学习支付宝充值和提现的操作流程。

任务实施:

1. 进入支付宝中心

步骤:在浏览器中输入网址:http://www.alipay.com,即可打开支付宝首页,点击【登录】按钮。在打开的支付宝登录页面中输入支付宝账号和密码,点击【登录】按钮即可进入支付宝,如图 5-62 所示。支付宝个人专区首页如图 5-63 所示。

图 5-62　支付宝登录界面

2. 支付宝充值

给支付宝充值的操作如下:

步骤 1:在支付宝个人专区页面,点击【充值】按钮,如图 5-64 所示。

图 5－63　支付宝个人专区首页

图 5－64　点击【充值】按钮

步骤 2：在打开的支付宝“充值”页面中，选择“充值到余额”，选择要流出资金的储蓄卡，并点击【下一步】按钮，如图 5－65 所示。

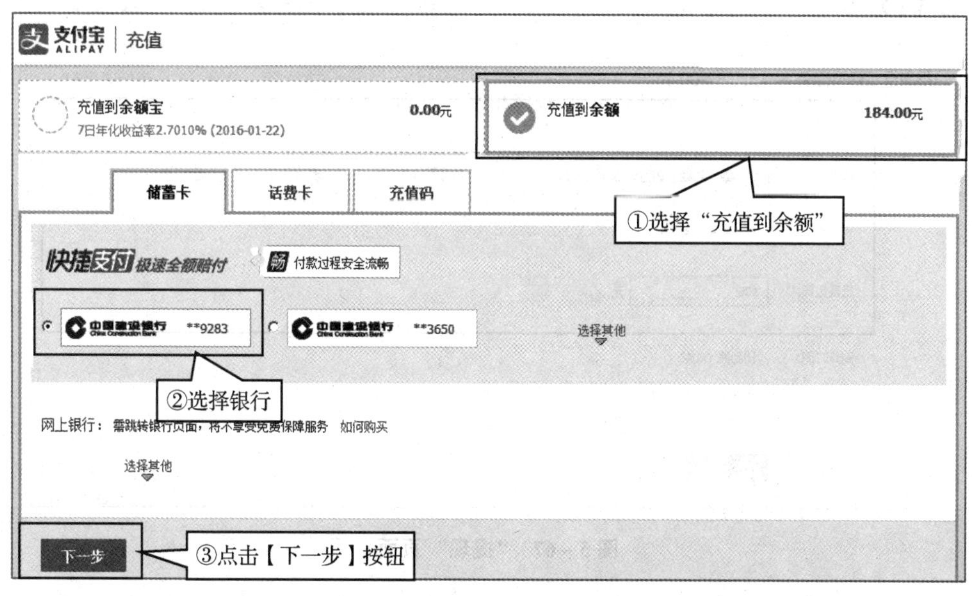

图 5－65　支付宝“充值”页面

步骤 3：在打开的页面中输入充值金额、支付宝支付密码，点击【确认充值】按钮。注意：快捷支付充值的额度有限制，如图 5－66 所示。操作完成后充值成功。

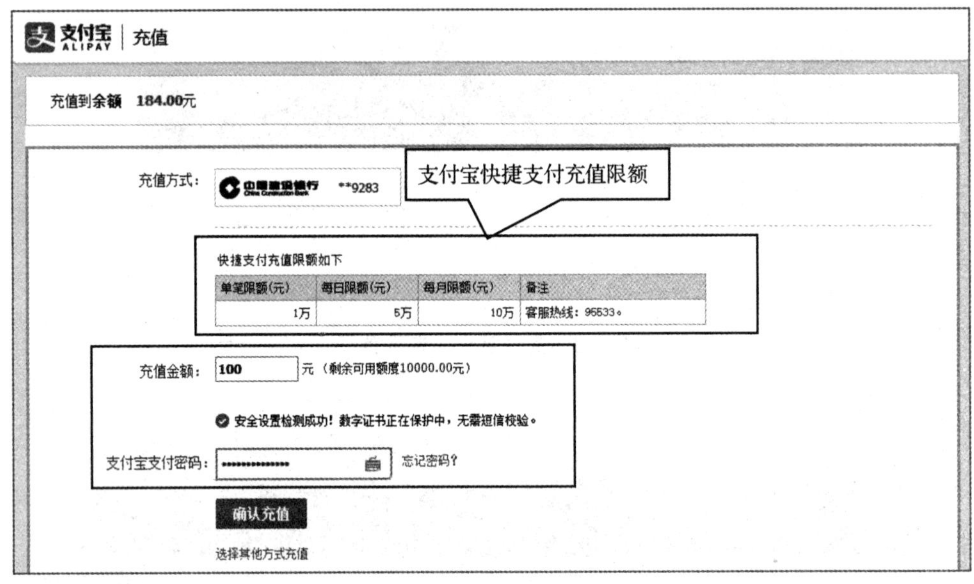

图 5－66 确认充值

3. 支付宝提现

当支付宝账户中金额积累到一定额度之后，需要提现到银行卡中。提现的步骤如下：

步骤 1：在支付宝个人专区页面，点击【提现】按钮。在支付宝“提现”页面，选择银行卡，然后输入提现金额。点击【下一步】按钮，如图 5－67 所示。

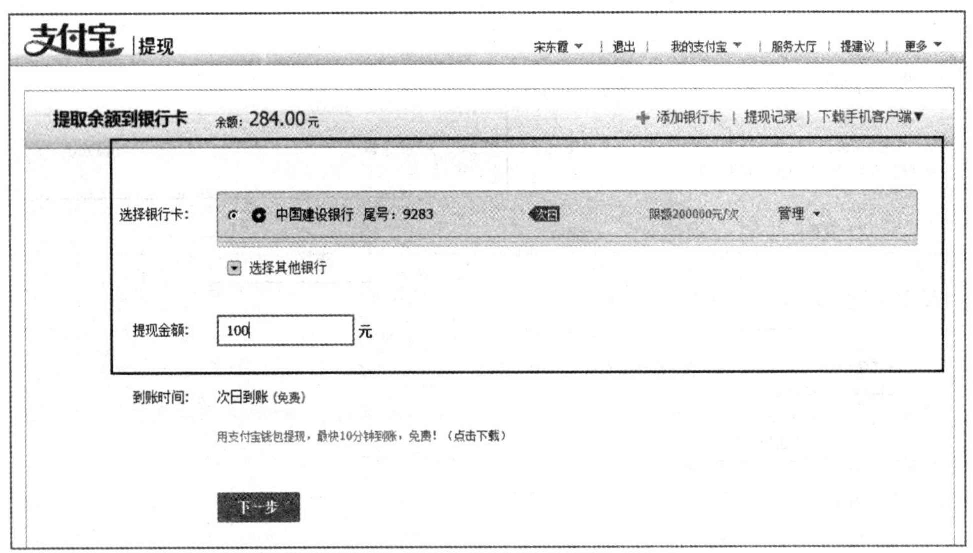

图 5－67 “提现”页面

步骤 2：在打开的页面中输入支付宝支付密码，点击【确认提现】按钮，如图 5－68 所示。

步骤 3：提现申请成功提交后，等待银行处理。

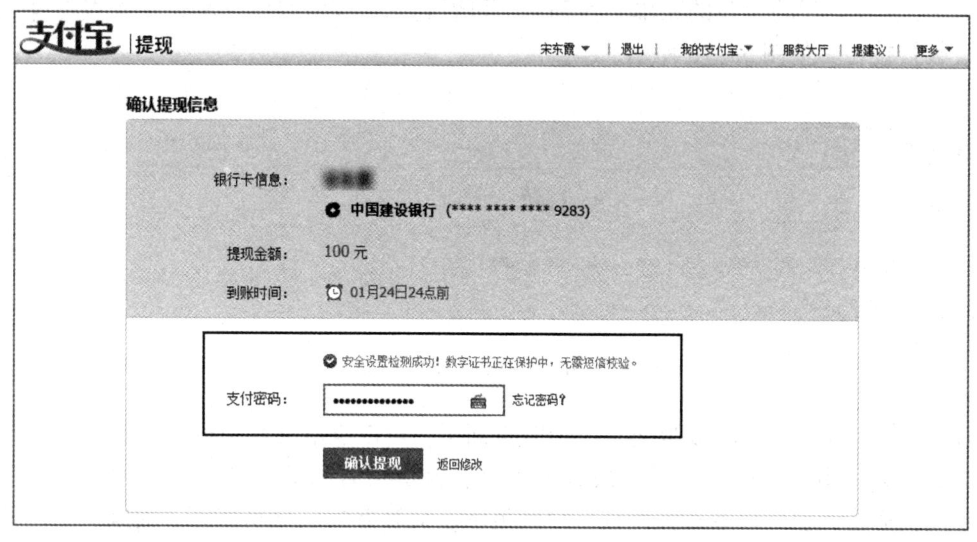

图 5－68　点击【确认提现】按钮

活动 2　查看账户信息

活动情境：

用户在淘宝上进行的交易，只要不是线下进行的，在支付宝里都能查看交易信息、月度以及年度对账单。徐小明及其团队将继续学习查看账户信息的方法。

任务实施：

1. 查看交易记录

步骤 1：在支付宝专区，卖家就可以看到最近的交易记录。点击右下角【查看所有交易记录】按钮，如图 5－69 所示。

交易记录　　电子对账单

最近交易记录 | 充值记录 | 提现记录 | 退款记录　　余额收支明细 | 余额宝明细 | 花呗额度明细

日期	名称	金额	状态	操作
2016.01.23	提现-普通提现	- 100.00	处理中	详情
2016.01.23	充值-普通充值	+ 100.00	交易成功	备注
2016.01.23	缩裤脚米奇法兰绒家居服 卡通冬季加厚家居服套装 微商代发家居服	+ 76.00	交易成功	详情
2016.01.22	卡帝乐鳄鱼保暖内衣男士套装秋冬季加绒加厚款V领青年商务棉毛衫	- 86.00	交易关闭	详情
	退款	+ 86.00		查看
2016.01.22	秋冬季韩版睡衣长袖保暖套头法兰菠萝绒睡衣少女卡通熊女士家居服	+ 69.00	等待对方确认收货	延长超时时间
2016.01.22	秋冬季韩版睡衣长袖保暖套头法兰菠萝绒睡衣少女卡通熊女士家居服	+ 69.00	交易关闭	详情
2016.01.22	2015韩版长袖家居服 可爱桃心猫女士家居服 时尚秋冬法兰绒家居服	+ 69.00	交易成功	详情

回收站　　查看所有交易记录

图 5－69　支付宝专区中的交易记录页面

步骤 2：在打开的“我的账单”页面中，可看到支付宝所有的交易记录。点击【切换到高级版】按钮，如图 5－70 所示。

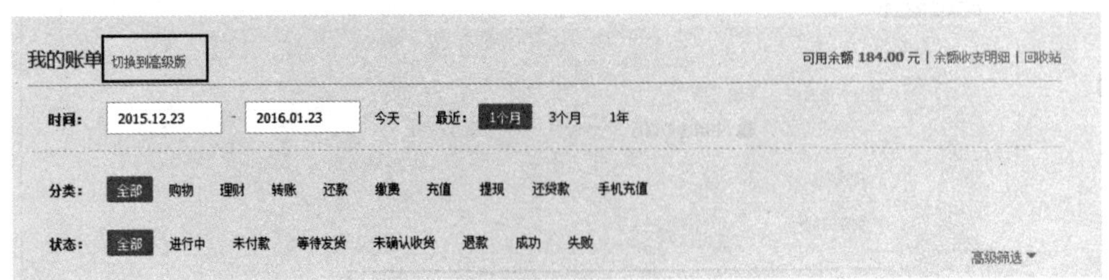

图 5－70 “我的账单”页面

步骤 3：在打开的“高级版交易记录”页面中，可以点击交易时间下拉框，以此来查看今天、最近一周、最近一个月、最近三个月、自定义时间的交易记录，如图 5－71 所示。在此页面中，也可以通过关键词、金额范围、交易方式、交易状态、时间类型、资金流向、交易分类这些高级搜索来查看相应的交易记录。点击【Excel 格式】按钮可以下载 Excel 格式的账单，点击【Txt 格式】按钮可以下载 Txt 格式的账单。

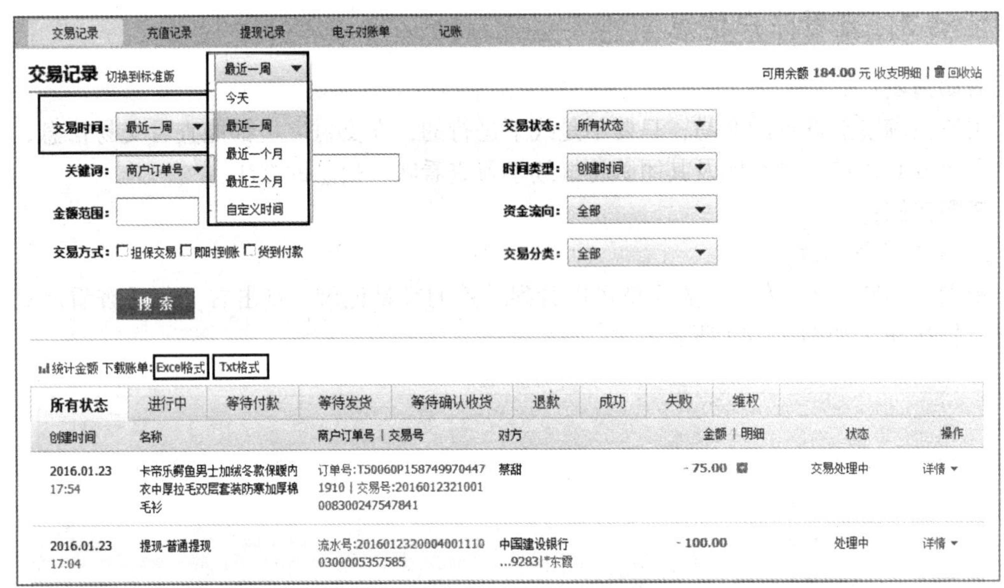

图 5－71 “高级版交易记录”页面

2. 查看电子对账单

步骤 1：进入支付宝“交易记录”页面，点击【电子对账单】选项卡，如图 5－72 所示。

步骤 2：在打开的“电子对账单”中卖家可以清楚地看到支出、余额宝收益、消费走势、消费分析、银行卡使用情况、支付宝资产等情况，如图 5－73 所示。

如果单纯使用支付宝不能满足店铺的财务管理需求，那么还可以借助一些专业的工具软件，如淘宝卖家服务市场里的财务管理软件、Excel 软件、专业的财务管理软件等，如图 5－74 所示。

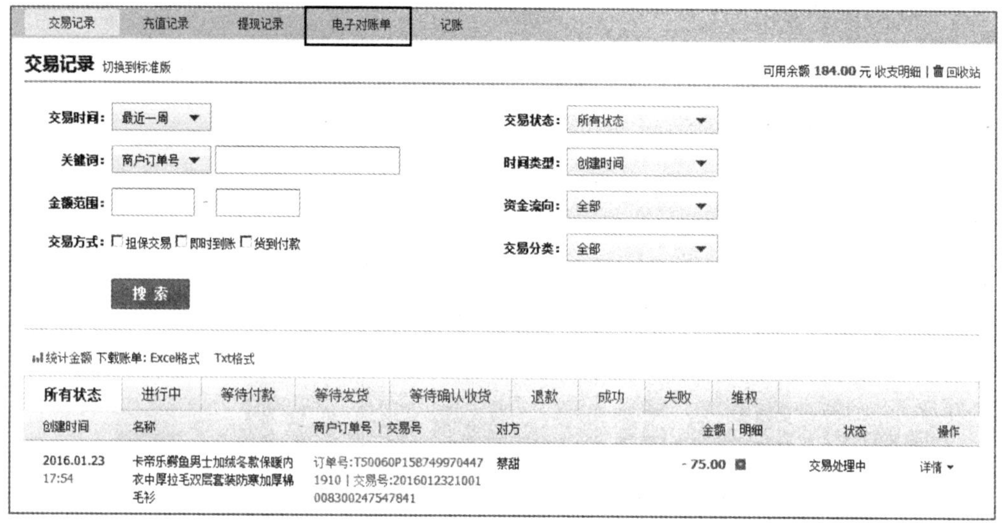

图 5－72　点击【电子对账单】选项卡

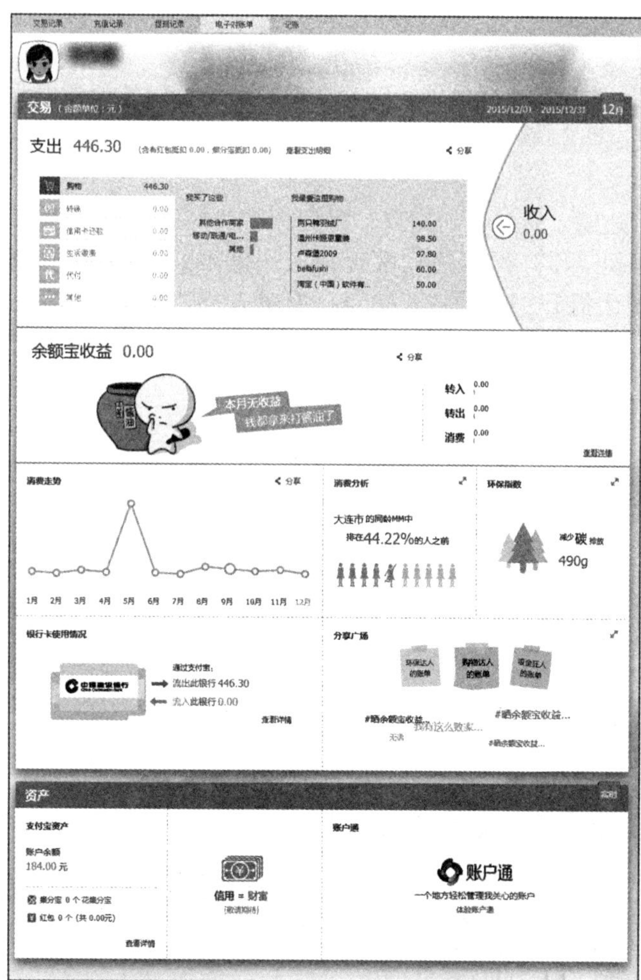

图 5－73　“电子对账单”页面

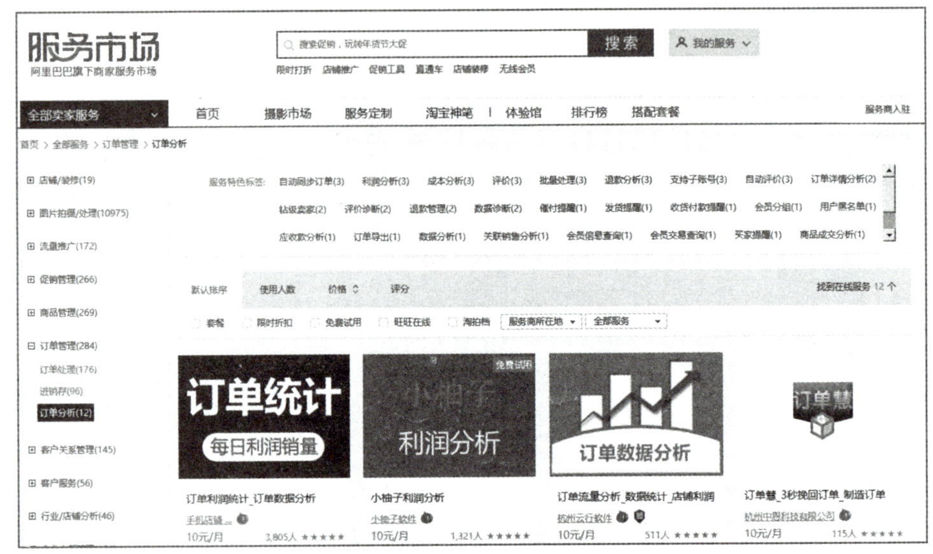

图 5－74　卖家服务市场的财务管理软件

活动评价：

通过学习，徐小明及其团队懂得了随着交易的增加，财务管理也要重视，利用支付宝或者其他财务管理工具皆可。

项目总结：

从商品上架到完成交易、收到货款、得到顾客的好评，这个过程中要做很多重复而单调的店铺日常管理工作。网店的日常管理工作做不好，就会导致顾客的好评无法及时反馈，销售量无法提升，店铺成长也就无从谈起了。

通过学习，总结整理实施过程中遇到的问题，讨论、整理出解决方案并填写下面的知识及技能总结表格（见表 5－1）。

表 5－1　知识及技能总结

班级：	姓名：	学号：	完成时间：
任务名称：		组长签字：	教师签字：
类别	索引	学生总结	教师点评
知识点	商品上下架、编辑和删除的方法		
	交易订单管理的方法		
	交易退款的方法		
	自主处理交易售后问题的方法		
	网店财务管理的方法		

续表

<table>
<tr><td colspan="4">班级：　　姓名：　　学号：　　完成时间：</td></tr>
<tr><td colspan="4">任务名称：　　组长签字：　　教师签字：</td></tr>
<tr><td>类别</td><td>索引</td><td>学生总结</td><td>教师点评</td></tr>
<tr><td>技能点</td><td>进行商品上下架管理、订单处理、售后处理、财务管理等日常运营管理工作</td><td></td><td></td></tr>
<tr><td rowspan="2">操作总结</td><td>操作流程</td><td></td><td></td></tr>
<tr><td>注意事项</td><td></td><td></td></tr>
<tr><td colspan="3">反思</td><td></td></tr>
</table>

网店经营的日常管理课外拓展

任务实训：

任务实施提示：

在流量资源非常珍贵的今天，平均每个成交流量的成本都要几十元。有不少店家一方面在投入大量的精力和财力引流，一方面却在不断流失现有客户，一段时间下来，业绩没有任何增长，甚至还有倒退的趋势。

其实，像这样的卖家有很多，他们的主要关注点都放在流量和营业额上面，忽视了日常管理的重要性。

任务部署：

阅读教材相关知识，按照任务单 5 的要求完成学习工作任务。

任务单 5　处理网店订单并解决一起售后申请

<table>
<tr><td>任务名称</td><td>处理网店订单并解决一起申请售后</td><td>任务编号</td><td>5</td></tr>
<tr><td>任务说明</td><td colspan="3">通过完成处理网店订单并解决一起申请售后，掌握网店订单处理、自主处理售后问题的方法</td></tr>
<tr><td rowspan="6">任务实施</td><td colspan="3">（1）以小组（2 人）为单位，一人扮演顾客，进入项目四实训部分所发布的商品页面，购买商品。另一人扮演卖家，对订单进行处理</td></tr>
<tr><td colspan="3"></td></tr>
<tr><td colspan="3">（2）买家角色在商品发货后提出售后申请，要求退款</td></tr>
<tr><td colspan="3"></td></tr>
<tr><td colspan="3">（3）买家角色和卖家角色进行简单协商，按照达成协商的结果处理售后申请（拒绝售后申请或完成退款）</td></tr>
<tr><td colspan="3"></td></tr>
<tr><td>教师评语</td><td colspan="3"></td></tr>
<tr><td colspan="2">实训成绩</td><td colspan="2">实训任务书成绩</td></tr>
</table>

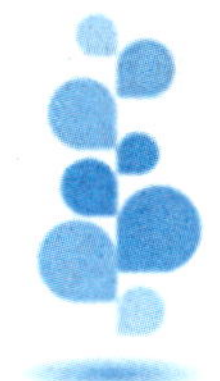

项目六

网店物流与配送

能力目标

能根据商品特征和物流成本等情况对商品包装进行综合选择；
能根据店铺特点选择一家合适的物流公司；
能对订单进行发货操作。

知识目标

了解货物打包的方法；
认识主要的物流公司；
掌握选择物流公司的技巧；
掌握淘宝后台的物流服务类型。

素质目标

培养团队协作精神；
培养良好的职业素养和勤奋工作的基本素质；
培养低碳环保意识；
学会换位思考，树立良好的服务意识。

思政目标

低碳生活，拒绝过度包装，提倡纸箱等包装的重复利用，在不影响用户前提下，对有意愿接受包装重复利用或简化包装的用户，店铺可给予一定的优惠。

培养学生低碳环保意识，学会换位思考，树立良好的服务意识，培养良好的职业素养和勤奋工作的基本素质。

项目综述

徐小明及其团队将所学到的知识应用到店铺运营之中，随着店铺开始运营，他们面临着网店物流运营的相关问题。于是团队成员决定学习网店物流相关知识，以解决商品包装和物流配送的问题。

物流是指物品从供应地向接收地的流动中，根据实际需要，将运输、储存、装卸搬运、包装、流通加工、配送、信息处理等功能有机结合起来实现用户要求的过程。通俗来讲，快递业务是物流服务的分支。商品售出后，客服人员就要联系发货，选择一家可靠的物流公司、设置好运费和运单模板、进行发货和退货管理，这都是极其重要的工作。

在经营店铺时，很好地进行物流与配送管理对于提高网店整体服务水平，为买家提供较好的购物体验起着至关重要的作用。做好网店仓储管理、规范商品打包处理、研究物流配送、提出行之有效的网店物流与配送策略，是网店成长发展的主要助力之一。希望通过本项目的学习，大家能够了解网店物流运营的相关知识。

任务一　选择合适的包装方式

情境设计：

徐小明及其团队成员在网络上开设了自己的店铺后，一直潜心学习运营知识。伴随着店铺订单量的增加，商品发货量也快速增长，如何对商品进行快速、安全、有效的包装，以增加对商品的保护、降低损坏率，是团队成员亟须学习的知识和技巧。本任务将带领大家一起学习商品包装的流程和方法。

任务分解：

选择合适的包装方式这一环节中，涉及两个活动任务，即选择打包材料和认识打包流程。

活动 1　选择打包材料

活动背景：

徐小明及其团队成员通过观察发现，日常生活中的网购商品在包装时大多数采用了胶带缠绕，同时快递盒上附带有标签和地址面贴，他们猜想商品包装应该都有一个基本的工作流程，而在包装过程中，包装材料是一个重要的组成部分。商品应该如何进行包装发货呢？他们首先通过检索了解常见的包装材料。

活动实施：

货物打包是网店物流管理当中的一个重要环节，将不同的货物分类打包，不仅显示了物流工作的合理性，在一定程度上还能增加物流的安全性。包装材料和重量不同，物流成本也会有所不同，通常在保障货物安全的情况下企业会采用最合适的包装以节省成本。打包常见的材料有纸箱、快递袋和木箱等（见图 6－1）。

图 6－1　常见的打包材料

通常情况下纸箱是最常见的包装，可根据货物本身选择不同大小的纸箱，堆放方便且节省空间，但纸箱最大的缺点是成本较高；快递袋是由快递公司提供的货物包装袋，适用于那些不怕挤压的商品，如衣服、毛绒玩具等；木箱和快递袋刚好相反，适于包装跑步机、洗衣机等体积大、容易损坏、对防震要求很高的商品。

包装某些易碎或贵重物品时，需要在产品周围加上填充物，防止在运输过程中产生严重震荡造成产品受损，填充物主要选择废旧报纸，也可以选择专门防震的材料，以体积小、重量轻为佳（见图6－2），在货物装箱时产品与纸箱之间要空出一定的距离，方便放置填充物。

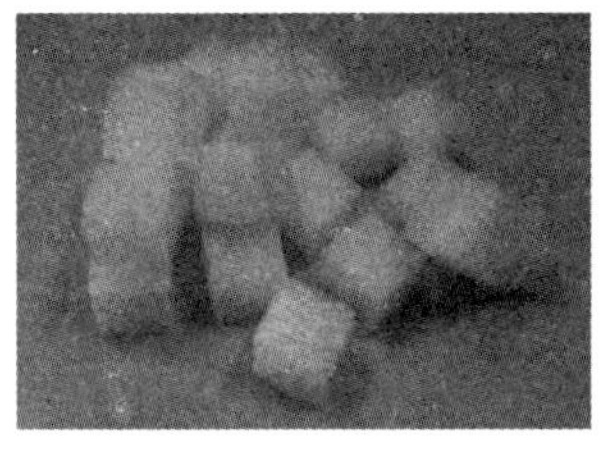

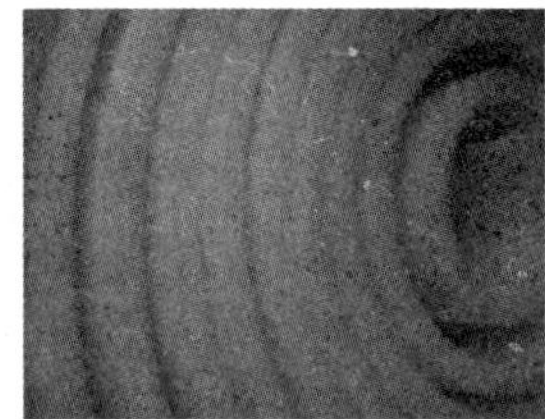

图6－2　防震填充物

活动2　认识打包流程

活动背景：

通过活动1的学习，徐小明及其团队成员已经了解了商品包装的材料，并且对商品包装的基本流程也有了更加深入的了解。为了更全面地了解商品包装技巧，他们接下来继续学习网店平台中的打包流程，以便在物流中更好地保护商品，提升商品的综合品质。

活动实施：

1. 产品确认

打包人员在打包前需检查打包台面是否整洁，除在打包过程中需要用到的工具外，不得置放其他物品。打包人员从储物框内取出商品与销售单据，先检查销售单据与商品是否一致，如果不一致则返回给销售部负责人，商品破损、条形码不清楚的必须退回质检部门处理，使用扫描器正常扫描销售单和商品标签，等到系统确认完成再进行打包。

2. 选择包装

打包人员要根据产品的大小、种类等特性选用合适的包装物进行初步放置。一些表面不规则的散装产品，买家可能会订购多个，此时可以使用较大的纸箱打包。大纸箱在封箱前打包人员要检查商品有无遗漏，订单有无放入包装物内。

3. 胶带缠绕货物

用塑料袋包装的商品，须用胶带在塑料袋外缠绕成“十”字形，防止商品掉出；对于拼袋（或拼箱）的商品，除用胶带缠绕成“十”字形外，还要用胶带弥合接口；液体类商品如蜂蜜等须加贴“易泄易漏”和“此面向上”标志；易碎品须加贴“易碎”标志。纸箱包装的物品，箱体上下对缝必须弥合，胶带缠绕不少于2周，左右侧缝用胶带缠绕弥合。

包装完成后加贴标签及打印机打印的地址面贴，地址面贴应在商品的外包装上保持平整，以便于在下个流程进行扫描。最后将包装完好的商品放置于绿色流水线上，打包完成。

活动评价：

在网店运营中，因包装不当导致运输过程中商品受损的情况时有发生，因此卖家应当注重物流运营中的商品包装。通过学习，徐小明及其团队学会了根据商品特征和物流运营成本等情况对商品包装进行综合选择，以求商品能够在运输过程中实现最低损失。

任务二　确定网店物流配送方式

情境设计：

互联网的交易过程除了信息流、资金流之外，物流也非常重要，对于网店销售的实体商品而言，物流配送是极其重要的一环，店家需要通过物流这一环节将商品最终送到客户手中，因此卖家需要选择合适的发货方式和物流公司。徐小明及其团队为了更好地做好物流运营工作，接下来便开始学习网店物流配送的相关知识。

任务分解：

网店物流配送这一环节中，涉及两个活动任务，即比较主要发货方式和选择物流公司。

活动1　比较主要发货方式

活动背景：

包装好商品之后，就可以发货了。发货的方式有好几种，各有特点。对于卖家来说，要了解它们的优缺点，才能在实际使用中扬长避短。国内物流大体可分为邮政、快递公司、物流托运三种。徐小明及其团队首先要对这三种不同的发货方式进行比较。

活动实施：

1. 四通八达的邮政运输

几乎每个卖家都有使用邮局发货的经历，有的卖家认为邮局平邮价格一点儿也不便宜，有的卖家就认为邮局平邮非常便宜，而且商品的安全指数也高。事实上，在邮局发货有很多小窍门，如果店主掌握了，那么就可以省下不少钱，如果没有学会，那可能比快递还贵。下面介绍几种常见的邮政业务。

（1）平邮。

平邮是比较常见的一种邮寄方式。平邮的速度很慢，但价格非常便宜，所以一般不急需、追求经济实惠的买家都会选择它。

平邮不上门取件，需要卖家去邮局发，发的时候要向邮局买张绿色的平邮单，填写好以后贴在包裹上即可。邮局的包装材料比较好，但是价格比较贵，如果卖出的商品可以赚很多钱，当然无所谓，否则也可以自备包装。平邮首重是500克，超过就续费。

邮资包括以下几项：

①挂号费：3元，全国统一，一定收取。

②保价费：可以选择不保价，不保价的包裹不收取保价费。

③回执费：可以不要回执服务，不用回执的包裹不收取回执费。

④资费：视距离远近每千克资费不同。商品包装的纸箱、布袋、胶带等，邮局的纸箱、布袋等是要收费的。也可以自己找纸箱、缝制布袋进行包装，但是必须符合规定。

每个包裹都有单号，可根据单号查询投递状况。如果邮寄时进行保价，在包裹丢失后可以按报价金额进行赔偿；如果邮寄时没有进行保价，在包裹丢失后赔偿费最高不超过邮费的两倍。

（2）快递包裹。

快递包裹是中国邮政为适应社会经济发展，满足用户需求，于 2001 年 8 月 1 日在全国范围内开办的一项业务，它以快于普通包裹的速度、低于特快专递包裹的资费，为物品运输提供了一种全新的选择。但用户在使用后，普遍反映最好少用快递包裹，速度并不比平邮快，价格很可能比快递贵。

（3）EMS。

EMS 就是邮政特快专递服务，是中国邮政的一个服务产品，主要采取空运方式，加快运输速度。一般来说，根据地区远近，在 1～4 天到达，安全可靠，送货上门，寄达时间比前两种方式都要快，运费也是这三种方式里最高的，比较适合买家对收到商品有较高的时间要求的派送或是国际商务的派送。

EMS 业务在海关、航空等部门均享有优先处理权，它以高速度、高质量为用户传递国际国内紧急信函、文件资料、金融票据、商品货样等各类文件资料和物品。

EMS 适应范围为中国大陆地区，按中国邮政 EMS 快递标准执行，即包裹重量在 500 克以内收 12 元或 20 元，超过部分每递增 500 克按所在地区的不同收费标准而有所不同。

优点：时间快，可以上网查询，送货上门，安全有保障。

缺点：收费贵，部分地区邮局人员派送物件前不先打电话联系收件人，有可能导致收件人不在指定地点而耽误时间。

（4）E 邮宝。

E 邮宝是中国速递服务公司与支付宝最新打造的一款国内经济型速递业务，专为中国个人电子商务所设计，采用全程陆运模式，其价格较普通 EMS 有大幅度下降，大致为 EMS 的一半，但其享有的中转环境和服务与 EMS 几乎完全相同，而且一些空运中的禁运品可能被 E 邮宝接受。E 邮宝的发货地目前为九个省市，送达区域覆盖全国。双方合作之后，目前在阿里巴巴和淘宝以及外部的千余家网店用户可选用 EMS 标准服务（简称 E－EMS）和 E 邮宝作为物流形式。2009 年已经采用全程空运模式，但液体、膏状物体采用陆运模式。

优点：便宜，到达国内大部分地区，运输时间快，只比 EMS 慢 1 天左右，可以邮寄航空禁寄品，派送上门，网上下订单，由邮局工作人员上门取件。

缺点：部分地区还没有开通此项目。

如果邮寄地点是别的快递公司不能到达的地区，强烈推荐使用 E 邮宝。

2. 方便经济的快递公司

在网上开店的卖家，一般都会与快递公司打交道，而且有很大一部分店家都用这种运输方式。市场上主要的快递公司有顺丰速运、宅急送、圆通速递、申通快递、中通快递、韵达速递等。

其中，顺丰速运是龙头企业，服务多，质量上乘，速度快，送达区域广，不过价格也比较贵。比如顺丰的跨省快递价格一般在 20 元左右，而其他公司的快递费用一般在 10～12 元。当然，顺丰的服务也是有口皆碑的，比如顺丰提出的当日到、次日到等服务，别的快递公司就很难做到。

其他几家快递公司，总体来说区别不大，在价格、速度、服务和送达区域上，没有本质的区别。不过，即使是同一家快递公司，在不同地区的表现也是不一样的，这和具体的业务人员的素质有关，因此可能存在甲地 A 公司好、B 公司差，而在乙地 B 公司好、A 公司差的情况。

3. 便宜但不方便的托运公司

如果店主要发送的商品数量比较多、重量比较大，平邮或特快专递会非常贵，这时不妨考虑使用客车运输。买家如果离卖家不远，可以使用短途客车托运货物。但是，这种客车一般会要求寄送方先付运费。店主一定要及时通知收货方收货，并且在货物上写好电话和姓名。大件物品可使用铁路托运。

（1）汽车托运。

运费可以到付，也可以现付。货物到了之后可能会再向收货方收 1 ~ 2 元的卸货费。一般的汽车托运不需要保价，当然，有条件的话最好是保价，一般是千分之四的保价费。收货人的电话最好能写两个：一个手机，一个固定电话，确保能接到电话通知。

（2）铁路托运。

铁路托运一般价格比较便宜，速度相对快递来说要慢一些，只要通火车的地方都可以送达。托运费用可在火车站托运部门的价格表上查到。包装好之后，一般不会打开检查，但会提醒用户，不允许寄送液体类的物品，万一被发现会被拒送。运费需要现付，对于卖家来说不太方便，因为无法事先和买家确定运费的金额。

（3）物流公司。

物流公司如佳吉、华宇等，其发货方式和其他托运站不太一样，托运站一般是点对点的，但物流公司不同，一般只转运到一个城市中的几个固定地点，客户需要自提，如果要求送货上门，则要收取不菲的上门费。物流速度很慢，中转次数很多，因此货物必须包装得很牢固，常用的方式是打木箱。

4. 三种国内送货方式的选择

淘宝卖家该如何选择适合自己的送货方式呢？一般来说有以下几个方面需要考虑。

（1）包裹大小。对于普通卖家而言，包裹一般都不大，也不太重，因此快递是最好的选择，价格适中，速度也快；对于大型货物，如钢琴、电瓶车等，则要考虑使用物流，运费较便宜；对于较重但体积不是很大的包裹，则应考虑汽车托运或铁路托运。

（2）送达时限。对于某些对送达时间有严格要求的货物，如海鲜等，则应使用顺丰等快递的“当日件”服务，能在 24 小时内到达，但收费相对略贵。

（3）送达地区。快递并非覆盖全国，有的偏远地区快递到达不了。卖家在检查收货目的地时，如果看到不熟悉的地名，或者经济不发达的地区时，有必要事先查询快递是否能够送达该地。如不能送达，则应选择 EMS 或平邮。

淘宝网购绝大部分商品邮寄方式是快递，EMS 和平邮占一小部分，物流最少。

活动评价：

在网店运营中，因包装不当导致运输过程中商品受损的情况时有发生，因此卖家应当特别注意物流运营中的商品包装。通过学习，徐小明及其团队学会了根据商品特征和物流成本等情况对商品包装进行综合选择，以求商品在运输过程中实现最低损失。

活动 2　选择物流公司

活动背景：

当前网店平台与 EMS、顺丰、圆通、中通、申通、韵达、德邦等公司都有合作，不同的物流公司在服务质量、物流成本、物流失效等方面都各具特点。为了提高店铺的发货效率和物流质量，徐小明及其团队认为他们必须选择一家适合他们的物流公司进行长期合作。首先，他们要了解物流公司的类型、特点和价格，才能最终做出选择。

活动实施：

1. 如何选择好的快递公司

选择好的快递公司才能保证自己日常的经营活动更顺畅，因此如果只顾费用低而选择一些不负责的小公司的话，那么卖家的商品在运输途中出问题的可能性就会很大，最终造成买家不满意而流失，因此，选择一两家好的快递公司非常重要。选择的原则大致包括以下几方面。

（1）看评价。

选择快递公司的时候，可以在网上先看看网友的评价，网上有各种各样的针对快递服务的调查，如阿里巴巴物流论坛就提供了一个国内快递公司评价板块，用户可以在这里查看各地快递公司的用户反映的情况。

（2）看规模。

在查看快递公司信誉的时候，应该至少选择两家快递物流公司来进行比较，看其在全国的网店规模覆盖率如何，因为这直接影响到我们的营业范围。而如果是同城，则建议找一些本地的快递公司，优点就是同城速度极快，而且价格有很大的下降空间。

（3）看特点。

依照快递公司的特点来选择快递，陆路申通快递走江浙沪效率很高，如果商品都是发到那个范围就可以考虑。DHL 则有“限时特派”这样的紧急快递业务；中国邮政 EMS 则具有最大的地域派送优势。

2. 如何节省商品物流费用

如何最大限度地节省快递费用，是每一个网店卖家都要考虑的问题。网店利润的增长和物流费用的降低是息息相关的，可以从以下几个方面来考虑开源节流。

（1）多联系几家快递公司。

不同的快递公司资费各不相同，一般来说，收费越高的快递公司，货物运输速度也就越快。很多卖家在选择快递公司发货时，往往选择一个快递公司，这样不但无法了解其他快递公司的价格，无法进行参照对比，而且由于所选快递不存在竞争，在运费上也不会让步太多。

（2）不要贪图便宜。

有些小的快递公司确实便宜，但这样的公司肯定是联盟性质的小公司，寄送时间慢，包裹丢失、晚到的情况时有发生，有时还查询不到快递信息。所以，还是在各大快递公司中选择价格方面最有优势的一家比较好。

（3）大宗物品采用火车托运。

火车托运价格很低，而且速度也较快。全国范围内根据到站不同价格不同，从 1.0～3.0 元/千克都有，最低收费 1 元，可以去火车站买一份火车托运价格表来具体查看。

3. 如何与快递公司签订优惠合同

与快递公司签订优惠合同，能够省下不少邮费。快递公司对于大客户的折扣还是比较大的，当有网店卖家要求签订优惠合同时，一般都会答应。

快递公司的优惠合同一般都是月结协议，也就是一个月结算一次，量大从优。优惠合同既可以同快递公司正式签订，也可以和负责自己片区的快递员协商。快递员主要靠接快递业务赚钱，因此希望能有发送大量快递的长期客户，卖家不必担心快递员不遵守协议。

活动评价：

激烈的快递领域的竞争，促进了快递公司服务的不断改进。在开店初期，选择物流公司要慎重，选择一家适合店铺特点的快递公司非常重要，既要保证快递的安全高效，又要满足网店的财务成本需求。通过本次活动的学习和实践，徐小明及其团队对选择一家合适的快递公司已经有了较为深入的认识。

活动 3　进行订单发货

活动背景：

目前，淘宝是主流的电商平台，开网店的卖家必须了解淘宝平台提供的物流服务，掌握如何在后台对订单进行发货。淘宝后台提供了四种物流服务，分别是在线下单、自己联系物流、官方寄件以及无需物流。接下来，徐小明及其团队要在网店后台进行订单发货。

活动实施：

1. 淘宝的物流服务类型

淘宝后台的物流服务有四种类型：

（1）在线下单。

在线下单指的是卖家使用与淘宝合作的快递公司进行发货。如果卖家选择在线下单的发货模式，淘宝会负责联系相应的快递公司上门取件寄件。目前与淘宝合作的快递公司有圆通速递、中通快递、韵达速递、天天快递等。

（2）自己联系物流。

除了淘宝平台提供的快递公司外，卖家还可以选择自主联系物流公司进行发货。

（3）官方寄件。

官方寄件是淘宝平台官方推荐的寄件方式，是阿里巴巴旗下菜鸟裹裹商家推出的一种发货方式，卖家在当日 17 点前下单当日揽收，17 点后下单次日揽收，由快递员上门取件。值得注意的是，若买家的售货地址暂未开通裹裹寄件服务，则卖家无法使用官方寄件进行发货。

（4）无须物流。

如果卖家在网上出售的是虚拟商品，不需要物流发货，则可以在后台选择无须物流，直接点击确认即可以完成发货。

2. 淘宝订单发货

用户在完成购买后，卖家需要处理订单，这时要登录淘宝账户，进入“卖家中心”页面，依次点击“交易管理”—“已卖出的宝贝”，在出现的页面中可以浏览 3 个月内的所有交易记录，选择“等待发货”，所显示的定位为“待发货订单”。

一般来说，如果卖家没有承诺什么时候发货，默认在用户付款后的 72 小时内必须发货，否则用户可申请退款，还可投诉卖家违背发货时间承诺。淘宝网卖家中心的运费模板中可以设置发货时间承诺，一般最短为 4 小时内发货。

在交易过程中，用户可能会提出送赠品或指定某个快递（物流）公司等要求，这时，客服需要将用户的要求标记到订单上，避免出错。

活动评价：

网店后台订单发货是物流运营中的一个重要环节，卖家需要掌握如何对订单进行发货操作，及时进行发货。通过学习和实操，徐小明及其团队掌握了在网店后台进行订单发货的方法。

项目总结：

在经营网上店铺时，很好地进行网店物流与配送管理对提高网店的整体服务水平有很大帮助：较好地完成商品打包，能够保证商品在运输途中不致损坏，带给买家良好的客户体验；选择一家实力雄厚、适合自己店情的物流公司决定了货物能否及时到达买家手中。

通过学习，总结整理实施过程中遇到的问题，讨论、整理出解决方案并填写下面的知识及技能总结表格（见表6－1）。

表6－1　知识及技能总结

班级：	姓名：	学号：	完成时间：
任务名称：		组长签字：	教师签字：
类别	索引	学生总结	教师点评
知识点	货物打包的方法		
	主要的物流公司比较		
	选择物流公司的技巧		
	淘宝后台的物流服务类型		
技能点	根据商品特征和物流成本等情况对商品包装进行综合选择		
	根据店铺特点选择一家合适的物流公司		
	对订单进行发货操作		
操作总结	操作流程		
	注意事项		
反思			

网店物流与配送课外拓展

任务实训：

任务实施提示：

快递物流公司繁多，互联网浩瀚芜杂，这使我们很难找到所需的信息，快递查询服务可以帮助网友便捷地查询到所需的快递单号信息。快递100是金蝶友商网旗下的网站，提供一站式的快递查询服务，涵盖常用的快递公司，查询无须验证码，支持手机查件，并为B2C等网络应用提供免费的快递查询接口（API）。

任务部署：

阅读教材相关内容，按照任务单6的要求完成学习工作任务。

任务单6 通过纸箱简单包装商品并选择物流公司

<table>
<tr><td>任务名称</td><td>通过纸箱简单包装商品并选择物流公司</td><td>任务编号</td><td>6</td></tr>
<tr><td>任务说明</td><td colspan="3">通过完成纸箱简单包装商品并选择物流公司，掌握货物打包的方法，并根据自身情况选择物流公司</td></tr>
<tr><td rowspan="6">任务实施</td><td colspan="3">（1）以小组（2人）为单位，了解实训老师提供的几种商品的属性、特点、价格、运输要求、使用方法等，然后对其进行编号和登记</td></tr>
<tr><td colspan="3"></td></tr>
<tr><td colspan="3">（2）选择合适的打包材料，将任意选中的商品进行打包处理</td></tr>
<tr><td colspan="3"></td></tr>
<tr><td colspan="3">（3）登录快递100网站，搜集各大物流公司的信息。假设买家地址为上海，结合所在地区情况，了解不同物流公司的报价，选择一个适合自己的物流公司</td></tr>
<tr><td colspan="3"></td></tr>
<tr><td>教师评语</td><td colspan="3"></td></tr>
<tr><td colspan="2">实训成绩</td><td colspan="2">实训任务书成绩</td></tr>
</table>

项目七 网店流量与推广

能力目标

能对访客数据进行简要分析；

能提高商品的搜索排名；

能根据实际情况开展1~2个付费推广活动，并将推广前后店铺的各项推广指标进行对比，进行简单的推广效果分析；

能使用淘宝促销工具。

知识目标

了解生意参谋的数据查看；

了解访客数、浏览量、跳失率等淘宝数据；

掌握提高商品搜索排名的方法；

掌握淘宝直通车的设置方法；

掌握超级钻展的创意制作技巧；

了解淘宝常用的商品促销工具；

掌握淘宝促销工具的使用方法。

素质目标

培养团队协作精神；

培养创新思维和灵活运用知识的能力；

培养良好的职业素养和勤奋工作的基本素质；

培养实事求是、脚踏实地的精神；

增强拥抱变化的勇气。

思政目标

店铺经营的数据反映出经营成效的好坏，但是数据分析只是帮助提升经营成果的手段，想要数据持续表现良好，就要诚信经营、货真价实，一切以服务好顾客为出发点，才是长久经营之道。

店铺营销工具是常见的日常促销吸引流量的手段，但是要注意在使用过程中不要为了一味追求低价策略扰乱市场价格，引发不正当竞争。

培养学生创新思维和灵活运用知识的能力，培养实事求是、脚踏实地的精神，增强拥抱变化的勇气。

项目综述

网店的运营决定了网店的生存和发展，接下来，徐小明及其团队将重点学习网店流量与推广以增加店铺浏览量和成交量，提高转化率，这是店铺运营成功的关键所在。若要提高店铺的销量，则需要开展店铺促销和推广活动。本项目将分别学习如何分析网店流量和利用网店打折、满减、优惠券设置等促销手段，重点学习直通车、淘宝客以及钻石展位的推广方法，以提高店铺的运营实效。

如果网店装修得非常漂亮、商品展示非常独特、客服人员专业又亲切，但是没有将网店推广开来、提高网店的知名度，那么，这个网上商店只能说是做给自己看的，它存在的意义就大为逊色了。希望通过本项目的学习，大家能够了解网店推广与营销的相关知识。

任务一　解析网店流量数据

情境设计：

流量是店铺运营的重要参考数据，正常经营的店铺每天会产生大量的和流量相关的数据，如 PV、UV、成交转化率、加购率、页面停留时长、关键词点击率、引导加购数、引导收藏数、下单转化率等，如何恰当巧妙地解析数据，以及利用店铺、竞争对手和平台行业数据，让这些流量数据更好地为店铺运营服务，是徐小明及其团队接下来重点学习的内容。

任务分解：

解析网店流量数据这一环节中，涉及两个活动任务，即总览店铺流量数据和分析店铺流量。

活动 1　总览店铺流量数据

活动背景：

网店流量是体现店铺运营效果的重要数据，学会看懂流量数据是店铺运营的关键一环。网店在经营一段时间后，会积累大量的数据，如何对众多数据进行分类、整理、挖掘，并根据这些数据来优化店铺运营，是徐小明及其团队成员亟须掌握的能力。

活动实施：

生意参谋诞生于 2011 年，最早是应用在阿里巴巴 B2B 市场的数据工具。2013 年 10 月，生意参谋正式走进淘系。2014—2015 年，在原有规划基础上，生意参谋分别整合量子恒道、数据魔方，最终升级成为阿里巴巴商家端的数据产品平台。商家可以利用生意参谋进行店铺流量分析，进行热搜词查询，进行订单管理。生意参谋目前已经成为淘系商家店铺运营必备的一个分析工具。生意参谋的主要作用为两个：第一是分析店铺经营数据，如浏览量、访客数、支付金融、支付转化率等；第二是分析市场行情，包括同行同层的平均值、优秀值及行业排名。

使用生意参谋分析店铺运营数据，需要先对一些用来描述店铺相关运营情况的词语进行了解与学习。

1. 浏览量（PV，Page View）

浏览量，即浏览的数量，是指店铺或商品详情页被访问的次数。一个人在统计时间内访问多次记为多次。所有终端的浏览量等于 PC 端浏览量和无线端浏览量之和。用户每次打开或刷新一个页面，该页面的浏览量就会增加 1，记为 1 个 PV。

2. 访客数（UV，Unique Visitor）

访客数是指统计周期内访问某店铺页面或宝贝详情页的去重人数，单人在统计时间范围内访问多次只记为一个。统计时间一般从 0 点开始截至当前时间观看店铺自播直播间、观看自制全屏页短视频 3 秒及以上、浏览店铺自制图文 3 秒及以上、浏览商品微详情 3 秒及以上、访问宝贝详情页及店铺其他页面的去重人数。实时计算过程中，在店铺流量高峰时，可能会出现交易数据处理快于浏览数据的情况，导致访客数小于支付买家数。

所有终端访客数为 PC 端访客数和无线端访客数相加去重。如一台电脑客户端为一个访客，如使用一台电脑登录某网站，那么 UV 就是 1，在一天之内，使用这台电脑多次进入某网站，UV 仍然是 1，所以一般同一访客多次访问，UV 值保持不变，通常情况下浏览量 > 访客量。

3. 跳失率

跳失率是指在统计时间内，访客中没有发生点击行为的人数/访客数，即 1 - 点击人数/访客数。买家在某店铺里逛了一大圈，最后什么也没买就走了，出现这种情况就说明店铺的跳失率偏高。如果可以减少跳失率，让每一个进店铺的买家对店铺里的宝贝都了解了，并且都下单成功，那么就说明店铺里的宝贝是很有吸引力的，这样一来产品的销量也会提高，所以跳失率越低表示流量的质量越好。多天的跳失率为各天跳失率的日均值。

4. 平均停留时长（秒）

当天访问某店铺的所有访客总的停留时长/访客数，单位为秒，多天的人均停留时长为各天人均停留时长的日均值。停留的时间越长，用户购买的可能性越大。因为买家愿意在店铺页面浏览那么久，说明对店铺或所售宝贝是感兴趣的，这涉及详情页、文案、评价、买家秀等这些内容营销，是淘宝大数据运营的一个重要点。

5. 下单转化率

下单转化率是指在统计时间内，下单买家数/访客数，即来访客户转化为下单买家的比例。这个比率越大，说明网店的生意越红火，所赚的利润也更可观。

6. 客单价

客单价是指在统计时间内，支付金额/支付买家数，即平均每个支付买家的支付金额。客单价与笔单价是不同的。例如，统计时间内有 10 个买家，在某淘宝店铺里购买了一共 1 000 元的商品。其中，有 9 人只拍了 1 笔付款。1 人分别拍了 3 笔订单，付了 3 次款。客单价，即每一个客人平均消费的额度，客单价 = 总额度/客人数量，此例是 1 000 元/10 人 = 100 元。笔单价即每一笔单子的评价额度，总额度/订单笔数 = 笔单价，这里就是 1 000 元/12 笔（9 笔 +3 笔）=83.33 元/笔。

7. 支付老、新买家数

支付老买家数是指在统计时间的最小统计日期前 360 天内有过支付行为的买家，在统计时间内没有过购买行为的买家数。支付新买家数是指在统计时间的最小统计日期前 360 天内无支付行为的买家，在统计时间内有过至少一次购买行为的买家数。

8. 支付子订单数

统计时间内的支付子订单数也被称为支付笔数，比如某个买家在某个店铺购买了多个宝贝一起下单支付，订单后台会展现每个产品每个 SKU 粒度下的记录，这个就是子订单。

9. 商品收藏买家数

商品收藏买家数是指在统计日期内，新增点击收藏商品的去重人数（不考虑取消收藏的情况）。

10. 支付金额

支付金额是指在统计日期内，通过某渠道进入店铺且店内商品被买家拍下并付款的累计金额。

对于有多个来源渠道的访客，支付总金额会体现在多个来源中。支付金额可用于评估来源渠道引入的访客质量。支付金额算法为：买家拍下后通过支付宝支付的金额，未剔除售中售后退款金额，预售阶段付款在付清尾款当天才计入内，货到付款订单确认收货时计入内。所有终端的支付金额为 PC 端支付金额和无线端支付金额之和。特别说明的是，电脑上拍下的，就将后续的支付金额计入 PC 端；手机或 Pad 拍下的，就将后续的支付金额计入无线端。

活动 2　分析店铺流量

活动背景：

徐小明及其团队已经学习了店铺流量相关的几个重要 KPI 指标，对店铺的运营基本情况有了一定的了解，如果要持续对店铺进行优化和调整，还需要了解网店的流量规模、质量、结构等信息，通过了解流量变化的趋势，对数据进行分析，及时给出合适的优化策略，促进商品成交。本次活动徐小明及其团队成员即将开展针对流量来源和流量动态分析的相关工作。

活动实施：

1. 店铺经营情况

生意参谋其实就是为了让商家在了解自己店铺的日常经营数据之外，还能洞悉市场同行的经营数据。店铺经营情况数据包括浏览量、访客数、支付子订单数、支付金额、支付转化率、客单价、退款金额、较上周同期变化率、较前一日变化率、无线转化、无线占比、服务态度评分等。每天或者每个月都可以查看数据的走向趋势，及时发现问题、优化问题，尽可能发挥生意参谋的作用。截止到 2022 年 7 月 1 日，生意参考免费使用的模块有流量纵横（标准版）、品类罗盘（标准版）、数据作战室（活动分析版）、服务洞察（标准版）、物流洞察（标准版）。

（1）店铺首页概况。

步骤 1：如图 7 –1 所示，我们可以看到生意参谋的首页是店铺的基本概况。可以查看店铺支付金融的排行情况，一天、七天、三十天的生意增长、客户规模、转化、单客价值等的情况。

步骤 2：首页板块主要是查看店铺昨天和今天的各个数据（访客和浏览量），右上角有一个昨日商品的访客排行榜，包括层级（见图 7 –2），将鼠标放入自己所属的层级，C 店可以显示店铺距离下一层级还有多少差距，如果店铺离下一层级比较近，可以稍微花点功夫去突破一下层级，层级上升后，浏览会有一定的提升，但是不建议刻意去专门盯着层级操作。

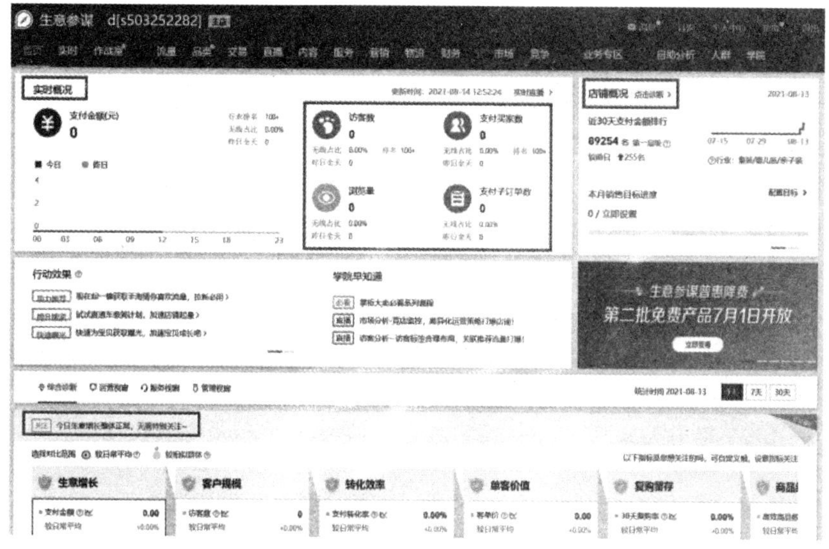

图 7－1　生意参谋首页

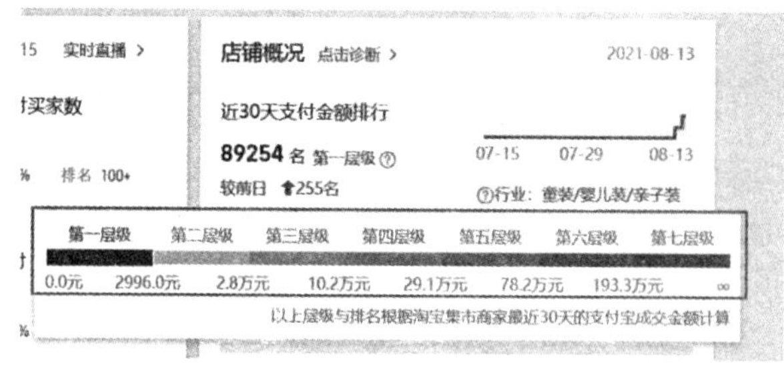

图 7－2　生意参谋查看店铺层次

一般情况下访客数和浏览量在 1∶3 以上（即浏览深度），如果达不到这个标准，那么就要去优化产品和页面布局。

步骤 3：生意参谋还有一个流量板块，卖家可以点击进去了解流量的概况，如访客的地域分布、特征分布（如性别比例、消费层级比重等）、行为分布（来源关键词、浏览量分布），如图 7－3 所示。

图 7－3　生意参谋流量板块

（2）店铺实时概况。

如图 7 – 4 所示，我们能清晰地知道店铺今天的数据和昨天的对比，根据数据的变化可以快速找到店铺出现的问题，如访客下滑、浏览量下滑等，清晰明了地判断店铺目前情况是好还是坏。支付金额 = 访客 × 转换率 × 客单价。访客和转换率，还有客单价，任何一个有变动都会影响店铺的支付金额，生意参谋会分别提示各个参数的变动情况，卖家只需要点入详情就可以查看明细。今日和昨日支付金额的对比，相差 30% 以上就要引起重视（高客单价店铺除外）。

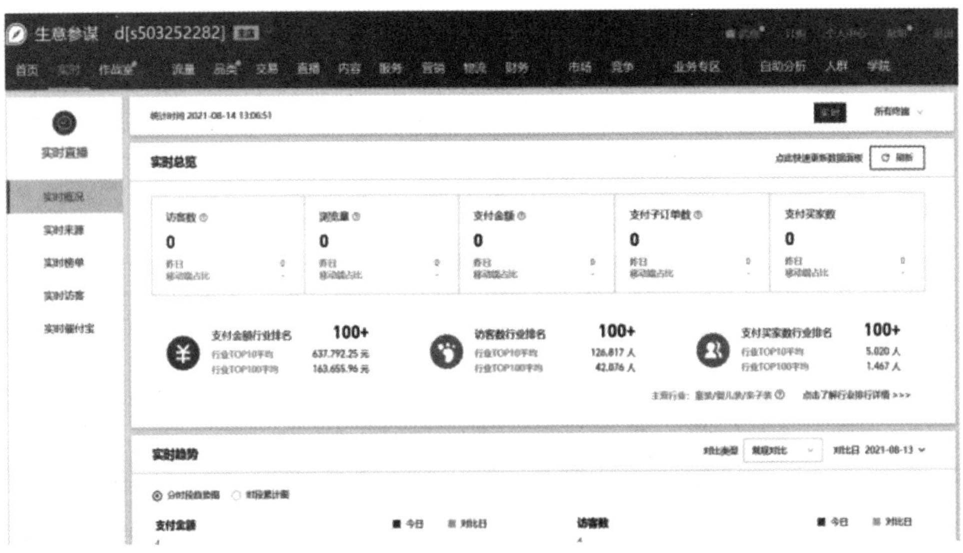

图 7 – 4　生意参谋实时数据总览

（3）运营视窗。

步骤 1：从运营视窗中，卖家可以直接看出店铺与同层同行的对比情况，立即就知道店铺的各个指标表现如何。盈利情况（时间按月） = 支付金额 – 退款金额 – 直通车 – 淘宝客 – 钻展 – 超级推荐 – 店铺运营成本。注：店铺运营成本 = 货物成本 + 物流费用 + 人工成本 + 场地费用。运营视窗同行对比情况如图 7 – 5 所示。

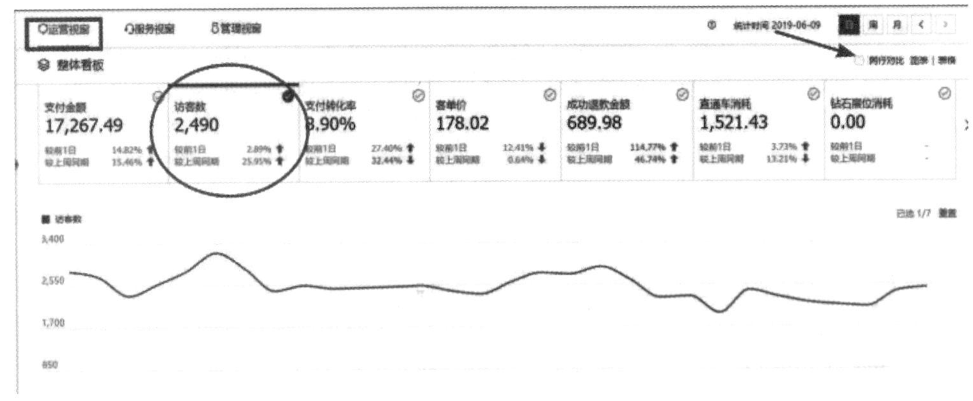

图 7 – 5　运营视窗同行对比

步骤 2：同页面往下看，就是流量看板，可以看到近一个月各个渠道的曲线数据，在上升数据和下滑数据的地方，我们可以选择对应的日期去分析当时是哪个渠道的流量在下滑或者上升。流量看板页面如图 7-6 所示。

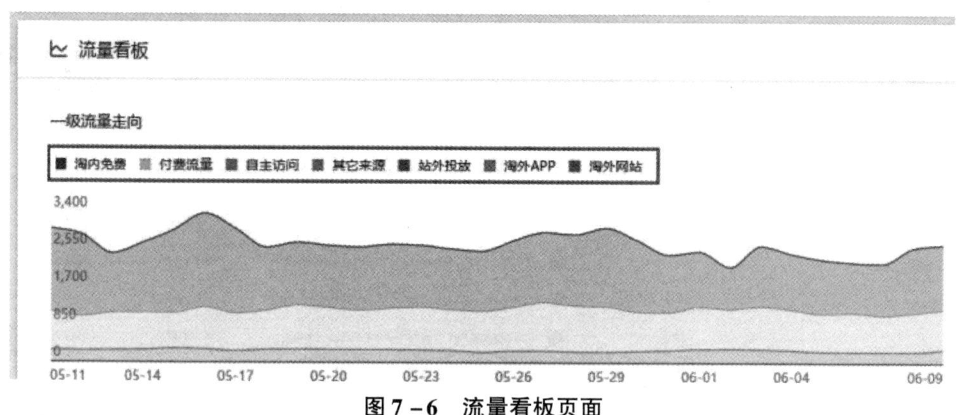

图 7-6　流量看板页面

流量看板主要看店铺免费流量和付费流量占比，健康的店铺肯定是免费流量高于付费流量，如果要详细查看你的流量来源，就要到流量纵横去详细了解。

步骤 3：卖家可以打开实时概况页面看进入店铺的每个渠道的流量占比，如图 7-7 所示。

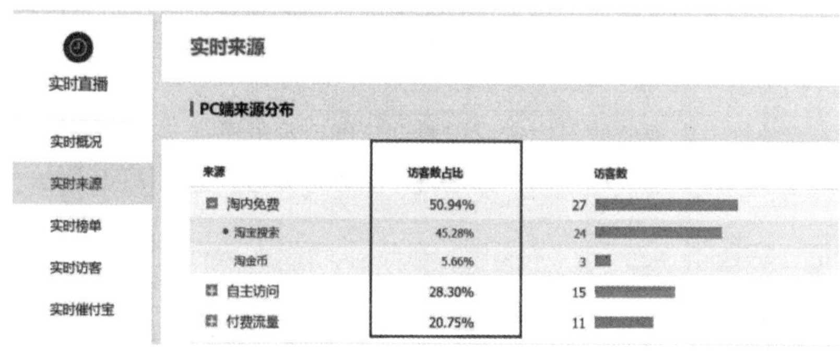

图 7-7　实时来源数据页面

步骤 4：在实时访客里，卖家还可以看到被访客访问的商品，以及实时进店的访客（如图 7-8 所示）是通过搜索什么关键词或者什么渠道进入店铺的。在实时数据里，还可以看到什么渠道的流量在上升、什么产品的流量在上升、什么关键词的数据在上升。如果某个关键词进店的数据比较多，卖家就要知道这个关键词是现在要重点维护的。同时卖家还可以将搜索比较多的关键词放到“市场洞察”，看一下数据，比如搜索人气和在线商品数以及是否有延伸词。如果数据表达好，就可以作为引流词放在标题的最前面。

对于开通了直播间的店铺，在生意参谋—直播板块，也可以分析直播间的业绩，从开播、流量、停留、转粉、成交五个维度分析直播间的数据情况。每一场的直播都能看到种草成交金额、店铺种草成交占比、直播间的新客人数、直播间新增“粉丝”数等。某产品如果在多场次的直播中都有出现，还可以分析每场直播该商品的分场次效果。

2. 商品品类情况

生意参谋分析的是店铺总体的经营情况，具体到品类或单个商品，我们也可以进行分析，在生意参谋—品类，即进入品类分析。这里的品类板块就是以前的商品板块。品类这个板块的数据对于卖家也是非常重要的，读懂了这块的数据，卖家对店铺的宝贝就有了一个很好的了解，进而可以去优化宝贝构成。

图 7－8　实时访客相关参数

品类罗盘分为标准版和专业版，其中标准版免费使用，专业版付费使用。

在品类—驾驶舱—实时播报，商家能针对一天的实时情况对产品进行调整，能起到实时监控的作用，可以看到整体的流量支付转化情况；还能预警，这样一旦出现转化差的产品，能及时做好替换。TOP 和飙升都能给到多维度的参考，让运营人员能快速监控、提升效率。

在品类—驾驶舱—宏观监控，商家可以看到店铺商品的整体表现和趋势发展情况，商家还可以根据自己的需要选择相应的指标进行产品排行分析，如图 7－9 所示。

图 7－9　商品多指标分析

在付费的品类 360 中，可以分析不同品类人群的基础特征、地域分布等，挖掘爆款，抓住热销品类，精准推广，如图 7－10 所示。

作为一名网店经营者，熟练掌握一些平台操作技能是必备的手段，千牛工具的熟练使用可以起到开店事半功倍的效果。掌握千牛工具操作的一些技巧更能够提升效率。但是工具只是手段，店铺的经营还是应专注于产品与服务，做到顾客至上、货真价实。我们发现每一个成功的品牌都是受到消费者喜爱、好评的品牌，平台上每一个时间 5 年、10 年甚至更久的店铺，一定是产品服务口碑优秀的店铺。所以，商家要时刻牢记好产品、好服务才是生存之道。

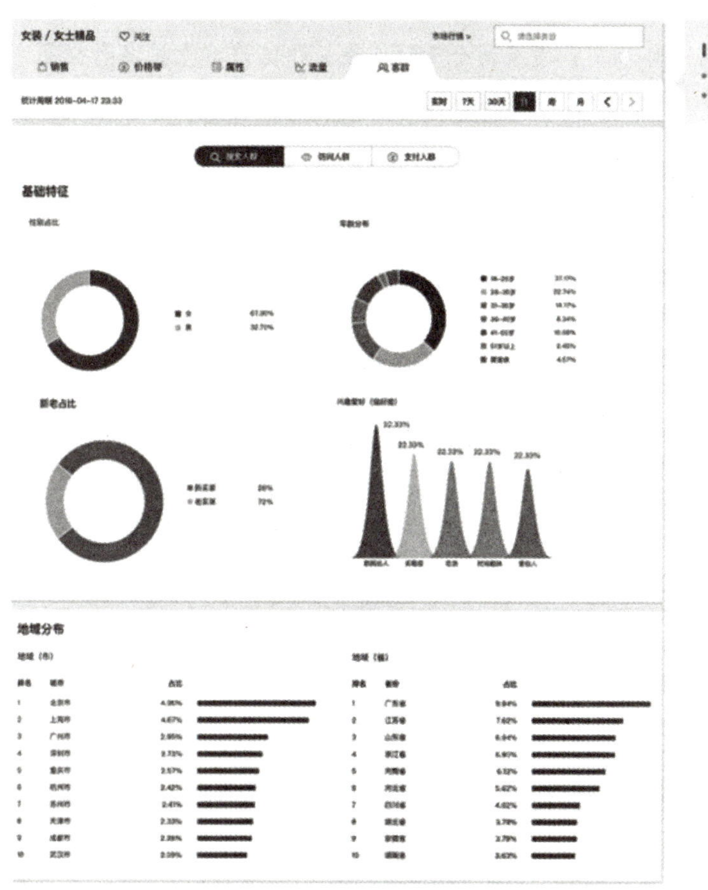

图 7－10　某品类产品客户基础特征

活动评价：

通过此活动的学习，徐小明及其团队对店铺流量的各项数据指标都有清晰的了解，同时通过不同流量数据反映出店铺的各种问题，这可以帮助他们寻找合适的优化方案。流量是店铺经营的重要指标，通过细分可以有超过 20 项的数据指标。运营者要能清晰地掌握流量数据的含义和所对应的优化策略，进一步提高商品展现量和转化率，促成商品的销售，这才是我们解析流量的真正目的。

任务二　提高商品的搜索排名

情境设计：

随着越来越多的人加入网上开店创业的大军中，网上店铺的数量急剧增长，同类商品的竞争越来越激烈，在搜索框中输入某个商品的关键词时，大量搜索页面呈现在眼前，买家一般只浏览靠前的页面的内容，无暇顾及排名靠后的商品信息。想要商品排名靠前，需要了解平台的商品排名规则，进行店铺优化，这样才能让店铺商品获得更好的排名展示。为了让买家搜索店铺商品，提升商品的展现率，以更好地实现销售，本任务将带领大家一起学习提高商品搜索排名的方法。

任务分解：

提高商品的搜索排名这一环节中，涉及两个活动任务，即认识搜索排名和提高商品搜索排名的方法。

活动1 认识搜索排名

活动背景：

徐小明及其团队通过观察发现：在大型的电子商务平台上，网民依赖搜索的趋势越来越明显，只有做好搜索排名，也就是把商品的搜索排名推广到靠前的位置，获取更多客户的注意力，店铺才能正常、安全、高效地运转。因此，商品的搜索排名是网店推广的重中之重。

活动实施：

每一位网店的运营者，肯定都已经充分了解了搜索排名的重要性，尤其是对淘宝网店来说更是如此。在淘宝网上，影响搜索排名的因素非常多，淘宝卖家要想做好店铺运营，就要对影响站内搜索排名的因素非常熟悉，这样才能让自己店铺的商品的搜索排名处于比较靠前的位置。下面，就以淘宝网为例来介绍搜索排名的相关概念。

1. 搜索权重的概念

淘宝搜索权重，就是指淘宝对店铺和商品的好感度，也就是淘宝认为店铺和商品的重要程度有多高。通常，网店的权重越高，淘宝对店铺和商品的排名就越好。

2. 淘宝搜索权重的影响因素

影响淘宝权重的因素有店铺和商品这两方面。

影响店铺权重的因素：有无消保保证金、有无七天无理由退换货、有无公益宝贝、旺旺响应时间的快慢、支付宝的使用频率及商品的发货速度等。

影响商品权重的因素：商品的销量、点击率、转化率、动态评分、动销率、回购率，以及收藏购买、购物车购买和直通车购买等。

（1）在提升店铺权重方面，必须开通消保保证金、七天无理由退换货以及公益宝贝；而旺旺响应时间、支付宝使用率和发货速度等，只需达到平均水平即可，它们对于权重的影响没有前面三项大。

（2）七天无理由退换货和十五天无理由退换货对店铺权重的直接影响相同。

（3）通常权重好的店铺销量，即为持续稳定增长的销量，特别是在商品的新品期。

（4）权重高的店铺点击率具有卖家停留时间长、跳失率低、浏览屏数多、高于同行但不要过高的特点，而权重好的转化率具有高于同行、比较稳定以及不要过高的特点。

（5）在店铺动态评分方面，只要高于同行或者与同行持平即可，但如果动态评分低于4.4，就会对权重造成非常明显的影响。

（6）动销率包括商品动销率和SKU（指商品的销售属性集合，供买家在下单时点选，比如“规格”“颜色分类”“尺码”等）动销率这两个方面。

（7）一般情况下，回购率（再次购买）越高权重越高，但其高低参照的是同一个行业，不同行业不具备可比性。

（8）通过收藏商品、购物车和直通车的购买量都会被计入商品权重。

消保保证金、七天无理由退换货以及公益宝贝这几项影响权重比较大的要素是可以在开店之初就一次性完成的；而销量、点击率、转化率、动态评分、动销率和回购率等因素，是需要在网站运营的过程中不断优化的。

3. 淘宝搜索权重的最新规则

开通“7＋”服务、设置运费险、承诺24小时发货、新品打上新品标签、设置手机专享价、动销率控制在60%左右、设置手机详情页、设置淘金币抵现、公益宝贝、加购物车数、动态评分、收藏人气、发货速度、销量、转化率、橱窗推荐、浏览量、下架时间、公益宝贝、价格、交保定金等因素共同构成综合排名。

活动2　提高商品搜索排名的方法

活动背景：

要想有销量，就要有流量，新开的店铺尤其要抓住获取免费流量的机会。徐小明及其团队决定要好好研究提高商品搜索排名的方法。商品的排名越靠前就越意味着商品有可能被展现，有展现才有可能转化。因此，运营人员需要了解淘宝的排名规则，只有充分考虑影响商品排名的各种因素，才能有效地对商品进行优化，让商品及店铺获得更多展示。

活动实施：

近几年，随着淘宝网的不断发展，其搜索规则的变化也非常快。因此，为了能适应市场和用户的变化，需要从以下几个方面来提高商品的搜索排名。

1. 重视商品描述的准确性与规范性

搜索的核心其实就是要找到商品与顾客之间的匹配度，但目前有大量商品的信息描述的准确性不高。

2. 提升商品的品质

淘宝网的市场非常大，商品种类繁杂，但品质参差不齐。通常情况下，淘宝网会通过一些个性化的方式将那些品质好、性价比更高，而且顾客体验更好的商品展示出来。

3. 增加网店的外部和内部链接

可以通过增加网店的外部和内部链接来提升自己网店的搜索排名。网店链接的增加不只限于淘宝网提供的内部店铺首页友情链接，也可以添加网店平台以外的其他网站（如论坛、微博）上的链接。

4. 优化商品标题

商品在上架之前，首先要进行标题的优化。在淘宝网上，商品标题要求在30个字以内，这30个字就相当于这款商品的30个导购员，需要我们特别注意。因此，如果商品的类目不是非常小，就应该放满30个字（因为顾客一般是通过商品标题中的关键词来找网店的），这样才能给网店带来流量并可能最终转化为成交量。

5. 保持网店的整体统一

网店的整体统一主要包括价格统一、风格统一、受众群体统一。

6. 提升物流服务

在移动端中，物流服务的好坏对于搜索排名的影响，目前已经排到了首位。因此，卖家必须重视物流服务的提升。

7. 商品的质量评分

商品的人气分、服务质量分、商品质量分等，都会影响到搜索排名。但主图上面的促销文字信息，其关联营销不宜过多，数量为十几个字是比较正常的，如果超过20个字不仅不会被加分，甚至还可能会被减分。

此外，当纠纷退款率高于淘宝制定的标准时，网店的商品虽然在按照价格、信用、销量等单一维度的默认搜索结果中没有展现出来，但可以通过顾客的自主选择进行展现。

活动评价：

通过此活动的学习，徐小明及其团队了解了淘宝搜索思维，以及影响到淘宝商品搜索排名的因素，为后期的网店优化打下了基础。

任务三　推广活动流量

情境设计：

徐小明及其团队运营了店铺一段时间，店铺生意惨淡，鲜有人问津。店铺访客少，浏览量不多，转化率不高，店铺的成交量比较一般。想要提升店铺人气和成交量，徐小明及其团队成员需要开展店铺活动，以促销活动凝聚人气，吸引新客和流量，进而增加店铺及商品的曝光率。本任务将带领大家一起学习商品促销工具的使用。

任务分解：

推广活动流量这一环节中，涉及四个活动任务，即认识商品促销工具、设置优惠券活动、设置淘金币活动和报名官方大促。

活动 1　认识商品促销工具

活动背景：

店铺开设后，为了提高店铺商品的人气，根据店铺的实际情况设置相应的促销活动，有利于吸引消费者收藏店铺并对店铺商品进行关注和浏览，以增加商品的曝光率，进而提高店铺商品的销售。徐小明及其团队决定挑选店铺中较为受欢迎的商品开展促销活动。

活动实施：

许多网店平台都会为卖家提供众多的促销工具或应用。以淘宝网为例，淘宝给卖家提供了 4 种促销工具：优惠券、满就送、限时打折、搭配套餐。此外，还有很多第三方工具可供选择，如广效宝、欢乐逛、促销专家、卖多多、火牛等。

进入淘宝网“卖家中心”页面后，点击左侧“营销中心”快捷应用区域中的“我要推广”超链接，在打开的“我要推广”首页中点击“热门营销工具”区域右上角的“更多热门营销工具”超链接，就可以到淘宝服务市场订购使用更多热门营销工具，如图 7－11 所示。

这些营销工具都是淘宝网的收费服务项目，需要购买才可以使用。

1. 优惠券

优惠券是一种虚拟的电子券，卖家可以在不充值现金的前提下针对新客户或者不同等级的会员发放不同面额的优惠券。优惠券的功能主要体现在通过满就送、会员关系管理来维护老客户，或通过创建优惠券买家领取功能来主动营销新客户这两个方面。

新版优惠券包括 3 种类型：店铺优惠券、商品优惠券和包邮券。

（1）店铺优惠券。全店通用，买家购买本店商品可凭券抵扣现金。

（2）商品优惠券。定向优惠，买家购买特定商品可凭券抵扣现金。

（3）包邮券。特色服务，买家购买本店商品可凭券享受包邮权益。

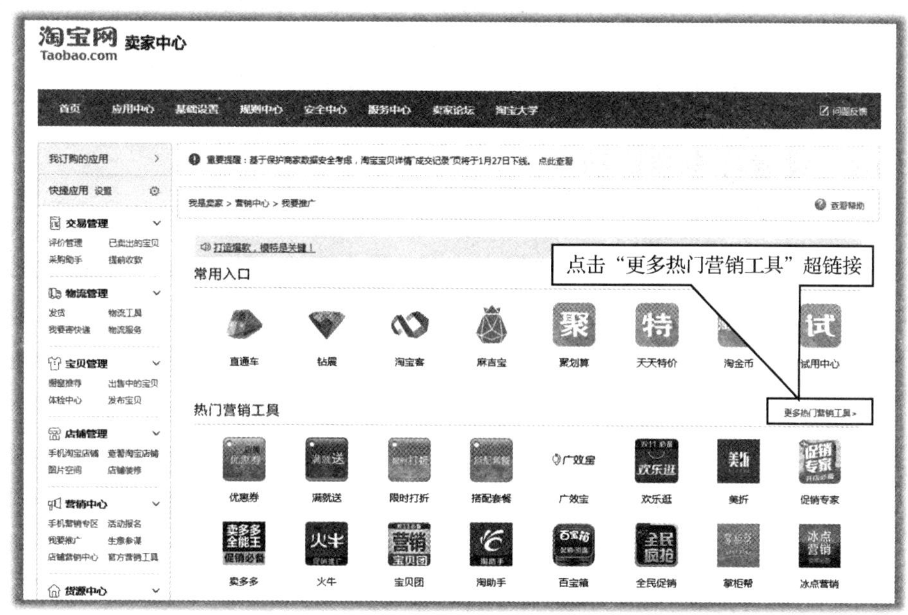

图 7－11　到淘宝服务市场订购更多热门营销工具

2. 满就送

满就送可提供创建“满就送（减）活动”功能，并支持多样化的玩法，其中主要包括满就减、满就送礼、满就包邮、满就送优惠券、满就换购、满就送电子书等。

如果使用满就送工具，促销广告会在每一个商品的介绍页面都显示出来。当消费者浏览到卖家商品看到促销广告时，可提高买家的客单价，从而达成促销的目的。此外，在淘宝网的商品搜索结果页面中，如果买家只搜索参加了促销的商品，将提高商品的曝光率。

3. 限时打折

限时打折是淘宝专门提供给卖家的一种店铺促销工具，订购了此工具的卖家可以在自己的店铺中选择一定数量的商品在一定时间内以低于市场价格的方式来进行促销活动。活动期间，买家可以在商品搜索页面根据“限时打折”这个筛选条件找到所有正在打折的商品。

参加限时打折的商品可以参加淘宝促销活动、上促销频道推荐、上店铺街推荐，从而提升店铺流量；也可吸引更多有价值的流量，让更多进店的人购买；还可以提高店铺整体交易额，提升客单价。

4. 搭配套餐

搭配套餐是将几种商品组合在一起设置成促销套餐来销售，通过促销套餐的销售可以让买家一次性购买更多的商品，从而提升店铺销售业绩，提高店铺购买转化率，提升销售笔数，增加商品曝光力度，节约人力成本。此工具目前还不支持虚拟类商品。

使用搭配套餐的卖家的订单量和店铺人气将会同时增加，达到事半功倍的效果。卖家可以利用搭配套餐组合商品的价格优势，让更多进店的人购买店铺商品；还可以将搭配套餐用于店铺推广，进而提高整体交易额。

5. 第三方工具

对于和淘宝合作的第三方工具，淘宝在规则上有所限制（折扣不得低于七折，淘宝官方的限时折扣没有这个限制）。比较不错的第三方工具有：促销专家、欢乐逛、促销助手、好营销、宝贝绣、金宝、营销百宝箱、精准推广王、团购专家等。第三方工具的用法很简单，只需选择产品，然后在不低于七折的基础上打折或者减免价格。

活动 2　设置优惠券活动

活动背景：

设置店铺优惠券是网店促销活动中较为普遍和受欢迎的一种促销形式，设置店铺优惠券，给消费者一种降价的实惠，同时优惠券有一定的使用金额要求，也能带动店铺其他商品的销售。

活动实施：

1. 创建优惠券活动

创建优惠券活动具体操作流程如下：

步骤 1：进入淘宝网“卖家中心”页面，点击左侧【我订购的应用】按钮，在右侧弹出的页面中点击【优惠券】按钮，如图 7－12 所示。

图 7－12 “我订购的应用”页面

步骤 2：此时打开的是商家营销中心下的“淘宝卡券”页面，在页面中点击店铺优惠券的【立即创建】按钮，如图 7－13 所示。

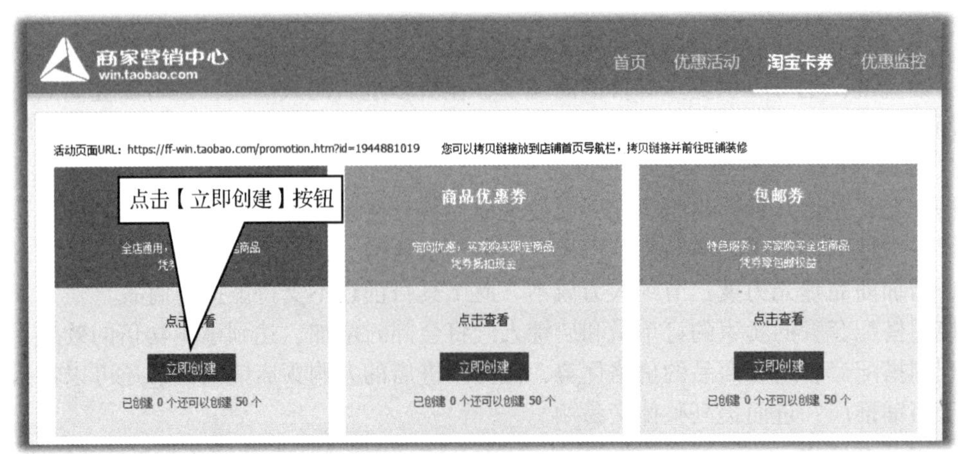

图 7－13 “淘宝卡券”选项区

步骤3：在打开的“新建店铺优惠券”页面中设置基本信息和推广信息，点击【保存】按钮，如图7－14所示。

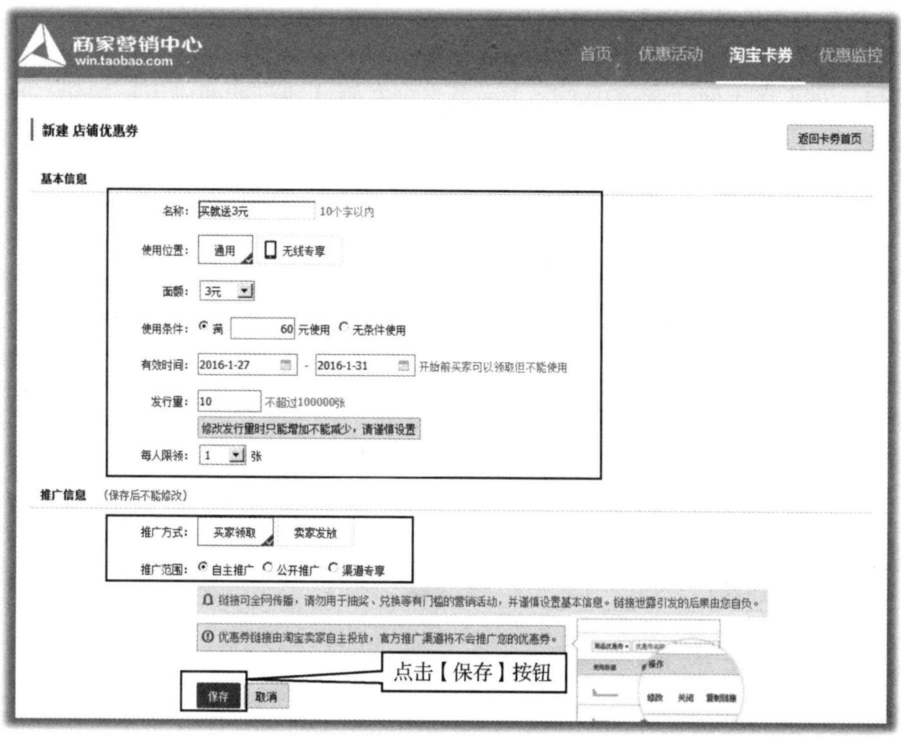

图7－14　“新建店铺优惠券”页面

基本信息包括：活动名称、使用位置、面额、使用条件、有效时间、发行量、每人限额等。

推广方式包括：推广方式和推广范围。

步骤4：当店铺优惠券设置完成后，可以在店铺优惠券活动页面看到如图7－15所示的设置效果。

图7－15　设置完成后的店铺优惠券展示效果

步骤5：在首页装修页面创建店铺优惠券领取入口即可打开上一步中的活动页面。具体操作请查看店铺装修。

2. 修改、删除优惠券活动

修改、删除优惠券活动的具体操作流程如下：

步骤1：进入淘宝网“卖家中心”页面，点击左侧【我订购的应用】按钮，在右侧弹出的页面中点击【优惠券】按钮。

步骤2：在打开的“淘宝卡券”选项区中，点击“店铺优惠券”区域里的【点击查看】按钮，如图7－16所示。

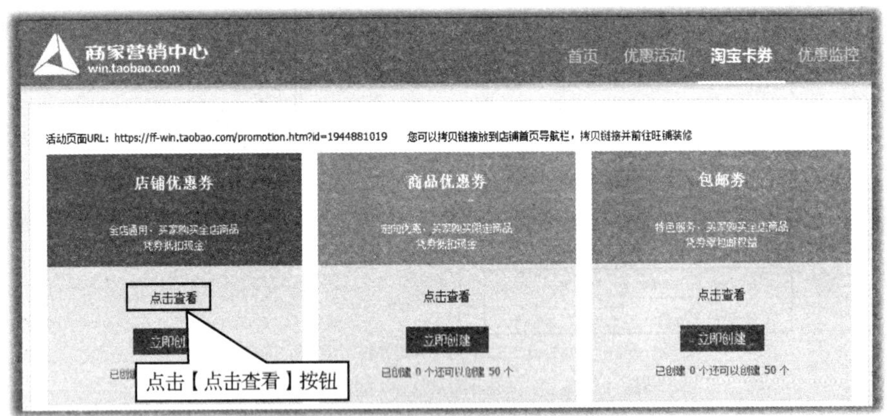

图7－16 “淘宝卡券”选项区页面

步骤3：在打开的“卡券管理”页面中点击【修改】按钮可以修改该活动；点击【结束】按钮可以删除该活动，如图7－17所示。

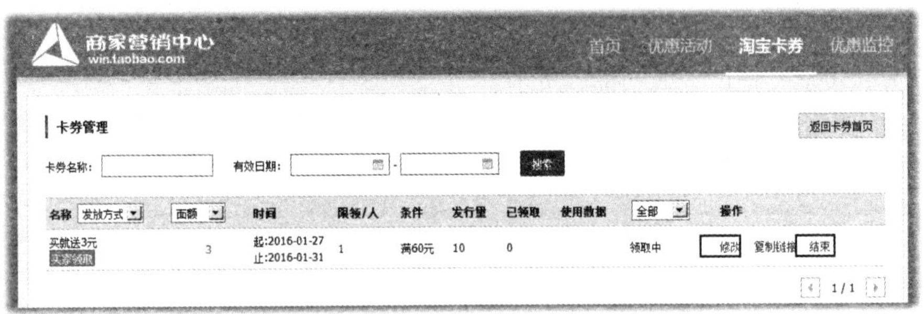

图7－17 修改与结束优惠券

活动3 设置淘金币活动

活动背景：

店铺开设后，为了增加销量，除了可以设置优惠券外，还可以设置淘金币等促销活动。通过更多的促销活动，吸引消费者关注店铺、浏览商品，最终产生购买行为。

活动实施：

淘金币是淘宝用户的激励系统和通用虚拟积分系统，用户通过登录、购物、互动游戏等正向行为获得金币，在提供抵扣的商品交易中使用金币获得折扣；商家则在交易中通过赚取金币（用户抵扣支付金币的70%返还给商家），并使用金币来获得公域流量及运营店内用户，以提高店铺用户黏性。

1. 金币工具分类

（1）赚金币—淘金币抵扣。

淘金币抵扣是指在消费者下单时，可以使用淘金币抵扣一定比例的商品金额，它可以促成消费者下单，提高商品的成交转化率。

（2）花金币—店铺签到送金币。

店铺签到送金币是指商家对每日首次浏览店铺并签到的消费者发放 5 个淘金币作为奖励，它可以增加消费者进店浏览时长，提高其黏性。

（3）花金币—店铺收藏送金币。

店铺收藏送金币是指商家对关注/收藏店铺的消费者给予一定数量的淘金币奖励，它可以提升店铺收藏人气。

（4）淘金币竞价。

淘金币竞价是指商家通过淘金币竞价的方式，来获取淘金币频道内固定资源位的精准流量。竞价成功的商家在淘金币频道内按其店铺承接页被点击的次数支付淘金币数给淘金币官方账户的方式进行推广，它可以为商品带来精准流量。

2. 开通淘金币

首次参加淘金币活动的商家必须先申请淘金币账户，具体操作如下：

步骤 1：登录淘宝网首页，点击右上角的“千牛卖家中心”，进入千牛卖家工作台，在左侧的“营销中心”模块点击“淘金币”。

步骤 2：打开淘金币首页，点击“立即开通”按钮，如图 7－18 所示。

图 7－18　点击“立即开通”按钮

步骤 3：此时系统会提醒商家，没有淘金币账户就无法使用淘金币进行营销，点击“立即申请淘金币账户”，如图 7－19 所示。

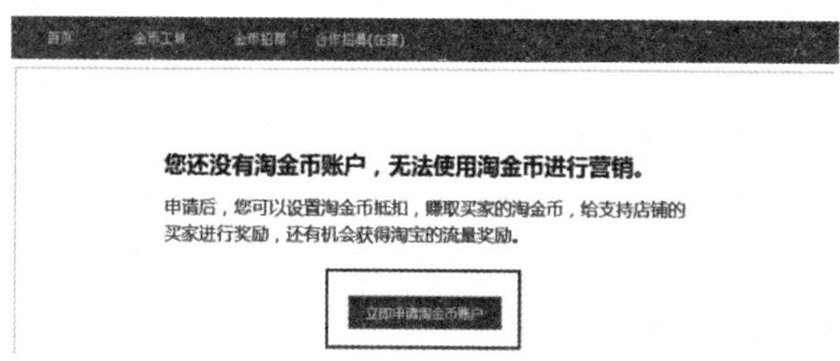

图 7－19　点击“立即申请淘金币账户”

步骤4：在打开的页面中阅读《淘金币用户服务协议（卖家版）》，点击【同意协议并申请账户】按钮，然后点击【确定】按钮，完成申请。

3. 设置淘金币抵扣

设置淘金币抵扣，即全店商品支持消费者使用淘金币抵扣。商家通过设置淘金币抵扣优惠让利消费者，获得手淘搜索、猜你喜欢、商品详情等醒目标志，吸引千万级淘金币高活用户下单。其中，单笔订单抵扣总额不得超过商品价格的相应比例（可选抵扣比例：3%、5%、10%），商家可以灵活设置抵扣的比例和有效时间，随时开启和关闭工具。

步骤1：登录淘金币首页，点击“金币工具”模块，即可看到“淘金币全店抵扣工具”。点击【未开通】按钮即出现“开通确认”提示，点击【立即开通】，如图7-20所示。

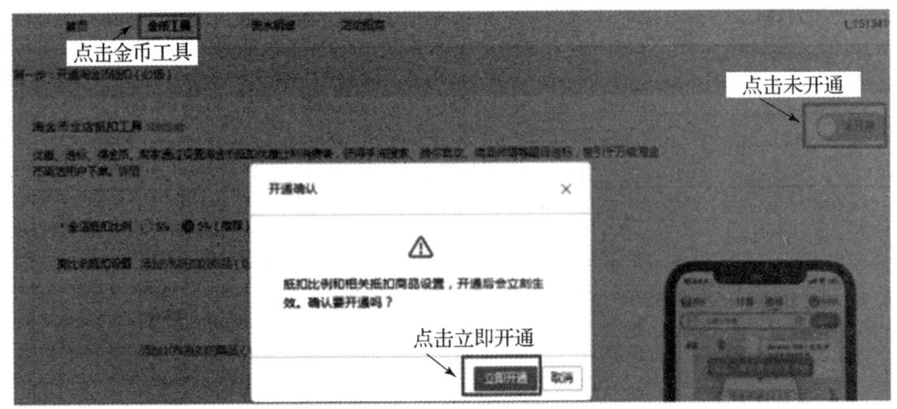

图7-20 开通淘金币抵扣

步骤2：开通后可以设置全店抵扣比例（可选抵扣比例：3%、5%、10%），系统默认推荐5%。同时，商家可以为部分商品进行高比例抵扣设置，也可以进行不抵扣设置，如图7-21所示。

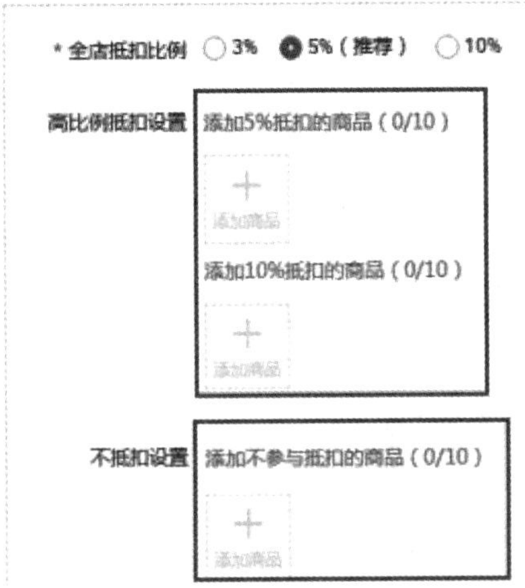

图7-21 为商品进行高比例抵扣设置或不抵扣设置

步骤3：设置淘金币抵扣后，商品会标注“淘金币可抵××元”的优惠，如图7－22所示，促销价560元的教具，淘金币可抵扣3%，即淘金币可抵16.8元。

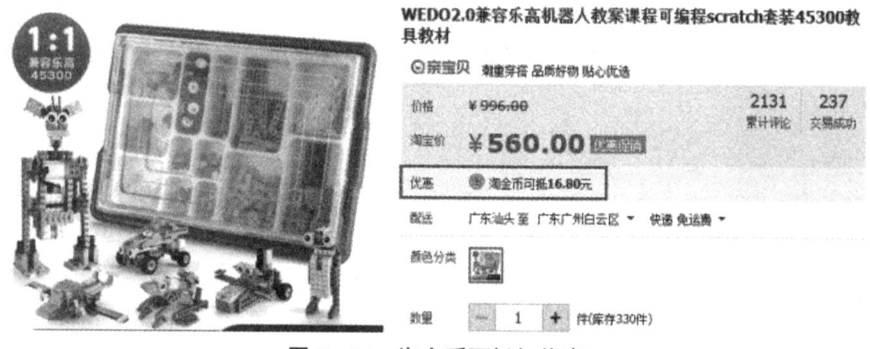

图7－22　淘金币可抵扣优惠

4. 报名淘金币活动

开通且设置淘金币抵扣比例后，就可报名参加淘金币活动，流程参考如下：

步骤1：选择招商活动。目前，淘金币的招商活动主要有天天特卖—30%抵扣、聚划算超级抵钱和超级抵钱—30%、50%抵扣这三种。商家根据自己的需要，打开淘金币首页，定位到“淘金币招商活动”模块，选择对应的活动，点击【立即报名】，如图7－23示。

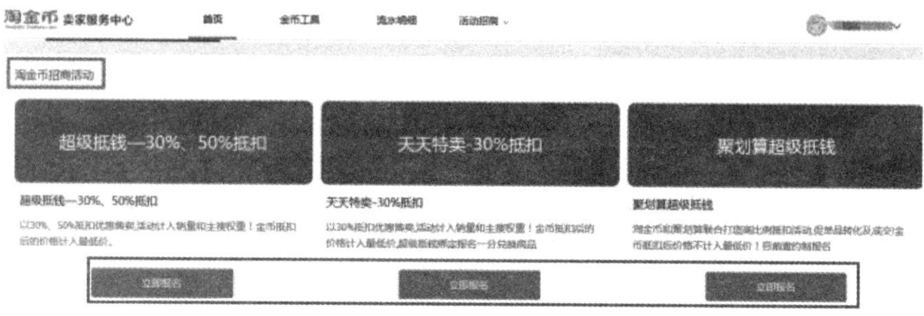

图7－23　淘金币招商活动报名入口

步骤2：如报名超级抵钱30%的抵扣活动，点击【立即报名】按钮，在打开的页面中可查看活动详情，查看完毕后根据报名系统提示，依次签署协议、填写基本信息、设置商品信息及玩法，如图7－24所示。

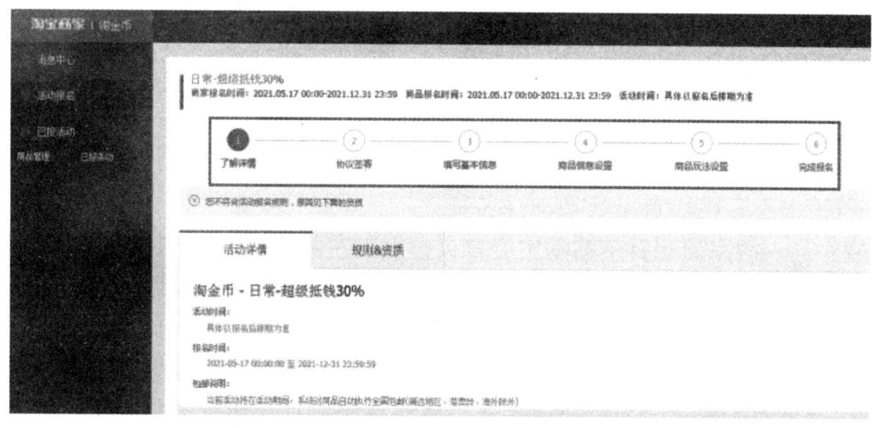

图7－24　报名超级抵钱30%的抵扣活动

步骤3：查询已报名淘金币活动的商品状态。在淘金币活动报名的商家后台左侧，可以看到【已报活动】模块，点击该模块的“已报活动”按钮，即可查看每个团的商品报名状态。如图7-25所示，可直接输入报名商品的“商品ID”，点击【查询】按钮。

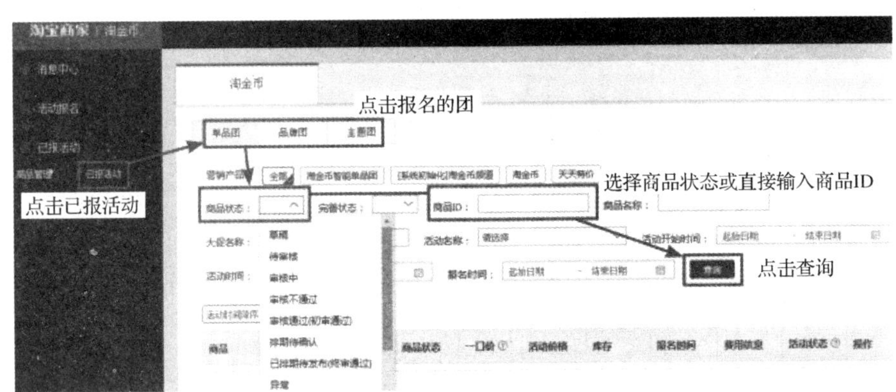

图7-25 查询已报名淘金币活动的商品状态

活动4 报名官方大促

活动背景：

官方大促活动能够为店铺带来极高的展现量，与直接推广的方式相比，它具有见效快、爆发力强的特点，可以为店铺积累大量客户。

活动实施：

1. 大促活动级别

淘宝活动级别为S级、A+级、A级、B级、C级，而大促活动则主要集中在S级和B级，目前活动级别仅代表活动流量大小，没有特殊意义。

（1）S级。

S级属于平台级别，活动爆发量以亿为单位来计算，如“6·18”大促1 000多亿，“双11”大促2 000多亿。当然，“双12”“38女王节”“年货节”也都是S级。总体来说，S级别是一年中优惠力度比较大、影响力比较大的大型促销活动。

（2）B级。

B级属于日常节日活动，如开学季、99节、55吾折天、520礼遇季，这些活动有些和传统节日有重叠，爆发力不如S级，属于中小型官方促销活动，一个月基本会有一场，流量也比较理想，主要用于帮助产品爆发。

2. 报名官方大促

步骤1：登录淘宝网首页，点击右上角【千牛卖家中心】，进入千牛卖家工作台，在左侧的“营销中心”模块点击【活动报名】。

步骤2：进入淘宝商家营销活动中心首页，点击左侧【活动报名】模块，选择要参加的活动，点击【去报名】，如图7-26所示，报名“2021淘宝99聚划算节”。

步骤3：选择报名对应的活动后，若不符合报名条件，系统会出现“不符合”提示，如图7-27所示，点击【查看原因】，即可查看无法报名原因。若符合报名条件，点击【下一步】，根据系统提示，完成协议签署、活动玩法设置、店铺素材提交、商品提交等，即可完成该活动的报名申请。

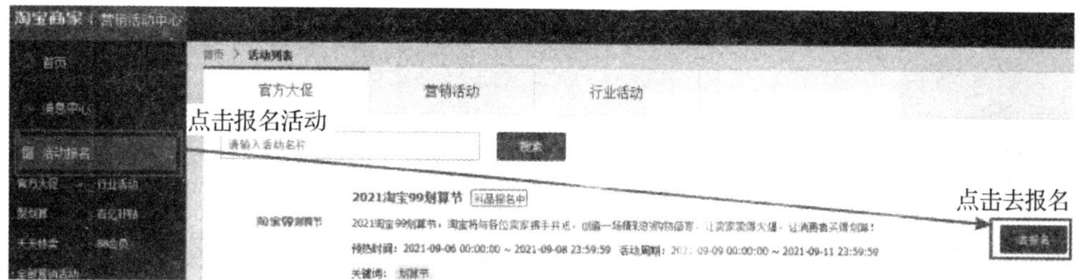

图 7－26　报名“2021 淘宝 99 聚划算节”

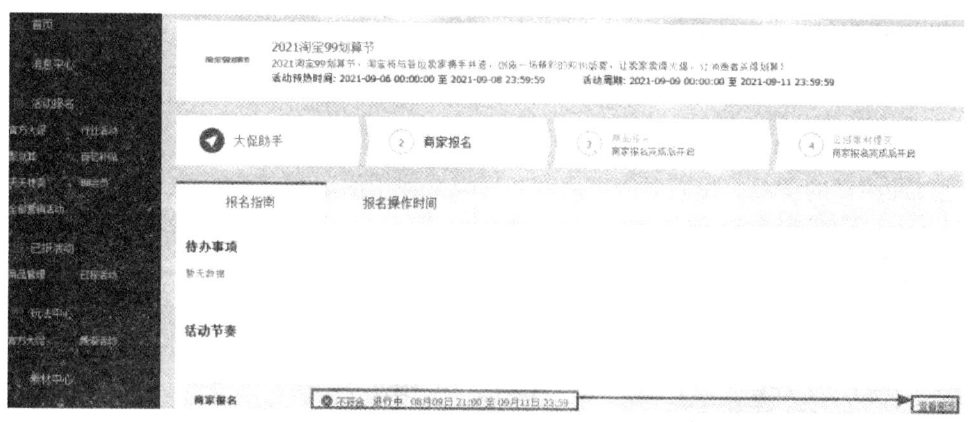

图 7－27　查看无法报名原因

活动 5　参加行业活动

活动背景：

行业活动也叫类目活动，在淘宝属于 C 级活动，如家具类目、食品类目、服饰类目等自己类目内组织的活动，属于季节性活动。

活动实施：

1. 行业活动的作用

（1）可以提高店铺曝光率。

（2）可以让店铺客流量和商品点击量迅速上升。

（3）可以提高店铺在行业内的知名度。

（4）有利于店铺打造爆款商品，带来更多成交量。

2. 报名行业活动

步骤 1：登录淘宝网首页，点击右上角【千牛卖家中心】，进入千牛卖家工作台，在左侧的“营销中心”模块点击【活动报名】。

步骤 2：进入淘宝商家营销活动中心首页后，在左侧的“活动报名”模块点击【行业活动】，选择要参加的活动，点击【去报名】，如图 7－28 所示，去报名本地化生活服务—婚嫁亲子日常活动。

步骤 3：选择报名对应的活动后，若不符合报名条件，系统会出现“不符合活动报名规则”的提示，点击【规则 & 资质】可以查看不符合活动报名的具体原因；若符合报名条件，点击【下一步】，根据系统提示，完成协议签署、活动玩法设置、店铺素材提交、商品提交等，即可完成该活动的报名申请。

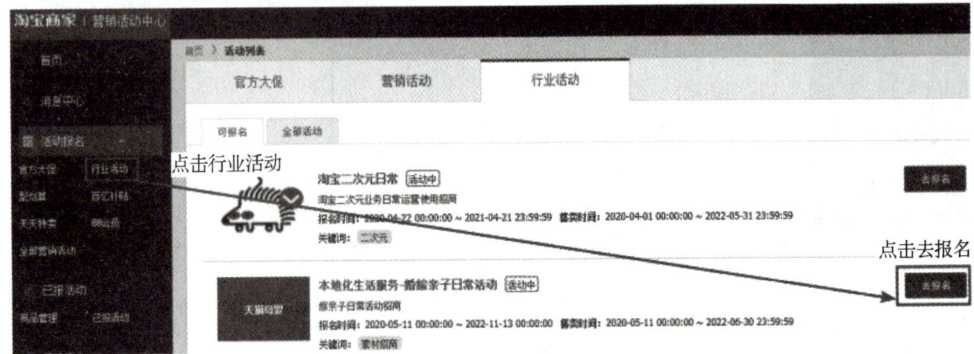

图 7－28　报名本地化生活服务

活动评价：

通过此活动的学习，我们对淘宝店铺如何设置促销活动有了一定的了解和认识，学会合理设置有一定吸引力的店铺促销活动，如优惠券、淘金币、官方大促、行业活动等，能有效提升店铺商品的销量。

任务四　网店推广之付费推广

情境设计：

徐小明及其团队经过网店的前期运营，发现运营成效一般，为了提高店铺运营效果，运营团队决定开展店铺的促销和推广活动，希望能快速提升店铺的知名度，吸引更多流量，进一步提升店铺的转化率和成交量。团队成员决定开展付费推广活动，开发新客户，留住老客户，将产品精准推送到目标人群，实现店铺运营效果的再提升。本任务将带领大家一起学习付费推广方式。

任务分解：

网店推广之付费推广这一环节中，涉及三个活动任务，即开通直通车推广、淘宝客推广和超级钻石展位推广。

活动 1　开通直通车推广

活动背景：

店铺开设后，为了提高店铺商品的人气，运营团队决定开展直通车推广，通过投入一定的资金进行付费推广，进而增加商品的访问量，提高转化率，增加店铺商品的销量。

活动实施：

1. 认识淘宝直通车

淘宝直通车是由阿里巴巴集团旗下公司推出的一款为专职淘宝卖家量身定制的、按点击付费的营销工具，简单来说就是一个为网店引流的工具。

淘宝直通车的工作流程为，通过对买家搜索的商品关键词或是淘宝网内（外）的展现位置出价，从而将商品展现在高流量的直通车展位上，此外，卖家还可自行选择在哪些买家眼前展现，实现对目标客户的精准广告推送。

2. 加入淘宝直通车所需要的费用

加入淘宝直通车首次需存入500元起的预付款，付款成功后卖家的直通车账户就开通了。这些预付款全部属于卖家可使用的推广费用，形式类似手机预存话费。账户续费充值200元起。

3. 淘宝直通车的展示位置

淘宝直通车的展示位置为淘宝搜索页面右侧和下方掌柜热卖、右下侧店家精选、首页热卖单品、旺旺焦点图、我的淘宝中已买到宝贝页面、收藏列表页、物流详情页等买家浏览的热门展位上，此外，还有一些淘宝网以外的网站。

（1）淘宝直通车在淘宝网搜索结果右侧的展示位置，如图7－29所示。

图7－29　淘宝网搜索结果右侧的展示位置

（2）淘宝直通车在淘宝网搜索结果下方的展示位置，如图7－30所示。

（3）淘宝直通车在淘宝网搜索结果右下侧“店家精选”区域的3个展示位置，如图7－31所示。

（4）淘宝直通车在淘宝网首页热卖单品中的展示位置，如图7－32所示。

4. 开通淘宝直通车

步骤1：进入淘宝网“卖家中心”，点击左侧“营销中心”快捷应用区域中的【我要推广】超链接，如图7－33所示。

图 7－30 淘宝网搜索结果下方的展示位置

图 7－31 淘宝网搜索结果右下侧“店家精选”区域

图7－32　淘宝网首页热卖单品中的展示位置

图7－33　淘宝网“卖家中心”页面

步骤2：在打开的“我要推广”页面中，点击【直通车】按钮，如图7－34所示。

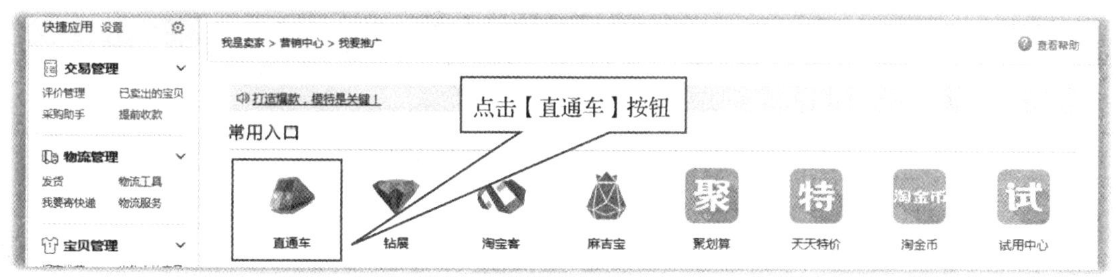

图7－34　“我要推广”页面

步骤3：在弹出的“淘宝直通车”首页页面中，点击【我要充值】按钮，按照流程操作充值，开通直通车服务，如图7－35所示。

5. 设置淘宝直通车商品推广

在利用淘宝直通车进行推广之前，首先要设置直通车推广计划，然后再进行商品推广的设置。具体操作步骤如下：

步骤1：进入淘宝直通车首页，点击【新建推广计划】按钮，如图7－36所示。

步骤2：在打开的“新建标准推广计划”页面中，输入推广计划的名称，点击【提交】按钮，如图7－37所示。

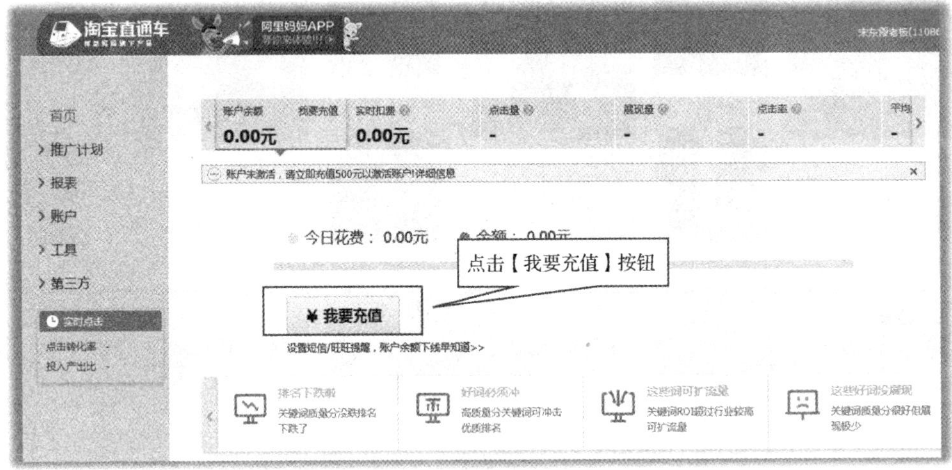

图 7－35 “淘宝直通车”首页

图 7－36 点击【新建推广计划】按钮

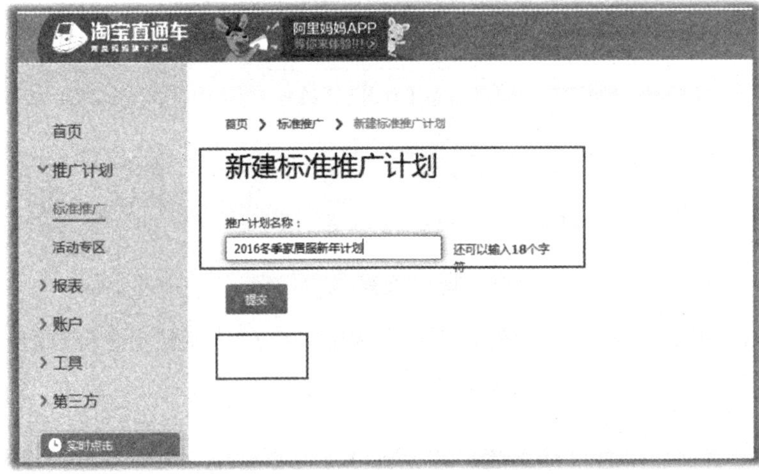

图 7－37 输入推广计划的名称

步骤3：成功创建推广计划，如图7－38所示。

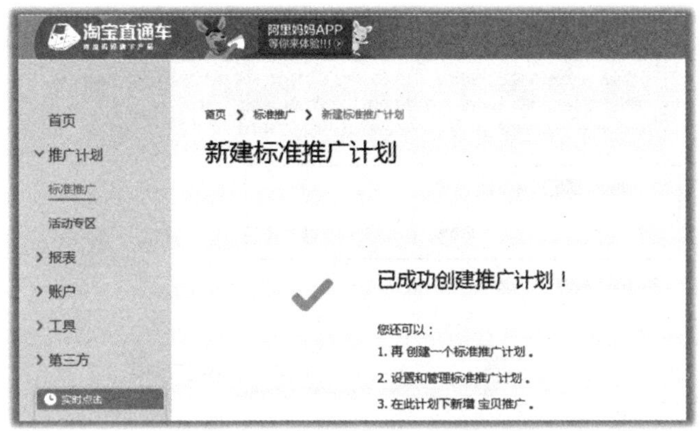

图7－38　成功创建推广计划

步骤4：在直通车首页点击直通车推广计划后面的【编辑】按钮，对该直通车推广计划进行编辑，如图7－39所示。

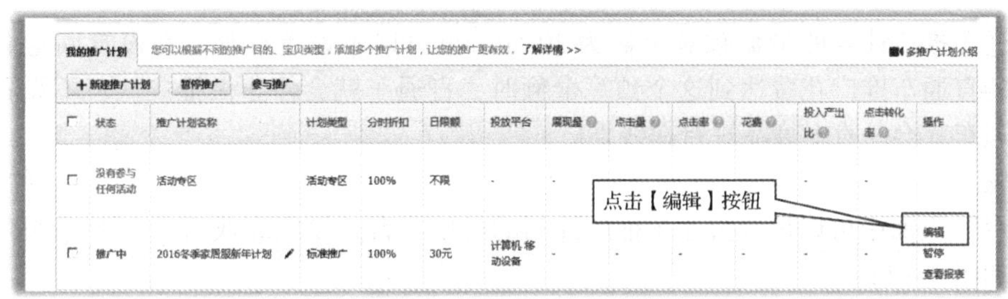

图7－39　编辑“直通车推广计划”

步骤5：在打开的“2016冬季家居服新年计划”编辑页面中，可以通过点击“设置日限额”“设置投放平台”“设置投放时间”“设置投放地域”等选项卡进入相关编辑页面。点击即可在各选项卡间切换，4个选项设置完成后，即可完成直通车推广计划的编辑，如图7－40所示。

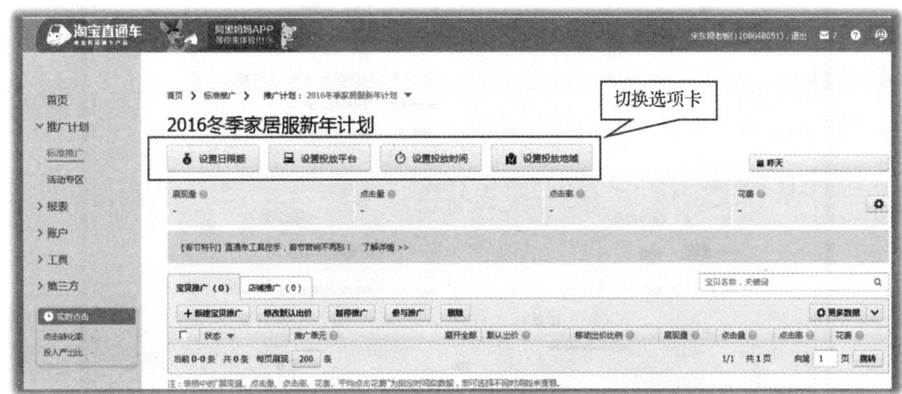

图7－40　“2016冬季家居服新年计划”编辑页面

步骤6：在直通车推广计划页面，点击“设置日限额”选项卡，在弹出的“设置日限额”页面中设置直通车推广计划的日限额。可在“预算”右侧的输入框中输入预算金额，然后点击【保存设置】按钮，如图 7－41 所示。

设置日限额
如当前推广计划当日消耗达到日限额时，该计划下所有的推广将全部下线，第二天自动上线，了解详情 >>
如推广计划因到达日限额下线，您可立即通过调整日限额来使推广计划重新上线
花费可能出现超出日限额的情况，但日终会自动返还超出部分，了解详情 >>
不设置预算
每日预算
预算：
30
元
标准推广
智能化均匀投放
到达预算下线时间：
设置提醒，预算下线早知道>>
最近30天内，您的推广计划没有因超出预算而下线，
建议您继续关注您的推广效果，加油！
点击【保存设置】按钮
保存设置

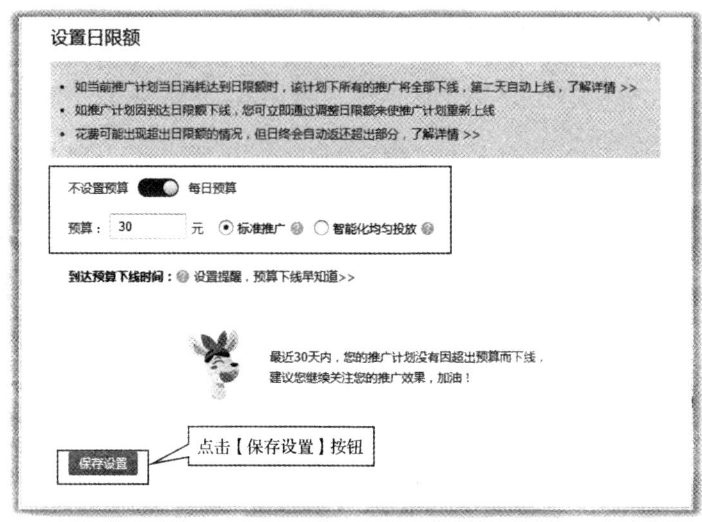

图 7－41 “设置日限额”页面

直通车推广计划的最低预算金额为 30 元，也可以不设置预算。在设置固定金额后，当每天的直通车推广花费达到这个预算金额时，直通车就会停止做推广。若不设置预算，那么直通车就会一直对商品进行在线推广。

步骤 7：返回直通车推广计划页面，点击“设置投放平台”选项卡，在弹出的“设置投放平台”页面中可以设置直通车推广计划的投放平台。设置完成后，点击【保存设置】按钮，如图 7－42 所示。

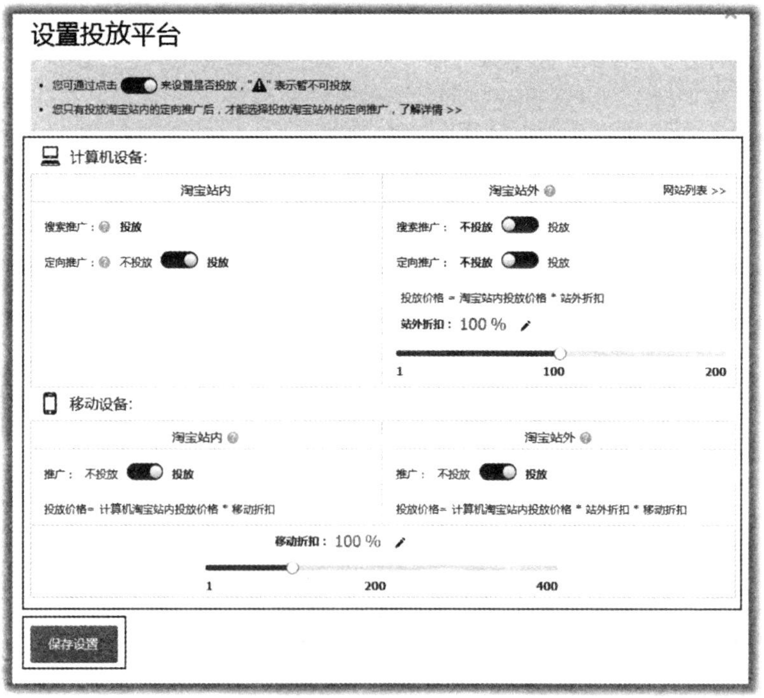

设置投放平台
您可通过点击
来设置是否投放，"
" 表示暂不可投放
您只有投放淘宝站内的定向推广后，才能选择投放淘宝站外的定向推广，了解详情 >>
计算机设备：
淘宝站内
淘宝站外
网站列表 >>
搜索推广：
投放
定向推广：
不投放
投放
搜索推广：
不投放
投放
定向推广：
不投放
投放
投放价格 = 淘宝站内投放价格 * 站外折扣
站外折扣：100 %
1
100
200
移动设备：
淘宝站内
淘宝站外
推广：
不投放
投放
推广：
不投放
投放
投放价格= 计算机淘宝站内投放价格 * 移动折扣
投放价格= 计算机淘宝站内投放价格 * 站外折扣 * 移动折扣
移动折扣：100 %
1
200
400
保存设置

图 7－42 “设置投放平台”页面

淘宝站内是必选的投放平台，所有的直通车推广商品都默认投放到淘宝站内。此外，还可对计算机设备和移动设备分别设置。淘宝站外是指投放到除淘宝网站以外的其他的优质合作网站。

步骤 8：返回直通车推广计划页面，点击“设置投放时间”选项卡，在打开的“设置投放时间”页面中可设置直通车推广计划的投放时间。卖家可以根据自己的整体安排选择投放时间和出价百分比，然后点击【保存】按钮。点击【展开】按钮可以选择时间段，最小的时间段为半个小时。点击【编辑】按钮可以设置出价百分比。最后点击【保存设置】按钮，如图 7－43 所示。

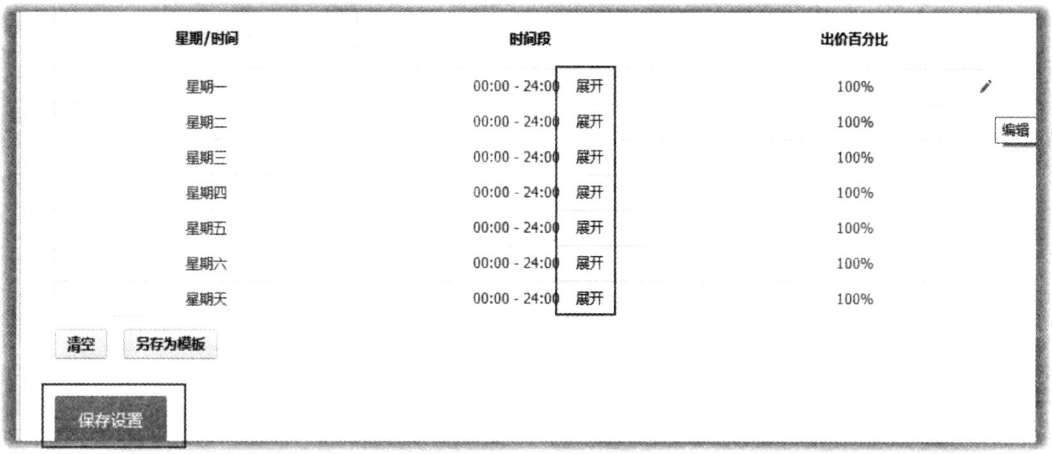

图 7－43　“设置投放时间”页面

投放时间是指商品进行直通车在线推广的时间。如果卖家的商品不在投放时间之内，那么商品就不会展示。全日制投放是指在 24 个小时之内都在做推广。

步骤 9：返回直通车推广计划页面，点击“设置投放地域”选项卡，在打开的“设置投放地域”页面中，卖家可设置直通车推广计划的投放地域，然后点击【保存设置】按钮保存设置，如图 7－44 所示。

不同的推广计划可以设置不同的投放地域，方便淘宝卖家更有针对性地选择商品进行区别推广。如果没有设置投放地域，那么在后台的查询工具中就查不到该商品的排名情况，同时在淘宝搜索时商品也不在直通车展位上进行展示。

步骤 10：返回直通车推广计划页面，点击【新建宝贝推广】按钮，如图 7－45 所示。

步骤 11：在弹出的页面中，进入“新建宝贝推广”的第 1 步：选择商品。点击“宝贝推广”选项区中目标商品右边的【推广】按钮，如图 7－46 所示。

步骤 12：此时，进入“新建宝贝推广”的第 2 步：添加创意。在打开的页面中，选择创意图片。选择创意图片的方法有两种：一是可以到图片空间对商品主图进行优化，并从商品图片中任意选择一张作为创意图片；二是点击【本地上传】按钮，上传符合创意图片要求的图片作为创意推广图片，如图 7－47 所示。

创意图片的要求：

（1）创意图片中显示产品的面积占比至少为 30%，同时文字/水印的数量尽量减少，不建议加边框。

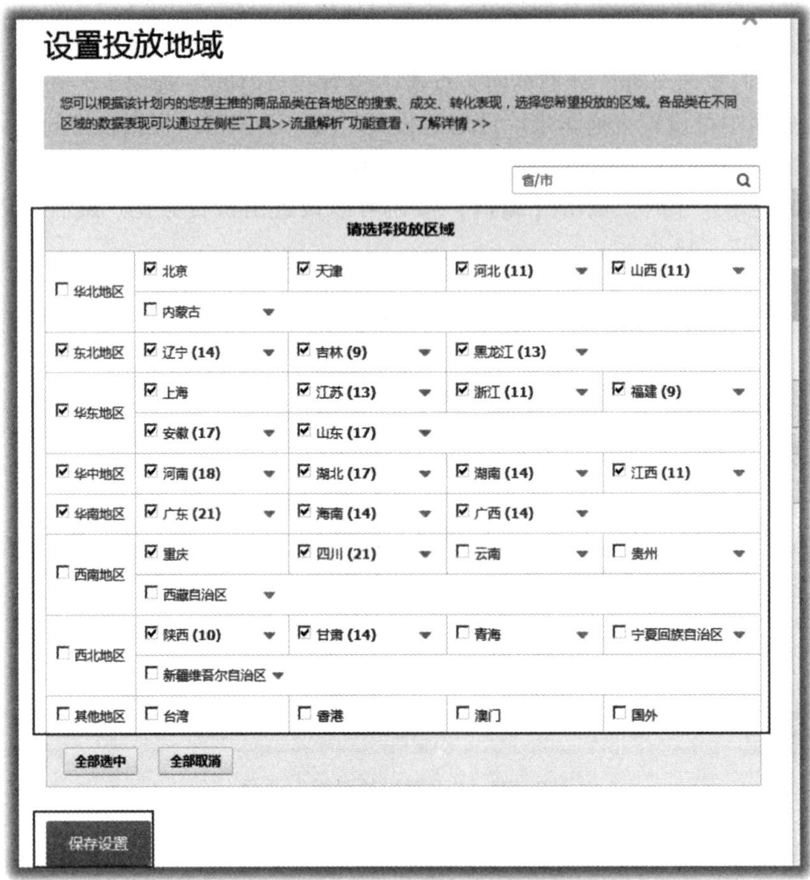

图 7-44 “设置投放地域”页面

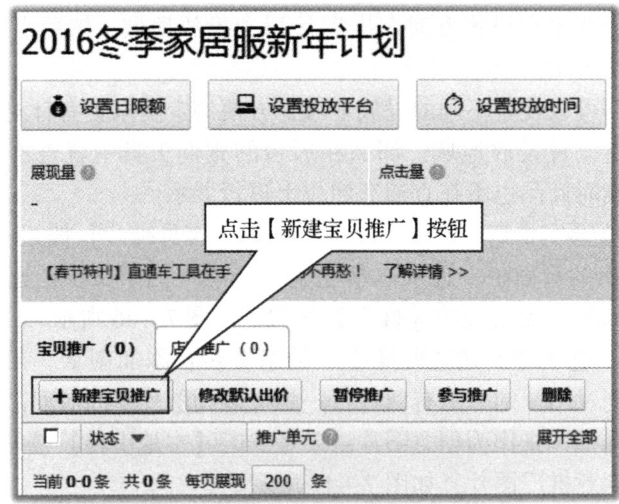

图 7-45 点击【新建宝贝推广】按钮

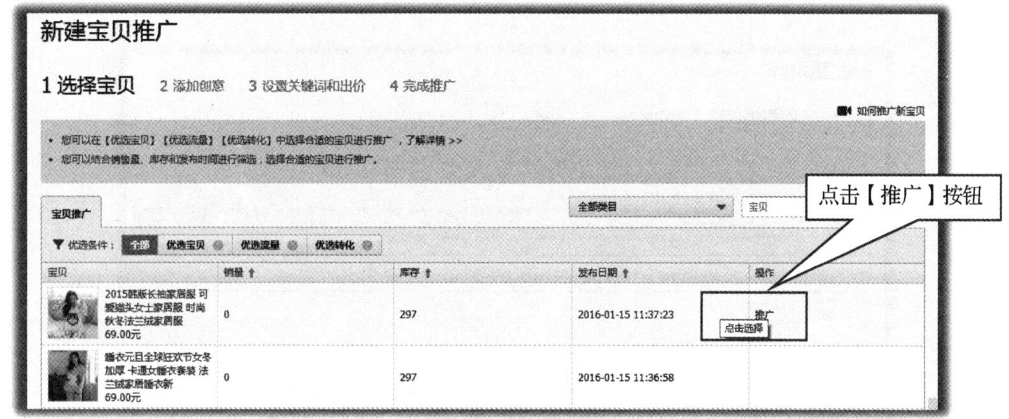

图 7－46　选择商品

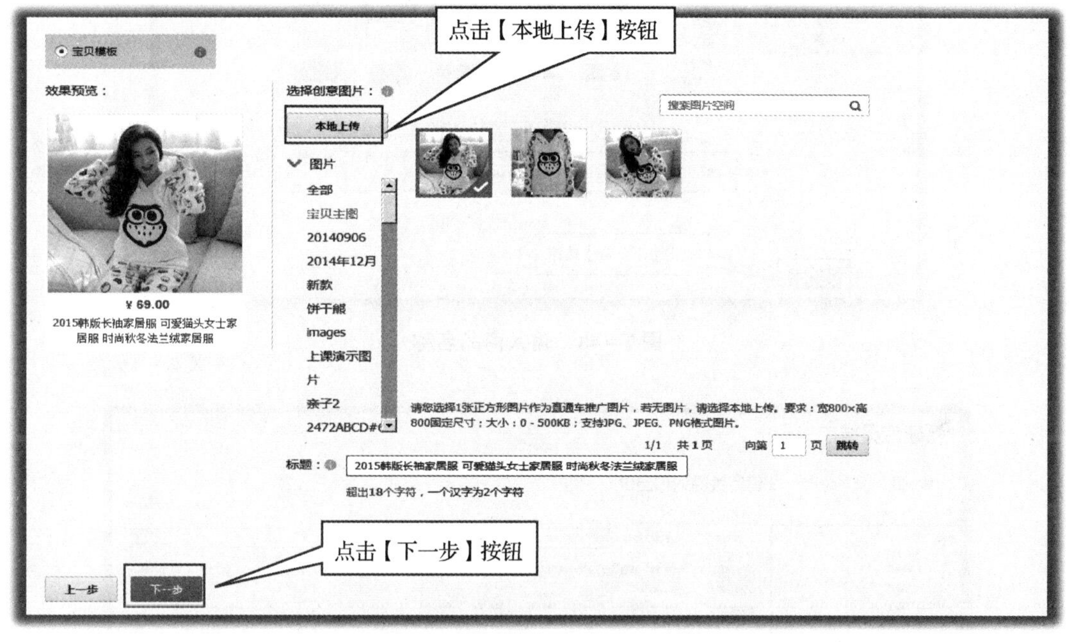

图 7－47　添加创意

（2）创意标题建议突出商品的属性、功效、品质、信誉、价格优势等，同时也可以添加一些热门词。

（3）创意标题的固定尺寸为宽 800 像素 × 高 800 像素，图片大小不超过 500 千字节，图片格式只允许为 JPG、JPEG、PNG。

步骤 13：页面中出现显示“图片上传成功”提示，表示图片上传成功。然后在页面下方编辑商品标题，于“标题”右侧输入框输入商品标题，最后点击【下一步】按钮，如图 7－48 所示。

步骤 14：此时，进入“新建宝贝推广”的第 3 步：设置关键词和出价。在弹出的页面中点击右侧的关键词即可添加关键词到左侧的列表框中，最多可以添加 200 个关键词。接着设置商品直通车的默认出价，最后点击【完成】按钮，如图 7－49 所示。

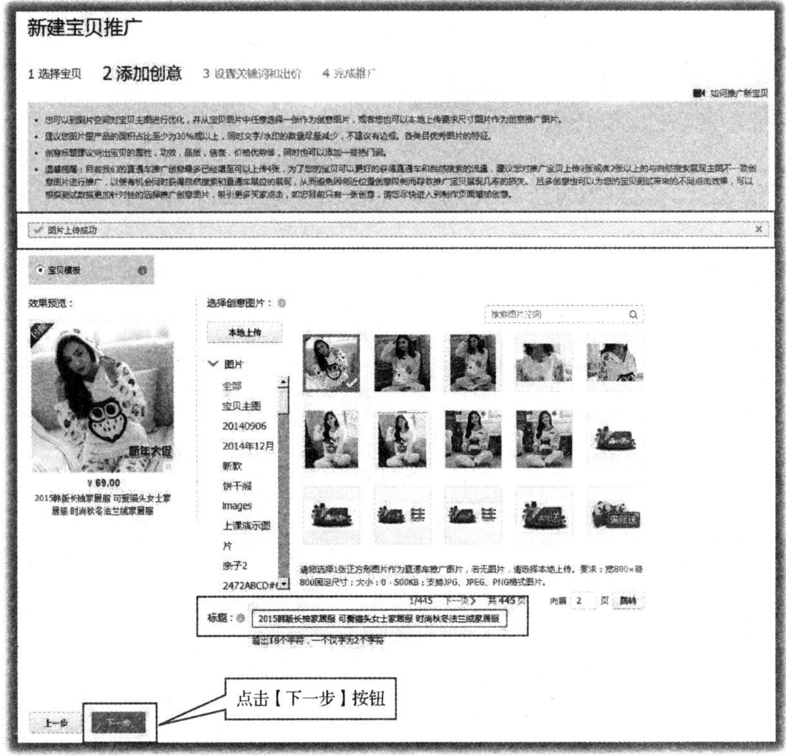

图 7－48　输入商品名称

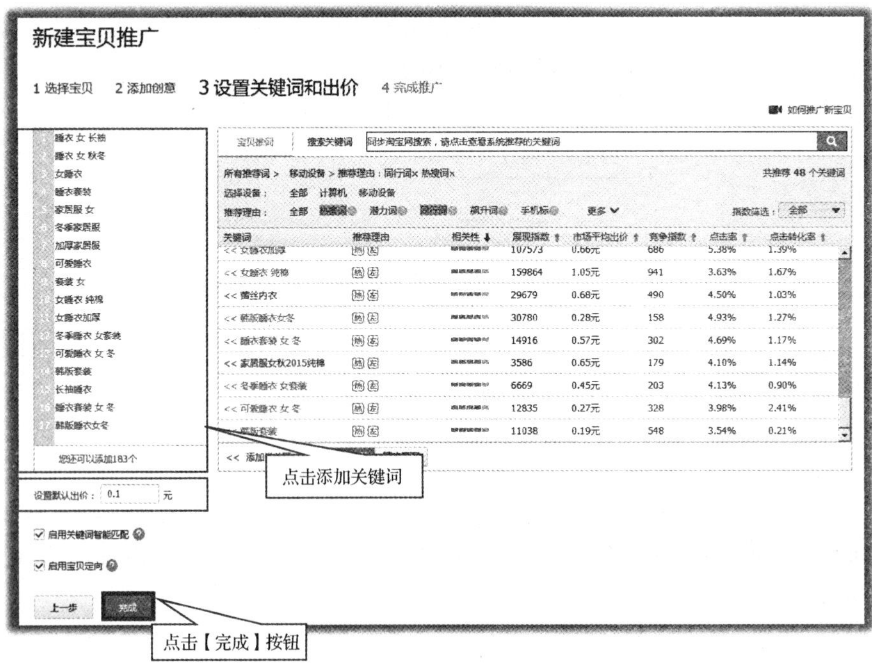

图 7－49　设置关键词和出价

步骤 15：弹出如图 7 – 50 所示表示成功设置直通车商品推广。

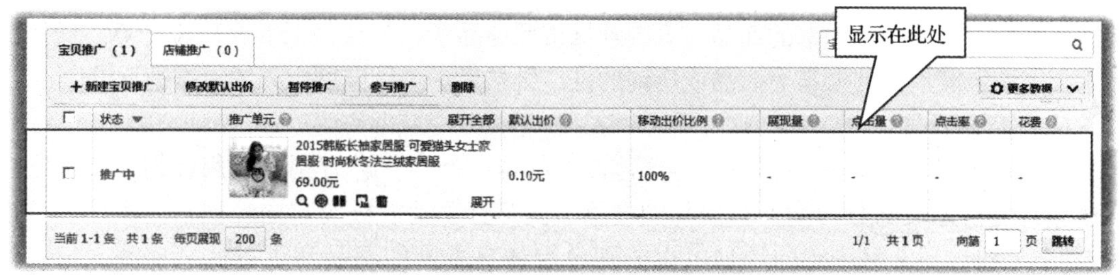

图 7 – 50　设置成功直通车商品推广

活动评价：

通过此活动的学习，徐小明及其团队对直通车的基本知识和功能有了清晰的了解，掌握了直通车推广的方式和技巧，也提升了店铺商品的销量。

活动 2　开通淘宝客推广

活动背景：

网店运营了一段时间后，为了促进店铺商品的销售，运营团队已经开展了直通车的付费推广，取得了较好的效果，接下来徐小明及其团队将继续开展淘宝客推广，通过以成交计费的推广方式，提高店铺产品的销量。

活动实施：

1. 认识淘宝客

淘宝客，简称 CPS，是一种按成交计费的推广模式，也指帮助商家推广商品并获取佣金的人。淘宝客推广逻辑如图 7 – 51 所示，商家可针对某个商品或店铺设定佣金，淘宝客只要从淘宝客推广专区获取商品代码，任何消费者经过自己的推广链接进入店铺完成交易后，都可得到由商家支付的佣金（根据佣金设置情况从交易额中扣除）。一般情况下，淘宝客佣金越高，越容易得到淘宝客的关注。

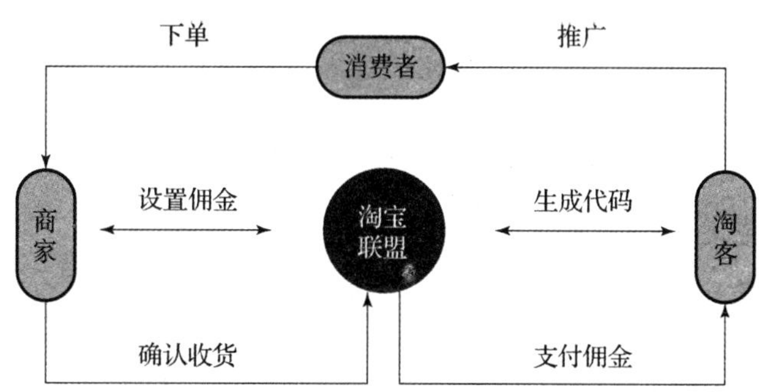

图 7 – 51　淘宝客推广逻辑

2. 淘宝客推广方式

淘宝客提供了通用计划、定向计划、如意投计划、活动计划等多种推广方式，商家可以根据自己的实际需求来选择推广计划。

（1）通用计划。

商家加入淘宝客推广后，默认开启通用计划，且全店商品参加推广，目前只能设置类目佣金比率，未设置佣金比率的商品，系统默认按照商品所在类目最低佣金比率计算。通用计划主要由淘宝客单独获取某个商品或店铺的推广链接发送到淘宝网以外的地方进行推广。

（2）定向计划。

定向计划是针对某一部分淘宝客群体设置的推广计划，它有别于通用计划，由商家自行创建，可自定义部分功能，目前只能设置不公开且手动审核的定向计划，商家最多可设置50个定向计划，每个定向计划可以分别设定各自不同的商品和类目佣金比率。定向计划的建立：登录淘宝客首页，点击【计划管理】，选择“定向计划”，点击【+新建计划】，按系统提示完成计划名称、计划描述、推广日期、类目佣金、商品选择、寄样等设置，再点击【确认创建】按钮。

（3）如意投计划。

如意投需商家自行激活，由阿里妈妈系统根据商品佣金比率及商品综合质量情况，将商品智能推送到爱淘宝搜索结果页、中小网站橱窗推广位等。对比传统淘宝客，如意投具有系统智能、精准投放、流量可控、渠道精准的特点。如意投计划设置：登录淘宝客首页，在“如意投”模块的“操作”中点击【查看】，即可对该计划进行设置。

（4）活动计划。

商家报名淘宝客发起的互动招商活动后，由系统自动生成的计划（主要便于查看报名活动的商品和活动效果数据），只有符合活动要求的商家才可报名，报名成功后不支持中途退出和修改佣金比率。商家登录淘宝客首页，点击【活动】模块，进入淘宝客活动广场。商家先查看活动权限、活动推荐等信息，选择合适的活动进行报名；然后选择主推商品，完成商品佣金设置。报名完成后，商家等待淘宝客审核，淘宝客审核通过后进行投放。

（5）营销计划。

营销计划支持单品推广，商家可自定义设置推广单品、阿里妈妈推广券（即淘宝客渠道优惠券）、推广佣金、推广时间等，并支持查看推广实时数据及多维度推广效果（如单品效果数据）。有别于定向计划，营销计划是公开的，且营销计划的最低佣金比率要高于通用计划的佣金比率。

（6）阿里妈妈推广券。

阿里妈妈推广券是阿里妈妈官方唯一指定的淘宝客渠道推广优惠券，功能等同于公开的优惠券，可支持淘宝客通过优惠券+商品的模式进行推广，能拓展更多营销流量渠道，刺激消费者分享裂变，触达更多新人群，提高商品转化率。

3. 设置合理的推广佣金

淘宝客推广的流量是巨大的，遍布各大导购网站、网址导航、新闻媒体等主流渠道。其次，淘宝客只有在推广且成交的情况下才收费，推广过程中带来的展示量、流量全部是免费的。相比直通车和超级钻展，淘宝客风险更加可控，所以对于商家而言，佣金的设置是吸引淘宝客推广的关键。

佣金比例设置过低，很容易造成没推广、没流量、没成交的情况，达不到预期的推广效果；而佣金比例设置过高，则可能出现亏损的状态。因此，合理、理性地设置佣金比例尤为重要，以下介绍几种合理的淘宝客佣金设置方法。

（1）根据商品毛利设置佣金比例先计算店内商品毛利，如表7-1所示。

表7-1　商品毛利计算表

拿货价/元	售价/元	毛利/元	毛利比/%
17	44	27	61.36
47	79	32	40.51
44	69	25	36.23
24	79	55	69.62

确定店铺商品的毛利之后，就可以有计划地给全店商品或者不同的单品设置合理的佣金比例。可以根据店铺及单品在不同的推广阶段有计划地设置亏损或者盈利，如表7-2所示。

表7-2　根据商品毛利计算淘宝客佣金比例

售价/元	毛利/元	毛利比/%	佣金比例/%
44	27	61.36	去除运费，预计佣金比例不高于40%
79	32	40.51	去除运费，预计佣金比例不高于30%
69	25	36.23	去除运费，预计佣金比例不高于25%
79	55	69.62	去除运费，预计佣金比例不高于60%

（2）根据不同发展阶段设置佣金比例。

①新店初开阶段。对于淘宝客而言，推广没有人气、销量和评价的商品或店铺需要耗费大量的时间和精力。因此，淘宝客更倾向于选择一些有销量、有口碑的商品或店铺进行推广。如果新店设置的佣金比例不高，就很难吸引淘宝客进行推广，故此阶段，商家要最大限度地让利淘宝客。

②稳定发展阶段。当店铺发展较为稳定时，店铺的流量、销量都较为稳定，甚至在行业拥有一定的口碑，此时淘宝客会主动选择店铺进行推广。因此，这个阶段的商家不必大幅让利淘宝客。建议综合店铺利润、行业以及竞争对手的情况进行设置。

（3）根据活动情况设置佣金比例。

①常推款佣金比例设置。常推款是一直在推广的款式，因此，常推款的佣金比例要依据实际情况设置，在保证利润的前提下最好能保持有稳定的成交。

②主推款佣金比例设置。与常推款不同，主推款的佣金比例通常高于常推款，且建议主推款的佣金比例设置尽量高于类目佣金。

③爆款佣金比例设置。通常情况下，爆款是店铺的主要引流商品，其性价比、销量、评价、口碑等数据都比较好，故佣金比例的设置要在利润可承受范围内，保持中上比例。一般情况下，爆款产品的佣金比例不建议有大幅度的调整，尤其是降低佣金比例的行为很容易招致淘宝客的反感，影响商家与淘宝客的合作关系。

④活动款佣金比例设置。如果商家参加聚划算、天天特卖等官方活动，由于此类活动对于商品的活动价有一定的约束，此时的商品利润会比较低，建议活动期间将淘

宝客的佣金比例设置在利润可承受范围内，活动结束后再做调整。

4. 淘宝客的招募

（1）通过主动推广招募淘宝客。

淘宝客通常会推广多家店铺或者很多产品，因此多数淘宝客对产品的了解是有限的。此时，主动了解淘宝客的工作需求，为其提供已经测试好的推广素材，如图片、文案等，既可以简化其工作量，又可以提升渠道点击率，美化品牌形象。

（2）通过推广佣金吸引淘宝客。

淘宝客推广商品时最先考虑到的是推广的成本和产出，也就是投入产出比。在成本一定的情况下，产出的效益越高，才越值得去推广。

（3）通过平台合作招募淘宝客。

淘宝客的招募渠道有搜索引擎、门户网站、浏览器、社交导购平台以及各大第三方平台等，商家可以在各大网站广发招募帖，或加入相应淘宝客微信群、QQ 群，主动挖掘淘宝客。

活动评价：

通过此活动的学习，徐小明及其团队对淘宝客推广的基本知识和原理有了清晰的了解，通过开展淘宝客实践操作，进一步锻炼了团队成员网店推广的能力，为提高店铺的推广效果积累了经验。

活动 3　超级钻展推广

活动背景：

在学习和开展了直通车和淘宝客等付费推广后，店铺运营有了明显的起色，徐小明及其团队成员接下来将继续学习超级钻展推广知识和方法，继续通过付费推广的方式提升店铺运营实效。

活动实施：

1. 认识超级钻展

钻石展位是面向全网精准流量实时竞价的展示推广平台，支持按展示付费（CPM）和按点击付费（CPC），为客户提供精准定向、创意策略、效果监测、数据分析、诊断优化等一站式全网推广投放解决方案。2021 年，钻展迎来重大产品革新，后台全面升级并更名为超级钻展，帮助用户破圈实现拓展新用户，针对不同圈层人群实行不同的投放策略和创意，实现差异化营销诉求。对比从前，超级钻展人群更清晰、场景更丰富、玩法更多元、操作更智能。

2. 超级钻展展位

超级钻展的展位分为站内资源位和站外资源位。站内资源位包含淘系内的淘宝、天猫移动端和 PC 端资源位；站外资源位包含淘系外的各资源媒体，如高德导航、支付宝蚂蚁庄园、优酷视频、手机浏览器类、今日头条等新闻类，它能有效助力低成本提升引流规模。

PC 端资源位：PC 焦点图和 PC 精选，展示位置如图 7 – 52 所示；PC 通栏，展示位置如图 7 – 53 所示。

移动端资源位：竖版钻石位和无线焦点图，展示位置如图 7 – 54、图 7 – 55 所示。

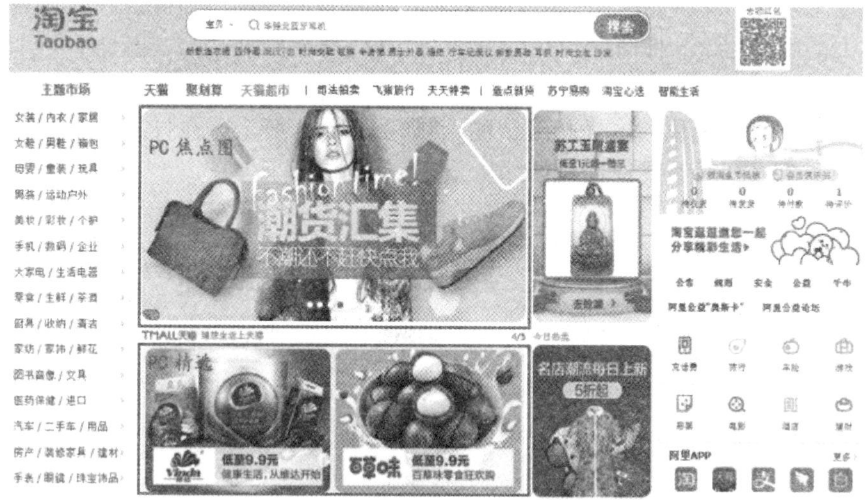

图 7－52　淘宝和天猫 PC 网页的首页焦点图及精选大图

图 7－53　淘宝和天猫 PC 网页的首页通栏

图 7－54　淘宝 App 首页猜你喜欢焦点展示位 & 动态信息流位

图 7－55　淘宝和天猫 App 的首页焦点图

3. 新建超级钻展推广计划

超级钻展推广计划的建立和直通车推广计划一样，需要商家根据实际情况进行新建和设置。但不同的是，直通车是搜索类产品，超级钻展是展示类产品，超级钻展推广计划的建立比直通车复杂，花费的时间、精力、成本也会比直通车高，因此，超级钻展适合有一定经济实力的中、大型品牌商家。

步骤1：登录淘宝网首页，点击右上角【千牛卖家中心】，进入千牛卖家工作台，在左侧的“营销中心”模块点击【超级钻展】，如图7－56所示。在打开的页面点击【进入后台】按钮，进入超级钻展首页。

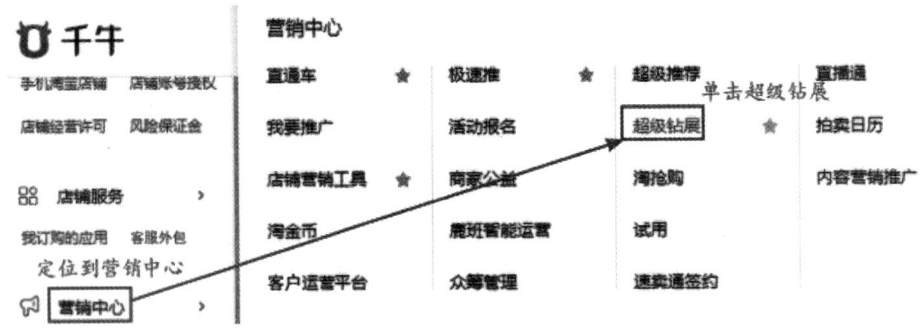

图7－56 点击营销中心【超级钻展】按钮

步骤2：点击“计划”模块中的【自定义计划】，选择“＋新建计划组”，进入计划组类型，可按“未知人群探索”“泛兴趣人群拉新”“兴趣人群收割”进行消费者圈层营销，也可自定义，如图7－57所示。以“未知人群探索”为例，点击【未知人群探索】，设置“计划组名称”，点击【下一步】，进入“设置计划”。

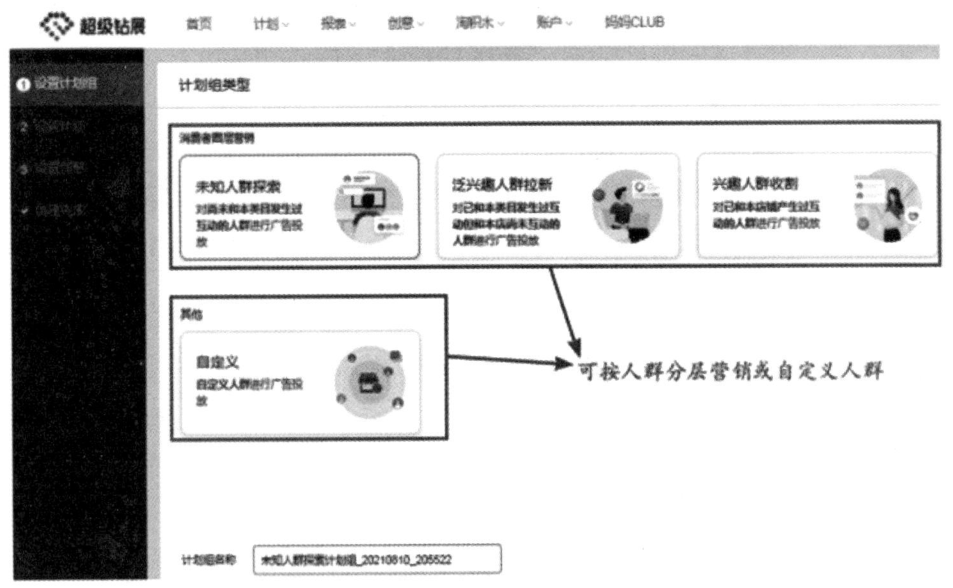

图7－57 计划组类型

步骤3：“设置计划”需完成“基本信息”“定向人群”“资源位”“预算和出价”4个模块的设置。

“基本信息”包括设置“计划名称”“投放日期”“投放时段”“投放地域”。

“定向人群”包括“AI优选”“自定义人群”两种定向方式，两种方式互斥，只能选其一。“自定义人群”可手动添加投放平台的常用人群，可手动添加达摩盘人群，也可缩小人群范围，如图7－58所示。

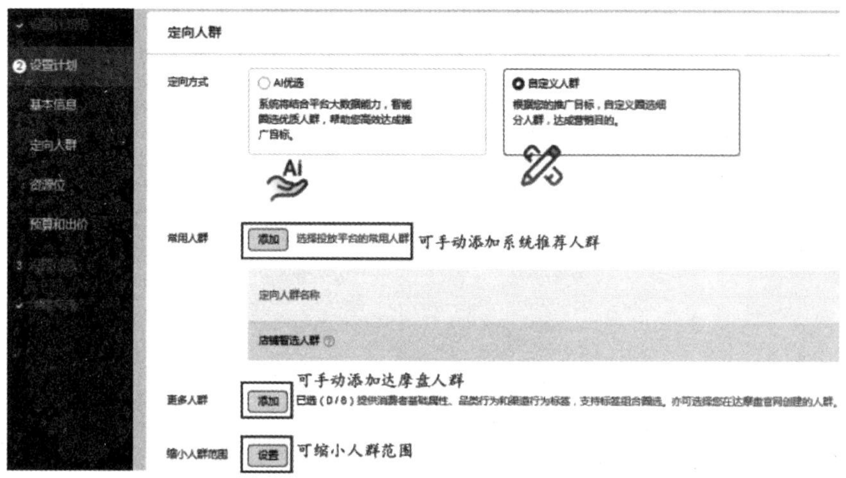

图 7－58　定向人群设置

其中，添加投放平台的常用人群可以按“关键词兴趣”“店铺相关”等标签进行添加，如图 7－59 所示；添加达摩盘人群则可以按性别、年龄、职业等标签进行添加，如图 7－60 所示。

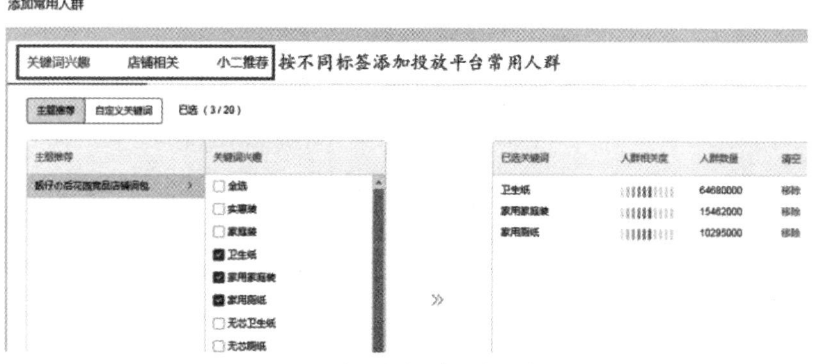

图 7－59　手动添加投放平台的常用人群

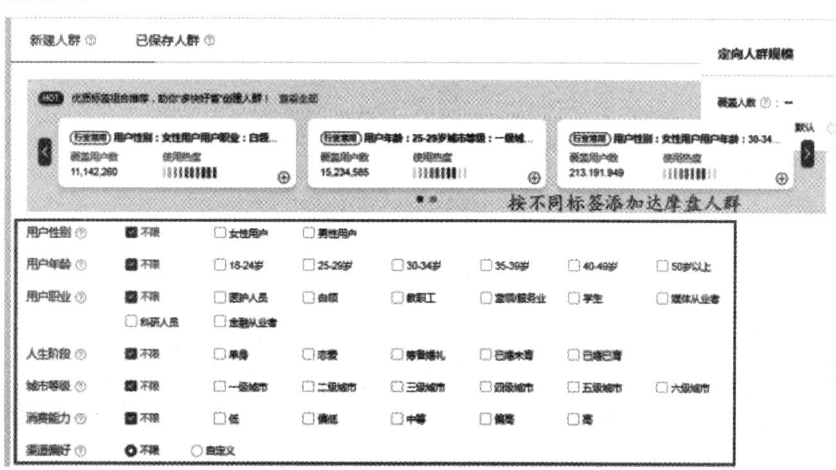

图 7－60　手动添加达摩盘人群

步骤4："资源位"包括"优质资源位""自定义资源位"两种投放方式，"自定义资源位"的广告位置包括"站内资源位""站外资源位"。如图7－61所示，"站内资源位"包括竖版钻石位、无线焦点图、PC焦点图、PC首页通栏、PC精选五种媒体类型。"站外资源位"包括高德、支付宝蚂蚁庄园、手机浏览器类、优酷、今日头条等新闻类媒体类型。"预算和出价"需完成"营销目标""竞价方式""期望控制金额""预算类型""投放方式""计费方式"的设置。其中，关于"期望控制金额"，系统会推荐出价建议。

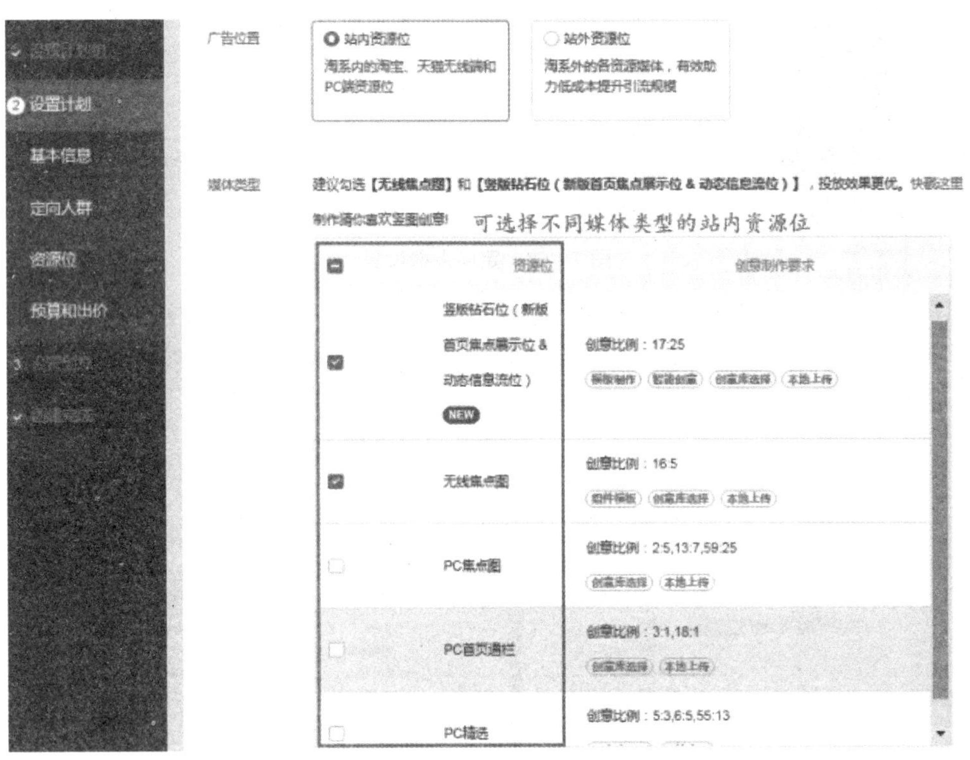

图7－61 不同媒体类型的站内资源位

4. 创意制作

点击"创意"模块里的【图文创意】，可以看到"创意管理""创意回收站""创意模板""创意快捷制作"等设置。

（1）创意库制作。

点击"图文创意"里的【创意模板库】，可选择对应模版，如图7－62所示。

（2）已有计划绑定创意。

点击【计划】模块，可对不同的人群进行创意制作，如图7－63所示，选择"自定义计划"，点击【从创意库选择】可添加已完成制作的创意；点击【添加创意】可进行新的创意制作。

活动评价：

通过此活动的学习，徐小明及其团队对超级钻展的相关知识有了一定了解，同时通过超级钻展的实践活动，加深了对付费推广操作的掌握，能有效提升店铺商品的销量和店铺的运营效果。

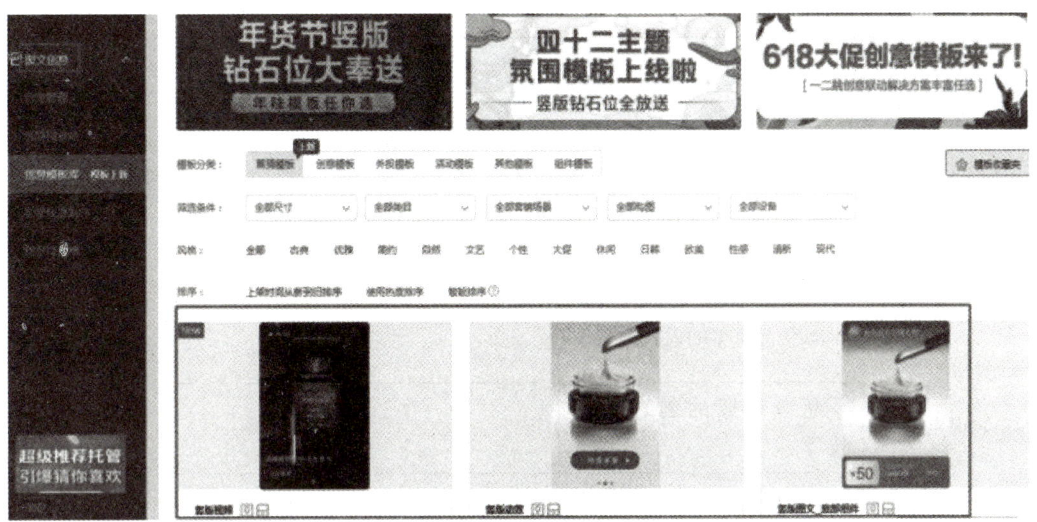

图7-62　创意库制作

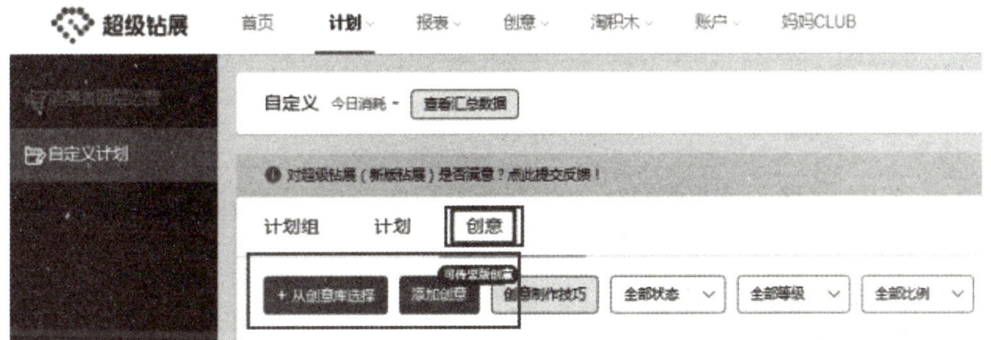

图7-63　已有计划绑定创意

项目总结：

流量是网店赖以生存的源泉，网店必须持之以恒地对店铺及店铺内的商品进行推广与营销，获得尽可能多的流量，使店铺不断成长壮大。本项目从提高商品的搜索排名、打造明星爆款产品、应用淘宝直通车这类引流工具，以及使用店铺平台内的诸多商品促销工具等方面，全面介绍了不同层次、不同方面的网店推广与营销方法。

通过学习，总结整理实施过程中遇到的问题，讨论、整理出解决方案并填写下面的知识及技能总结表格（见表7-3）。

表7-3　知识及技能总结

<table>
<tr><td colspan="4">班级：　　　　姓名：　　　　学号：　　　　完成时间：</td></tr>
<tr><td colspan="4">任务名称：　　　　组长签字：　　　　教师签字：</td></tr>
<tr><td>类别</td><td>索引</td><td>学生总结</td><td>教师点评</td></tr>
<tr><td rowspan="2">知识点</td><td>生意参谋的数据查看</td><td></td><td></td></tr>
<tr><td>访客数、浏览量、跳失率等淘宝数据</td><td></td><td></td></tr>
</table>

续表

班级：	姓名：	学号：	完成时间：
任务名称：	组长签字：	教师签字：	
类别	索引	学生总结	教师点评
知识点	提高商品搜索排名的方法		
	淘宝直通车的设置方法		
	超级钻展的创意制作技巧		
	淘宝常用的商品促销工具		
	淘宝促销工具的使用方法		
技能点	对访客数据进行简要分析		
	提高商品的搜索排名		
	根据实际情况开展 1 ~ 2 个付费推广活动，并将推广前后店铺的各项推广指标进行对比，进行简单的推广效果分析		
	合理使用淘宝促销工具		
操作总结	操作流程		
	注意事项		
反思			

网店流量与推广
课外拓展

任务实训：

任务实施提示：

建好网店后，如何让买家了解网店的产品？如何让买家光顾店铺？唯一的方法就是通过网店卖家积极主动的推广。如今网络信息传播能力不逊于广告媒体，电子商务前景可观，可利用的推广平台比比皆是，因此，要想让小店广泛地被人们熟知，可以利用几个不同的途径进行推广。

任务部署：

阅读教材相关知识，按照任务单 7 的要求完成学习工作任务。

任务单 7　撰写营销策划书并布置一次推广活动

任务名称	撰写营销策划书并布置一次推广活动	任务编号	7
任务说明	通过完成撰写营销策划书并布置一次推广活动，掌握撰写网店营销策划书的方法、具体营销推广工具的使用方法		
任务实施	（1）登录前面项目实训部分所建立的网店。确定进行推广的对象（店铺或某产品）		
	（2）确定对象后，了解网站平台上的各种推广或促销工具，观摩其他网店的促销或推广活动，并进行总结与分析，然后据此撰写一份营销策划书或网店促销方案		
	（3）根据方案，使用一款或多款网店推广工具或针对产品的促销工具进行营销活动		
教师评语			
实训成绩		实训任务书成绩	

项目八

移动端网店的设置与推广

能力目标

能设置移动端网店的店铺装修（主要是网店的店标和店招设置）、首页页面装修、商品详情的制作等；

能利用“码上淘”“手机海报”“宝贝推广位”等形式推广移动端网店。

知识目标

掌握设置移动端网店店招和店标的方法；

掌握移动端网店首页页面装修的方法；

掌握移动端网店中商品详情的制作方法；

掌握对移动端网店进行营销推广的方法。

素质目标

培养团队协作精神；

培养创新思维和灵活运用知识的能力；

培养良好的职业素养和勤奋工作的基本素质；

培养分析问题、解决问题的能力。

思政目标

电子商务体系发展日趋成熟，移动端电商创业逐渐深入大众视野，全民带货时代下带来的机遇与挑战并存，这大大加强了民族自信心和社会责任感。

项目综述

2021 年中国移动端网购交易规模突破 8 万亿元，在开展过互联网营销的企业中，通过移动互联网进行营销推广的比例已超过 80%。网络购物中，移动端消费已经成为主流。作为创业大军之一的徐小明及其团队，已经掌握了网上开店及运营的基础知识。但除了经营好电脑 PC 端网店外，他们也要重视移动端店铺的运营和管理。希望通过本项目的学习，大家能够了解移动端网店设置与推广的相关知识。

任务一　装修移动端网店

情境设计：

店铺设置是移动端网上开店的基础工作，可以使商家的店铺运营更加有效果，还能体现出商家对店铺的重视程度。徐小明及其团队将对移动端的网店进行装修，通过店铺装修，提高消费者对商家的信任度和好感度。本任务将带领大家一起学习移动端网店的店铺基本设置。

任务分解：

装修移动端网店这一环节中，涉及三个活动任务，即移动端网店的店铺装修、移动端网店的首页页面装修和移动端网店中商品详情的制作。

活动 1　移动端网店的店铺装修

活动背景：

移动端店铺数量众多，品类也不尽相同，如何让移动端网店给消费者留下深刻印象，对于徐小明及其团队来说，掌握店铺的基本设置是基础。移动端店铺基本设置不仅能够全面地展现店铺的经营类别，还可以比较直观地宣传店铺的优势及特点。接下来我们将学习移动端网店的店铺装修。

活动实施：

随着移动智能设备的兴起与壮大，移动购物渐渐成为网络购物的主流形式，很多电子商务平台也都开发了移动端的 App。手机淘宝客户端是淘宝网官方出品的手机应用软件，它为卖家进行手机开店活动提供了平台。手机淘宝客户端依托淘宝网强大的自身优势，整合阿里巴巴旗下淘宝、团购聚划算、天猫、一淘等为一体，为买家提供了更方便、更快捷、更流畅、随时随地进行移动购物的完美体验。

下面以淘宝网为例，首先来了解一下移动端网店的店铺装修。

1. 移动端网店的装修入口

步骤 1：进入淘宝网“卖家中心”页面，点击左侧“店铺管理”快捷应用区域中的【手机淘宝店铺】超链接，如图 8 – 1 所示。

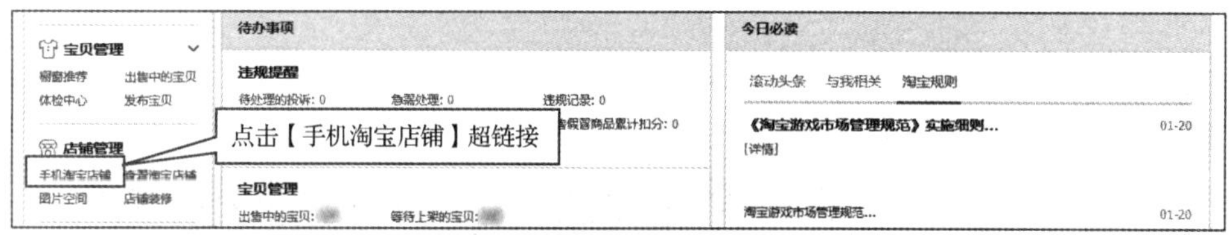

图 8 – 1　淘宝网“卖家中心”页面

步骤 2：在打开的“手机淘宝店铺”页面中，点击“无线店铺”区域下方的【立即装修】按钮，如图 8 – 2 所示。

步骤 3：在打开的“无线运营中心”页面中点击【店铺装修】按钮，如图 8 – 3 所示。

步骤 4：在“装修手机淘宝店铺”页面中点击【店铺首页】按钮，如图 8 – 4 所示。

步骤 5：在打开的“手机淘宝店铺首页”装修页面中对首页进行装修后，点击【保存】按钮，可以保存目前移动端首页的装修状态；点击【发布】按钮，可以发布无线端页面，如图 8 – 5 所示。

2. 设置移动端网店的店标和店招

（1）进入店铺头模块编辑页面。

步骤 1：进入“手机淘宝店铺首页”装修页面。在页面中，点击店铺头模块区域，如图 8 – 6 所示。

图 8－2 “手机淘宝店铺”页面

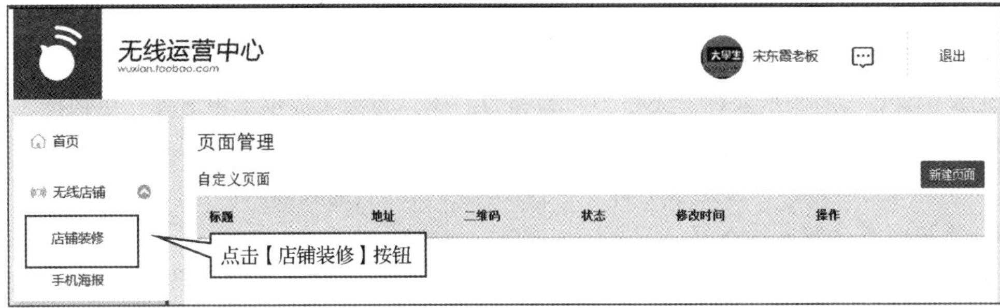

图 8－3 “无线运营中心”页面

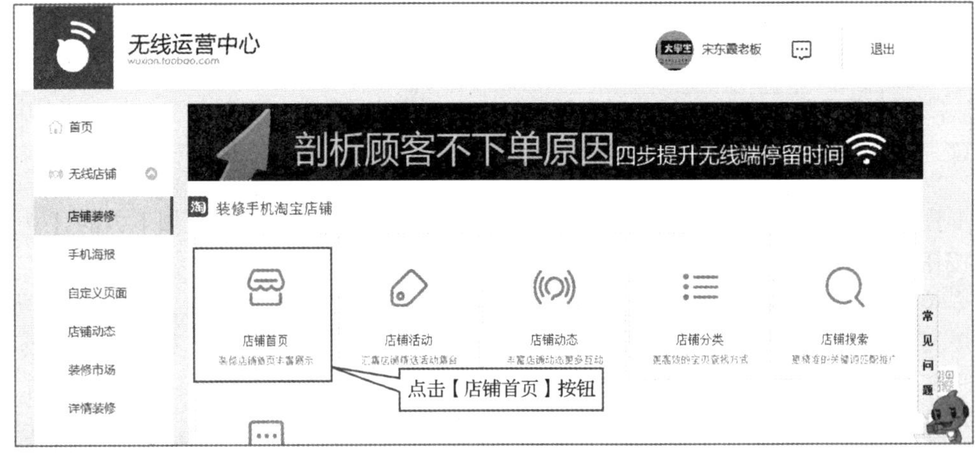

图 8－4 “装修手机淘宝店铺”页面

图 8－5　保存和发布移动端页面

图 8－6　"手机淘宝店铺首页"装修页面

步骤 2：在右侧自动打开的"店铺头模块"编辑页面中添加店招图片、修改店铺标识，以及设置移动端淘宝链接地址，如图 8－7 所示。

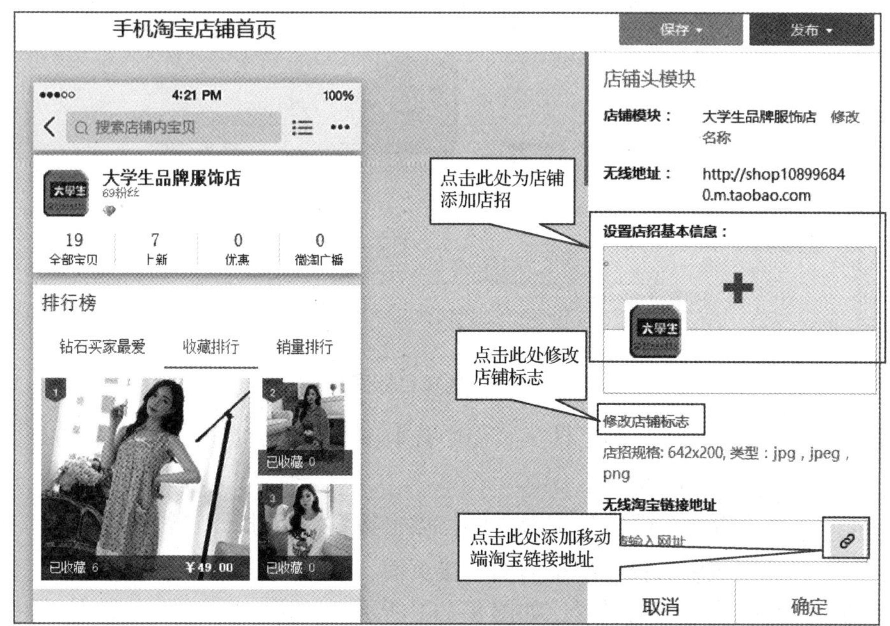

图 8－7　"店铺头模块"编辑页面

（2）店招的设置。

店招图片规格为：642 像素 ×200 像素；格式类型为 JPG、JPEG、PNG。

步骤 1：在“店铺头模块”编辑页面中，点击图标✚，然后在弹出的“图片小工具”页面中点击“上传新图片”选项卡，从图片目录中选择图片要放置的空间位置，点击【添加图片】按钮，如图 8－8 所示。

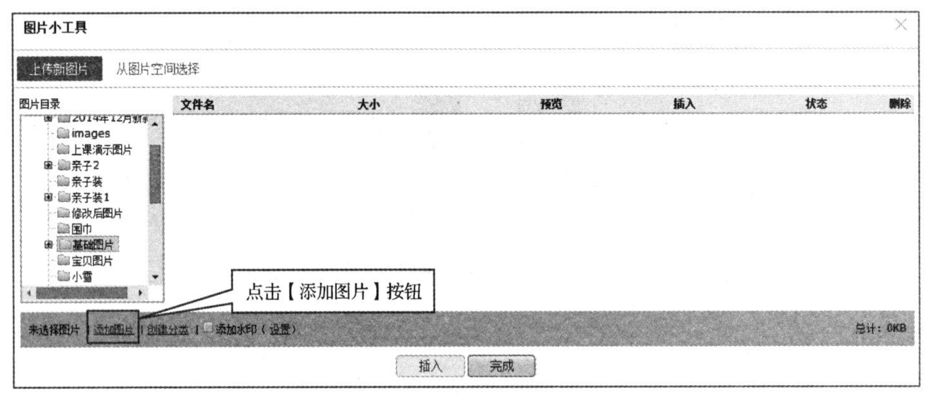

图 8－8 “图片小工具”页面

步骤 2：在弹出的“打开”对话框中选中目标图片，点击【打开】按钮，如图 8－9 所示。

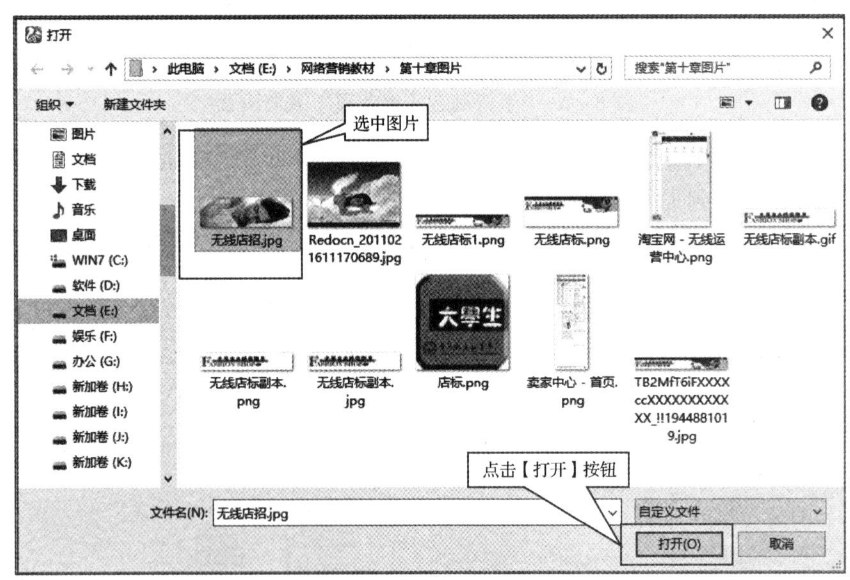

图 8－9 选择目标图片

步骤 3：在弹出的“图片小工具”页面中裁剪图片，然后点击【上传】按钮，即可完成店招的插入，如图 8－10 所示。

步骤 4：返回“店铺头模块”编辑页面，点击按钮🔗可打开“链接小工具”对话框。在对话框左上方的区域中选择需要指向的链接页面，然后点击右侧【选择链接】按钮，即可完成移动端淘宝链接地址的设置，如图 8－11 所示。

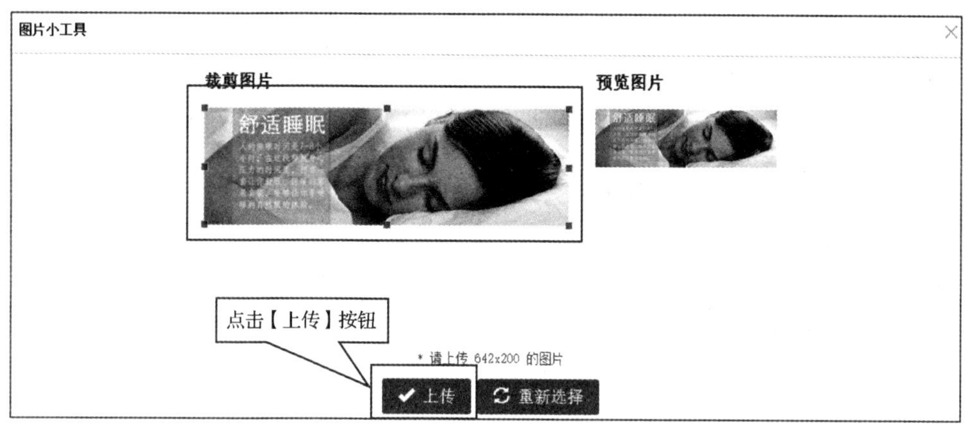

图 8－10　裁剪图片

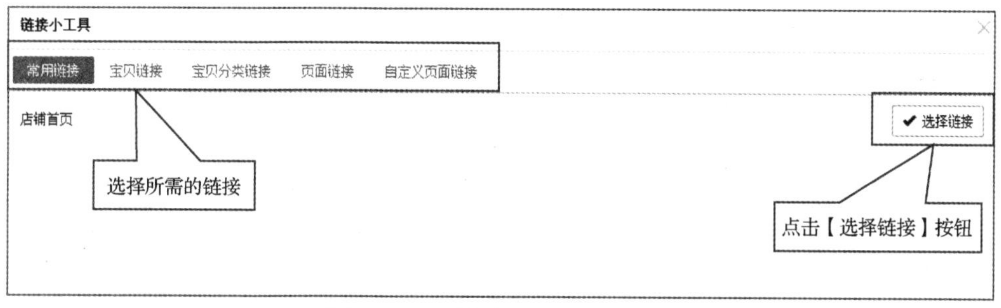

图 8－11　“链接小工具”对话框

步骤 5：返回“店铺头模块”编辑页面后，点击【确定】按钮完成店招的设置，如图 8－12 所示。

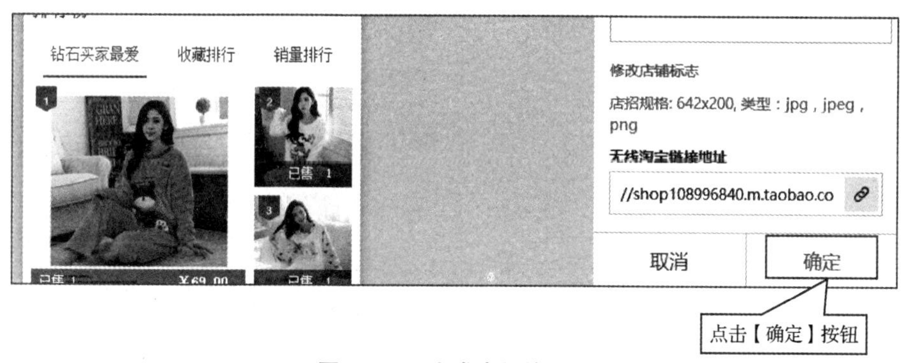

图 8－12　完成店招的设置

（3）店标的设置。

卖家在开通移动端店铺之后，原来的店标图片未必能同时满足移动端店铺的需求，因此还需要对店标图片进行修改。

步骤 1：进入“店铺头模块”页面，点击【修改店铺标志】按钮。页面将会跳转到淘宝网“卖家中心”下的“店铺基本设置”页面。在页面中点击【上传图标】按钮即可修改店铺图标，如图 8－13 所示。最后点击【保存】按钮完成设置。

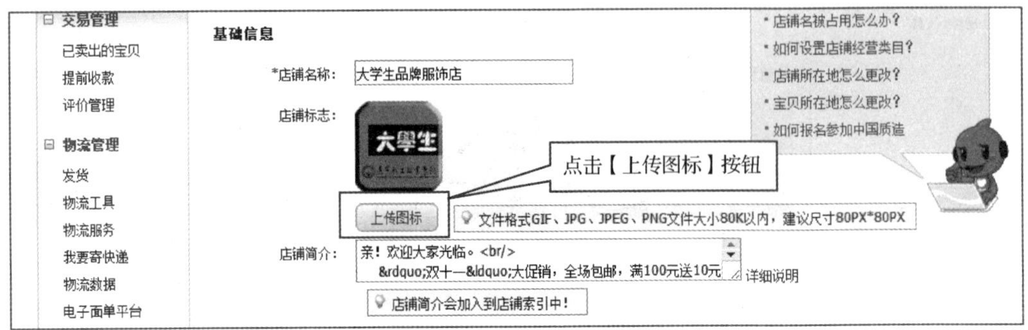

图 8－13 修改店标

步骤 2：返回“店铺头模块”编辑页面，点击【确定】按钮店铺标志修改成功，如图 8－14 所示。

步骤 3：设置完成后的展示效果如图 8－15 所示。

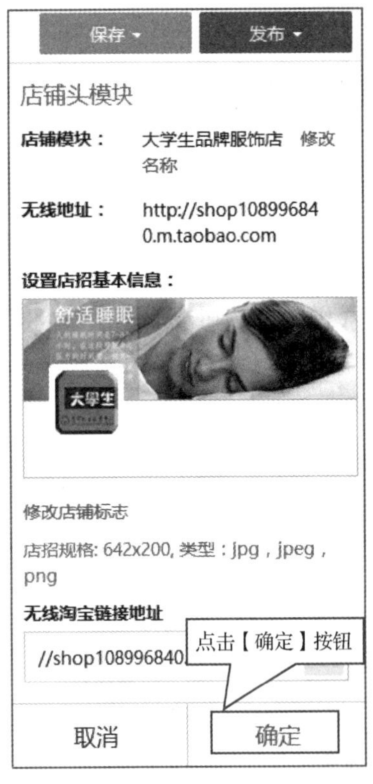

图 8－14 完成设置

图 8－15 设置完成后的效果

活动 2 移动端网店的首页页面装修

活动背景：

通过活动 1 的学习，徐小明及其团队已经了解了移动端网店的店标和店招设置，他们接下来将继续学习移动端网店首页页面装修。

活动实施：

1. 移动端网店首页页面装修概述

下面以淘宝网为例，介绍淘宝移动端网店的页面装修。

淘宝移动端店铺装修里提供的基础模块分为“宝贝类”“图文类”“营销类”“个性化组建”和“其他”五大类。而手机淘宝店铺首页需要设置的内容通常包括以下几个区域：首屏海报专区、优惠券专区、产品分类专区、手机专享价专区、自定义专区、宝贝推荐专区等，如图8－16所示。

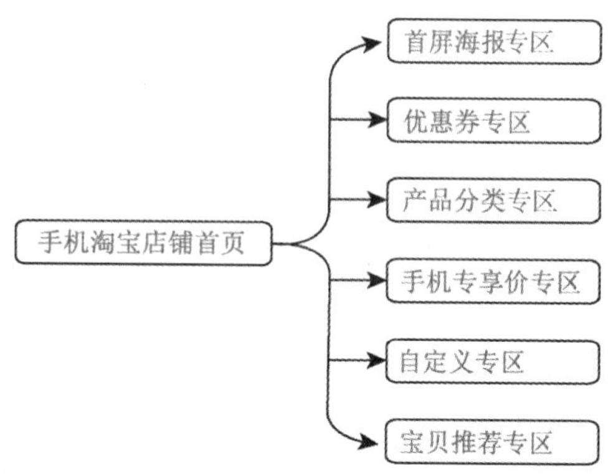

图8－16　手机淘宝店铺首页结构图

2. 首屏海报专区页面设置

在手机淘宝店铺首页中，顶部通常是海报专区，可以使用图文类基础模块下的单列图片模块、焦点图模块、自定义模块编辑，最常用的是焦点图模块。焦点图模块可用来展示店铺优惠活动或主推的宝贝。图片最多为4个，最少1个，图片最佳规格为608像素×304像素。下面使用焦点图模块编辑海报专区，操作流程如下：

步骤1：进入手机淘宝店铺首页的店铺装修页面，找到焦点图模块，将其拖动到手机预览图的合适位置，如图8－17所示。

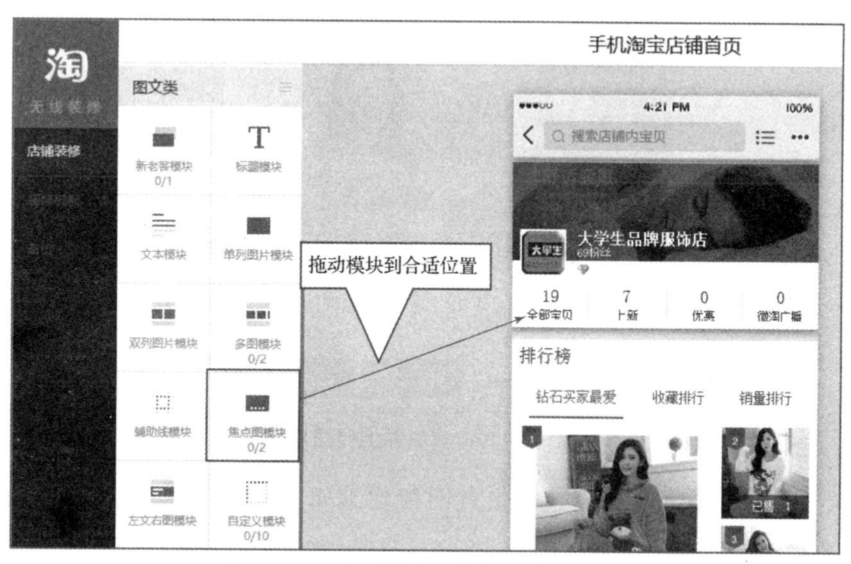

图8－17　拖动焦点图模块到合适位置

步骤2：选中手机预览图中的焦点图模块，然后在右侧焦点图模块编辑页面中点击按钮＋，如图8－18所示。

图8－18 为焦点图模块添加图片

步骤3：使用弹出的“图片小工具”上传本地文件夹里的目标图片，并进行简单的裁剪，完成后点击【上传】按钮完成操作，如图8－19所示。

图8－19 剪裁并上传图片

步骤4：返回店铺装修页面，在焦点图模块编辑页面中点击按钮🔗，如图8－20所示。

图 8－20　为焦点图模块中的图片设置图片链接

步骤 5：在打开的“链接小工具”对话框中，选择图片所需指向的宝贝链接，本例为设置首屏海报专区，所以点击“宝贝链接”选项卡，选中宝贝链接后点击【选择链接】按钮，即可完成焦点图片的链接设置，如图 8－21 所示。

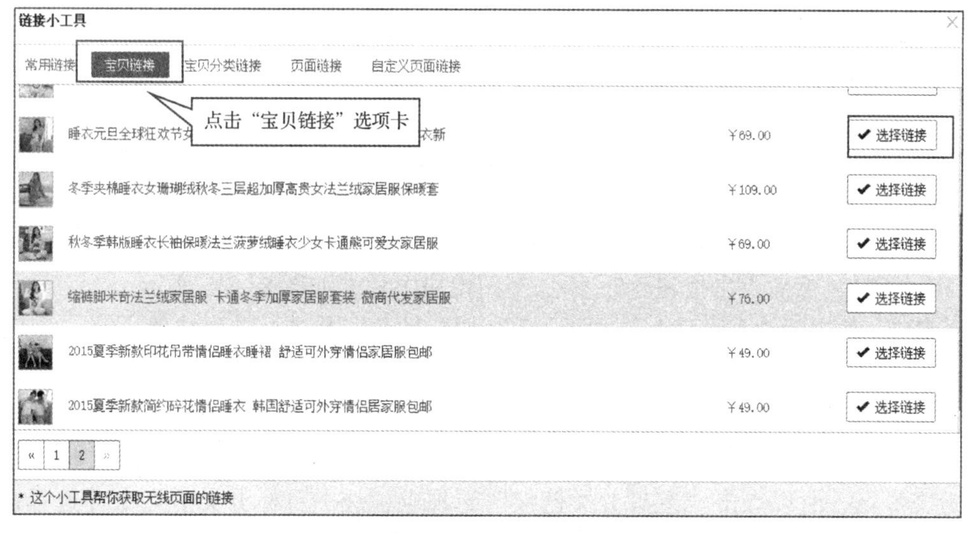

图 8－21　选择图片所指向的宝贝链接

步骤 6：返回焦点图模块编辑页面，点击按钮＋，可继续添加焦点图片，然后点击按钮 设置焦点图片链接。最多可添加 4 张焦点图片，最后点击【确定】按钮完成添加，如图 8－22 所示。编辑完成后的效果如图 8－23 所示。

图 8－22 继续添加焦点图片

图 8－23 首屏海报专区效果

3. 产品分类专区页面设置

在海报专区的下方，通常会放置店铺的产品分类专区，对其可以使用图文类模块下的多图模块、双列图片模块进行编辑。下面使用多图模块编辑手机淘宝店铺的产品分类专区。多图模块图片最多 6 个，最少 3 个，最佳图片尺寸为248 像素 ×146 像素。操作流程如下：

步骤 1：进入手机淘宝店铺首页的店铺装修页面，找到多图模块，将其拖动到手机预览图的合适位置，如图 8－24 所示。

步骤 2：选中手机预览图中的多图模块，在右侧多图模块中编辑该区域的标题（不超过 10 个字），然后点击按钮＋，添加多图模块图片，如图 8－25 所示。

步骤 3：使用图片小工具上传"春季家居服"图片，并进行适当裁剪，最后点击【上传】按钮完成操作，如图 8－26 所示。

步骤 4：返回店铺装修页面，在多图模块编辑页面中，点击按钮🔗，如图8－27 所示。

步骤 5：打开"链接小工具"对话框，选择图片所指向的宝贝分类链接，本例为设置产品分类专区，所以点击"宝贝分类链接"选项卡，选中目标分类后点击【选择链接】按钮，即可完成多图模块图片的链接设置，如图 8－28 所示。

步骤 6：在右侧多图模块编辑页面中，继续点击按钮＋添加新的多图模块图片，点击🔗设置多图模块图片链接。最多可添加 6 张图片，最后点击【确定】完成编辑，如图 8－29 所示。

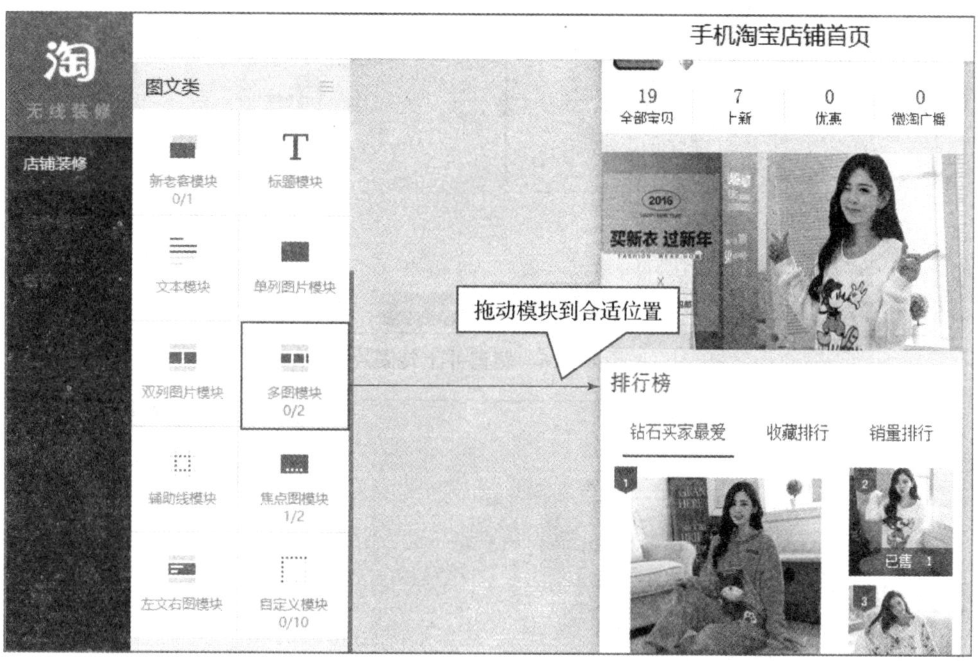

图 8-24 拖动多图模块到合适位置

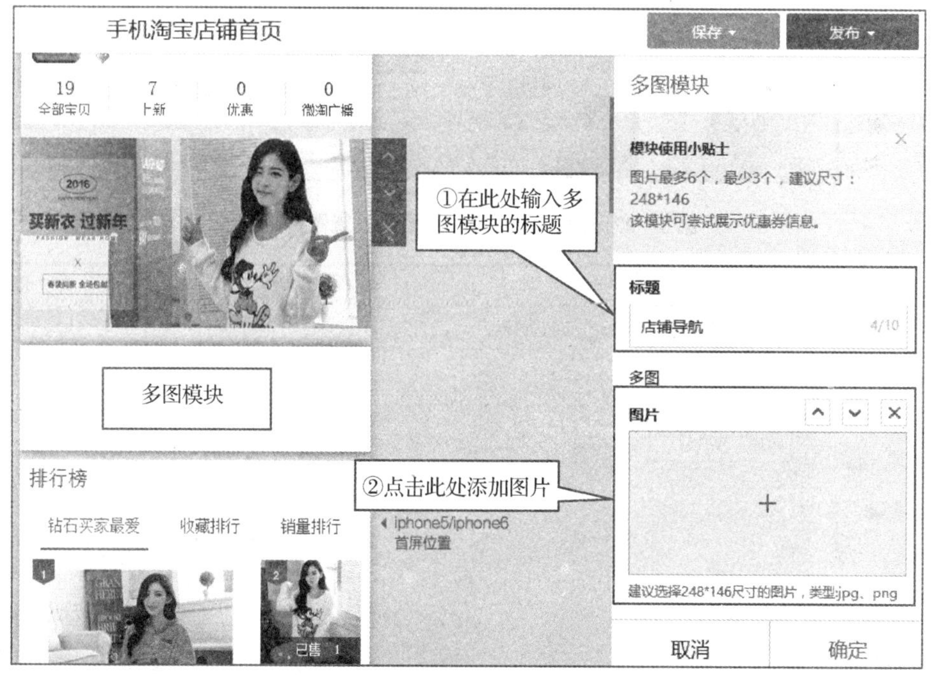

图 8-25 编辑多图模块的标题

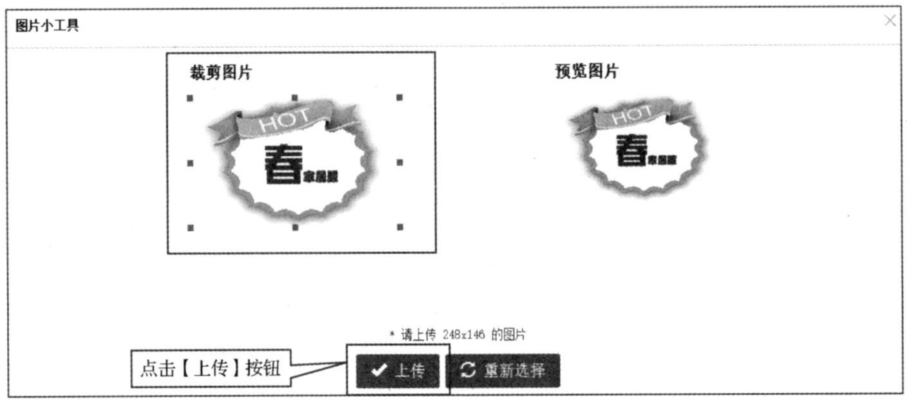

图 8－26 裁剪并上传图片

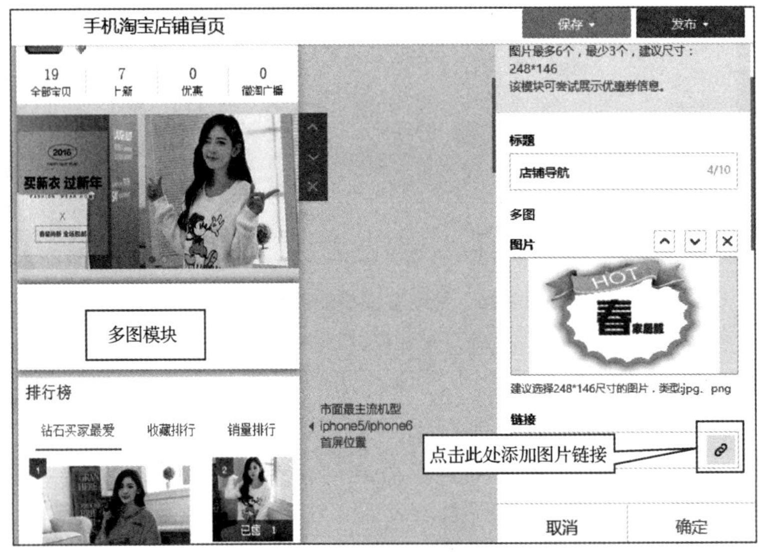

图 8－27 为多图模块中的图片设置图片链接

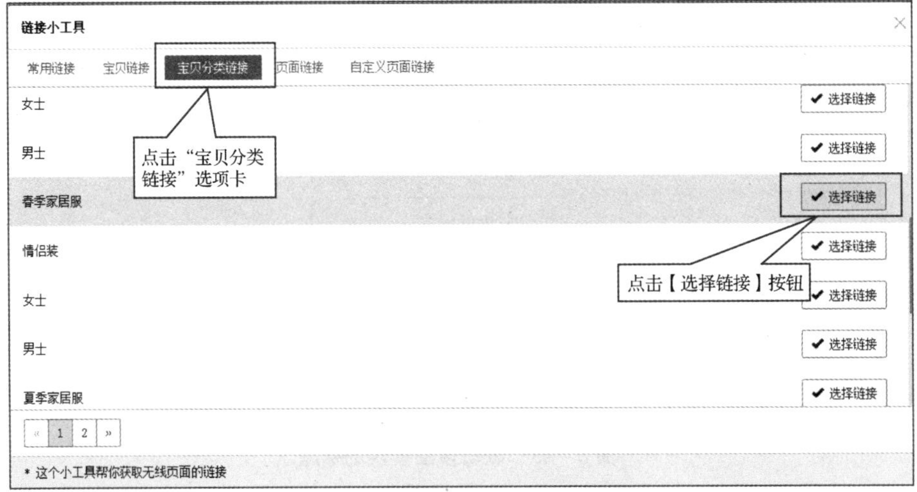

图 8－28 选择图片所指向的宝贝链接

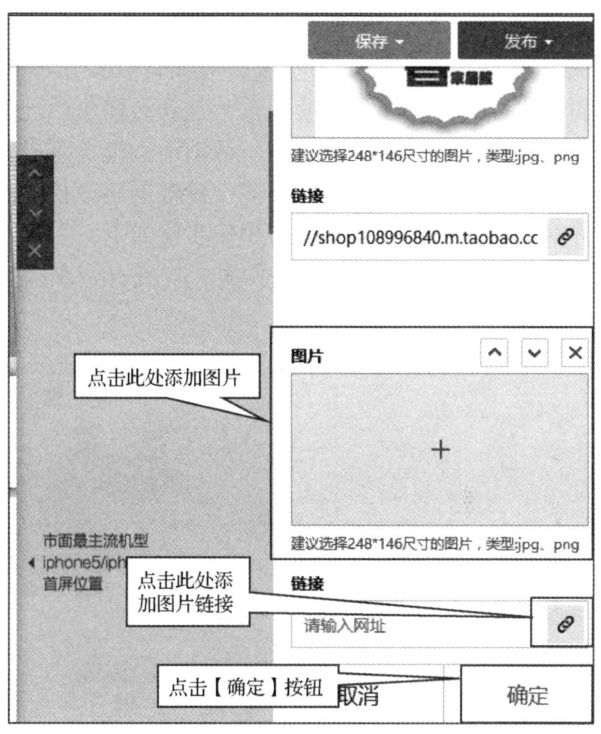

图 8－29　继续添加图片

步骤 7：产品分类专区的编辑效果如图 8－30 所示（在手机淘宝店铺页面可用滑动的方式显示所有店铺分类）。

图 8－30　产品分类专区效果

4. 营销活动专区页面设置

在店铺产品分类的下方通常会放置营销专区，对其可以使用图文类模块的自定义模块、多图模块进行编辑；除此之外，还可以使用营销互动类模块的优惠券模块、店铺红包模块、电话模块、活动组建模块、专享活动模块、活动中心模块等进行编辑。营销活动专区可以制作成优惠券专区、手机专享专区等，具体设置根据店铺目前的营销活动选择。下面使用自定义模块制作满就送优惠券专区，具体操作步骤如下：

步骤1：进入手机淘宝店铺首页的店铺装修页面，找到自定义模块，将其拖动到手机预览图的合适位置，如图8-31所示。

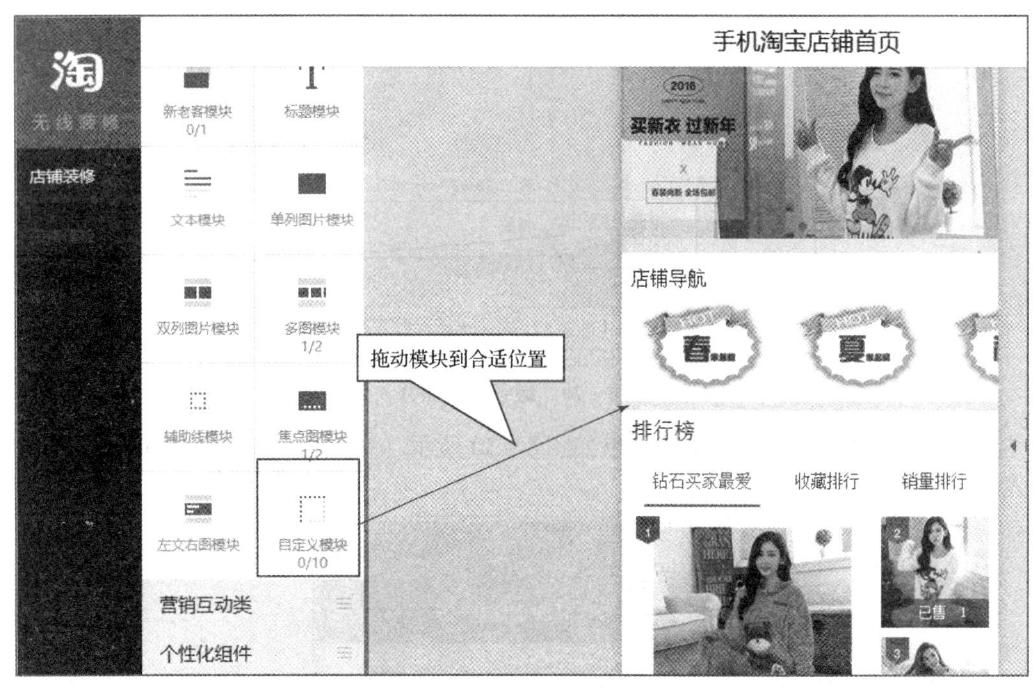

图8-31 拖动自定义模块到合适位置

步骤2：选中手机预览图的自定义模块，拖动自定义模块中的矩形框架并调整任意大小作为放置图片的位置，然后双击该模块确定图片位置，如图8-32所示。

步骤3：确定图片位置后，选中手机预览图中的自定义模块，右侧将出现模块编辑页面。在页面中点击按钮+，添加模块图片，如图8-33所示。

步骤4：使用图片小工具上传“满就送”营销宣传活动图片，并对图片进行简单裁剪，然后点击【上传】按钮，即可完成插入图片操作，如图8-34所示。

步骤5：返回店铺装修页面，在模块编辑页面中点击按钮🔗，如图8-35所示。

步骤6：在打开的“链接小工具”对话框中，选择图片所指向的活动页面链接，本例选择点击“自定义页面链接”选项卡，选中满就送活动页面，然后点击【选择链接】按钮，即可完成模块图片的链接设置，如图8-36所示。

步骤7：返回自定义模块编辑页面，点击【确定】按钮，完成一张自定义模块图片的插入。

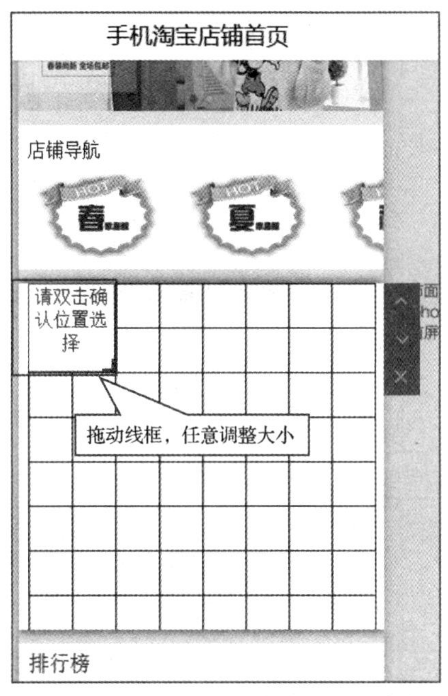

图 8－32　确定自定义模块中的图片大小

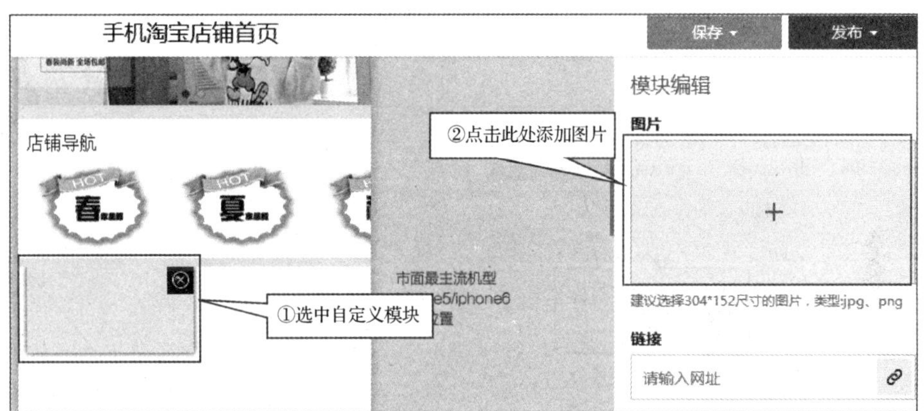

图 8－33　为自定义模块添加图片

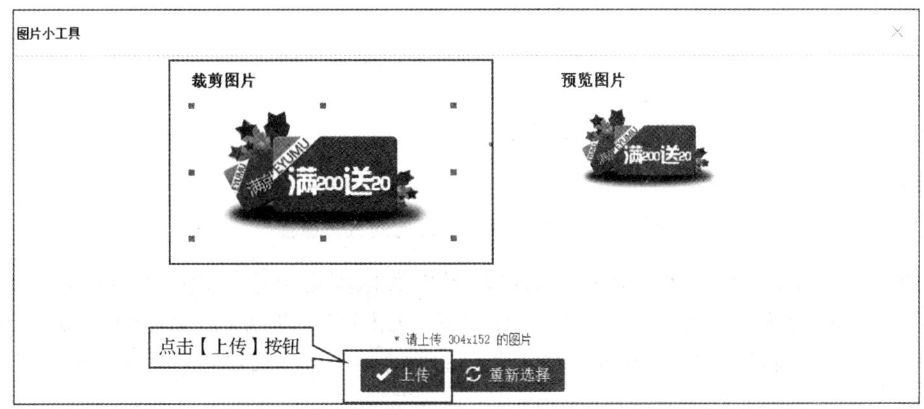

图 8－34　裁剪并上传图片

图 8－35　设置图片链接

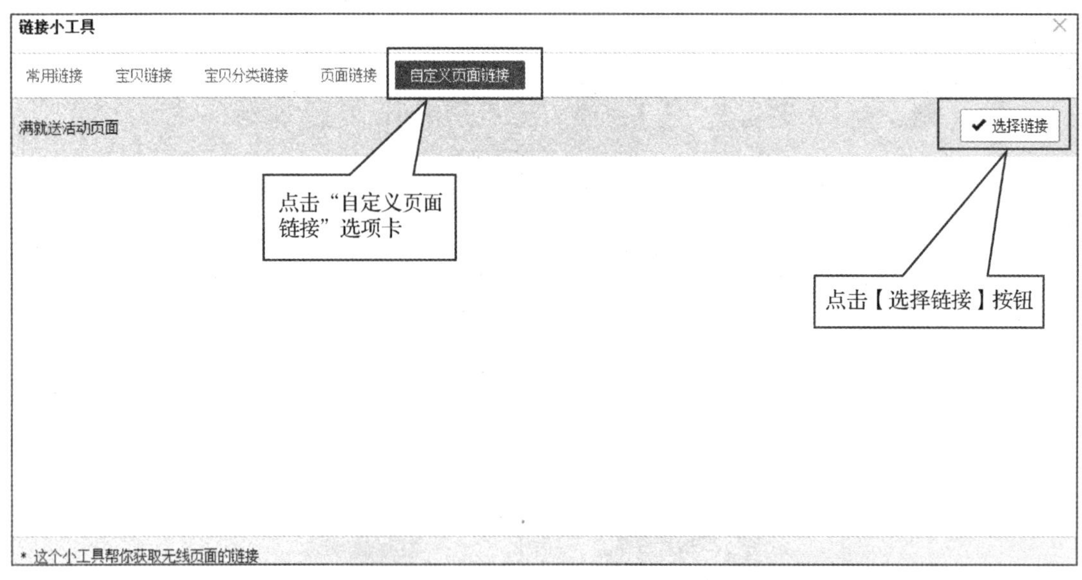

图 8－36　选择图片所指向的宝贝链接

步骤 8：返回手机预览图，在自定义模块中再次拖动矩形框画出任意大小四边形，以作为第二张图片的放置位置，双击确认图片位置，如图 8－37 所示。按以上方法可继续添加新的模块图片，添加图片和添加链接的方法如前所述，完成设置后，最后点击【确定】完成编辑。营销活动专区的编辑效果如图 8－38 所示。

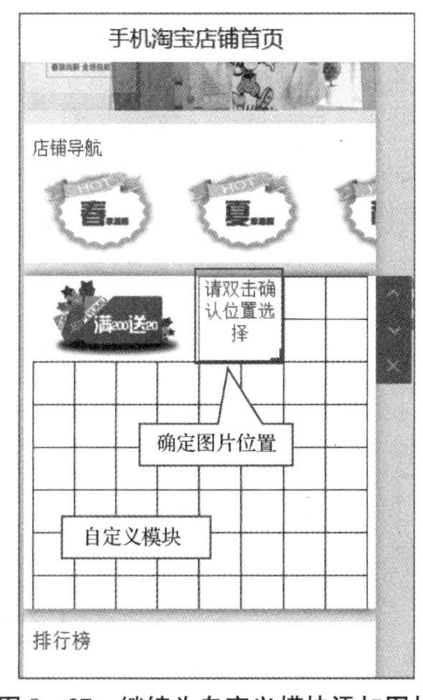

图 8－37　继续为自定义模块添加图片

图 8－38　营销活动专区效果

5. 宝贝推荐专区页面设置

在店铺产品分类的下方通常会放置宝贝推荐专区，对其可以使用宝贝类的模块进行编辑，宝贝类的模块包括单列宝贝模块、双列宝贝模块、宝贝排行榜、搭配套餐模块、猜你喜欢模块等，也可以使用其他类里的宝贝推荐模块进行编辑。

下面使用双列宝贝模块创建宝贝推荐专区，具体操作步骤如下：

（1）创建宝贝推荐专区。

步骤 1：进入手机淘宝店铺首页的店铺装修页面，找到双列宝贝模块，将其拖动到手机预览图的合适位置，如图 8－39 所示。

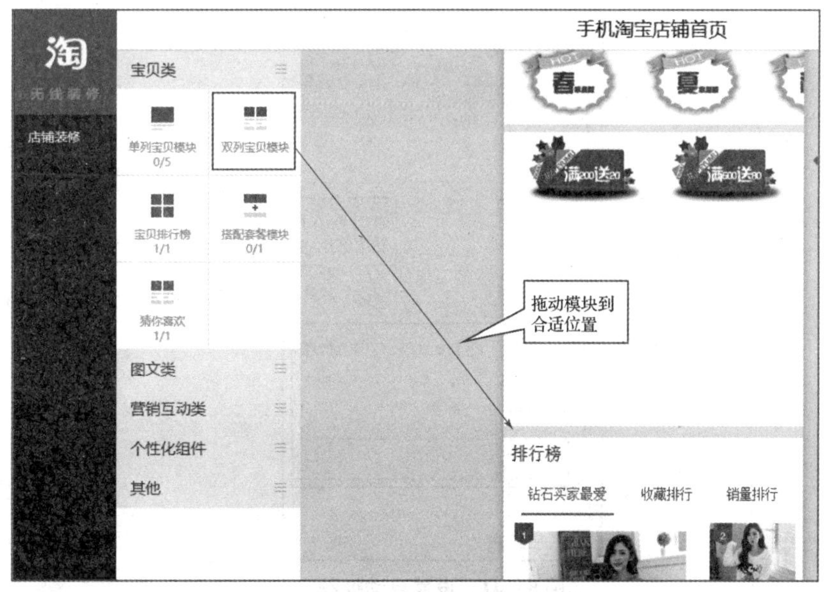

图 8－39　拖动双列宝贝模块到合适位置

步骤 2：选中手机页面版块中的双列宝贝模块，然后在右侧双列宝贝模块编辑页面中编辑该区域的标题。标题不超过 10 个字，如图 8－40 所示。

图 8－40　编辑双列宝贝模块的标题

在右侧双列宝贝模块编辑页面中，设置的推荐类型一共有两种方式：自动推荐和手动推荐。

（2）设置自动推荐。

在右侧双列宝贝模块编辑页面中选中“自动推荐”复选项，然后输入宝贝个数，最后点击【确定】按钮即可，如图 8－41 所示。

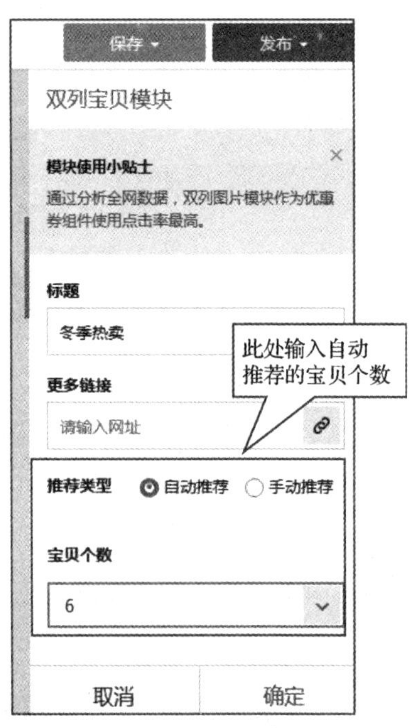

图 8－41　设置自动推荐

步骤1：在右侧双列宝贝模块编辑页面中选中“手动推荐”复选项，然后点击按钮＋，即可手动推荐宝贝，如图8－42所示。

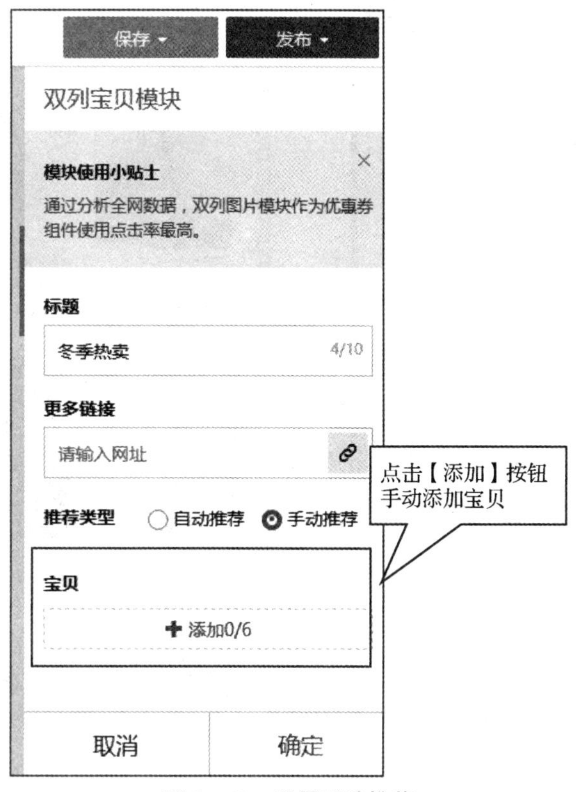

图8－42　设置手动推荐

步骤2：在打开的“商品小工具”对话框中，选择要推荐的宝贝，并点击【完成】按钮，如图8－43所示。

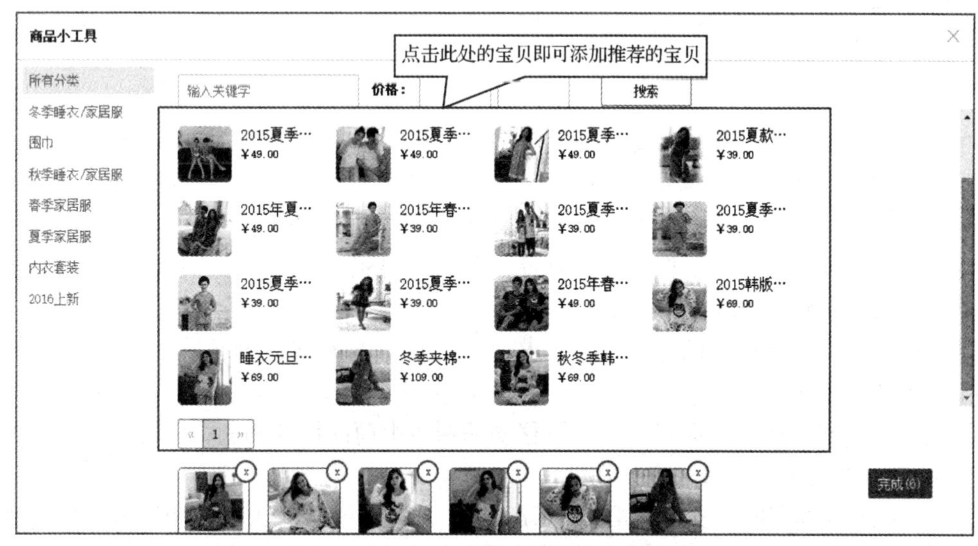

图8－43　选择要推荐的宝贝

步骤3：在双列宝贝模块编辑页面中点击【确定】按钮完成设置，如图8－44所示。

步骤4：使用双列宝贝模块编辑的宝贝推荐专区效果如图8－45所示。

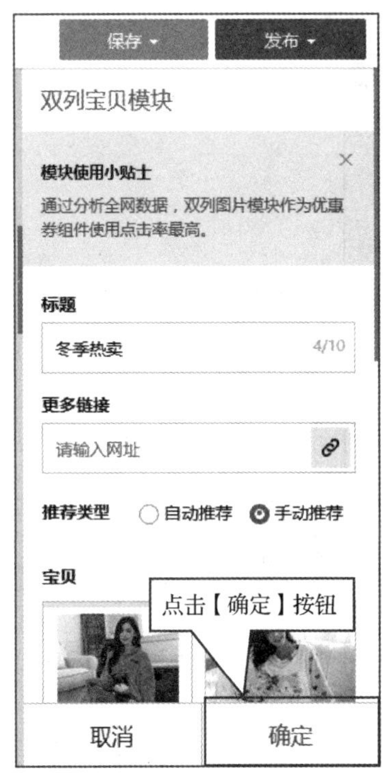

图8－44　完成设置

图8－45　宝贝推荐专区效果

活动3　移动端网店中商品详情的制作

活动背景：

通过活动2的学习，徐小明及其团队已经了解了移动端网店首页海报专区页面、产品分类专区页面、营销活动专区页面和宝贝推荐专区页面设置，他们接下来将学习移动端网店中商品详情的制作。

活动实施：

虽然移动端宝贝详情和PC端宝贝详情略有不同，但是和PC端宝贝详情一样，移动端宝贝详情也是需要卖家编辑并上传的。

移动端宝贝详情可以插入图片、音频和文字，大小不能超过1.5兆。

移动端宝贝详情所插入的图片格式要求：宽度在480～620像素，高度在960像素以下；格式仅支持JPG、GIF、PNG三种。

移动端宝贝详情所插入的音频格式要求：仅支持mp3格式；单通道，8千赫兹；文件大小不超过200千字节。

下面以淘宝网为例，来简单了解一下移动端网店中商品详情的制作流程。

1. 在卖家中心生成移动端宝贝详情

步骤1：进入淘宝网“卖家中心”，点击左侧“宝贝管理”快捷应用区域中的【出售中的宝贝】超链接，从打开的页面中找到需要发布移动端宝贝详情的宝贝，点击【编辑宝贝】按钮，或者点击【立即编辑】按钮。需要注意的是，淘宝对是否发布移动端宝贝详情有区分，具体内容如图 8-46 所示。

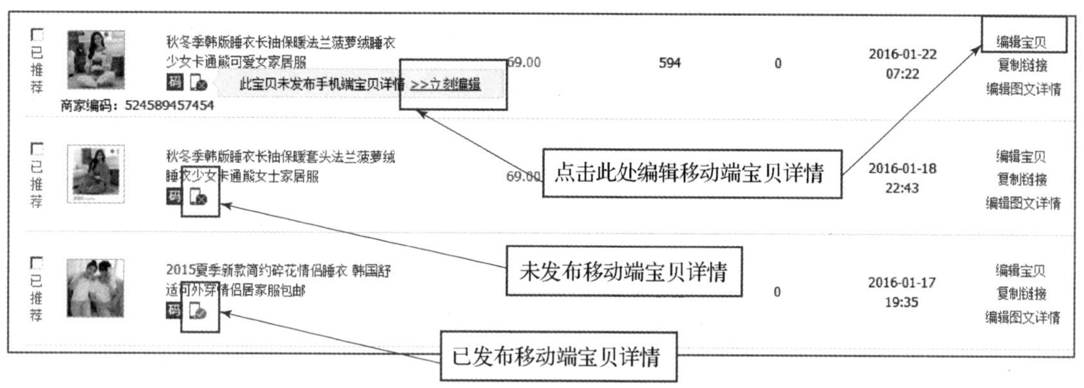

图 8-46　出售中的宝贝

步骤 2：在打开的“宝贝基本信息”页面中，点击“宝贝描述”编辑区域下的【手机端】选项卡，然后点击【导入电脑端宝贝详情】按钮，如图 8-47 所示。

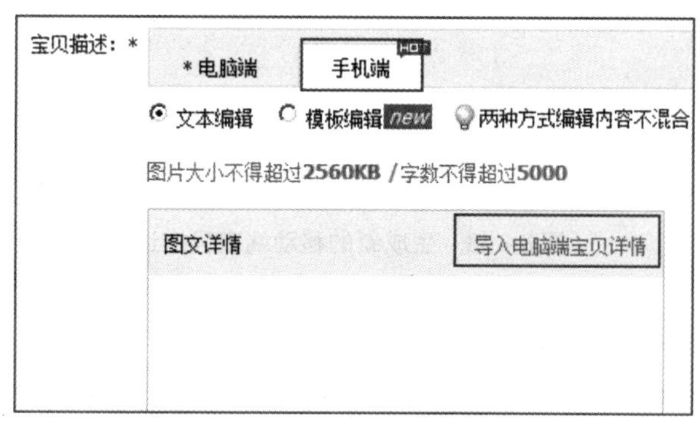

图 8-47　“宝贝描述”编辑区域

步骤 3：在【导入电脑端宝贝详情】按钮的下方将弹出提示，点击【确认生成】按钮后，将清空已有移动端宝贝描述，并自动删除移动端宝贝详情中无法正常显示的图片，如图 8-48 所示。

步骤 4：返回“手机端”选项卡页面编辑页面，可以看到生成的移动端宝贝详情。点击【确认】按钮，完成编辑，如图 8-49 所示。该宝贝详情将会显示在移动端。

2. 淘宝助理“一键适配”移动端宝贝详情页

卖家可以利用淘宝助理对移动端详情页进行“一键适配”，具体操作流程如下：

步骤 1：进入淘宝助理的“宝贝管理”页面，选中需要进行移动端详情页设置的宝贝，然后点击“手机详情”选项卡，如图 8-50 所示。

步骤 2：在打开的“手机详情”编辑页面中，点击“导入”下拉框中的【导入页面版详情】，如图 8-51 所示。

步骤 3：在弹出的“一键导入”对话框中点击【是】按钮，如图 8-52 所示。导入页面端详情操作将会清空已有移动端宝贝描述。

步骤 4：返回“手机详情”编辑页面后，点击【一键适配】按钮，将一键完成所有的图片的移动端宝贝详情的适配。也可以点击图片下方的【点击适配】按钮，对单个图片进行操作，如图 8-53 所示。

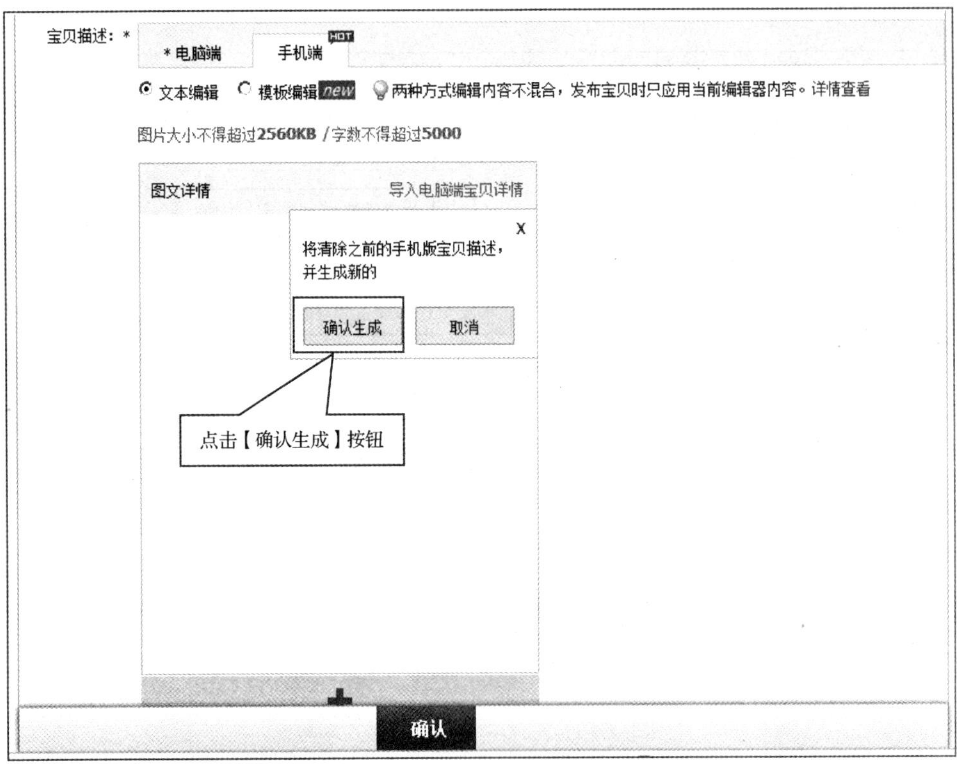

图 8－48　生成新的移动端宝贝描述

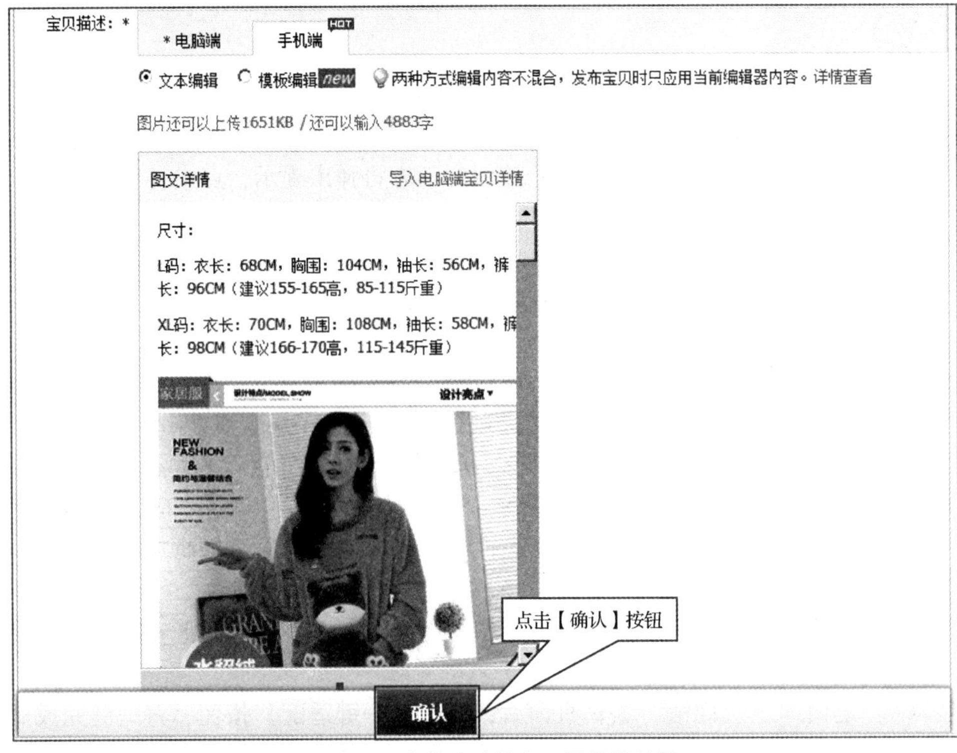

图 8－49　完成移动端宝贝详情的编辑

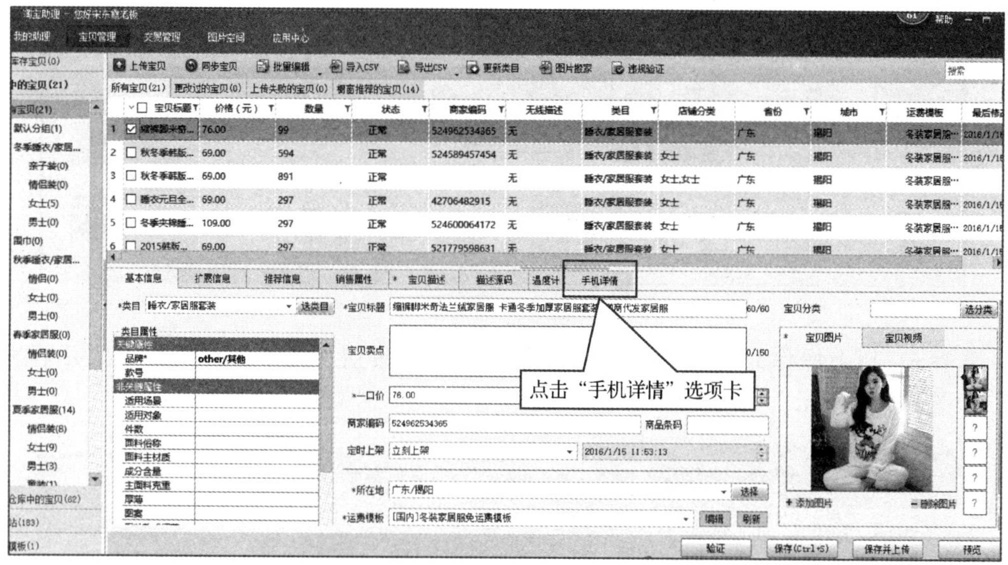

图 8－50　淘宝助理的“宝贝管理”页面

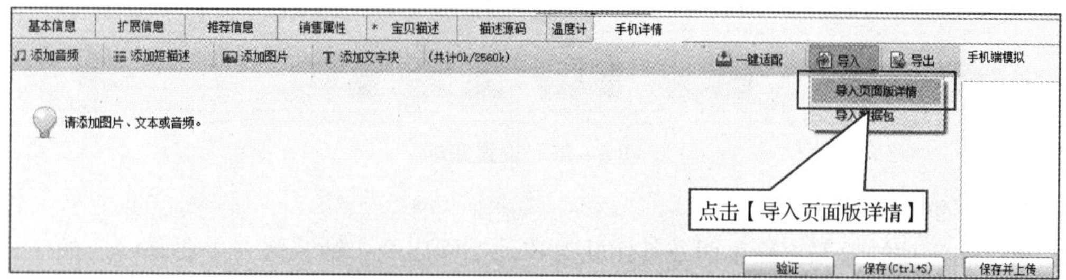

图 8－51　“手机详情”编辑页面

图 8－52　“一键导入”对话框

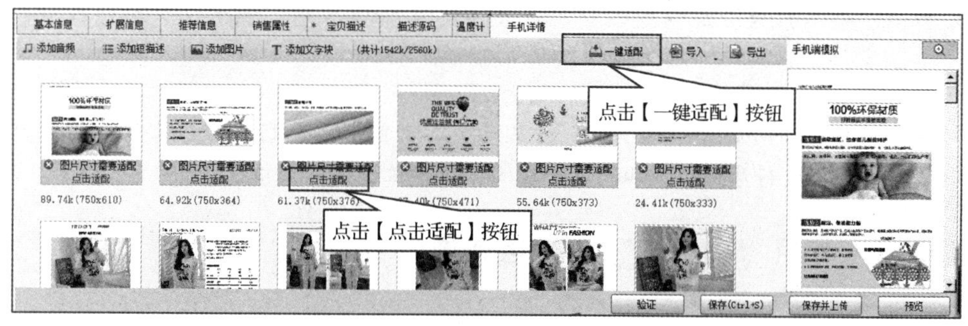

图 8－53　“手机详情”编辑页面

步骤 5：调整图片。选中目标图片后，在图片的下方将出现 3 个工具，可分别执行向前移动一个位置、向后移动一个位置及删除图片的操作，如图 8－54 所示。

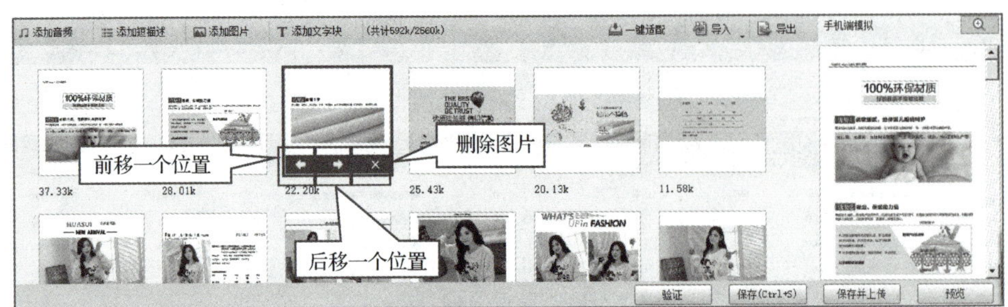

图 8－54　调整图片

步骤 6：以上操作完成后，点击【保存并上传】按钮。该宝贝详情将会显示在移动端，如图 8－55 所示。

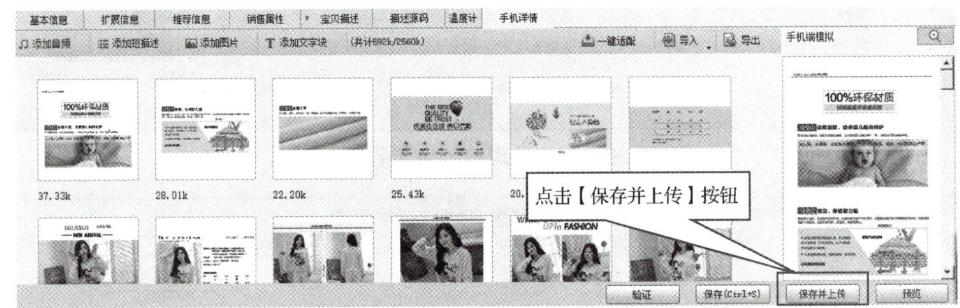

图 8－55　设置完成

活动评价：

通过此活动的学习，徐小明及其团队对移动端网店的店铺装修（主要是网店的店标和店招设置）、首页页面装修、商品详情的制作等常规设置有了一定的了解，并逐渐掌握了建立移动端网店的方法。

任务二　营销推广移动端网店

情境设计：

移动营销是电子商务的一种发展趋势，徐小明及其团队切实地感受到移动端网店的营销推广对店铺流量和转化率的巨大影响。本任务将带领大家一起学习移动端网店的营销推广。

任务分解：

营销推广移动端网店这一环节中，涉及三个活动任务，即利用“码上淘”进行店铺推广、利用手机海报进行店铺推广和利用手机淘宝推广位进行店铺推广。

活动 1　利用“码上淘”进行店铺推广

活动背景：

移动端网店的运营推广手段有很多，以淘宝网为例，如直通车、限时打折、满就送、搭配套餐、第三方工具、淘宝官方活动等这些常用的推广手段都可以应用到移动端。除此之外，淘宝网还提供了移动端的专用营销工具，如码上淘、手机海报、手机专享价、无线会员卡、店铺宝箱等。徐小明及其团队成员首先学习如何利用“码上淘”进行店铺推广。

活动实施：

1. 认识“码上淘”

“码上淘”业务是基于手机淘宝扫码场景下丰富的官方运营的二维码（或条形码）业务与商家自行研发的各种个性二维码营销服务场景的业务集合。

阿里巴巴集团自2014年发布“码上淘”开放战略以来，基于“码上淘”平台的“商品码”“服务码”“码上店”“互动码”和“媒体码”这五大应用已经服务数百万卖家，为数千万消费者提供了便捷的二维码使用体验。

二维码是一种将网址、文字、图片等信息编译成为一个方块形条码的图案，淘宝买家通过手机上的二维码识别软件，扫描卖家发布的淘宝二维码，可以直接打开卖家的促销活动、店铺首页、宝贝单品等页面，免去了输入网址、关键词搜索的麻烦。

淘宝卖家可以将二维码印刷到宣传品上（如优惠券、宣传册），随包裹发给买家，吸引买家通过二维码进入店铺进行二次购买，为淘宝店铺带来更多的客流。

另外，卖家还可以在PC店铺和商品详情页中贴出二维码，使买家可以用手机快速收藏店铺，以便随时随地光顾。卖家还可以在平面媒体上发布带有二维码的促销活动。对于有实力的大卖家，还可以在自己的商品上贴上相应的二维码。

2. 卖家利用“码上淘”进行推广的入口

步骤1：进入淘宝网“卖家中心”，点击左侧“店铺管理”快捷应用区域中的【手机淘宝店铺】超链接，在打开的“手机淘宝店铺”页面的右侧，点击“码上淘”文字区域下方的【进入后台】按钮，如图8－56所示。

图8－56　“手机淘宝店铺”页面

步骤2：在打开的“码上淘”首页页面中，点击左侧【创建二维码】按钮，在下方显示有“通过工具创建”“通过链接创建”“通过宝贝创建”“通过页面创建”4种创建二维码的方式，如图8－57所示。

3. 申请二维码

申请二维码的具体操作步骤如下（以通过宝贝创建二维码为例）：

步骤1：点击“码上淘”首页左侧的【通过宝贝创建】按钮。进入“通过宝贝创建二维码”第1步：确定扫码内容。在打开的“通过宝贝创建二维码”页面中间的方框内可以查找宝贝，点击进行选择，然后点击“下一步”按钮，如图8－58所示。

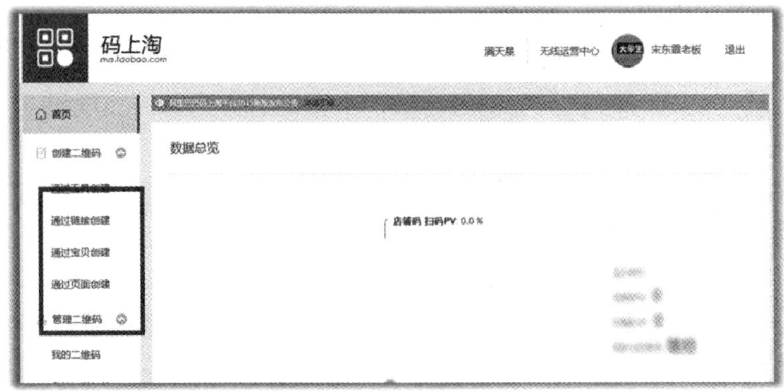

图8-57 “码上淘”首页

图8-58 选择宝贝确定扫码内容

步骤2：进入“通过宝贝创建二维码”第2步：关联推广渠道。在渠道标签区域中有商品包裹、物流包裹、宣传彩页、门店海报与新增渠道5个按钮可供选择。卖家可根据自己淘宝店铺的情况点击相应按钮，可单选也可多选。选择完成后，点击【下一步】按钮，如图8-59所示。

步骤3：进入“通过宝贝创建二维码”第3步：创建成功。在此页面中卖家可以进行调整二维码尺寸、下载二维码、更换二维码LOGO、美化二维码、调整视觉码尺寸、下载视觉码、美化视觉码等操作，如图8-60所示。

步骤4：点击上图中普通二维码区域下的【美化】按钮，在打开的“美化二维码”页面中选择适合卖家店铺的二维码，并点击【下载二维码】按钮，如图8-61所示。

步骤5：在弹出的“新建高速下载”页面中，选择二维码将要存放的位置，然后点击【本地下载】按钮，如图8-62所示。

步骤6：生成的二维码如图8-63所示。

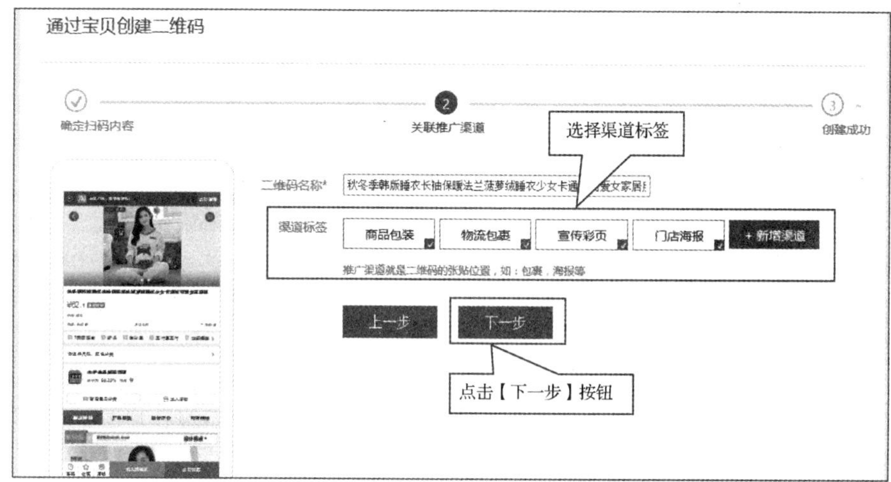

图 8 – 59　关联推广渠道

图 8 – 60　创建成功

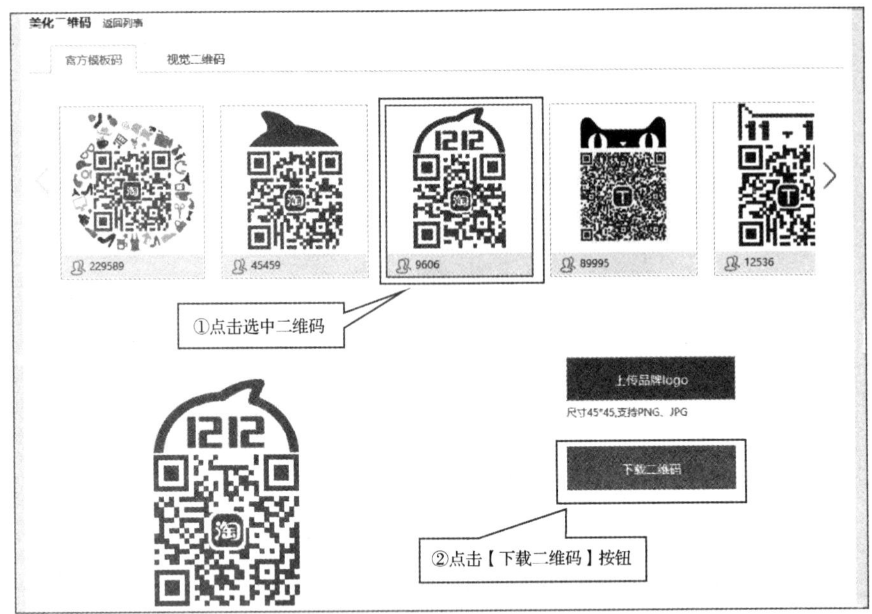

图 8－61 “美化二维码”页面

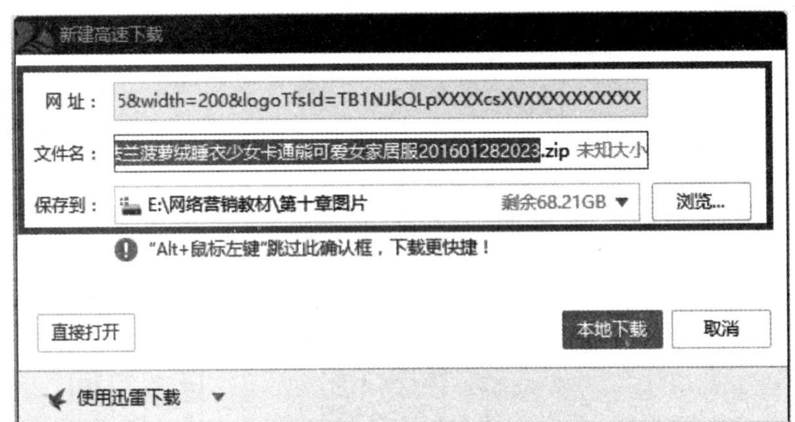

图 8－62 下载对话框

图 8－63 生成二维码

步骤 7：返回“美化二维码”页面，点击“视觉二维码”选项卡，在其中选择适合自己店铺的视觉码，然后点击【下载二维码】按钮，按流程即可下载视觉码，如图 8－64 所示。生成的视觉二维码效果图如图 8－65 所示。

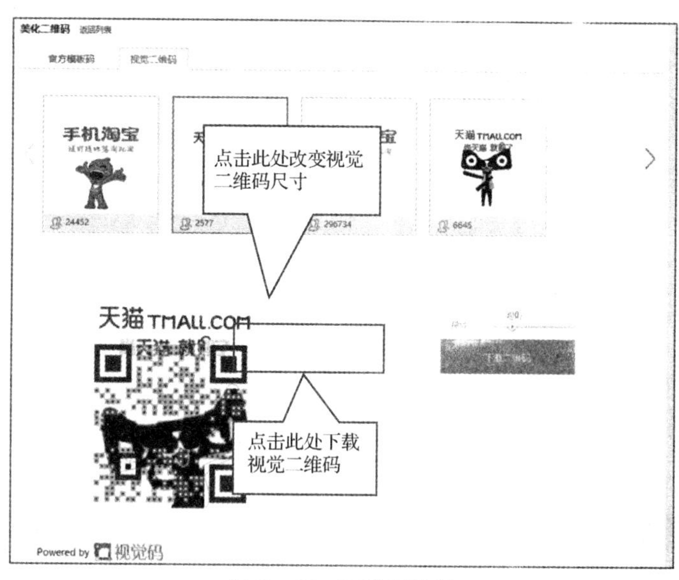

图 8－64　下载视觉码

图 8－65　生成的视觉二维码效果图

活动 2　利用手机海报进行店铺推广

活动背景：

通过活动 1 的学习，徐小明及其团队已经了解了利用“码上淘”进行店铺推广，他们同时发现：手机海报也可以让卖家的店铺在微信朋友圈、微博圈自动传播，从而获得免费的推广流量，维系店铺的“粉丝”。接下来他们将学习利用手机海报进行店铺推广。

活动实施：

点击手机海报成品后，会出现二维码，用手机软件（比如千牛）扫码，即可分享到各个移动社交端，如微博、微信、朋友圈、QQ、旺旺等。手机海报的模板和在线编辑器都是免费的。制作手机海报推广具体操作流程如下：

步骤 1：从淘宝网“卖家中心”进入“手机淘宝店铺”页面。点击页面右侧“营销工具”区域中的【手机海报】按钮，如图 8－66 所示。

图 8－66 “手机淘宝店铺”页面

步骤 2：在打开的“手机海报”页面中可挑选、预览不同的海报模板。在“请选择模板”区域中，有淘宝官方已经做好的海量手机海报模板。选中所需的手机海报模板，然后点击手机海报上方的【使用】按钮，如图 8－67 所示。

图 8－67 选择合适的手机海报模板

步骤 3：在打开的编辑手机海报页面中，左侧是手机海报的操作步骤；中间是手机版页面；右边是卖家端编辑页面，如图 8－68 所示。不同模板的手机海报操作步骤不同。操作步骤不分先后，可以切换。

图 8－68 编辑手机海报页面

步骤4：在右边卖家端编辑页面中编辑手机海报的第一张图片，如图8-69所示。

图8-69　编辑第一张手机海报

步骤5：点击左侧操作步骤中的向下箭头，进入第2步，继续编辑第二张海报，如图8-70所示。

图8-70　编辑第二张手机海报

步骤6：再次点击左侧操作步骤中的向下箭头，进入发布手机海报的分享功能。设置完成后，可点击右上角【发布】按钮，如图8-71所示。

图8-71　设置分享手机海报

步骤7：预览手机海报效果，然后点击【发布】按钮，如图8-72所示。

图8-72 预览手机海报效果

步骤8：手机海报发布成功，如图8-73所示。

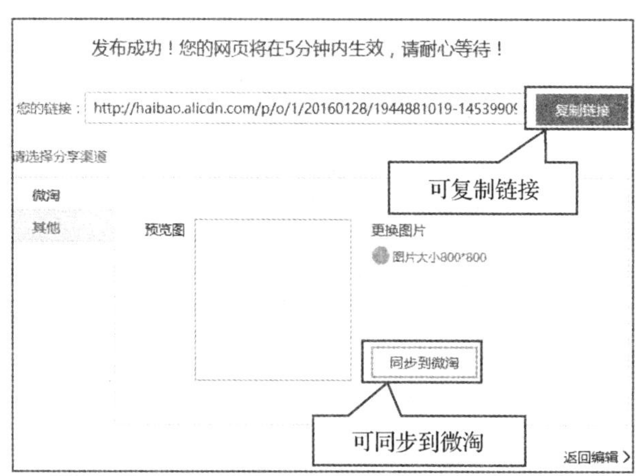

图8-73 发布成功页面

活动3 利用手机宝贝推广位进行店铺推广

活动背景：

通过活动2的学习，徐小明及其团队已经了解了利用手机海报进行店铺推广，他们同时发现：卖家通过设置宝贝分类、关键字、宝贝价格区间、新旧程度、销量等参数，将符合要求的宝贝自动显示在店铺首页中，可以第一时间吸引买家询价或购买商品。接下来他们将学习利用手机宝贝推广位进行店铺推广。

活动实施：

设置手机宝贝推广位的具体操作步骤如下：

步骤1：从淘宝网“卖家中心”进入“手机淘宝店铺”页面。点击页面右侧“其他工具”区域中的【宝贝推广】按钮，如图8-74所示。

步骤2：打开“宝贝推广设置”页面后，点击【添加宝贝推广位】按钮，如图8-75所示。

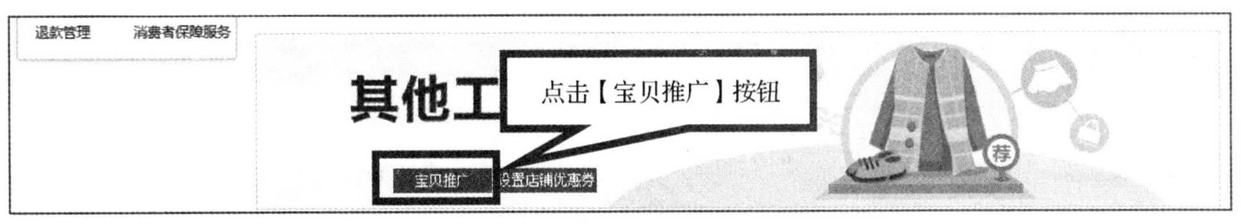

图 8－74　“手机淘宝店铺”页面

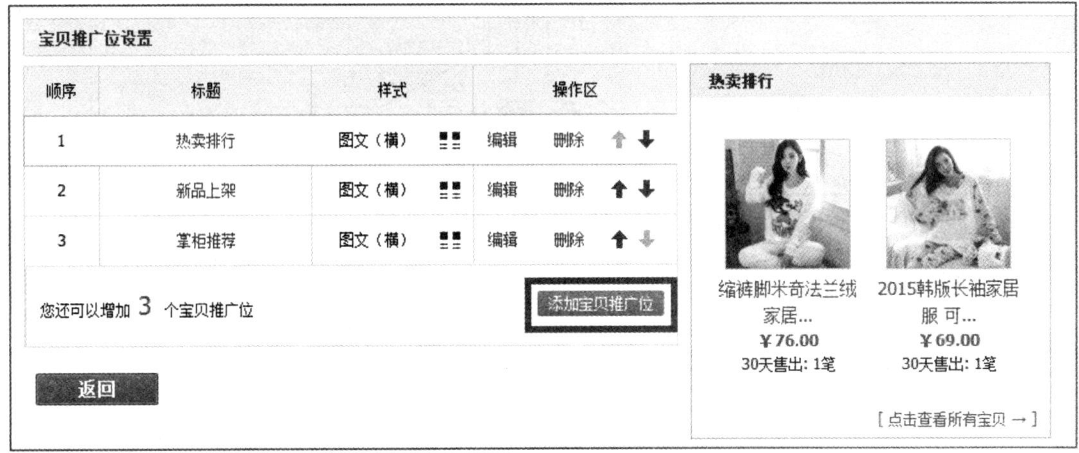

图 8－75　“宝贝推广设置”页面

步骤 3：在弹出的“新增推广位”对话框中输入推广位标题、设置配色方案、选择宝贝分类、选择排序方式、选择样式等，最后点击【确定】按钮，如图 8－76 所示。

新增推广位

推广位标题：冬季家居服　限定在10个汉字内

配色方案：标题栏背景色 选择　字体颜色 选择

宝贝分类：|-冬季睡衣/家居服

排序方式：热销宝贝在前

关键字：

价格：　到　元 筛选

共有 7 个符合条件

选择样式：图文（横）　图文（竖）　文字列表（竖）

标准版

冬季家居服

缩裤脚米奇法兰绒家居...　¥76.00

2015韩版长袖家居服 可...　¥69.00

秋冬季韩版睡衣长袖保...　¥69.00

秋冬季韩版睡衣长袖保...　¥69.00

冬季夹棉睡衣女珊瑚绒...　¥109.00

提示：如果一个推广位中的宝贝数小于2个，该推广位不会在您的手机店铺首页显示。

确定　关闭

图 8－76　“新增推广位”对话框

步骤4：返回“宝贝推广设置”页面。在此页面中，调整宝贝推广位的顺序。完成宝贝推广位的设置，如图8－77所示。

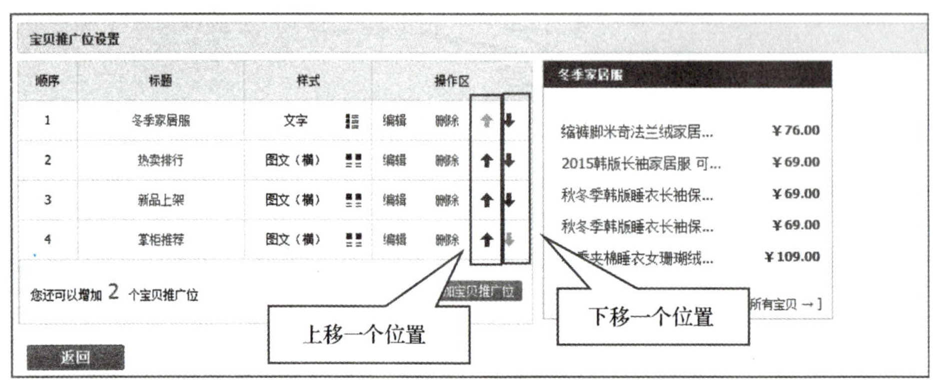

图8－77　完成宝贝推广位的设置

活动评价：

通过此活动的学习，徐小明及其团队掌握了利用“码上淘”“手机海报”“宝贝推广位”等形式推广移动端网店的方法。

项目总结：

在应用上，手机淘宝虽然还不能完全替代电脑PC网店的作用，但也具备搜索、比价、类目导航、店铺收藏、打折促销、手机专享、二维码扫描、旺旺沟通、安全支付宝支付、物流订单查询、评价、退款、购物车合并付款、拇指斗价、微淘等众多功能。从卖家的角度来说，手机淘宝客户端可以使卖家以手机管店，随时随地都能接单，实时掌握店铺动态，能够以更为便捷的方式对网店进行运营和管理。

通过学习，总结整理实施过程中遇到的问题，讨论、整理出解决方案并填写下面的知识及技能总结表格（见表8－1）。

表8－1　知识及技能总结

班级：	姓名：	学号：	完成时间：
任务名称：	组长签字：	教师签字：	
类别	索引	学生总结	教师点评
知识点	设置移动端网店店招和店标的方法		
	移动端网店首页页面装修的方法		
	移动端网店中商品详情的制作方法		
	对移动端网店进行营销推广的方法		

续表

<table>
<tr><td colspan="4">班级：　　　　　　姓名：　　　　　　学号：　　　　　　完成时间：</td></tr>
<tr><td colspan="4">任务名称：　　　　　　组长签字：　　　　　　教师签字：</td></tr>
<tr><th>类别</th><th>索引</th><th>学生总结</th><th>教师点评</th></tr>
<tr><td rowspan="2">技能点</td><td>能设置移动端网店的店铺装修（主要是网店的店标和店招设置）、首页页面装修、商品详情页的制作等</td><td></td><td></td></tr>
<tr><td>能利用“码上淘”“手机海报”“宝贝推广位”等形式推广移动端网店</td><td></td><td></td></tr>
<tr><td rowspan="2">操作总结</td><td>操作流程</td><td></td><td></td></tr>
<tr><td>注意事项</td><td></td><td></td></tr>
<tr><td colspan="3">反思</td><td></td></tr>
</table>

移动端店铺的设置与推广课外拓展

任务实训：

任务实施提示：

手机淘宝是淘宝公司的手机门户网站，拥有网页版本和客户端版本。通过手机淘宝，可以随时随地在手机上完成商品的搜索、浏览、支付购买、查看物流等操作。

任务部署：

阅读教材相关知识，按照任务单 8 的要求完成学习工作任务。

任务单 8　创建一个移动端网店并制作一张手机海报

<table>
<tr><td>任务名称</td><td>创建一个移动端网店并制作一张手机海报</td><td>任务编号</td><td>8</td></tr>
<tr><td>任务说明</td><td colspan="3">通过完成创建一个移动端网店并制作一张手机海报，了解手机淘宝店铺中店铺装修的方法，掌握利用手机海报推广移动端网店的方法</td></tr>
<tr><td rowspan="8">任务实施</td><td colspan="3">（1）利用前面章节实训部分所创建的淘宝账号登录淘宝后台，进入“手机淘宝店铺”页面。利用后台提供的功能为手机淘宝店铺添加店招和店标</td></tr>
<tr><td colspan="3"></td></tr>
<tr><td colspan="3">（2）继续在“手机淘宝店铺”页面中装修手机淘宝网店的首页页面，要求首页具有海报专区、产品分类专区、营销专区、宝贝推荐专区等模块</td></tr>
<tr><td colspan="3"></td></tr>
<tr><td colspan="3">（3）制作任意一款商品的移动端商品详情</td></tr>
<tr><td colspan="3"></td></tr>
<tr><td colspan="3">（4）使用“手机淘宝店铺”页面中“营销工具”区域的相关功能，为网店制作一份手机海报。制作完成后，复制链接，将其转发给老师，由老师进行点评</td></tr>
<tr><td colspan="3"></td></tr>
<tr><td>教师评语</td><td colspan="3"></td></tr>
<tr><td colspan="2">实训成绩</td><td colspan="2">实训任务书成绩</td></tr>
</table>

综合实战项目考核

考核项目一　考核开店前的准备

一、考核店铺定位

考核目标：对店铺进行合理定位定价和目标人群分析。

内容与要求：做好店铺的短期、中期、长期规划。了解除了在淘宝平台开店外，是否有在拼多多、微店等电商平台开店的计划，从而确定店铺的规模与定位。同时做好目标人群分析，做好产品定价分析。若此实战项目前已进行店铺定位实操，此时可以重新审视店铺定位是否准确，是否需要重新定位。

二、考核竞争对手分析

考核目标：了解店铺的竞争对手并实时跟踪分析。

内容与要求：了解市场行情，利用店侦探、店查查、淘数据等工具，了解竞争对手的客单价、消费人群、装修风格、销量、销售额、详情页设计、DSR、爆款和促销手段等，实时跟踪分析并形成分析报告。若在此实战项目前已进行竞争对手分析，此时可以持续跟进竞争对手的情况，如是否有新的推广模式、单品价格是否大幅波动、店铺的销量和评价是否随着促销活动的开展而大幅提升等。

三、考核选品分析

考核目标：根据店铺定位合理选择商品。

内容与要求：登录阿里巴巴批发网、去做网店等几个常见的平台查找货源，有条件的同学也可以到实体批发市场、合作企业进行批发。若在此实战项目前已进行选品分析，此时可以进一步观察新增或减少哪些单品、哪些单品适合打造为爆款等。

考核项目二　考核店铺的开通与设置

一、考核开通淘宝店

考核目标：考核店铺的开通。

内容与要求：根据淘宝网开店的步骤及注意事项，开通自己的网店，并记录淘宝账户名、淘宝登录密码、支付宝账户名、支付宝登录密码和支付密码，养成良好的密码管理习惯。若在此实战项目前已开通了淘宝店铺，此时可以检查是否需要修改淘宝密码、支付宝登录密码、支付宝支付密码等，尽量使各类密码不一致，并确保没有使用生日、学号、门牌号等有纪念意义的号码组合。

二、考核店铺名称设置

考核目标：为自己的店铺取一个有吸引力的名字。

内容与要求：学习店铺起名字的方法与技巧，浏览各类主流的电子商务平台，学习各类产品的命名技巧，从主营产品、目标消费群体、店铺定位、创意等方面设计店铺名称。若在此实战项目前已设置店铺名称，此时可重新审视店铺名是否需要完善。应谨慎修改店铺名。

三、考核店铺标志的设计

考核目标：考核店铺标识的设计是否体现店铺特色。

内容与要求：很多卖家很容易忽略店铺标识的设计，但是店标出现在网页的很多地方，其是店铺的标识，体现了店铺的理念。若在此实战项目前已设置店标，此时可重新审视店标是否需要完善。应谨慎修改店标。

四、考核店铺基本设置

考核目标：设置店铺的基本信息。

内容与要求：进入千牛卖家工作台，完善“店铺基本设置”，包括店铺名称、店铺标识、店铺简介、经营地址、主要货源和店铺介绍。其中，应检查店铺简介是否体现了主营类目、是否有利于提高搜索权重。

考核项目三　考核店铺管理

一、考核发布商品

考核目标：考核商品发布的流程以及商品标题和商品描述的撰写。

内容与要求：进入千牛工作台，选择“宝贝管理”，进入“发布宝贝”页面，按照提示填写商品信息。要求能正确选择商品类目，合理填写商品属性、上传商品图片、编写商品标题和描述，并合理设计商品价格、运费、服务等项目，进行最基本的商品发布。若在此实战项目前已完成商品发布，此时可检查各商品的信息填写是否有遗漏和待完善的地方。登录淘宝网，浏览、学习同类商品标题的设计技巧。

二、考核上下架商品

考核目标：考核上下架商品时，把握时间技巧的综合运用。

内容与要求：根据淘宝规则，商品越接近下架时间权重越高。在淘宝网搜索排序的影响因素中有一项称为“轮播因素”，指的就是商品上下架时间。轮播因素在天猫搜索中无效，仅在淘宝网的“所有宝贝排序”中有效。商品到了下架时间不会被系统下架到仓库，而是将有效期重新计算。优化上下架时间，有机会获得更大的搜索展现，从而引进更多优质和高效的搜索流量，提升商品转化率、成交率等，形成良性循环，得到更好的搜索排名和更多的流量。

三、考核宝贝分类与管理

考核目标：考核对店铺的宝贝进行手动分类以及对商品信息的管理。

内容与要求：登录淘宝网，浏览竞争对手的网店，学习别的店铺是如何进行商品分类的。进入千牛工作台的宝贝分类管理页面，添加、修改、删除手工分类。同时，在淘宝后台管理图片库，在本地机分类存储好相关的产品信息。

考核项目四　考核网店的设计与装修

一、考核店招设计

考核目标：考核店招的设计是否符合店铺定位，是否突出店铺特点。

内容与要求：利用Photoshop等专业软件设计店铺的招牌，要求符合店铺的装修风格，凸显店铺的特点，体现出店铺是否有优惠、有哪些核心产品等。考核店铺名、店铺标识、店铺标语、收藏按钮、关注按钮、促销产品、优惠券、活动信息、优惠时间、倒计时、搜索框、店铺公告等的设计。店招无须包含所有内容，根据实际情况搭配设计即可。

二、考核店铺布局设计

考核目标：考核店铺的页面布局是否方便买家浏览与购买。

内容与要求：综合考虑网店的风格和布局、商品展示和浏览体验。网店装修要风格统一、布局整洁。网店中的文字、图片和颜色的搭配要协调，各类模块的位置安排要协调。模块指的是图片轮播、客服中心、特价专区、宝贝搜索、宝贝推荐、友情链接、自定义区等。在风格上要注意颜色搭配协调，与企业标识的主体颜色一致，商品拍摄时模特要统一。布局安排要整洁大气。商品展示要明确，店内商品分类要清晰，能让买家快速、准确地找到需要的商品。能易于浏览与查找商品。导航要设置各个分类、主推商品、促销活动等栏目频道，商品分类模块要从上新的类别、季节、价格、主推款、新旧款等多维度进行细分，让买家快速方便地找到所需商品。合理的页面布局不仅能提高商品的浏览率，还可以给买家带来良好的浏览体验。

三、考核宝贝详情页设计

考核目标：考核店铺的详情页设计，是否凸显了商品的亮点与卖点。

内容与要求：商品详情页包含商品简介、商品参数、使用说明、上新卖点、类比产品、口碑宣传、包装展示、注意事项、买家秀、企业文化展示、联系方式、关联促销等。以上内容是详情页常见的内容，还有其他内容，这些不一定全部都要展现在详情页里，针对不同的商品选择相应的内容展示即可。要注意，详情页与店铺的整体风格要一致，描述前后要一致。详情页要图表结合、图文并茂、做好细节，像实体店销售专员一样从购买价的需求出发，争取让顾客看到商品描述就能“静默下单”，减少客服咨询的概率，提高转化率。

考核项目五　考核店铺日常运营

一、考核交易管理

考核目标：考核不同交易状态的处理方法。

内容与要求：进入千牛工作台，点击“交易管理”中“已卖出的宝贝”，查看店铺的交易订单。“等待买家付款”：能与买家友好沟通并提醒买家及时付款；“等待发货”：能及时处理订单并让仓库尽快发货；“已发货”：提醒消费者注意查收并及时给好评；“退款中”：了解退款原因，与买家沟通，继续带给买家良好的购物体验；“需要评价”：及时给买家做出评价。

二、考核评价管理

考核目标：查看店铺评价，并采取相关的应对措施。

内容与要求：进入千牛工作台，点击“交易管理”中的【评价管理】，查阅近 7 天、30 天的店铺动态评分，了解商品、服务、物流等的得分；了解近 1 周、近 1 个月、近 6 个月的好中差评；在“评价管理”处理买家评价，总结近期店铺管理好的经验与不足之处，若 DSR 低于同行评分，要采取相关的应对措施。

三、考核客服管理

考核目标：考核客服管理制度与话术训练。

内容与要求：熟悉千牛工作台的使用，熟练操作旺旺聊天工具，设置好个性签名、头像、自动回复、快捷短语等，进行子账号管理。能制定客服管理制度、考核制度、晋升制度等，能妥善安排客服值班。能在售前、售中、售后等环节针对不同的情形设计合理的话术，如是否为正品、是否包邮、是否退换货、质量问题、发货问题、物流问题、讨价还价等话术。

四、考核物流管理

考核目标：运费模板的设置与不同物流订单的处理。

内容与要求：进入千牛工作台，点击“物流管理”中的【运费模板设置】，能针对不同的情形设置不同的运费模板，如“99 元包邮运费模板”“偏远地区不包邮运费模板”“疫区不送运费模板”等。进入千牛工作台，点击“物流管理”中的【发货】，熟悉“待寄件”“已寄件”“异常订单”等物流状态，能妥善处理异常订单。

考核项目六　考核店铺促销与推广

一、考核促销管理

考核目标：熟练掌握店内促销工具。

内容与要求：进入千牛工作台，点击“营销中心”中的【我要推广】，点击“促销管理”工具，在服务市场中浏览不同的促销工具，如满就送、限时打折、搭配套餐、单品宝、搭配宝、优惠券等，了解不同促销方式的特点和技巧。

二、考核淘宝直通车推广

考核目标：了解直通车推广的操作步骤及相关技巧。

内容与要求：了解直通车不同的展现位置、直通车搜索推广原理和扣费机制。进入千牛工作台，点击“营销中心”中的【我要推广】，点击【淘宝直通车】工具，根据店铺的实际经营情况，结合某一促销主题，如情人节、妇女节、儿童节等撰写直通车推广计划，并进行“投放设置”“单元设置”“创意预览”，做好新建推广计划、推广新宝贝、设置推广计划，设置好投放日限额、投放区域、投放时间、投放平台、投放人群等，同时做好关键词的选词，熟练掌握关键词出价技巧，优化宝贝创意。

三、考核钻石展位推广

考核目标：了解钻石展位推广的操作步骤及相关技巧。

内容与要求：了解钻石展位的展现位置、扣费原理。撰写超级钻展推广计划，包括“计划名称”“投放日期”“投放时段”“投放地域”“定向人群”“资源位”等，同时做好图片创意。

四、考核淘宝客推广

考核目标：了解淘宝客推广的操作步骤及相关技巧。

内容与要求：了解淘宝客推广的扣费机制、加入淘宝客的条件，在计算店铺商品的毛利后，有计划地给全店商品或者不同的单品设置合理的佣金比例。根据活动情况设置常推款佣金比例、主推款佣金比例、爆款佣金比例、活动款佣金比例。